AF734170

Entwicklungen im GmbH-Konzernrecht

ZGR-Sonderheft

Zeitschrift für Unternehmens- und Gesellschaftsrecht

herausgegeben von

Robert Fischer †, Reinhard Goerdeler,
Marcus Lutter, Herbert Wiedemann

Sonderheft 6

Walter de Gruyter · Berlin · New York

Entwicklungen im GmbH-Konzernrecht

2. Deutsch-Österreichisches Symposion zum Gesellschaftsrecht vom 21. und 22. Februar 1986 in Landshut

herausgegeben von
Peter Hommelhoff, Johannes Semler,
Peter Doralt, Günter H. Roth

Walter de Gruyter · Berlin · New York · 1986

CIP-Kurztitelaufnahme der Deutschen Bibliothek

Entwicklungen im GmbH-Konzernrecht / 2. Dt.-Österr. Symposion zum Gesellschaftsrecht vom 21. u. 22. Februar 1986 in Landshut / hrsg. von Peter Hommelhoff ... – Berlin ; New York : de Gruyter, 1986.
(Zeitschrift für Unternehmens- und Gesellschaftsrecht : Sonderheft ; 6)
ISBN 3-11-010885-2
NE: Hommelhoff, Peter [Hrsg.]; Deutsch-Österreichisches Symposion zum Gesellschaftsrecht ⟨02, 1986, Landshut, Bayern⟩; Zeitschrift für Unternehmens- und Gesellschaftsrecht / Sonderheft

©
Copyright 1986 by
Walter de Gruyter & Co., 1000 Berlin 30
Alle Rechte, insbesondere das Recht der Vervielfältigung und Verbreitung sowie der Übersetzung, vorbehalten. Kein Teil des Werkes darf in irgendeiner Form (durch Fotokopie, Mikrofilm oder ein anderes Verfahren) ohne schriftliche Genehmigung des Verlages reproduziert oder unter Verwendung elektronischer Systeme verarbeitet, vervielfältigt oder verbreitet werden.
Printed in Germany
Satz und Druck: Saladruck, Berlin 36
Bindearbeiten: Verlagsbuchbinderei Dieter Mikolai, Berlin 10

Vorwort

Dieser Band enthält die Referate und Diskussionsberichte des 2. deutsch-österreichischen Symposions zum Gesellschaftsrecht, das am 21. und 22. Februar 1986 in Landshut/Niederbayern stattfand. Mit ihm wurde der Gedankenaustausch zwischen Anwälten, Justitiaren, Ministerialbeamten, Richtern und Universitätslehrern aus Deutschland und Österreich fortgesetzt, der 1982 mit dem 1. österreichisch-deutschen Symposion „Die Zukunft der GmbH" in Innsbruck begonnen hatte. Gegenstand des Landshuter Symposions war das GmbH-Konzernrecht in seiner bisherigen und möglichen weiteren Entwicklung; dabei hatten die Verhandlungen zum deutschen Rechtskreis maßgebliche Anstöße vom kurz zuvor publizierten Autokran-Urteil des Bundesgerichtshofs erfahren.

Als im Jahre 1975 eine Gesprächsrunde in Bonn zusammentraf, um über das GmbH-Konzernrecht zu diskutieren, da standen jene Verhandlungen noch ganz im Banne des Aktienrechts. Aber schon während der Bonner Tagung taten sich neue Horizonte auf: Nur kurze Zeit zuvor hatte der Bundesgerichtshof das ITT-Urteil veröffentlicht, das mit seinem vom Aktienrecht bewußt abweichenden Grundkonzept die weitere Diskussion um ein eigenständiges GmbH-Konzernrecht nachdrücklich beeinflußte. Die GmbH-spezifischen Bausteine seines Konzernrechts sind seitdem: die Gesellschaftertreupflicht – ein lange verschütteter Gedanke schon des Reichsgerichts –, die actio pro societate und der Gedanke eines konzerndimensionalen Rechtsschutzes. 1981 folgte dann das Süssen-Urteil mit dem Konzept eines betonten Konzern*eingangs*schutzes. Ihren vorläufigen Abschluß fand diese Entscheidungsreihe zum GmbH-Konzernrecht im schon erwähnten Autokran-Urteil vom September 1985. Umrankt werden diese drei Urteile von weiteren Entscheidungen, die zwar nicht unmittelbar zum Recht des GmbH-Konzerns ergingen, diesem aber dennoch gewichtige Anstöße und Ergänzungen liefern; die Stichworte lauten: Gervais-Danone, Holzmüller und Heumann-Ogilvy.

Diese Urteile waren mitnichten die praktisch saubere, aber konzeptionslos kurzatmige Antwort auf konkrete Einzelfragen. Ganz im Gegenteil: Der Bundesgerichtshof hat bewußt die Konzernlage dieser Fälle aufgegriffen und sich mit kleinen, aber beherzt gesetzten Schritten ins Neuland vorgewagt. Ob hinter diesen Urteilen schon ein – und sei es auch nur vages – Gesamtkonzept erkennbar wird, auf diese Grundfrage haben sich die Teilnehmer des Landshuter Symposions über alle Einzelfragen hinweg auch konzentriert.

In Deutschland sind damit die Weichen in Richtung auf ein Konzernrecht der GmbH gestellt – zwar eigenständig gegenüber dem Aktienrecht, aber eben doch

Konzernrecht. Diese Wegrichtung noch einmal kritisch zu überprüfen, dafür scheint gerade das Gespräch mit den Nachbarn in Österreich und auch in der Schweiz gut geeignet. Dort kennt man keinen (oder sollte man vielleicht sagen: noch keinen?) konzernspezifischen Regelungs- und Interpretationsansatz mit breitflächiger Wirkung. Statt dessen denkt man dort in den Argumentationsfiguren des allgemeinen Minderheiten- und Gläubigerschutzes; freilich läßt sich gerade der Minderheitenschutz auch in diesen Rechtsordnungen auf den Grundgedanken der Gesellschaftertreupflicht zurückführen. Den deutschen Konzernrechtler mag diese Sehweise zur selbstkritisch-skeptischen Prüfung veranlassen: Brauchen wir wirklich ein *Konzern*recht der GmbH? Oder lassen sich die Konzernprobleme ebensogut mit den überkommenen Instrumentarien bewältigen? Die Beiträge der österreichischen Autoren in diesem Band stimmen nachdenklich.

Unser Dank gilt zunächst der Bayerischen Landesbank und der Bayerischen Sparkassenakademie samt ihren Mitarbeitern, die den Teilnehmern des Symposions beeindruckendes Gastrecht gewährten. Sehr zu danken haben wir aber auch der Alfried Krupp von Bohlen und Halbach-Stiftung und der Rudolf Siedersleben'schen Otto Wolff-Stiftung, die das Symposion und die Veröffentlichung seiner Verhandlungen großzügig gefördert haben.

Den Herren wissenschaftlichen Mitarbeitern Bernd Erle und Thomas Mecke sowie Frau cand. iur. Susanne Kingreen danken wir für ihre große Hilfe bei der Vorbereitung des Symposions, für die Betreuung seines Ablaufs und für die Drucklegung der Verhandlungen.

Die Herausgeber

Inhaltsverzeichnis

Referat

Zum Grundkonzept eines österreichischen GmbH-Konzernrechts

von

o. Univ.-Prof. Dr. Peter Doralt (LLM), Wien*

Inhaltsübersicht

I. Stand der Diskussion

Stellt man die Frage nach einem österreichischen GmbH-Konzernrecht, so ist die Standardantwort, daß es selbst im Aktienrecht kaum ein ausgeprägtes österreichisches Konzernrecht gebe, weil das AktG 1965 das in Österreich 1938 eingeführte deutsche AktG 1937 im wesentlichen mit seinen rudimentären Konzernrechtsansätzen fortgeführt hat. Noch weniger gebe es ein eigenes GmbH-Konzernrecht. Die durch die GmbHG-Novelle 1980 aus § 15 öAktG in § 115 öGmbHG übernommene Definition des Konzernbegriffes habe Bedeutung vor allem im Bereich der Rechnungslegung, ansonsten sei sie von geringem normativen Gewicht[1].

Dieser Befund trifft zu, wenn man den breiten Strom deutscher Literatur in den letzten 10 Jahren verfolgt und mit den wenigen Äußerungen zum österreichischen GmbH-Konzernrecht vergleicht[2].

* Ich danke meinem Assistenten, Herrn Univ.-Doz. Dr. Christian Nowotny für mehrere Anregungen zu dieser Arbeit, für die sorgfältige Unterstützung bei der Endredaktion und für die durch meine Erkrankung bedingte Vertretung im Vortrag.

1 Rowedder/Koppensteiner, Komm. z. GmbHG, 1985, § 52 Anh. Anm. 73.

2 Immerhin hat aber Reich-Rohrwig in seinem System des österreichischen GmbH-Rechts dem Konzernrecht ca. 18 Seiten gewidmet (Reich-Rohrwig, Das österreichi-

Geht man der deutschen Diskussion ein wenig nach[3], so kommt man zu der Überzeugung, daß das österreichische GmbH-Konzernrecht einem schlafenden und unerkannten Dornröschen ähnelt, das im Verborgenen darauf wartet, wachgeküßt zu werden; die Frage wird sein, ob das Rechtsprechung und Lehre tun werden oder ob sie nur Steigbügelhalter für den Gesetzgeber[4] sein werden. Insgesamt geht es vielleicht in der österreichischen Diskussion mehr darum, ein Phänomen als systematisch zusammenhängende Problemstellung in den Blick zu bekommen, dessen Einzelaspekte und Lösungsansätze der österreichischen Diskussion durchaus bewußt sind.

Einige Besonderheiten des österreichischen GmbH-Rechts erleichtern m. E. schon nach geltendem Recht die Lösung einer Reihe von Problemen.

II. Einheitsbetrachtung (Anknüpfung an die Unternehmenseinheit)

Das Wesen des Konzerns wird heute überwiegend darin gesehen, daß das Unternehmen als Einheit sich nicht mehr mit dem rechtlichen Begriff der Gesellschaft deckt. Das unternehmerische Aktionszentrum *(Kosiol)*[5] liegt außerhalb einer Gesellschaft (etwa nicht bei der Tochtergesellschaft, sondern bei der Muttergesellschaft), der unternehmerische Aktionsradius reicht über die Grenzen des juristischen Begriffs der Gesellschaft hinaus[6]. Zur lex lata hat der österreichische OGH der Vorstellung, den Konzern auch als einen einheitlichen Rechtsträger zu sehen, kürzlich eine Absage erteilt und eine Kompensation des Schuldners einer Konzerngesellschaft mit einer Forderung gegen eine andere Konzerngesellschaft abgelehnt[7]. Die Rechtsfrage ist in der Entscheidung richtig entschieden, das genügt aber wohl nicht, um den Grundgedanken gleich beiseite zu legen.

sche GmbH-Recht, 1983, S. 236 f, 367 f, 365 f, 567 ff, 818 ff); zum Gewinnabführungsvertrag jüngst auch KOPPENSTEINER, RdW 1985, 170.

3 Aus österreichischer Sicht siehe SCHAUER, in: Doralt (Hrsg.), Deutsches Konzernrecht – Rechtslage und Überlegungen zur Rezeption in Österreich, 1985, S. 134 ff.

4 Für eine gesetzliche Regelung des Aktienkonzerns bereits KASTNER, FS Broda, 1976, S. 91, 104; KASTNER/DORALT, Grundriß des österreichischen Gesellschaftsrechts, 4. Aufl., 1983, S. 334, sprechen sich für eine mit der AG gemeinsamen Lösung aus.

5 KOSIOL, Die Unternehmung als wirtschaftliches Aktionszentrum, 1972, insbesondere S. 28 f.

6 Siehe bereits KRONSTEIN, Die abhängige juristische Person, 1931, S. 4 ff, der aber auch darauf hinweist, daß nicht alle Abhängigkeiten gleich soweit führen, „daß man von einer Unternehmenseinheit sprechen kann" (S. 5); siehe auch MESTMÄCKER, Verwaltung, Konzerngewalt und Rechte der Aktionäre, 1958, S. 302 ff.

7 OGH GesRZ 1983, 156 = RdW 1983, 43.

Druey[8] hat in seiner eindrucksvollen Grundsatzanalyse energisch dafür plädiert, die von *Franz Klein*[9] schon 1904 geforderte Einheit von Wahrheit und Form anzustreben und – ich vereinfache sehr – gefordert, den in vielen Abwandlungen auftretenden *Konzern-Sachverhalt* des Wirtschaftslebens als Objekt von rechtlichen Regeln *einheitlich zu erfassen.*

Ich halte das für einen wichtigen Grundsatz der juristischen Systembildung eines österreichischen Konzernrechts – aber folge doch nicht der Empfehlung an den Gesetzgeber. Es gibt systembildende Begriffe, die zentrale Bedeutung erlangen, ohne auszureichen, bereits etablierte Lösungsansätze im Rechtssystem zu entthronen und grundsätzlich neue, eigenständige juristische Kategorien zu rechtfertigen.

Der in den letzten Jahrzehnten aus dem Gesellschaftsrecht heraus entwickelte Systembegriff „Konzernrecht" ist in meinen Augen insofern nahe verwandt dem Systembegriff „Arbeitsrecht"[10]. So wie es im Individualarbeitsrecht bei zahlreichen Problemen immer noch um zentrale zivilrechtliche Fragestellungen, etwa des klassischen Vertragsrechts, geht, sind auch im Konzernrecht die heute vorrangig diskutierten Fragen die alten gesellschaftsrechtlichen Fragen nach dem Verhältnis von Mehrheit zur Minderheit und dem Schutz der Gläubiger.

Gerade im GmbH-Recht würde m. E. eine scharfe Abgrenzung dieser klassischen Fragestellungen des GmbH-Rechts von einem GmbH-Konzernrecht nicht befriedigen.

Ein anderer Aspekt der Argumentation *Drueys* verdient noch zusätzliche Beachtung: *Druey* weist darauf hin[11], daß sich in den erwähnten zwei Fragestellungen (Minderheitsschutz, Gläubigerschutz) das Konzernrechtsproblem nicht erschöpft. Schlagwortartig verweise ich auf arbeitsvertragliche Probleme bei Versetzung innerhalb des Konzerns[12], steuerrechtliche Fragen, Immaterialgüterrecht (insbesondere im Firmen- und Markenrecht)[13], Besonderheiten des Vertragsrechts bei Abschlüssen mit Konzernen[14].

Ich glaube, daß auch diese Aspekte des Realphänomens „Konzern" relevant sind, aber bei der Systembildung die Verankerung dieser Aspekte im Hauptgebiet dieser Fragenbereiche unangetastet bleiben soll. In der wissenschaftlichen Darstellung des Konzernrechts haben diese Aspekte einen ganz wichtigen Platz,

8 Druey, in: Referate und Mitteilungen des Schweizerischen Juristenvereins 1980, S. 273 ff.

9 Siehe das Vorwort in Franz Klein, Die neueren Entwicklungen in Verfassung und Recht der Aktiengesellschaft, 1904.

10 Vgl. Bydlinski, Arbeitsrechtskodifikation und allgemeines Zivilrecht, 1969, S. 11 ff.

11 Druey, aaO (Fn. 8), S. 273 ff.

12 Vgl. z. B. Birk, ZGR 1984, 23, 43 ff; Fabricius, Rechtsprobleme gespaltener Arbeitsverhältnisse im Konzern, 1982.

13 Vgl. Koppensteiner, GRUR 1972, 394.

14 Vgl. etwa H. P. Westermann, WM 1986, Beilage zu Heft 2.

den wir vielleicht als Gesellschaftsrechtler zu vernachlässigen geneigt sind, aber ich bin überzeugt, daß sich die von *Druey* erwähnten Probleme de lege lata, aber auch de lege ferenda nur sachgerecht lösen lassen, wenn man von den Grundinstrumenten und dogmatischen Denkfiguren der Nachbargesetze ausgeht.

Ich will dies an einer weiteren Entscheidung des OGH[15] zeigen. In einem Vertrag hatte ein Autolieferant mit seinem Vertragshändler, einer GmbH, ein Wettbewerbsverbot vereinbart; für den Fall einer Verletzung waren Unterlassungs- und Schadenersatzansprüche sowie die vorzeitige Kündigungsmöglichkeit vorgesehen. Die beiden Gesellschafter gründeten für den Vertrieb eines Konkurrenzprodukts eine zweite GmbH. Derartige Fragen sind wohl mit zivilrechtlichen Überlegungen zur Auslegung von Verträgen, Treu und Glauben, vorsätzliche Verletzung fremder Schuldrechte, anzugehen; auch das Problem, daß eine ergänzende Vertragsauslegung nicht ohne weiteres die Schwestergesellschaft zum Vertragsschuldner machen kann, weil dazu die Vertretungsbefugnis eines Konzerngliedes nicht reicht, alles das läßt sich sinnvoll wohl nicht global mit dem Gedanken der Einheit des Konzerns lösen, sondern diese Beobachtung ist in die aufgeworfenen zivilrechtlichen Fragen als ein zusätzliches Element der Beurteilung einzubringen.

Der Einheitsgedanke mit dem Vorrang der Anerkennung der Einheit des Konzernunternehmens vor dem Gedanken der Vielheit der den Gesamtkonzern bildenden Gesellschaften hat also in meinen Augen zwar große Bedeutung, sollte aber nicht als der einzige tragfähige Systemgedanke verabsolutiert werden.

III. Zum Anwendungsbereich der Einheitsbetrachtung

Beispiele für den Anwendungsbereich der Einheitsbetrachtung liegen m. E. vor allem in den zahlreichen Fällen vor, in welchen ohne bedeutendere betriebswirtschaftliche Gründe ein an sich als geschlossene betriebswirtschaftliche Einheit geführtes Unternehmen, z. B. aus steuerrechtlichen Gründen, auf zwei oder mehrere Gesellschaften „verteilt" wird.

Es gibt dafür in Österreich vor allem drei sehr weit verbreitete Anwendungsfälle:

1. die GmbH & Co. KG, insbesondere im engsten Sinn[16];
2. die Betriebsaufspaltung (besonders bei vollständiger Personenidentität)[17];
3. der sogenannte „Minikonzern", mit den regelmäßigen Schütt-aus-Hol-zurück-Kapitalerhöhungen, Darlehensgewährungen oder Zuschüssen der Mutter an die Tochter.

15 OGH GesRZ 1983, 153 = JBl 1983, 592.

16 Siehe für Österreich Kastner/Stoll, Die GmbH & Co. KG im Handels-, Gewerbe- und Steuerrecht, 2. Aufl., 1977.

17 Für Österreich Platzer, Betriebsaufspaltungen, 1984, insbesondere S. 14.

Die Konstruktion des „Minikonzerns" hat ihren steuerlichen Anreiz daher, daß gespaltener Körperschaftssteuersatz und Schachtelprivileg zu einer ganz wesentlichen Reduktion der Körperschaftssteuerbelastung führen und zwar selbst dann, wenn die Ausschüttung nicht an die Gesellschafter der Mutter durchgeleitet wird, weil im geltenden österreichischen Körperschaftssteuerrecht eine Nachsteuerpflicht bei unterlassener Weiterausschüttung fehlt[18].

Nun ist es vielleicht überraschend, überhaupt die genannten drei Konstruktionen unter dem Thema Konzernrechtsprobleme zu erwähnen. Das ist für die GmbH & Co. im engsten Sinn und die Betriebsaufspaltung eher ungewöhnlich, und für die Holdingkonstruktion, wie den erwähnten österreichischen „Minikonzern", meint *Koppensteiner,* daß es sich nicht um einen Konzern handle, weil die Muttergesellschaft zwar formal eine Handelsgesellschaft sei, materiell aber kein Unternehmen betreibe[19]. Das hätte allerdings zur Folge, daß die finanziellen Beziehungen zwischen den beiden Gesellschaften, z. B. Kredite, nicht unter die besonderen Bestimmungen über Konzernbeziehungen fallen würden[20].

Ich erwähne diese Fälle aber hier, weil sie zeigen, daß es vollständig geschlossene unternehmerische Einheiten gibt, die auf mehrere Gesellschaften verteilt sind. Ohne auf Details einzugehen, meine ich, daß hier die Auslegung dem Einheitsgedanken zum Durchbruch verhelfen sollte, wenn keine deutlich abweichende Parteienabsicht vorliegt.

Für den „Minikonzern" österreichischer Prägung bedeutet dies m. E., daß z. B. die Geschäftsführer der Tochtergesellschaft in sinngemäßer Anwendung von §22 Abs. 4 öGmbHG gegenüber den Gesellschaftern der Muttergesellschaft verpflichtet sind, vor der Generalversammlung der Muttergesellschaft auch Bucheinsicht in die Bücher der Tochtergesellschaft zu verschaffen[21]. Für die GmbH & Co. bedeutet dies, daß dem Kommanditisten grundsätzlich eine unmittelbare Klagebefugnis gegen die sorgfaltswidrig handelnden Geschäftsführer der GmbH zusteht[22].

18 Siehe Doralt, in: Roth (Hrsg.), Die Zukunft der GmbH, 1983, S. 81 ff.

19 Rowedder/Koppensteiner, aaO (Fn. 1), §52 GmbHG Anh. Anm. 8; Koppensteiner, in: Kölner Komm. z. AktG, 1985, §15 Rdn. 34 f; Würdinger, FS Kunze, 1969, S. 177, 182.

20 Koppensteiner berücksichtigt dies durch eine teleologische Anwendung der betreffenden Vorschriften (Rowedder/Koppensteiner, aaO [Fn. 1], §52 GmbHG, Anh. Anm. 8).

21 Ebenso Reich-Rohrwig, aaO (Fn. 2), S. 558 unter Berufung auf Scholz/Emmerich, Komm. z. GmbHG, 6. Aufl., 1978/1983, Anh. II Anm. 154.

22 Zu Einzelfragen P. Doralt in: Kastner/Stoll, GmbH & Co. KG, aaO (Fn. 16), S. 245 ff.

IV. Minderheitenschutz und Gläubigerschutz nach geltendem Recht als Grundlage weiterer Entwicklungen

Von solchen Fällen abgesehen, plädiere ich dafür, die GmbH-Diskussion über den GmbH-Konzern nicht von der allgemeinen Diskussion über die Frage des Schutzes des Minderheitsgesellschafters und des Schutzes der Gläubiger (Kapitalerhaltung) zu trennen. De lege lata ist das ohnehin selbstverständlich. Aber auch de lege ferenda halte ich einen Ausbau dieser Institutionen für besser. Es ist natürlich richtig, daß durch die Existenz von mehreren Unternehmen, die unter einheitlicher Leitung stehen, zusätzliche Gefahrenmomente entstehen. Aber gerade bei den häufig personalistischen Verhältnissen der GmbH kann auch der Mehrheitsgesellschafter, der kein eigenes Unternehmen hat, für die Minderheit und den Gläubiger beinahe genauso gefährlich werden, wie die Mehrheit mit Unternehmereigenschaft. Die langwierige deutsche Diskussion um den Unternehmensbegriff und die im Einzelfall schwierige Abgrenzung Unternehmung – Nichtunternehmung läßt mich davor zurückscheuen, von dieser Unterscheidung gewichtige Rechtsfolgen abhängig zu machen[23]. Im folgenden will ich anhand einiger Besonderheiten des österreichischen Minderheiten- und Gläubigerschutzes zeigen, daß bereits das geltende Recht eine bedeutende Lösungskapazität enthält. Dies hat seinen historischen Grund darin, daß die Verfasser des österreichischen GmbH-Rechts die Entstehungsgeschichte sowie die ersten Erfahrungen mit dem deutschen Vorbild gewissenhaft beachtet und im öGmbHG bewußt die Minderheitsrechte und den Gläubigerschutz stärker ausgebildet haben.

1. Minderheitenschutz bei der Konzernentstehung

a) Einstimmigkeitserfordernisse: Anwendbarkeit auf die Begründung eines qualifizierten Konzerns

Insbesondere bedarf nach österreichischem Recht jede Änderung des *Unternehmensgegenstandes* (§ 50 Abs. 3 öGmbH) und die *Verschmelzung* von zwei Gesellschaften mbH (§ 96 öGmbH) der *Einstimmigkeit.* Auch *Koppensteiner* weist auf diese beiden Besonderheiten des öGmbH-Rechts im Zusammenhang mit Gewinnabführungsverträgen hin[24]. Er zweifelt für den Gewinnabführungsvertrag dann doch an der Relevanz der beiden Bestimmungen – m. E. zu Unrecht[25]. Die Materialien betonen zwar die minderheitenfreundliche Grundli-

23 Siehe auch Druey, aaO (Fn. 8), S. 273 ff; zu dem Problem weiter Koppensteiner, SAG 1985, 74.

24 Koppensteiner, RdW 1985, 175 ff und in diesem Band S. 112 f.

25 Koppensteiner sieht die Regelung des § 96 öGmbHG vor allem durch § 234 Abs. 3 öAktG, wonach bei Aufnahme einer GmbH durch eine AG qualifizierte Mehrheit

nie[26], aber enthalten zu diesen Bestimmungen keine ausdrücklichen Hinweise; die ratio legis dieser Einstimmigkeitserfordernisse liegt aber doch auf der Hand.

Grundsätzlich braucht der einzelne GmbH-Gesellschafter nach § 50 Abs. 3 öGmbH nicht zu dulden, daß sein Kapitaleinsatz für eine andere Art von Geschäften verwendet wird, als für die er sein Kapital gewidmet hat. Dies führt auch für das österreichische Recht noch leichter als in Deutschland dazu, die Änderung des Unternehmenszweckes (m. E. in der Regel ein maius im Verhältnis zum Unternehmensgegenstand) im Wege eines Größenschlusses an die Zustimmung aller Gesellschafter zu binden. Man kann aus § 50 öGmbHG wohl mit Recht den allgemeinen Satz ableiten, daß Maßnahmen der Geschäftsführung, welche die Investitionsentscheidung des Gesellschafters in ihrem Kernbereich berühren, seiner Zustimmung bedürfen.

Im Einklang mit dieser Wertung steht auch die – nach Ablauf von zwei Jahren zwar dispositive – Regel von § 35 Abs. 1 Ziff. 7 öGmbHG, wonach der Erwerb von Anlagevermögen (also im modernen Sinn Investitionsentscheidungen) für eine 20 % des Stammkapitals übersteigende Vergütung eines mit ¾ Mehrheit zu fassenden Beschlusses der Gesellschafter bedarf[27].

In dieselbe Richtung weist die erwähnte Einstimmigkeitsvoraussetzung von § 96 öGmbHG für die Verschmelzung von Gesellschaften mbH bei der übertragenden Gesellschaft[28]. Der betriebswirtschaftliche Vorgang der Vereinigung von zwei Unternehmen zu einem einzigen Unternehmen bedarf also bei der untergehenden Gesellschaft grundsätzlich der Zustimmung aller beteiligten Gesellschafter. Der Grundgedanke ist auch hier, daß jeder Gesellschafter nur mit seiner Zustimmung dazu veranlaßt werden kann, daß das Unternehmen, in das er investiert hat, ein untrennbarer Teil eines anderen Unternehmens wird. Die beim qualifizierten Konzern[29] definitionsgemäß eintretende Unterordnung unter das

genügt, als lex posterior derogiert an. M. E. läßt sich diese Differenzierung sinnvoll erklären: Durch den Tausch von GmbH-Anteilen gegen eine Aktienbeteiligung besteht typischerweise für den Minderheitsgesellschafter, der überstimmt worden ist, leichter eine Möglichkeit, durch Anteilsverkauf die aufgedrängte Gesellschaftsbeteiligung an der übernehmenden AG zu versilbern.

26 Siehe die Erläuternden Bemerkungen zum Entwurf eines GmbHG, 235 der Beilagen zu den stenographischen Protokollen des Herrenhauses, XVII. Session, 1904, S. 72.

27 Der Gesellschaftsvertrag kann vorsehen, daß nach Ablauf von zwei Jahren nach der Gründung solche Entscheidungen auch mit einfacher Mehrheit oder auch ohne Zustimmung der Gesellschafterversammlung getroffen werden können (vgl. KASTNER/DORALT, Grundriß, aaO [Fn. 4], S. 296; REICH-ROHRWIG, aaO [Fn. 2], S. 330; nach JUD, SWK 1980 B II 80 und ARNOLD, GmbH-Handbuch, 2. Aufl., S. 44 f, soll diese Erleichterung nach Ablauf der Zweijahresfrist automatisch eintreten).

28 Zu den Bedenken KOPPENSTEINERS oben Fn. 25; zu Einzelheiten siehe auch REICH-ROHRWIG, aaO (Fn. 2), S. 739 f.

29 Für die Abgrenzung des qualifizierten Konzerns folge ich ROWEDDER/KOPPENSTEINER, aaO (Fn. 1), § 52 GmbHG Anh. Anm. 16.

gemeinsame Unternehmensziel mehrerer Gesellschaften und die Aufgabe der unternehmerischen Selbständigkeit bedarf auch dann der Zustimmung aller Gesellschafter der sich unterordnenden GmbH, wenn sie nicht durch eine förmliche Verschmelzung, sondern durch Maßnahmen, die einer Verschmelzung wirtschaftlich gleich sind, vor sich geht.

Mit den Grundwertungen dieser beiden Einstimmigkeitserfordernisse des österreichischen Minderheitenschutzes läßt sich m. E. also belegen, daß die Begründung eines sog. qualifizierten Konzerns der Zustimmung *aller* Gesellschafter bedarf. Zur Durchsetzbarkeit dieses Grundsatzes verweise ich darauf, daß auch nach österreichischem Recht die Geschäftsführer bereits nach einem allgemeinen gesellschaftsrechtlichen Grundsatz verpflichtet sind, bei ungewöhnlichen Maßnahmen die Generalversammlung zu befassen[30].

b) Schutz gegen Entstehung eines einfachen Konzerns durch Anteilskauf bei Vinkulierung

Das personalistische Element im öGmbH-Recht führt aber nicht dazu, daß etwa schon kraft Gesetzes jeder Gesellschafter wie bei den Personengesellschaften gegen Überfremdung, also den Eintritt von Gesellschaftern, die nicht zu den Gründungsgesellschaftern gehören, geschützt ist. Die Vinkulierung von Geschäftsanteilen bedarf einer Satzungsklausel. Sie ist nach österreichischem Recht zwar durch Gerichtsentscheid (im Außerstreitverfahren) durchbrechbar (§ 76 öGmbHG), aber die Mitgesellschafter haben am Ende des Verfahrens die Möglichkeit, trotz der gerichtlichen Genehmigung doch einen anderen Neugesellschafter ihres Vertrauens namhaft zu machen oder selbst aufzugreifen. Das heißt: bei entsprechender vertraglicher Gestaltung, die in Österreich sehr verbreitet ist, sind die Gesellschafter weitgehend gegen das neue Auftreten eines Mitgesellschafters mit ihnen unbekannten unternehmerischen Interessen geschützt[31].

30 Vgl. KASTNER/DORALT, Grundriß, aaO (Fn. 4), S. 295, ROWEDDER/KOPPENSTEINER, aaO (Fn. 1), § 52 GmbHG Anh. Anm. 31.

31 Die Vinkulierung schützt natürlich nicht gegen mannigfaltige Umgehungsmöglichkeiten, insbesondere wenn der Erwerber eine juristische Person sein soll oder der abtretungswillige Gesellschafter eine Kapitalgesellschaft ist; dagegen kann Vorsorge getroffen werden, z. B. durch eine Bestimmung im Gesellschaftsvertrag, die die Gesellschafter einem Wettbewerbsverbot unterwirft, oder durch Aufgriffsrechte.

c) Erschwerung der Entstehung eines einfachen Konzerns durch minderheitenfreundliche Rechtsprechung zum Bezugsrecht

Hingegen schiebt der OGH in seiner sorgfältig begründeten Entscheidung vom 16. 12. 1980[32] bereits der Entstehung eines einfachen Konzerns im Wege der Kapitalerhöhung ex lege, also schon ohne gesellschaftsvertragliche Vorsorge, einen grundsätzlichen Riegel vor. *Nowotny* hat mit Recht hervorgehoben[33], daß in dieser Entscheidung ein Individual-Vorrecht jedes Gesellschafters auf sein Bezugsrecht anerkannt wird, der Entscheidung somit mehr als der bloße gesellschaftsrechtliche Gleichbehandlungsgrundsatz zugrunde liegt. Der OGH führt im Anschluß an die deutsche Lehre aus:

> „Selbst ein hoher Übernahmepreis, den der Dritte zu bezahlen hat, kann in aller Regel den Nachteil der Gesellschafter nicht ausgleichen...
> Der Bezugsrechtsausschluß muß im überwiegenden Interesse der Gesellschaft seine Rechtfertigung finden ...
> Er muß im rechtverstandenen Interesse der Gesellschaft erforderlich und – von seinem Ziel her gesehen – das einzig vertretbare Mittel sein."

Zusammenfassend folgt aus diesen Grundlinien des GmbH-Rechts die folgende Lösungsskizze zur *Frage der Konzernentstehung:*

(1) Soweit die Gesellschafter nicht durch Vinkulierung Vorsorge getroffen haben, sind sie nicht dagegen geschützt, daß ein neuer Mehrheitsgesellschafter durch Erwerb von Anteilen in die Gesellschaft eindringt, der selbst branchenbezogene oder auch völlig branchenfremde unternehmerische Interessen hat.
(2) Die Rechtsprechung schützt hingegen weitgehend vor dem Eindringen im Wege der Kapitalerhöhung.
(3) Der Gesellschafter ist dagegen geschützt, daß der beherrschende Gesellschafter gegen seinen Willen einen qualifizierten Konzern einrichtet.

d) Möglichkeit der Auflösung der GmbH mit einfacher Mehrheit

Allerdings enthält in diesem Zusammenhang das österreichische GmbH-Recht wiederum einen folgenschweren Unterschied zum deutschen Recht.

Nach § 84 Ziff. 2 öGmbHG wird die Gesellschaft durch Beschluß der Gesellschafter aufgelöst. Dieser Beschluß bedarf, wie die Materialien eindeutig und von Lehre und Rechtsprechung stets beachtet, festhalten, nur der einfachen Mehrheit[34].

32 OGH, GmbH-Rdsch. 1984, 235 = GesRZ 1981, 44.
33 Nowotny, GmbH-Rdsch. 1984, 237 ff.
34 Vgl. Erläuternde Bemerkungen, aaO (Fn. 26), S. 90 f.

Verknüpft man diese Möglichkeit mit dem Gebot der bestmöglichen Verwertung des Unternehmens in der Liquidation, und zwar wenn möglich des lebenden Unternehmens[35], so gibt die Liquidationsmöglichkeit dem Mehrheitsgesellschafter zunächst einen Ausweg aus dem Zustimmungsrecht der Minderheit. Er kann durch Liquidation das Unternehmen erwerben, wenn er bereit ist, den Höchstpreis zu bezahlen und auf diesem Wege die Minderheitsgesellschafter auszubezahlen.

Die Ausführung dieser Möglichkeit wird freilich häufig erhebliche, insbesondere steuerrechtliche Schwierigkeiten verursachen, die Liquidation wird oft viel good will zerschlagen, der Gläubigeraufruf, der damit verbunden ist, stellt eine Belastung dar.

Der skizzierte Ausweg enthält m. E. aber auch einen Wertungsgesichtspunkt: Man wird daraus auch ableiten können, daß die Minderheitsgesellschafter eine Konzernierungsmaßnahme dann nicht ablehnen dürfen, wenn ihnen der Mehrheitsgesellschafter eine Abfindung in voller Höhe des Wertes ihrer Beteiligung bietet. Denn das könnte der Mehrheitsgesellschafter auch über die Liquidation erreichen. Würden sie trotz eines solchen, von ihnen abgelehnten Angebotes, den Antrag ablehnen, so handeln sie gegen Treu und Glauben[36]. *Ihre Gegenstimmen gegen die Konzernierungsmaßnahme sind unter diesen Umständen treuwidrig*[37].

35 Nach § 90 Abs. 4 öGmbHG ist bei Versilberung des Gesellschaftsvermögens durch Verwertung als Ganzes eine qualifizierte Zustimmung der Gesellschafterversammlung erforderlich; dies ändert aber nichts an einer Zustimmungspflicht der Minderheit, falls die Verwertung als Ganzes klar den vorteilhaftesten Weg der Versilberung darstellt (vgl. etwa auch den Fall BGH WM 1986, 68); anerkannt ist jedenfalls, daß sich in der Regel der Liquidator um eine Unternehmensveräußerung als vorteilhafteste Verwertungsmethode zu bemühen hat, vgl. Scholz / K. Schmidt, Komm. z. GmbHG, 6. Aufl., 1978/1983, § 70 Anm. 14.

36 Bei der Prüfung der Erforderlichkeit und der Interessenabwägung ist dabei nicht der strenge Maßstab anzuwenden, wie vom OGH für den Ausschluß des Bezugsrechtes gefordert (siehe Fn. 32); denn der Eingriff in die Minderheitsrechte wird durch das Angebot der angemessenen Abfindung zumutbar. Hingegen muß im Falle des Bezugsrechtsausschlusses die Minderheit neue Mehrheitsverhältnisse oder neue Gesellschafter akzeptieren und weiterhin ihr in der Gesellschaft gebundenes Vermögen riskieren. Eine inhaltliche Rechtfertigung und damit Überprüfungsmöglichkeit wird aber durch den Abfindungsanspruch nicht von vornherein ausgeschlossen; vgl. zu dieser Streitfrage Timm, JZ 1980, 665, 668.

37 Mißbräuchlich wäre ein derartiges Vorgehen freilich von seiten der Mehrheit dann, wenn diese bereits vorher Maßnahmen setzt, die den eigenständigen Fortbestand des Unternehmens untergraben und damit das Unternehmen entwerten, vgl. BGH BB 1980, 550; Reich-Rohrwig, aaO (Fn. 2), S. 357 f berücksichtigt nicht, daß der BGH gerade aus dem Verhalten der Mehrheitsgesellschafterin, das dem Auflösungsbeschluß vorangegangen ist (z. B. Umleitung der Dienstnehmer auf eine neue Gesellschaft, die zur Übernahme vorbereitet war), den Rechtsmißbrauch beim Auflösungsbeschluß ableitet.

Ich komme auf diesem konstruktiven Umweg zu dem weiteren Ergebnis:

(4) Die Treuepflicht der Gesellschafter kann aber die Zustimmung zur qualifizierten Konzernbildung gebieten, wenn ihnen der Mehrheitsgesellschafter eine angemessene Abfindung angeboten hat[38].

2. *Strenger Grundsatz der Kapitalerhaltung (§§ 82f öGmbHG)*

Während im deutschen Recht nach §§ 30f öGmbHG unter bestimmten Einschränkungen Ausschüttungen außerhalb der Verteilung des im Abschluß ausgewiesenen Reingewinns bekanntlich zulässig sind, enthalten die §§ 82f öGmbHG strengere Regeln, die nach herrschender Auffassung verdeckte Gewinnausschüttungen auch handelsrechtlich unterbinden[39] und – wie im Aktienrecht – das gesamte Gesellschaftsvermögen schützen. *Koppensteiner* hat im Zusammenhang mit der Behandlung des Gewinnabführungsvertrages bereits die konzernrechtliche Bedeutung der §§ 82f öGmbHG angesprochen[40].

§ 82 Abs. 3 öGmbH bestimmt zwar ausdrücklich nur, daß für Nebenleistungen nicht ihren Wert übersteigende Vergütungen geleistet werden dürfen. Die Bestimmung wird aber von der herrschenden Auffassung analog auf andere gesellschaftsrechtliche Rechtsverhältnisse zwischen der Gesellschaft und ihren Gesellschaftern angewendet[41]. § 82 Abs. 5 öGmbH ordnet sogar eine Gewinnsperre an, wenn zwischen dem Bilanzstichtag und der Beschlußfassung über den Rechnungsabschluß der Vermögensstand der Gesellschaft durch Verluste erheblich und voraussichtlich nicht nur vorübergehend geschmälert wurde. Gesellschafter, die entgegen diesen Bestimmungen Zahlungen erhalten haben, sind zum Rückersatz verpflichtet. Nach § 83 Abs. 4 öGmbHG sind die Ansprüche der Gesellschaft auf Rückgewähr unverzichtbar.

Die Durchsetzung gegen den Willen der Geschäftsführer und der Mehrheitsgesellschafter ist durch § 48 öGmbHG gesichert (vgl. § 46 Nr. 8 dGmbHG); Gesellschafter mit einem Geschäftsanteil von 10 % können bei Ablehnung des Klageantrags oder bei unterlassener Behandlung in der Gesellschafterversamm-

38 Die Möglichkeit, daß die Mehrheit im Wege der Konzernbildung unter gewissen Voraussetzungen das Unternehmen übernimmt, mag zunächst aus dem Gesichtspunkt des Minderheitenschutzes befremden. Für die österreichische Rechtsordnung ist es aber bereits in der gesetzlichen Regelung der Auflösung der Miteigentumsgemeinschaft im Wege der Teilungsklage (§§ 841 ff ABGB) vorgezeichnet, daß bei gemeinsamem Eigentum kein Schutz vor Auflösung gegen den Willen eines Miteigentümers besteht. Nur im Falle der „Unzeit" ist die Teilungsklage abzuweisen (§ 830 ABGB).

39 Vgl. Arnold, GesRZ 1985, 86.

40 Koppensteiner, RdW 1985, 173 f.

41 OGH GesRZ 1979, 79; Arnold, GesRZ 1985, 87; Kastner/Doralt, Grundriß, aaO (Fn. 4), S. 322 f.

lung selbst mit Klage namens der Gesellschaft gegen den Begünstigten vorgehen[42].

Ob bei der GmbH neben diesem Minderheitsrecht jedem Gesellschafter eine actio pro socio wie nach der ITT-Entscheidung zusteht, halte ich für zweifelhaft.

Für den faktischen GmbH-Konzern ergibt sich m. E. aus den §§ 82 f öGmbHG die grundsätzliche Unzulässigkeit verdeckter Gewinnausschüttung. Aus Gläubigerschutzüberlegungen kann auf den Erstattungsanspruch nicht wirksam verzichtet werden (die Bestimmung wurde in bewußter Anlehnung an die Unverzichtbarkeit von Stammeinlageansprüchen ausgestaltet)[43]. Selbst Einstimmigkeit der Gesellschafter und strikte Wahrung des Gleichbehandlungsgrundsatzes hilft darüber nach österreichischem Recht nicht hinweg.

Zulässig ist wohl nur, gleichzeitig mit der verdeckten Zuwendung des Vorteils einen sicheren gleichwertigen Nachteilsausgleich zu vereinbaren. Allfällige Ausgleichsleistungen für verdeckte Gewinnausschüttung müssen m. E. schon im Zeitpunkt der Gewährung der verdeckten Gewinnausschüttung voll aktivierungsfähig sein, weil sonst der Kapitalerhaltungsfunktion der Bestimmungen von §§ 82 f nicht Rechnung getragen wird.

V. *Zulässigkeit des qualifiziert faktischen Konzerns*

§§ 82 f öGmbHG führen natürlich zur Frage, ob ein qualifizierter Konzern überhaupt mit dem geltenden öGmbHG vereinbar ist. Diese Frage ist m. E. nicht nur de lege lata wichtig, sondern stellt auch die zentrale rechtspolitische Frage des Konzernrechts dar.

M. E. ist durch die Zulässigkeit des Gewinnabführungsvertrages in seiner Ausprägung nach dem KöStG (wirtschaftliche, finanzielle und organisatorische Eingliederung)[44] unter dem Gesichtspunkt der Einheit der Rechtsordnung wohl auch die Zulässigkeit des qualifizierten Konzerns de lege lata gesichert.

De lege ferenda ist zu überlegen, daß das Konzernrecht, im besonderen das Problem des qualifizierten Konzerns, nur ein Phänomen von mehreren ist, bei dem die Rechtsordnung mit den fließenden Grenzen unternehmerischer Unabhängigkeit zu kämpfen hat. Die Organisationsformen des Wirtschaftslebens sind von einer Vielzahl von vergleichbaren Abhängigkeiten[45] durchzogen: Man denke an die Abhängigkeit kleinerer Zulieferer im Verhältnis zu Produzenten, von

42 Siehe P. Doralt, in: Kastner/Stoll, GmbH & Co. KG, aaO (Fn. 16), S. 248; Reich-Rohrwig, aaO (Fn. 2), S. 654.

43 Siehe Erläuternde Bemerkungen, aaO (Fn. 26), S. 90.

44 Siehe W. Doralt / H. G. Ruppe, Grundriß des österreichischen Steuerrechts, I, 2. Aufl., 1982, S. 193 f.

45 Zum Schutz wirtschaftlicher Entscheidungsfreiheit siehe Mayer-Maly, in: Münchner Komm. z. BGB, 2. Aufl., 1984, § 138 Anm. 66 ff.

Vertragshändlern, die nur ein Produkt vertreiben, an den losen Zusammenschluß vom rechtlich, aber häufig nicht wirtschaftlich selbständig bleibenden Einzelhändlern (Stichwort: „geistige Filialisierung") oder an den jüngst in der österreichischen Rechtspolitik (anläßlich der geplanten Novellierung des Kartellrechts) ins Schußfeld geratenen Genossenschaftsverbund.

In allen diesen Fällen wird rechtliche Selbständigkeit trotz weitestgehender und häufig irreversibler wirtschaftlicher Abhängigkeit aufrechterhalten; obwohl sich Vor- und Nachteile nicht genau rechnen lassen, ist der Synergieeffekt in den Augen der Beteiligten doch höher einzuschätzen, als die Schwierigkeiten des selbständigen Überlebenskampfes.

Wahrscheinlich ist gerade die Organisationsform des Konzerns, insbesondere auch des qualifizierten Konzerns und die dadurch geförderte Vernetzung wirtschaftlicher Einheiten trotz aller Kritikwürdigkeit vieler Details eine der Stärken des westlichen Wirtschaftssystems. Dies sollte bei der rechtspolitischen Diskussion nicht aus den Augen verloren werden.

Bericht über die Diskussion

von

ao. Univ.-Prof. DR. HANNS FITZ, Innsbruck

I. Stand des Gesetzgebungsprojekts in Österreich

Für die deutschen Diskussionsteilnehmer wurde zur österreichischen Rechtssituation vorab darauf hingewiesen, daß in Österreich eine Kommission zur Ausarbeitung des Konzernrechts – einschließlich jenes der GmbH – eingesetzt wurde. Hinsichtlich der konsolidierten Bilanz seien die Arbeiten ziemlich weit fortgeschritten – und zwar vor allem unter Orientierung am deutschen Gesetz. Die übrigen Regelungen des Konzernrechts würden nicht nur ihrer Komplexität wegen, sondern vor allem deshalb noch längere Zeit in Anspruch nehmen, weil die Richtlinien der EG abzuwarten seien. Eine Übernahme des deutschen Konzernrechts in allen Einzelheiten sei nicht beabsichtigt.

II. Der Begriff des qualifizierten Konzerns

Im Interesse einer einheitlichen Sprachregelung wurde zunächst gefragt, ob der Begriff des qualifizierten Konzerns, den man in der Bundesrepublik als terminus technicus verwendet, in Österreich inhaltsgleich verstanden werde. Der Referent bejahte dies und wandte sich zugleich gegen den Vorschlag, das Element einer die selbständige Lebensfähigkeit ausschließenden Beeinträchtigung der Tochtergesellschaft in den Begriff aufzunehmen. Vielmehr sei – wolle man an den Tatbestand Rechtsfolgen anknüpfen – darauf abzustellen, daß durch nachhaltige Eingliederungsmaßnahmen die wirtschaftliche Selbständigkeit der Tochtergesellschaft aufgehoben wird. Darin liege freilich noch keine Beeinträchtigung, zumal die Konzernierung durchaus auch positive Effekte für das beherrschte Unternehmen zeitigen könne.

Den Einwänden gegen die Ansicht, eine Holding-Gesellschaft sei herrschendes Unternehmen i. S. der §§ 15 ff. AktG, gab der Referent recht. Die hundertprozentige Beteiligung an der anderen Gesellschaft schließe hier den unternehmenskonstitutiven Interessenkonflikt aus, und Rechtsfolgen wie jene der §§ 311 des deutschen AktG seien sinnlos. Die Normen über den Erwerb von Aktien der Mutter durch die Tochter und das Konzernbilanzrecht knüpften wiederum nicht an die Eigenschaft eines herrschenden Unternehmens, sondern an die Kapitalgesellschaft und die Aktiengesellschaft an.

III. Probleme des qualifizierten Konzerns

Im Vordergrund des Interesses standen sodann die Probleme des qualifizierten faktischen Konzerns, wobei die Frage seiner Zulässigkeit eng mit jener der Rechtsfolgen verknüpft war.

Zunächst sollte abgeklärt werden, ob die Aussage in These 12[1], wonach aus der Möglichkeit eines Gewinnabführungsvertrages die Rechtmäßigkeit des qualifizierten faktischen Konzerns abgeleitet wurde, de lege lata lediglich auf den Vertragskonzern oder auch auf den faktischen Konzern bezogen sei. In diesem Fall würden die Thesen 6, 10 und 11[2] wiederum eher eingeschränkt. Auch stelle sich die Frage nach den Sanktionen, wenn ohne Zustimmung aller Gesellschafter ein solches Gebilde nicht zulässig sein solle. Denn es könne nicht gesagt werden, wie dies in These 10 und 11 anklinge, daß jede Maßnahme, die im Konzerninteresse oder auf Wunsch der einheitlichen Leitung getroffen werde, schon eine verdeckte Gewinnausschüttung darstelle. Denn diese setze ja einen Vermögenstransfer voraus. Gehe es hingegen um strukturelle Eingriffe, die sich zunächst vermögensmäßig gar nicht niederschlügen, könnten die §§ 82, 83 GmbHG nicht greifen. Daher frage sich, mit welchen Waffen der doch markante Rechtssatz, der an die Spitze gestellt wurde, durchzusetzen sei. Der These, daß der qualifizierte faktische Konzern einen Gesellschafterbeschluß erfordere, wurde sodann der Umstand entgegengehalten, daß es sich hierbei durchwegs um gleitende Übergänge handle, die in keiner Weise durch Maßnahmen der Generalversammlung bestimmt seien. Es müsse also auch einen Zustand geben, der durch keinen Beschluß abgesegnet sei. Dann aber sei es doch bedenklich, wenn dieser dadurch legalisiert werden könne, daß die Mehrheit eine 49 %ige Minderheit aus der Gesellschaft verdränge. Unbefriedigend sei der Gedanke einer Abfindung der Minderheit zudem, wenn man, wie in der Bundesrepublik, auch an den Gläubigerschutz denke. Was den Gläubigerschutz betreffe, so fragte man sich auch, ob man in Österreich diesen nur auf den qualifizierten Konzern abstelle und dies deshalb, weil sich hier im Steuerrecht ein Ansatzpunkt finde. Wenn – wie in

1 *These 12:* Das Steuerrecht setzt die Zulässigkeit eines Gewinnabführungsvertrages bei qualifizierter Beherrschung voraus. Ein qualifizierter Konzern ist demnach nicht rechtswidrig.

2 *These 6:* Daraus läßt sich allgemein ableiten, daß die Begründung eines qualifizierten Konzerns der Zustimmung der Gesellschafter bedarf.
These 10: Aus den strikten Kapitalerhaltungsvorschriften der §§ 82 f GmbHG ergibt sich, daß jede ungerechtfertigte Vermögensverschiebung an einen Gesellschafter auszugleichen ist. Dieser Anspruch ist unverzichtbar und kann von einer Minderheit von 10 % durchgesetzt werden.
These 11: Im Falle nachteiliger Einflußnahme muß bereits im Zeitpunkt des Eintrittes des Nachteiles ein aktivierungsfähiger Ausgleichsanspruch begründet sein.

These 2[3] – im Konzernrecht die wirtschaftliche Einheit bei einer Gesamtbetrachtung in den Vordergrund gestellt werde, sei es doch verwunderlich, daß dann eine Differenzierung zwischen einfachem und qualifiziertem Konzern vorgenommen werde.

Auf die Frage der Rechtmäßigkeit des qualifizierten faktischen Konzerns eingehend, wollte der Referent die aus dem Steuerrecht hergeleitete Legitimation *Doralts* nicht vorbehaltlos unterstützen. Denn von der steuerrechtlichen Anerkennung des Vertragskonzerns könne kein zwingender Schluß auf die Zulässigkeit des qualifizierten faktischen Konzerns gezogen werden. Dennoch ergebe sich aus dem Fehlen eines Verbotes und dem Bestehen von Schutzmöglichkeiten ein Ansatz für seine Zulässigkeit schon de lege lata. Was die Sanktionen betreffe, so sei es in der Tat bei verschiedenen Maßnahmen unternehmenspolitischer Natur schwierig, mit dem eingebürgerten Verbot verdeckter Gewinnausschüttungen zu operieren. Daher solle der Minderheit gegen das schleichende Überwechseln von einem gewöhnlichen faktischen Konzern (mit nur vereinzelten Eingriffen) zum qualifizierten Konzern die Waffe nicht nur eines Schadenersatzanspruches, sondern auch eines präventiven Unterlassungsanspruches gegen die Geschäftsführung in die Hand gelegt werden. Dabei komme man allerdings über die Hürde des Erfordernisses einer 10%-Minderheit des §48 GmbHG nicht hinweg. An der praktischen Durchsetzbarkeit dieser Lösung hegte der Referent allerdings selbst Zweifel, so daß als effektiver Schutz letztlich nur der Anspruch der Minderheit auf Abfindung zum Ertragswert bleibe. Dabei solle ihr freilich die Konzernvermutung bei Vorliegen bestimmter, leicht beweisbarer Tatbestände zugute kommen. Daß mangels zeitlich exakter Feststellbarkeit einer qualifizierten Konzernbindung nicht nur die Sanktionen, sondern auch das Kriterium des Gesellschafterbeschlusses praktische Schwierigkeiten bereiten würden, wurde vom Referenten nicht in Abrede gestellt. Doch solle mit letzterem nur ein Weg aufgezeigt werden, der der Mehrheit rechtmäßigerweise den qualifizierten faktischen Konzern ermögliche. Dessen Sonderstellung wiederum sei nicht nur durch das Steuerrecht determiniert, sondern ergebe sich auch aus seinen spezifischen Schutzproblemen, weil sich hier der Minderheitenschutz nicht mehr über Einzelansprüche gegen Konzernierungsmaßnahmen erreichen lasse.

3 *These 2:* Der Systembegriff „Konzernrecht“ und die auf die betriebswirtschaftliche Einheit abstellende Betrachtung sind – trotz ihrer zentralen Bedeutung für eine dogmatische Erfassung des Konzerns – nicht für eine gesetzliche Separierung der Konzernprobleme von den allgemeinen gesellschaftsrechtlichen Fragestellungen zu empfehlen, zumal das Phänomen Konzern über das Gesellschaftsrecht hinaus – z. B. im Steuerrecht, Arbeitsrecht, Arbeitsvertragsrecht – von Auswirkung ist.

IV. Die Konzernbildung

Im Brennpunkt der Kritik aus vielfältiger Perspektive stand die These, daß die Mehrheit im Zuge der Konzernbildung die Minderheit aus der Gesellschaft unter Abfindung hinausdrängen könne. In Frage gestellt wurde dabei schon die Prämisse, die einfache Mehrheit könne einen Auflösungsbeschluß fassen und das Unternehmen im Wege der Liquidation übernehmen. Von deutschen Diskussionsteilnehmern wurde zum Teil mit Verblüffung zur Kenntnis genommen, daß Satzungsänderungen einer qualifizierten Mehrheit bedürften, nicht aber so schwerwiegende Strukturänderungen wie der Auflösungsbeschluß, der zur Änderung des Gesellschaftszwecks führe. Die Frage, ob diese mangels eines Marktes für Unternehmen zu Mißbräuchen geradezu einladende Regelung in Österreich widerspruchslos hingenommen werde, fand ihre baldige Antwort in den Diskussionsbeiträgen von österreichischer Seite: Ein Auflösungsbeschluß mit dem Ziel, die Minderheit vom Unternehmen abzudrängen, sei rechtsmißbräuchlich, wurde unter Hinweis auf die Rechtsprechung des BGH eingewendet. Außerdem bestehe eventuell auch ein ebenso legitimes Interesse der Minderheit, dasselbe Unternehmen zu übernehmen, z. B. weil sie darin besonders engagiert sei. Auch solle in diesem Zusammenhang die vom Referenten nicht genannte Vorschrift des § 90 Abs. 4 GmbHG berücksichtigt werden, wonach die Verwertung des Gesellschaftsvermögens durch Veräußerung des Unternehmens als Ganzes nur aufgrund eines Beschlusses mit Dreiviertelmehrheit erfolgen könne.

Fragwürdig erschien manchen auch die Schlußfolgerung von der Auflösungssituation zur Konzernbildung unter Abfindung der Minderheit. Wenn ersteres schon mit einfacher Mehrheit geschehen könne, so sei dies ein allgemeines Mehrheits-/Minderheitsproblem, das mit dem faktischen Konzern möglicherweise überhaupt nichts mehr zu tun habe. Das deutsche Bundesverfassungsgericht würde aller Voraussicht nach heute nicht einmal mehr eine Dreiviertelmehrheit als Rechtfertigung für den Hinauswurf der Minderheit genügen lassen. Für das österreichische Recht wurde hervorgehoben, daß das GmbHG keine Ausschlußklage kenne. Wenn überhaupt also eine Analogiegrundlage für die im Referat vertretene Lösung bestehe, so liege diese im Umwandlungsgesetz, welches zwar keine Rechtfertigung des Beschlusses, wohl aber eine Neunzehntel-Mehrheit für die Übertragung des Unternehmens auf den Hauptgesellschafter erfordere. Auflösungen kämen zudem nur in jenen seltenen Ausnahmefällen vor, in denen die Gesellschaft am Ende sei. Daher sollten solche Maßnahmen nicht für die beliebte Konzernierung herangezogen werden. Auch rechtspolitisch seien die konzentrationsfördernden Abfindungslösungen bedenklich – jedenfalls im Recht der GmbH, bei der der Markt für angemessene Beteiligungen verhältnismäßig gering sei. Denn gleichgestellt sei der ausscheidende Gesellschafter nicht schon, wenn er die von einem Wirtschaftsprüfer zum Abfindungszeitpunkt als angemessen dargestellte Geldsumme erhalte, sondern nur dann, wenn er die Möglichkeit habe, sich an einem anderen Unternehmen gleichwertig zu beteiligen. Gerade bei der im Referat vorgeschlagenen Lösung werde dies aber immer schwieriger werden. Als verräterische Hilfskonstruktion wurde sodann auch die vom Referenten mit dem Treuepflichtargument begründete Zustimmungspflicht der Minderheit zur Konzernierungsmaßnahme kritisiert. Es sei im Ansatz und Ergebnis bedenklich, daß mit dem Treuegedanken zugunsten des Mehrheitsgesellschafters eine Einmanngesellschaft erreicht werde, für die dann das Treuepflichtargument nicht mehr gelte. Wenn man so konstruiere wie der Verfasser, dann müsse man die Konsequenz ziehen, daß solche Maßnahmen eben mit einfacher Mehrheit zulässig seien, wenn die Auflösung angeboten werde. Dann erübrigten sich auch die von anderer Seite hervorgehobenen konstruktiven Probleme, die für eine prozessuale Durchsetzung des Mißbrauchsgedankens gegen die Minderheit zu lösen wären. Tatsächlich aber sei eine Auflösung, die die Mehrheit herbeiführe, um danach das Unternehmen in die eigene Tasche zu stecken, funktionswidrig und daher rechtsmißbräuchlich. Daß in der schon erwähnten Entscheidung des BGH, wie ein Vorredner bemerkte, noch zusätzliche Unlauterkeitsmerkmale im Spiel gewesen seien, könne an dieser grundsätzlichen Wertung nichts ändern. Aufgegriffen wurde schließlich auch eine Diskrepanz, die zwischen den Möglichkeiten der einfachen Mehrheit im Zuge der Konzernierung einerseits und den beim Ausschluß vom Bezugsrecht bei Kapitalerhöhung sehr nachdrücklich geforderten Gleichbehandlungsgebot andererseits gesehen wurde. Sollte die dort geforderte sachliche Rechtfertigung für den Beschluß nach Ansicht des Referenten vielleicht auch für den Fall der Konzernierung gelten?

In seiner Replik verwies der Referent zunächst auf die Materialien zum GmbHG, aus denen klar hervorgehe, daß der Gesetzgeber bewußt auf das qualifizierte Mehrheitserfordernis für die Auflösung verzichtet habe. Das Hinausdrängen der Minderheit sei auch nicht rechtsmißbräuchlich, wenn ihr eine volle Abfindung geboten werde. Rechtswidrig sei es dagegen zweifellos, wenn der herrschende Gesellschafter vorher versuche, durch verschiedene Maßnahmen den Wert der Anteile zu drücken. Im übrigen stelle sich das Problem mit dem bloß einfachen Mehrheitserfordernis in der Praxis nicht mit voller Schärfe, weil in den Gesellschaftsverträgen und Vertragsmustern regelmäßig eine qualifizierte Mehrheit für die Auflösung vorgesehen werde, die dann auf die Fälle des qualifizierten Konzerns zu erstrecken sei. Was wiederum die Zustimmungspflicht des Minderheitsgesellschafters betreffe, so sei im Einklang mit der Rechtsprechung des OGH daran festzuhalten, daß die Mehrheit gegenüber der Minderheit einen Anspruch auf bestmögliche Verwertung des Unternehmens habe, und diese liege eben in der Regel in der Veräußerung des gesamten Unternehmens. Freilich müsse dann im Falle der Konzernierung auch eine Inhaltskontrolle im Sinne sachlicher Rechtfertigung des Beschlusses stattfinden –

und zwar mit ähnlich strengen Maßstäben, wie sie der OGH beim Bezugsrechtsausschluß anlege. Dadurch würde ein flankierendes Korrektiv geschaffen, das die Diskrepanz zum Umwandlungsgesetz behebe, weil dieses zwar eine Neunzehntel-Mehrheit erfordere, aber eine solche Prüfung des Beschlusses nach h. A. nicht vorsehe. Die Beurteilung der Abfindungslösung insgesamt sei gewiß eine heikle rechtspolitische Frage, doch sei nach Ansicht *Doralts* grundsätzlich davon auszugehen, daß der Nutzen, der mit einer Konzernierungsmaßnahme einhergehe, höher zu veranschlagen sei als die Beeinträchtigung der Minderheiten. Nicht zuletzt falle dabei auch ins Gewicht, daß die österreichische Wirtschaftsstruktur für die Bildung größerer Einheiten spreche.

Diese Ausführungen blieben nicht unwidersprochen. So wurde darauf hingewiesen, daß in der österreichischen Vertragspraxis entgegen der Ansicht des Referenten die einfache Mehrheit bei der Auflösung nicht ausgeschlossen werde. Selbst das vom Verfasser erstellte Vertragsmuster sei bei der einfachen Mehrheit geblieben. Die gesetzliche Regelung habe ihren Grund vor allem darin, daß der Gesetzgeber seinerzeit dieser neuen und seiner Ansicht nach gefährlichen Gesellschaftsform mißtraut habe. Was die Treuepflicht des Minderheitsgesellschafters betreffe, so sei dem Referenten darin recht zu geben, daß es in der modernen Wirtschaft durchaus Fälle gebe, in denen die Rettung einer Gesellschaft nur durch eine Konzernierung möglich sei. Mit besonderer Skepsis wurde schließlich noch die vom Referenten in der Diskussion vorgeschlagene Inhaltskontrolle des Konzernierungsbeschlusses kommentiert, weil sich immer gute Gründe etwa der Rationalisierung oder eines optimalen Konzerneffektes finden ließen, mit denen die inhaltliche Berechtigung aus der Sicht eines Unternehmens dargestellt werde. Daß aus dem Blickwinkel des deutschen Rechts und im Lichte der Feldmühle-Entscheidung des BGH derartige Gesichtspunkte es rechtfertigen würden, einer Minderheit die Abfindung aufzuzwingen und ihr damit die Gesellschafterstellung zu nehmen, sei zu bezweifeln.

Referat

Bestandsschutz im faktischen GmbH-Konzern

von

Rechtsanwalt Prof. HEINZ ROWEDDER, Mannheim

I. Einleitung

Der vielfach beklagte Umstand, daß ein kodifiziertes GmbH-Konzernrecht vom Gesetzgeber auch in der GmbH-Rechtsnovelle 1980 nicht geschaffen worden ist, führt in der Praxis zu rechtlich schwierigen und zumeist unbefriedigenden Ergebnissen. Der Grund liegt in der Unsicherheit, welche Rechtsnormen auf den GmbH-Konzern, speziell auf den faktischen GmbH-Konzern anzuwenden sind[1].

Der Bogen der Meinungen ist weit gespannt, er reicht von der Annahme einer Unzulässigkeit des faktischen Konzerns über die Nichtanwendung aktienrecht-

1 K. SCHMIDT, ZGR 1981, 471 ff.

licher Konzernvorschriften auf den GmbH-Konzern bis zu der Auffassung, daß eine vorsichtige analoge Anwendung der Bestimmungen über den Vertragskonzern im Aktiengesetz jedenfalls dann erfolgen könne, wenn ein sog. qualifizierter faktischer Konzern vorliegt[2].

Warum die gesetzliche Regelung eines GmbH-Konzernrechts unterblieben ist, und sei es auch nur in der Form der Verweisung z. B. auf die aktienrechtlichen Vorschriften, läßt sich nur schwer, richtiger gar nicht feststellen. Der Gesetzgeber, der in dem Entwurf zu einer großen GmbH-Rechtsreform konzernrechtliche Vorschriften analog denen des Aktiengesetzes vorgesehen hatte, hat sich in der amtlichen Begründung zur GmbH-Rechtsnovelle 1980 und in dem vorausgehenden Referentenentwurf zu dieser Frage nicht geäußert. Spärliche Quellen besagen, daß der Gesetzgeber der Auffassung war, es bedürfe einer solchen gesetzlichen Regelung nicht, es könne vielmehr der Rechtsprechung überlassen bleiben, die im GmbH-Recht auftretenden Konzernrechtsprobleme durch fortbildende Rechtsprechung zu klären.

Die dadurch eintretenden Unsicherheiten bei der Beurteilung der rechtlichen Einordnung des GmbH-Konzerns sind verständlich und haben zu außerordentlich kontroversen Meinungen geführt.

Die Gegner einer analogen Anwendung der konzernrechtlichen Vorschrift für das Aktiengesetz begründen, ausgehend von den Überlegungen der *Unternehmensrechtskommission*, ihre Ablehnung im wesentlichen damit, daß die Aktiengesellschaft anders strukturiert sei als die GmbH und zwar, weil die Aktiengesellschaft eine andere Zuständigkeitsordnung besitze mit strikter Aufteilung der Kompetenzen auf die drei streng voneinander getrennten Organe Hauptversammlung, Aufsichtsrat und Vorstand, währen die GmbH eine solche Trennung nicht habe, selbst nicht bei der mitbestimmten GmbH. Oberstes Weisungsorgan sei die Gesellschafterversammlung, die dem weiteren obligatorischen Organ, nämlich den Geschäftsführern, durch Beschluß der Gesellschafterversammlung, aber auch – im Falle des Vorliegens einer Mehrheitsbeteiligung – unmittelbar durch den Mehrheitsgesellschafter Weisungen erteilen könne, die die Geschäftsführer zu befolgen hätten. Diese Privatautonomie, die aus § 45 Abs. 1 GmbHG folge, verbiete es, die konzernrechtlichen Regelungen der §§ 291 ff AktG, sei es unmittelbar, sei es analog, zu übernehmen. Die Gegner der analogen Anwendung aktienrechtlicher Konzernrechtsvorschriften auf die GmbH wollen statt dessen Übergriffe des herrschenden Unternehmens, also die mißbräuchliche Ausübung von Leitungsmacht in bezug auf eine abhängige GmbH, ausschließlich unter dem rechtlichen Gesichtspunkt entweder der unerlaubten Handlung

2 Emmerich, in: Der GmbH-Konzern, Hrsg. Centrale für Gesellschaften mbH Dr. Otto Schmidt, 1976, S. 3 ff; Gessler, FS Walter Schmidt, 1959, S. 251; sehr kritisch Würdinger, DB 1973, 45 ff; Gessler, DB 1973, 48 ff; Martens, DB 1970, 867 ff; Koppensteiner, ZGR 1973, 19 ff; Schilling, FS Hefermehl, 1976, S. 383 ff.

gemäß § 826 BGB beurteilt wissen oder aber aus der gesellschaftsrechtlichen Treuepflicht herleiten[3]. Man meint, so den Bestandsschutz im faktischen GmbH-Konzern zureichend sichern zu können. Es mögen für diese Auffassung nicht ohne Einfluß gewesen sein die Verhandlungen der *Unternehmensrechtskommission,* die sich nach eigenem Eingeständnis nur kurz mit der Frage beschäftigt hat, ob eine gesetzliche Regelung des GmbH-Konzernrechts geboten sei, und die im Ergebnis in einer Ablehnung der Übernahme der aktienrechtlichen Konzernrechtsvorschriften auf die GmbH mündete, obgleich ein Teil der Kommission die analoge Anwendung der §§ 311 ff AktG auf den faktischen GmbH-Konzern gefordert hatte, insbesondere mit Rücksicht auf die eher schwache Stellung des Geschäftsführers der GmbH, um ihm auf diese Weise einen zusätzlichen Schutz gegen mißbräuchliche Leitungsmacht zu verschaffen[4].

Die Ablehnung der Übernahme oder analogen Anwendung der aktienrechtlichen Konzernvorschriften auf die GmbH wurden von der Unternehmensrechtskommission dabei im wesentlichen wie folgt begründet: Das geltende Recht schütze die Gesellschafter und Gläubiger der abhängigen Gesellschaft ausreichend; die Geschäftsführer der abhängigen GmbH hätten bei rechtswidrigen Weisungen des herrschenden Unternehmens der Ausführung des rechtswidrigen Geschäfts zu widersprechen; die Minderheitsgesellschafter der abhängigen GmbH besäßen das weitgehend ausgestaltete Auskunftsrecht des § 51 a GmbHG, nach dem jederzeit die Maßnahmen des herrschenden Unternehmens in bezug auf die faktisch abhängige GmbH überprüft werden könnten; die Minderheitsgesellschafter könnten bei schädigenden Geschäften des herrschenden Unternehmens auf Rückgewähr oder Schadenersatz an die Gesellschaft klagen, unter Umständen besäßen sie auch unmittelbar geltend zu machende Schadenersatzansprüche, so wie dies im ITT-Falle für die Zwei-Mann-GmbH vom BGH entschieden worden sei. Sofern das herrschende Unternehmen seine rechtswidrigen Handlungen in bezug auf die faktisch abhängige GmbH nicht einstelle, habe der Minderheitsgesellschafter ein außerordentliches Austrittsrecht[5].

II. Die aktuelle Rechtslage

Es erhebt sich die Frage, ob diese traditionellen Rechtsregeln und Rechtsbehelfe tatsächlich ausreichen, um mißbräuchliche Leitungsmacht nicht nur festzu-

3 EMMERICH aaO (Fn. 2), S. 3 ff; IMMENGA, Die personalistische Kapitalgesellschaft, S. 261 ff; REHBINDER, ZGR 1976, 386 ff; K. SCHMIDT, GmbH-Rdsch. 1979, 121, 125; VERHOEVEN, GmbH-Konzern-Innenrecht, 1978, Rdn. 278 ff, EMMERICH / SONNENSCHEIN, Konzernrecht, 2. Aufl., 1977, S. 238 ff; BGHZ 31, 258; 65, 15 ff (ITT); 89, 162 ff; siehe auch neuerlich WIEDEMANN/HIRTE, ZGR 1986, 163, 168.

4 Bericht über die Verhandlungen der UNTERNEHMENSRECHTSKOMMISSION, 1980, Tz 1653, 1660.

5 Bericht der UNTERNEHMENSRECHTSKOMMISSION, aaO (Fn. 4), Tz 1693, 1704.

stellen und zu unterbinden, sondern ob sie auch geeignet sind, mißbräuchlich ausgeübte Leitungsmacht im faktischen Konzern gegenüber einer abhängigen GmbH — was wünschenswert sein müßte — von vornherein zu verhindern oder jedenfalls so nachhaltig generalpräventiv zu erschweren oder mit Sanktionen zu belegen, daß sie unterbleibt.

Derlei ist insbesondere im faktischen GmbH-Konzern von größter Bedeutung, wenn man den Bestandsschutz, also den Schutz der Minderheitsgesellschafter und der außenstehenden Gläubiger gegenüber mißbräuchlich ausgeübter Leitungsmacht des herrschenden Unternehmens effizient gestalten will.

1. Notwendigkeit eines konzernspezifischen Schutzinstrumentariums

Gerade die eher schwache Stellung des Geschäftsführers der abhängigen GmbH gegenüber dem mehrheitlich herrschenden Unternehmen erfordert eine strikte und eindeutig klare Regelung, die einen Orientierungsmaßstab dafür bildet, wo die Ausübung von Herrschaftsmacht im GmbH-Konzern ihre Grenze hat. Nur so kann der Bestandsschutz im faktischen GmbH-Konzern gesichert werden[6]. Die nur mitgliedschaftsrechtlich ausgerichteten Lösungen bei mißbräuchlicher Ausübung von Herrschaftsmacht in bezug auf eine faktisch abhängige GmbH reichen jedenfalls nicht aus, dem Minderheitsgesellschafter oder dem Gläubiger die Garantie des Bestandsschutzes zu geben; sie sind stumpfe Waffen, wie die Praxis tagtäglich und hundertfach belegt.

Der Verweis auf die Grundsätze der Erhaltung des Stammkapitals bedeutet schon deswegen nur wenig, weil nach wohl unstreitiger Meinung gerade die deutsche GmbH in aller Regel unterkapitalisiert ist, was auch durch die Novelle 1980 nicht nachhaltig beseitigt wurde und was deutlich wird, wenn man das Stammkapital von Goldmark 20 000,— im Jahre 1892 ins Verhältnis setzt zu DM 50 000,— im Jahre 1980. Es zeigt sich hier, daß die Verweisung auf die Grundsätze der Erhaltung des Stammkapitals für den Bestandsschutz der Außenstehenden nicht genügend Schutz bietet. Es ist daher auch zu Recht die Forderung erhoben worden nach einer Haftung des herrschenden Unternehmens für eine der wirtschaftlichen Betätigung der abhängigen GmbH angemessenen Kapitalausstattung[7]. Da diese rechtlich nicht durchsetzbar ist, bedarf es einer konzernrechtlichen Haftung des herrschenden Unternehmens jedenfalls dann, wenn das herrschende Unternehmen der abhängigen GmbH nachteilige oder risikoreiche Geschäfte ansinnt[8].

6 Grundsätzlich unter Bezug auf die ITT-Entscheidung des BGH (BGHZ 65, 15): LUTTER/TIMM, NJW 1982, 409 ff; K. SCHMIDT, GmbH-Rdsch. 1979, 121, 125.

7 HOMMELHOFF, in: Roth (Hrsg.), Die Zukunft der GmbH, 1983, S. 15 ff.

8 Zur Verlustausgleichspflicht, siehe H. P. WESTERMANN, in: Der GmbH-Konzern, aaO (Fn. 2), S. 32 ff; K. SCHMIDT, GmbH-Rdsch. 1979, 129 ff.

Das Widerspruchsrecht des Geschäftsführers der faktisch abhängigen GmbH bei rechtswidrigen Weisungen des herrschenden Unternehmens ist, was selbst die Befürworter einer rein mitgliedschaftlichen Regelung nicht verkennen, kaum zu realisieren angesichts der schwachen, weil weisungsabhängigen Stellung des Geschäftsführers der GmbH.

Auch das neuerdings hervorgehobene weitgehend ausgestaltete Auskunftsrecht des § 51 a GmbHG, das zudem nur dem Minderheitsgesellschafter hilfreich wäre, kann die notwendige Transparenz bei rechtsmißbräuchlicher Ausübung von Herrschaftsmacht in bezug auf die faktisch abhängige GmbH nicht verhindern. Gegenüber einem Minderheitsgesellschafter bietet ein permanentes Auskunftsbegehren in der Praxis dem Mehrheitsgesellschafter einen willkommenen Anlaß, den Minderheitsgesellschafter als Querulanten aus wichtigem Grunde auszuschließen.

Das Austrittsrecht des Minderheitsgesellschafters bei rechtsmißbräuchlich ausgeübter Leitungsmacht seitens des herrschenden Unternehmens ist deswegen ein ungeeigneter Minderheitsschutz, weil das herrschende Unternehmen in aller Regel den Austritt des Minderheitsgesellschafters geradezu wünscht, zumal und um so mehr, als das Abfindungsguthaben noch immer nicht gesichert dem vollen Wert des Anteils entspricht. Vor allem aber ist festzuhalten, daß der Minderheitsgesellschafter ja keineswegs aus der Gesellschaft ausscheiden, sondern ihr unter der Bedingung ordnungsgemäßer Leitung als Gesellschafter angehören möchte[9].

Die actio pro socio oder pro societate ist zwar ein geeigneter Rechtsbehelf zum Schutz des Minderheitsgesellschafters, führt freilich zu ständigen teuren und langwierigen Rechtsstreitigkeiten, die das Gesellschaftsverhältnis belasten und die vor allem versagen bei permanent rechtswidrigen und nachhaltigen Eingriffen des herrschenden Unternehmens in die Geschäftsführung der faktisch abhängigen GmbH. Dieser Fall des sog. qualifizierten faktischen Konzerns schafft nahezu nicht mehr justiziable Situationen, die nur dann bewältigt werden können, wenn die Konzernrechtsregeln, vergleichbar denen des Aktiengesetzes, durch richterliche Rechtsfortbildung geschaffen werden, die im Vorfelde garantieren, daß die der faktisch abhängigen GmbH vom herrschenden Unternehmen angesonnenen Geschäfte transparent sind[10].

2. *Die Grenzen des Schutzes nach dem ITT-Urteil*

Insbesondere zwei Entscheidungen des Bundesgerichtshofs zum Bestandsschutz beim Vorliegen eines faktischen GmbH-Konzerns haben nun den Weg

9 K. Schmidt, GmbH-Rdsch. 1979, 121, 125; Bericht der Unternehmensrechtskommission, aaO (Fn. 4), Tz 1685; Wiedemann, ZGR 1978, 477, 495 ff.

10 Bericht der Unternehmensrechtskommission, aaO (Fn. 4), Tz 1664 f.

geebnet für eine sachgerechte Behandlung der abhängigen GmbH[11]: die schon ältere, für das Innenverhältnis, also in bezug auf den Minderheitsgesellschafter, einschlägige ITT-Entscheidung und die viel diskutierte Autokran-Entscheidung des BGH vom 16. 9. 1985, die den Schutz der Gläubiger der faktisch abhängigen GmbH bei deren Insolvenz betrifft.

In der ITT-Entscheidung hat der Bundesgerichtshof noch ganz auf der Basis der mitgliedschaftsrechtlichen Haftung des herrschenden Unternehmens indessen in erfreulich klarer Weise zum Ausdruck gebracht, daß bei fehlsamer oder richtiger rechtswidriger Ausübung der Leitungsmacht durch das herrschende Unternehmen in bezug auf die Geschäfte der abhängigen GmbH die Bestimmung des § 826 BGB als Grundlage nicht ausreiche und zwar ganz einfach, weil diese Vorschrift nur bei vorsätzlich sittenwidrigem Handeln einschlägig sei. Es ist daher begrüßenswert, daß der BGH schon seinerzeit die ursprüngliche Rechtsprechung[12] als zu eng aufgab und statt dessen für die Ausgleichspflicht des herrschenden Unternehmens den Grundsatz der gesellschaftsrechtlichen Treuepflicht postuliert hat, der das gesamte Gesellschaftsrecht beherrscht. Mit Recht hat der BGH die festgestellte Treuepflichtverletzung durch das herrschende Unternehmen zum Anlaß genommen, dem betroffenen Minderheitsgesellschafter den unmittelbaren Anspruch auf Ersatz des ihm entstandenen Schadens zuzusprechen, und zwar auch ohne Umweg über die actio pro socio[13]. Der Bundesgerichtshof hat diese Auffassung indes expressis verbis nur für die Zwei-Mann-GmbH ausgesprochen, doch ist kein Grund ersichtlich, daß dieses Recht der unmittelbaren Geltendmachung des Schadens nicht auch mehreren Minderheitsgesellschaftern je allein zustehen sollte. Es ist dann im Ergebnis eine reine Frage des procedere, ob man Leistung des Schadenersatzes an die Gesellschaft fordern will oder ob aus Zweckmäßigkeitsgründen jeder einzelne Gesellschafter den ihm durch die rechtswidrige Handlung des herrschenden Unternehmens entstandenen Schaden unmittelbar geltend machen kann. Die Grenze liegt naturgemäß dort, wo eine Unzahl von Minderheitsgesellschaftern vorhanden ist, die den Schaden kaum je allein für sich realisieren können.

Die Häufigkeit des rechtswidrigen Eingriffs des herrschenden Unternehmens in bezug auf die Geschäfte der faktisch abhängigen GmbH hat bei der ITT-Entscheidung allerdings keine Rolle gespielt, weil praktisch nur ein einziger Eingriff Gegenstand des Schadenersatzanspruches des Minderheitsgesellschafters war.

Für den Bestandsschutz als Recht des Minderheitsgesellschafters ist dieser in einer besseren Ausgangsposition als etwa der Gläubiger einer insolvent gewordenen abhängigen Gesellschaft. Immerhin besitzt der Minderheitsgesellschafter das

11 BGHZ 65, 15 ff (ITT); 95, 330 (Autokran).
12 Zuletzt BGHZ 31, 258.
13 Rehbinder, ZGR 1976, 386 ff.

jetzt weitreichend ausgestattete Auskunftsrecht des § 51 a GmbHG, wenngleich das Auskunftsrecht, wie oben bemerkt, selbst bei seiner vollständigen Ausschöpfung bei permanenten Eingriffen des herrschenden Unternehmens in die Geschäfte der faktisch abhängigen GmbH niemals hinreichend darüber Klarheit verschafft, ob die Geschäfte nachteilig waren oder nicht[14]. Beim sog. qualifizierten faktischen Konzern zu einer besseren Transparenz zu kommen, ist somit für die Praktikabilität des GmbH-Konzernrechts von ganz entscheidender Bedeutung. Hier neue Wege zu finden, die eine Durchsetzbarkeit von Schadenersatzansprüchen der Minderheitsgesellschafter wie auch der außenstehenden Gläubiger der faktisch abhängigen GmbH sichern, ist angesichts der überaus zahlreichen Abhängigkeitsverhältnisse bei deutschen GmbH's eine dringend gebotene Notwendigkeit. Die Rechtslehre hat zwar, ausgehend von der Begriffsbildung im Arbeitskreis GmbH-Reform 1972, für diese Form der faktischen Beherrschung und faktischen Abhängigkeit den Begriff des qualifizierten faktischen Konzerns geprägt, der seither zunehmend durchgesetzt ist, doch fehlt bislang das Instrumentarium, um im qualifizierten faktischen Konzern bei permanenten Rechtsmißbräuchen des herrschenden Unternehmens den Bestandsschutz in dem Sinne zu sichern, daß die durch die permanenten rechtswidrigen Geschäfte geschädigten Minderheitsgesellschafter oder die außenstehenden Gläubiger ihren Schadenersatz auch nur ermitteln geschweige denn geltend machen können.

3. Vertragskonzernrecht nach dem Autokran-Urteil

Durch diese Sachlage bedingt hat der Bundesgerichtshof in seiner viel diskutierten, sowohl kritisierten, aber vorwiegend gelobten „Autokran"-Entscheidung neue Wege beschritten, und zwar nun doch im Sinne der analogen Anwendung der aktienrechtlichen Konzernvorschriften[15]. Der allseits bekannte Tatbestand nötigte dazu, da sich unter dem rechtlichen Gesichtspunkt der

14 Zwar bezieht sich das Auskunftsrecht auch auf die Verhältnisse des herrschenden Unternehmens, doch kann dies – entgegen FISCHER / LUTTER, GmbHG, 11. Aufl., 1985, § 51 a, Rdn. 12 – nicht auf § 51 a GmbHG gestützt werden (HACHENBURG / SCHILLING, Komm. z. GmbHG, 7. Aufl., 1985, II. Bearb., § 51 a Rdn. 14; K. SCHMIDT, Das neue Auskunfts- und Einsichtsrecht der GmbH-Gesellschaften, in: Das neue GmbH-Recht in der Diskussion 1981, Hrsg. Centrale für GmbH Dr. Otto Schmidt, S. 112). Zum Auskunftsverweigerungsrecht: HACHENBURG / SCHILLING, aaO, § 51 a GmbHG, Rdn. 20; SCHOLZ / K. SCHMIDT, Komm. z. GmbHG, 6. Aufl., 1978, Anh. § 51, Rdn. 39; ROTH, Komm. z. GmbHG, 1983, § 51 a, Anm. 3.3.1.; ROWEDDER / KOPPENSTEINER, Komm. z. GmbHG, 1985, § 51 a, Rdn. 17 ff.

15 BGHZ 95, 330; ausführlich und zustimmend LUTTER, ZIP 1985, 1425 ff; PRIESTER, ZIP 1986, 137 ff; K. SCHMIDT, ZIP 1986, 146 ff; überaus kritisch EHLKE, DB 1986, 523 ff; ferner ausführlich und kritisch REHBINDER, Die AG 1986, 85 ff.

gesellschaftsrechtlichen Treuepflicht keine zulässige Möglichkeit eröffnete, dem Gläubiger von insolvent gewordenen faktisch abhängigen GmbH's den Schaden zuzusprechen, der ihm durch die rechtsmißbräuchliche Ausübung der Leitungsmacht seitens des herrschenden Unternehmens entstanden war.

Der Bundesgerichtshof hat es, wie er selbst ausführt, bei dieser Sachlage für angemessen erachtet, in vorsichtiger Weise die aktienrechtlichen Grundsätze für den Vertragskonzern heranzuziehen, um eine Haftung des herrschenden Unternehmens für rechtsmißbräuchliches Handeln in bezug auf die Gläubiger der faktisch abhängigen GmbH zu erreichen.

Die Autokran-Entscheidung gewährt damit, soweit ersichtlich zum ersten Male, dem Gläubiger einer faktisch abhängigen GmbH bei konzerninterner Ausübung rechtsmißbräuchlicher Leitungsmacht Schadensersatz, gestützt auf die aktienrechtlichen Bestimmungen über den Vertragskonzern.

Im Ergebnis hat der BGH diesen Fall gewiß zutreffend entschieden, wobei sich freilich die Frage stellt, ob der BGH dabei nicht die Grenzen überschritten hat, die den Gerichten bei der analogen Anwendung von Rechtsvorschriften gesetzt sind, indem er sich dazu entschloß, die aktienrechtlichen Grundsätze über den Vertragskonzern „in vorsichtiger Weise" heranzuziehen, weil nach Auffassung des BGH, so wörtlich: Die Regeln des faktischen Konzerns (§§ 311 ff AktG) sich dazu nicht eignen.

Eine nähere Begründung hierfür hat der BGH nicht gegeben, sich vielmehr darauf beschränkt, diese Auffassung als die im rechtswissenschaftlichen Schrifttum überwiegend vertretene anzugeben.

Entsprechend hat der Bundesgerichtshof dann den Anspruch der klagenden Gläubiger hergeleitet aus dem § 303 AktG über den Gläubigerschutz bei Beendigung eines Vertragskonzerns, und über den Gläubigerschutz bei Beendigung einer Eingliederung nach § 322 Abs. 2 AktG. Diese Begründung ist eher überraschend, wenn man berücksichtigt, daß der BGH im weiteren Zusammenhang seiner Begründung durchaus Vorschriften des Aktienrechts über den faktischen Konzern zur Stützung seiner Auffassung herangezogen hat, nämlich die §§ 317 Abs. 1 und 4, 318 Abs. 4, 323 Abs. 1 S. 2, jeweils im Zusammenhang mit § 309 Abs. 4 AktG. Diese Vorschriften, und darauf weist der BGH ausdrücklich hin, geben zwar primär der abhängigen Gesellschaft und den Minderheitsgesellschaftern Ansprüche gegen rechtsmißbräuchliches Handeln des herrschenden Unternehmens, doch hat der BGH weiterführend angenommen, daß solche Ansprüche auch von Gesellschaftsgläubigern geltend gemacht werden könnten, wenn sie von der abhängigen GmbH selbst keine Befriedigung erlangen. Das Problem des BGH bestand wohl vor allem in dem Umstand, daß in dem zu entscheidenden Falle die abhängigen GmbH's sich jeweils im Alleinbesitz des herrschenden Unternehmens befanden, und daß deswegen in der Regel Schadensersatzansprüche der abhängigen GmbH gegen das herrschende Unternehmen, die von den Gläubigern geltend gemacht werden könnten, kaum in Betracht kommen und zwar, weil die Gesellschafter einer GmbH in den Grenzen des § 30 GmbHG frei sind, über das Gesellschaftsvermögen zu verfügen[16]. Geht man von dieser These aus, obgleich sie unter dem Gesichtspunkt der angemessenen Kapitalausstattung für den Geschäftsumfang des Unternehmens einer GmbH auch zweifelhaft sein kann[17], so bleibt zu bedenken, daß die GmbH als selbständige juristische Person rein formal gesehen die Möglichkeit der Geltendmachung eines Anspruchs gegen ihren alleinigen Gesellschafter besitzt. Es mag daher die Überlegung erlaubt sein, ob man unter diesem Gesichtspunkt nicht auch annehmen kann, daß, wenn die im Alleinbesitz befindliche abhängige GmbH ihren Anspruch auf Schadenersatz gegenüber ihrem Gesellschafter nicht geltend macht, dann die Gläubiger wegen dieser schuldhaften Unterlassung der GmbH einen unmittelbaren Anspruch gegen das herrschende Unternehmen besitzen. Bei solcher Überlegung wäre das Zurückgreifen auf Vertragskonzerngesichtspunkte möglicherweise entbehrlich gewesen.

4. *Zwischenergebnis*

Es läßt sich danach festhalten, daß durch die beiden Entscheidungen des Bundesgerichtshofs, sowohl was den Bestandsschutz im faktischen GmbH-Konzern nach innen, also im Verhältnis zu den Mitgesellschaftern, als auch nach außen im Verhältnis zu den Gläubigern einer insolventen faktisch konzernabhängigen GmbH angeht, im Ergebnis richtig beurteilt worden ist. Offen geblieben ist die sicher schwierig zu beantwortende Frage, wie der Rechtsschutz gestaltet sein soll bei Vorliegen eines sog. qualifizierten faktischen GmbH-Konzerns, der durch eine Vielzahl von Einzeleingriffen gekennzeichnet ist. Die Rechtslehre hat sich einstweilen mit dem Gedanken beruhigt, daß im qualifizierten faktischen GmbH-Konzern es nahezu unmöglich sei, einen wirklichen Bestandsschutz für die Minderheitsgesellschafter oder im Falle der Insolvenz der GmbH für die außenstehenden Gläubiger zu erreichen und hat statt dessen unter Ablehnung der Theorie vom konkludenten Abschluß eines Beherrschungsvertrages zwischen herrschendem Unternehmen und abhängiger GmbH einer Anwendung des § 302 AktG das Wort geredet, also dem Anspruch der abhängigen GmbH auf den vollen Verlustausgleich, was aber nur dem Gläubigerschutz bei der faktisch abhängigen Ein-Mann-GmbH dient[18].

16 Hierzu grundsätzlich: Ulmer, ZHR 148 (1984), 391 ff; Lutter, ZIP 1985, 1428 ff.
17 Siehe dazu unter IV. 3 ff.
18 Ulmer, ZHR 148 (1984), 424 ff.

III. Bestandsschutz nach aktienrechtlichem Vorbild

Im Ergebnis ist die allseits empfundene Machtlosigkeit der Rechtsordnung gegenüber dem qualifizierten faktischen GmbH-Konzern unbefriedigend und sollte deswegen einer Lösung zugeführt werden, denn man wird auf die Dauer an dem Problem nicht vorbeikommen.

1. Bestandsschutz im faktischen Konzern

Es geht also darum, den Bestandsschutz beim faktischen GmbH-Konzern für Minderheitsgesellschafter und außenstehende Gläubiger auch dann zu sichern, wenn ständige rechtswidrige Eingriffe des herrschenden Unternehmens es schon dem Minderheitsgesellschafter, besonders aber den außenstehenden Gläubigern der insolvent gewordenen faktisch abhängigen GmbH infolge der Vielzahl der Eingriffe unmöglich machen, „die weisungsgebundenen Geschäfte" zu überblicken.

Die Auffassung, daß bei einer GmbH dem Mehrheitsgesellschafter, also dem herrschenden Unternehmen, der Eingriff in die Geschäftsführung jederzeit erlaubt sei, ist ebensowenig haltbar wie die These, daß die Annahme einer Rechtswidrigkeit des Eingriffs solange ausscheide, als nur das zur Erhaltung des Stammkapitals erforderliche Kapital gemäß § 30 GmbHG vorhanden sei und ein Verlustausgleich erfolge.

Es muß also nach einer Lösung gesucht werden, die sicherstellt, daß im faktischen GmbH-Konzern die weisungsgebundenen Geschäfte der abhängigen GmbH im Ergebnis so geführt werden als wenn diese als selbständiges Unternehmen agierte und daß die einzelnen Geschäfte für die Minderheitengesellschafter und für die Gläubiger transparent bleiben.

2. Zur analogen Anwendung der §§ 311 ff AktG

Im Gegensatz zur überwiegenden und herrschenden Meinung können hierfür sehr wohl die §§ 311 und 312 AktG analog herangezogen werden. Die dagegen vielfach erhobenen Bedenken, die darin gipfeln, die §§ 311 und 312 AktG seien für die Anwendung bei einem faktischen GmbH-Konzern ihrer Natur nach nicht geeignet, weil systemwidrig, überzeugen nicht. Ebensowenig überzeugt der damit meist verbundene Hinweis auf die andersartige, nämlich unabhängigere Ausgestaltung der Stellung des Vorstandes einer Aktiengesellschaft gegenüber der als weisungsgebunden ausgestalteten und damit abhängigeren Stellung des Geschäftsführers einer GmbH.

a) Verbot der Nachteilszufügung

Die soweit ersichtlich zuerst von *Würdinger* ganz generell erhobenen Bedenken gegen die Anwendung der §§ 311 ff AktG beruhen auf der Annahme, daß die Regelung des Verbots der Nachteilszufügung ursprünglich für eine andere konzernrechtliche Konzeption geplant gewesen sei und später umgemünzt wurde derart, daß dem ursprünglichen Verbot der Nachteilszufügung gegenüber der abhängigen Gesellschaft die Zulässigkeit einer solchen bei Ausgleichung des Nachteils entgegengesetzt wurde[19]. Diese Überlegung mag rechtsdogmatisch zutreffen, ihre Praktikabilität wird dadurch weder unmöglich gemacht noch verwässert, wie *Würdinger* meint. Es bleibt die Unzulässigkeit der Nachteilszufügung der abhängigen Gesellschaft durch das herrschende Unternehmen. Wird ein Nachteil durch einen gleichwertigen Vorteil ausgeglichen, so besteht der Nachteil nicht mehr. Entsprechend sind die Bestimmungen der §§ 311 ff AktG für diese Gesellschaftsform geltendes Recht und anzuwenden, und es gibt keinen sachlich zu rechtfertigenden Grund, diese Grundsätze der §§ 311 ff AktG nicht auch analog auf gleiche Sachverhalte im faktischen GmbH-Konzern anzuwenden.

b) Zum Einwand der Systemwidrigkeit

Die vielfach angenommene Systemwidrigkeit erscheint rein formal auch damit widerlegt, daß der Referentenentwurf für die geplante GmbH-Rechtsreform vom 1. 1. 1969 in § 251 eine wortwörtlich gleiche Bestimmung enthielt wie diejenige des § 311 AktG und dies, obgleich der Referentenentwurf für eine große GmbH-Rechtsreform ebenfalls dem Grundsatze nach der Gesellschafterversammlung als oberstem Organ der GmbH alle Rechte zuordnete, also auch das Recht, dem Geschäftsführer der GmbH unmittelbar Weisung zu erteilen[20]. Es läßt sich danach schwerlich sagen, daß die andersartige Ausgestaltung der Stellung des Geschäftsführers einer GmbH gegenüber dem Vorstand einer AG eine überzeugende Begründung dafür abgibt, daß § 311 AktG nicht analog auf den faktischen GmbH-Konzern angewendet werden könnte. Berücksichtigt man weiter, daß im Referentenentwurf für den Geschäftsführer der GmbH keine andere etwa unabhängigere Stellung vorgesehen war, als sie noch jetzt in § 35 Abs. 1 GmbHG festgelegt ist, so wird noch deutlicher, daß das Argument der Systemwidrigkeit des § 311 AktG für die Anwendung auf den faktischen GmbH-Konzern nicht durchgreifen kann.

19 Würdinger, BB 1973, 45 ff.
20 Referentenentwurf eines Gesetzes über Gesellschaften mit beschränkter Haftung, Hrsg. Bundesministerium der Justiz, 1969.

Auch die Unternehmensrechtskommission ist bei ihren Überlegungen zum faktischen GmbH-Konzern von der Möglichkeit der analogen Anwendung der §§ 311 ff AktG ausgegangen[21].

Es spielt aber auch die unabhängige Stellung des Vorstands der AG, wie sie nach häufig geäußerter Meinung in § 76 Abs. 1 AktG zum Ausdruck kommt, für die Anwendung des § 311 AktG keine Rolle, im Gegenteil: § 311 AktG geht als Anwendungsvoraussetzung davon aus, daß dem Vorstand einer AG – und zwar ungeachtet der unabhängigeren Stellung – vom herrschenden Unternehmen Weisungen erteilt werden, die der abhängigen AG nachteilig sind und daß der Vorstand der abhängigen AG, gäbe es nicht die Bestimmung des § 311 AktG, diese auszuführen hätte. Die Rechtslage ist also ungeachtet der vermeintlich unabhängigeren Stellung des Vorstandes der AG die gleiche wie diejenige beim weisungsgebundenen Geschäftsführer der GmbH. Es bleibt der einfache Sachverhalt: Das herrschende Unternehmen erteilt der abhängigen Gesellschaft für diese nachteilige Weisungen und diese werden ausgeführt. Die Ausgangstatbestände und die Konsequenzen sind also hier wie dort bei der Aktiengesellschaft wie bei der GmbH deckungsgleich. Bei dieser Sachlage kann von einer Systemwidrigkeit, die die analoge Anwendung des § 311 AktG auf die faktisch abhängige GmbH ausschließt, nicht die Rede sein.

c) *Treuepflicht*

Auch die von *Ulmer* beschworene, aus dem ITT-Urteil übernommene Treuepflicht des herrschenden Unternehmens gegenüber der faktisch abhängigen GmbH, die angeblich die analoge Anwendung des § 311 AktG unnötig mache, ist nur ein schöner Traum, der mit der Realität der Nachteilszufügung gegenüber der faktisch abhängigen GmbH nicht im Einklang steht[22].

d) *Vorteile der § 311 ff AktG*

Mit Recht ist daher in der Unternehmensrechtskommission ebenfalls auf die Möglichkeit der Anwendung des § 311 AktG auf den faktischen GmbH-Konzern hingewiesen worden.

Eine analoge Anwendung des § 311 AktG auf den faktischen GmbH-Konzern hätte dabei den unbestreitbaren Vorzug, daß die Haftung des herrschenden

21 Bericht der Unternehmensrechtskommission, aaO (Fn. 4), Tz. 1651 f, 1660.

22 Ulmer, ZHR 148 (1948), 411; siehe hierzu ferner Schilling, FS Hefermehl, 1976, S. 383, 390; Hommelhoff, Die Konzernleitungspflicht, 1982, S. 252 ff; Rowedder / Koppensteiner, aaO (Fn. 14), Anh. § 52 GmbHG Rdn. 49.

Unternehmens im sogenannten qualifizierten faktischen GmbH-Konzern ungleich einfacher erfaßt werden könnte, weil die Pflicht zum Nachteilsausgleich im Umfange des § 311 AktG festgeschrieben wäre.

Es kann sich in diesem Zusammenhang allenfalls die Frage stellen, ob es rechtlich möglich ist, durch die Rechtsprechung eine solche analoge Anwendung in rechtlich zulässiger Weise vorzunehmen. Auch das ist zu bejahen, und zwar besonders dann, wenn der Gesetzgeber bewußt eine Regelungslücke gelassen hat, die von der Rechtsprechung auszufüllen ist, wie dies im Falle des GmbH-Konzernrechts ersichtlich geschah.

Der Bundesgerichtshof hat dies denn auch, wenngleich mit seinen eigenen Worten, in vorsichtiger Form getan, wobei sich lediglich die bereits oben angedeutete Frage stellt, ob die analoge Übernahme von Normen des Vertragskonzerns auf den faktischen Konzern dann noch als zulässig zu erachten ist, wenn rechtliche Normen für den faktischen Aktienrechtskonzern ebenfalls verfügbar sind. In der juristischen Logik ist anerkannt, daß der Analogieschluß im wesentlichen vom Gleichen zum Gleichen zu gehen hat, also entweder vom Allgemeinen zum Allgemeinen oder vom Besonderen auf das Besondere[23,24].

Daraus folgt, daß der Bundesgerichtshof in der Autokran-Entscheidung zunächst hätte prüfen müssen, ob nicht die aktienrechtlichen Bestimmungen über den faktischen Konzern eine geeignete Grundlage für seine Entscheidung abgegeben hätten, dafür war jedenfalls nicht ausreichend die beiläufige Bemerkung, daß sich die Vorschriften der §§ 311 ff AktG ihrer Natur nach nicht eigneten. Jedenfalls hätte der Bundesgerichtshof diese Auffassung näher erläutern müssen, ehe er die weit abliegenden Bestimmungen über den Vertragskonzern auf das Rechtsverhältnis einer konzernabhängigen GmbH anwendete.

Die analoge Übernahme der Grundsätze des § 311 AktG auf den faktischen GmbH-Konzern würde zudem den Vorteil haben, daß entsprechend Abs. 1 dieser aktienrechtlichen Vorschrift dem Grundsatz nach eine Nachteilszufügung bei der abhängigen GmbH verboten ist und lediglich in den Grenzen der Nachteilsausgleichung als zulässig erachtet wird[25]. Diese Schranke für die Nachteilszufügung könnte in umfassender Weise den Bestandsschutz auch in der faktisch abhängigen GmbH sichern, weil durch § 311 AktG der Ausübung rechtsmißbräuchlicher Leitungsmacht von vornherein enge Grenzen gesetzt

23 Vgl. Staudinger/Coing, Komm. z. BGB, Bd. I, 12. Aufl., 1980, Einleitung Rdn. 156.
24 Klug, Juristische Logik, 3. Aufl., S. 102 f; Heinsius, Die AG 1986, 103 ff.
25 Es erscheint dabei praktisch nicht so bedeutsam, ob man § 311 AktG als reine Verbotsnorm verstehen will, wie Würdinger (BB 1973, 45 ff) meint, oder etwa als eine Verbotsnorm mit gewissermaßen partiellem Erlaubnisvorbehalt. Der Nachteilsausgleich wäre dann auch keine compensatio lucri cum damno, sondern eine Gegenleistung.

sind. Das erscheint um so nötiger, als die GmbH angesichts ihrer Struktur ein eher einfaches Instrument zur Ausübung rechtswidriger Leitungsmacht darstellt, eben wegen des viel bemühten umittelbaren Leitungsrechts und der entsprechenden Eingriffsmöglichkeiten des herrschenden Unternehmens. Es wäre dabei eine analoge Anwendung des §311 AktG auch insofern hilfreich, als dadurch permanente Übergriffe, wie sie den qualifizierten faktischen Konzern kennzeichnen, im Vorfelde bereits erstickt werden könnten, weil sie grundsätzlich unerlaubt und nur im Falle des Ausgleichs zulässig wären.

Die analoge Anwendung des §311 AktG auf die faktisch abhängige GmbH würde dabei zugleich die Stellung des Geschäftsführers der faktisch abhängigen GmbH stärken; er könnte sich bei ständig mißbräuchlicher Ausübung von Leitungsmacht, also der permanenten Zufügung von Nachteilen durch das herrschende Unternehmen in bezug auf die faktisch abhängige GmbH jederzeit auf das Verbot der Nachteilszufügung berufen, was ohne eine durch höchstrichterliche Rechtsfortbildung anerkannte Anwendung des §311 AktG auf den faktischen GmbH-Konzern nicht möglich wäre.

3. Der Abhängigkeitsbericht

Eine flankierende Unterstützung wäre die analoge Anwendung des §312 AktG, also die Erstellung eines Abhängigkeitsberichts, auch für den Fall einer faktisch abhängigen GmbH. Der Einführung eines solchen Abhängigkeitsberichts durch rechtsfortbildenden Richterspruch begegnen dabei ebensowenig Bedenken wie der analogen Anwendung des §311 AktG auf den faktischen GmbH-Konzern.

Ein solcher Abhängigkeitsbericht würde den Bestandsschutz der GmbH sowohl für die Minderheitsgesellschafter als auch für den außenstehenden Gläubiger beträchtlich stärken[26].

Die analoge Anwendung der Grundsätze über den Abhängigkeitsbericht gemäß §312 AktG auf die faktisch abhängige GmbH dürfte dabei um so leichter fallen, als der Vorschlag für eine 9. EG-Richtlinie ausdrücklich vorsieht, daß konzernabhängige Gesellschaften einen Sonderbericht über die Beziehungen zum herrschenden Unternehmen zu erstatten haben (Art. 7)[27].

26 Bericht der UNTERNEHMENSRECHTSKOMMISSION aaO (Fn. 4), Tz 1634 ff – auch hierauf hat die Unternehmensrechtskommission in Tz 1680, wenngleich bei Mitteilung von Gegenmeinungen, ausdrücklich hingewiesen.

27 Vorschlag für eine neunte Richtlinie auf der Grundlage von Art. 54 Abs. 3, g) des EWG-Vertrages über die Verbindung zwischen Unternehmen insbesondere über Konzerne, abgedruckt in ZGR 1985, 446 ff.

Der jetzt auch für die mittlere und große GmbH vorgesehene Lagebericht kann den Abhängigkeits- oder Sonderbericht nicht ersetzen, da der Lagebericht nach seiner ganzen Konzeption nur in allgemeinerer Form über die Lage der Gesellschaft im laufenden Geschäftsjahr Auskunft gibt.

Der Anwendung der §§ 311, 312 AktG und der Übernahme dieser Vorschriften für den faktischen GmbH-Konzern wird weiter mit dem Hinweis begegnet, daß insbesondere § 311 AktG nur Einzeltatbestände erfasse. Das erscheint in dieser Form nicht zutreffend, da § 311 AktG grundsätzlich, also mit der Ausnahme des Nachteilsausgleichs, dem herrschenden Unternehmen generell verbietet, der faktisch abhängigen Gesellschaft nachteilige Rechtsgeschäfte anzusinnen oder deren Durchführung zu fordern, sofern nicht ein voller Vorteilsausgleich erfolgt.

4. *Zur Praktikabilität der §§ 311 ff AktG*

Ebensowenig ist der Auffassung zu folgen, die Regelungen der §§ 311, 312 AktG seien inpraktikabel, ein Bedenken, das schon früh, z. B. in der Debatte der Unternehmensrechtskommission geäußert wurde, das sich aber, soweit ersichtlich, in der Praxis nicht bestätigt hat[28]. Jedenfalls ist von seiten der hierzu am meisten berufenen Abschlußprüfer bisher nicht bekanntgeworden, daß die Anwendung dieser Vorschriften etwa unmöglich sei oder mit unverhältnismäßigem Aufwand verbunden wäre.

Eine „Kosten/Nutzenanalyse" würde, was den Bestandsschutz im faktischen GmbH-Konzern angeht, mit jeder Gewißheit ergeben, daß die Vorteile, die ein Abhängigkeitsbericht für die Minderheitsgesellschafter und die außenstehenden Gläubiger erbringt, die Nachteile (welche?) überwiegen.

IV. Einzelfragen

Besondere Probleme bieten bei der Beurteilung von behaupteter rechtsmißbräuchlicher Ausübung von Leitungsmacht die Frage der Beweislast und die Frage, in welchem Umfang ein Bestandsschutz in der faktisch abhängigen GmbH anzuerkennen ist.

28 Bericht der UNTERNEHMENSRECHTSKOMMISSION, aaO (Fn. 4), Tz 1634 ff, auch das gern bemühte Argument hohen Aufwandes – Tz 1681 – wäre kein Gegenargument, wenn es um den Schutz Außenstehender geht.

1. Beweislast

Was die Beweislast angeht, so herrscht heute wohl Einigkeit darüber, daß diese sich ganz generell umkehrt, daß also, wenn der betroffene Minderheitsgesellschafter oder im Falle der Insolvenz der abhängigen GmbH der Konkursverwalter oder der Gläubiger behauptet, daß das herrschende Unternehmen der faktisch abhängigen GmbH nachteilige Geschäfte zugemutet habe, dann dem herrschenden Unternehmen die Verpflichtung obliegt, sich zu entlasten, also darzulegen und zu beweisen, entweder, daß dies nicht der Fall gewesen sei oder aber, was in jedem Falle genügend ist, daß die der abhängigen GmbH angesonnenen Geschäfte auch von einem ordentlichen Geschäftsführer, also einem ordentlichen Kaufmann, gemacht worden wären und daß die nachteiligen Folgen bei Erteilung der Weisung nicht übersehbar gewesen seien[29].

Das Problem der Umkehrung der Beweislast ist dabei freilich problematischer, als oftmals angenommen wird. Es muß der Minderheitsgesellschafter der abhängigen GmbH und/oder der Gläubiger der abhängigen GmbH, der Befriedigung von der GmbH nicht mehr erhalten kann, jedenfalls schlüssig und konkret dartun, daß die Benachteiligungen des Minderheitsgesellschafters oder die Nichtbefriedigung des Gläubigers auf den nachteiligen Weisungen des herrschenden Unternehmens beruhen, die Weisungen also ursächlich für den Schaden sind. Nicht immer liegen die Dinge so einfach wie im Falle der ITT-Entscheidung oder in der Autokran-Entscheidung. Gerade hierbei ist zu bedenken, daß vielleicht weniger der Minderheitsgesellschafter – wegen der Möglichkeit der Bucheinsicht – in allen Fällen aber der Gläubiger, was auch der BGH nicht verkannt hat, sich in einem gewissen Beweisnotstand befindet, weil er die Einzelheiten und das Ausmaß der Eingriffe des herrschenden Unternehmens nicht übersieht. Auf jeden Fall scheint klar, daß, wenn das herrschende Unternehmen den Entlastungsbeweis führt, ihm die Entlastung dann gelungen ist, wenn es den Beweis erbringt, daß ein ordentlicher Kaufmann, der seine Geschäfte selbständig führt, nicht anders gehandelt haben würde, als dies entsprechend der Weisung geschehen ist, die das herrschende Unternehmen an die faktisch abhängige GmbH erteilt hat[30].

2. Verschuldenshaftung

Einen breiten Raum nimmt in der Diskussion über den Bestandsschutz im faktischen GmbH-Konzern weiter die Frage ein, in welchen Fällen und in

29 BGH BB 1979, 1735 ff.

30 LUTTER, ZIP 1985, 1425 ff, der plastisch und zutreffend von der Widerlegbarkeit der Vermutung „böser" Konzernführung spricht; K. SCHMIDT, ZIP 1986, 149.

welchem Umfange das herrschende Unternehmen für nachteilige Weisungen an die faktisch abhängige GmbH haftbar ist und ferner, ob diese Haftung und ihre rechtliche Grundlage verschieden sind, je nachdem, ob es sich um eine Haftung im Innenverhältnis handelt oder um eine Haftung nach außen, also gegenüber den Gläubigern der faktisch abhängigen GmbH.

Es herrscht im wesentlichen Übereinstimmung dahingehend, daß die Haftung des herrschenden Unternehmens für nachteilige Weisungen an die faktisch abhängige GmbH dem Grundsatz nach Verschulden voraussetzt. Über den Grad des Verschuldens, der zu einer Haftung des herrschenden Unternehmens führt, bestehen hingegen Meinungsverschiedenheiten, die von der Schuldform des Vorsatzes bis zur leichten Fahrlässigkeit reichen. Als Orientierungsmaßstab wird dabei an die Sorgfalt gedacht, die ein ordentlicher und gewissenhafter Kaufmann bei der Führung seiner Geschäfte anwendet. Das würde jedenfalls als Schuldform den Vorsatz, sicher aber auch die grobe Fahrlässigkeit einschließen. Auszuscheiden ist die Entlastungsmöglichkeit des § 707 BGB. Das bedeutet, daß ein haftungsbegründender Tatbestand auf einer zurechenbaren und damit schuldhaften Pflichtverletzung des herrschenden Unternehmens beruhen muß.

Im Innenverhältnis, also im Verhältnis zum Minderheitsgesellschafter der faktisch abhängigen GmbH, wird, worauf *Karsten Schmidt* mehrfach und nachhaltig hingewiesen hat, in der Regel ein Verstoß gegen diese Grundsätze als Treuepflichtverletzung zu erachten sein, wie dies im ITT-Fall auch vom BGH angenommen wurde[31, 32].

3. *Haftungsumfang*

Unter dem rechtlichen Gesichtspunkt des Bestandsschutzes im Innenverhältnis – also im Verhältnis zu den Minderheitsgesellschaftern – schließt sich notwendig die weitere Frage an, wie weit die Haftung des herrschenden Unternehmens in bezug auf die faktisch abhängige GmbH geht, die Frage also, ob zusätzlich Alimentationspflichten bestehen und im Rahmen des Bestandsschutzes rechtlich gefordert werden können. Nach häufig geäußerter Meinung soll das herrschende Unternehmen die faktisch abhängige GmbH derart erhalten, wie sie stände, wenn sie nicht faktisch konzernmäßig vom herrschenden Unternehmen abhinge, sondern frei im Markte handeln würde. Ob dies unter dem Gesichtspunkt des Bestandsschutzes gefordert werden kann, erscheint freilich im hohen Maße zweifelhaft, da der Minderheitsgesellschafter einer faktisch abhängigen GmbH mit einiger Gewißheit keinen Anspruch auf Wachstum der Gesellschaft

31 K. SCHMIDT, ZIP 1986, 148.

32 Wendet man § 311 AktG analog an, stellt sich das Problem nicht in dieser Form, weil ein Ausgleich als Gegenleistung erfolgt.

besitzt, an der er beteiligt ist. Der Bestandsschutz muß sich wohl begrenzen auf die Erhaltung der GmbH in dem Zustande, in dem der Minderheitsgesellschafter ihr vor Eintritt der Abhängigkeit angehört hat, und darauf, daß das herrschende Unternehmen seine Mehrheitsbeteiligung nicht dazu ausnutzt, die Gewinne auf die eine oder andere Weise „wegzumanipulieren". Dazu wird in der Regel auch die Verpflichtung zur Bildung von Rücklagen gehören, die dann nach ordentlichen kaufmännischen Grundsätzen auch in haftendes Stammkapital überführt werden können, ferner der Ausweis und die Ausschüttung eines der Ertragslage entsprechenden angemessenen Gewinns. § 29 n. F. GmbHG bietet hierfür einen vernünftigen Orientierungsmaßstab. Es wird freilich weitestgehend auf den Einzelfall ankommen, eine generalisierende Norm läßt sich bei der Vielfalt der gesellschaftsrechtlichen Gestaltungsmöglichkeiten nicht geben.

4. *Verlustübernahme*

Das weitere Problem ist die anhand der Autokran-Entscheidung bereits erörterte Pflicht zur Verlustübernahme. Sie ist im faktischen GmbH-Konzern uneingeschränkt zu bejahen und wird mit unterschiedlicher Begründung deswegen auch überwiegend anerkannt[33].

Die hierfür gegebene Begründung reicht von der Annahme eines konkludent geschlossenen Beherrschungsvertrags, was mit Recht überwiegend abgelehnt wird, bis zur analogen Anwendung des § 302 AktG über die Verlustübernahme bei Vorliegen eines Beherrschungsvertrages. Nach der hier vertretenen Auffassung läßt sich die Pflicht zum Verlustausgleich ungleich zwangloser mit der analogen Anwendung des § 311 AktG begründen.

5. *Außenhaftung gegenüber den Gläubigern der abhängigen GmbH*

Für die Haftung des herrschenden Unternehmens im Außenverhältnis, also im Verhältnis zu den Gläubigern der faktisch abhängigen GmbH, gilt nichts grundsätzlich anderes; auch hier ist der Bestandsschutz in erster Linie daran orientiert, daß die GmbH in ihrem wirtschaftlichen Bestand erhalten bleibt. Die Ausübung der Leitungsmacht durch das herrschende Unternehmen schließt also auch für die Außenhaftung ein, daß das Unternehmen so geführt wird wie eine wirtschaftlich selbständig handelnde GmbH, die keiner Konzernleitungsmacht unterworfen ist.

Für die Außenhaftung schließt sich dabei die weitere Frage an, ob unter dem rechtlichen Gesichtspunkt des Bestandsschutzes eine Verpflichtung des herr-

33 Ulmer, ZHR 148 (1984), 422 ff m. w. N.

schenden Unternehmens besteht, die Kapitalausstattung bei der faktisch abhängigen GmbH so vorzunehmen, daß sie unter Berücksichtigung ihrer Teilhabe am wirtschaftlichen Geschehen mit einem genügenden Stammkapital ausgestattet ist. Dem Grundsatze nach wird man auch hier die Auffassung vertreten müssen, daß der außenstehende Gläubiger, so wenig wie der Mitgesellschafter, unter dem rechtlichen Gesichtspunkt des Bestandsschutzes keinen Anspruch darauf besitzt, daß das herrschende Unternehmen mehr Leistungen erbringt, als zur Erhaltung des Stammkapitals nötig ist. Auch in bezug auf die Außenhaftung muß es also genügen, wenn die Grundsätze der §§ 30, 31 GmbHG beachtet werden.

Die immer wieder erhobene Forderung nach einer angemessenen Kapitalausstattung der GmbH, und zwar entsprechend dem Ausmaß und Umfang ihrer Geschäfte, ist sicher eine kaum im Wege der richterlichen Rechtsfortbildung zu stellende Forderung. Dem Geschäftspartner einer GmbH bietet sich jederzeit die Möglichkeit der Einsicht in das Handelsregister und ferner der Einholung einer Auskunft, die in aller Regel über den Umfang der Geschäfte, der Höhe des Stammkapitals, und der sonstigen Vermögenswerte der Gesellschaft eine zureichende Auskunft geben. Kaufmännisches Risiko läßt sich auch, bei aller Anerkennung der Notwendigkeit eines Bestandsschutzes, nicht vollständig beseitigen.

Referat

Bemerkungen zur BGH-Rechtsprechung zum Gläubigerschutz im faktischen GmbH-Konzern

von

Dr. h. c. Walter Stimpel, Karlsruhe

Inhaltsübersicht

I. Das ITT-Urteil und seine Konsequenzen

Wissenschaft und Rechtsprechung sind heute weitgehend darüber einig, daß sich die Grundgedanken des gesetzlichen Aktienkonzernrechts auch im gesetzlich ungeregelten faktischen GmbH-Konzern durchsetzen müssen. Strukturell unterscheiden sich die Aktiengesellschaft und die GmbH. Das faktische GmbH-Konzernrecht ist daher, auch darin stimmt man überein, mit einer gewissen Distanz zum Aktiengesetz selbständig zu entwickeln. Dabei hat sich gezeigt, daß es je nach dem Grad der Intensität, mit dem das herrschende Unternehmen einen nachteiligen Einfluß auf die abhängige Gesellschaft ausübt, zwei grundsätzlich zu unterscheidende Tatbestandsgruppen gibt, innerhalb derer das Schutzbedürfnis der abhängigen Gesellschaft, ihrer außenstehenden Gesellschafter und ihrer Gläubiger jeweils ein unterschiedliches Schutzinstrumentarium verlangt. Der Prozeßstoff der beiden bekannten Urteile, des ITT-Urteils vom 5. Juni 1975[1] und des sog. Autokran-Urteils vom 16. September 1985[2] haben das auch in der Rechtsprechung des Bundesgerichtshofes deutlich gemacht.

1. Nachteilige Einzeleingriffe

Das Urteil vom 5. Juni 1975 befaßt sich mit nachteiligen *Einzeleingriffen* eines Mehrheitsgesellschafters, bei denen der jeweilige Schaden der GmbH nach Höhe und Ursache isoliert feststellbar ist und sich Schadensersatzansprüche infolgedessen im Prozeß ohne besondere Schwierigkeiten schlüssig vortragen lassen. Das Urteil braucht nach zehn Jahren nicht mehr näher erläutert zu werden. Es genügt, seine Tragweite zusammenzufassen:

a) Die Treupflicht des GmbH-Gesellschafters gegenüber der GmbH und den Mitgesellschaftern gilt seither als festgeschrieben.

b) Schadensersatzansprüche der GmbH gegen den Mehrheitsgesellschafter wegen nachteiliger, treupflichtwidriger, vorsätzlicher oder fahrlässiger Einzeleingriffe sind der Gesellschafterklage der Minderheit zugänglich.

c) Das Urteil beruht auf der konzernrechtlich negativen Aussage, daß die §§ 311 AktG nicht, auch nicht entsprechend anzuwenden sind; nachteilige Eingriffe des herrschenden Unternehmens werden durch ein Konzerninteresse – selbst zum Preis eines Nachteilsausgleichs – nicht gerechtfertigt und brauchen von der Minderheit nicht geduldet zu werden.

d) Danach gilt unterschiedslos für den schlichten Mehrheitsgesellschafter, für ein herrschendes Unternehmen oder für eine mehrheitlich beteiligte Körperschaft des öffentlichen Rechts das einfache GmbH-Recht.

Das ITT-Urteil ist, weil der II. Zivilsenat seinerzeit ein noch wenig aufbereitetes Neuland betrat, in manchen Teilen vorsichtiger als nötig formuliert. Die offen gelassene Frage, ob man die Treupflicht gegenüber dem Mitgesellschafter auf die eng personenbezogene oder gar die Zweimann-Gesellschaft beschränken müsse, würde man heute kaum mehr stellen. Konkurrenzfragen der actio pro socio und mögliche Konflikte der Gesellschafterklage mit dem gesetzlichen Organisationsrecht der GmbH müssen teilweise noch überdacht werden. Im großen Ganzen befindet man sich aber mit jenen Grundsätzen „auf dem Stande der Technik".

1 BGHZ 65, 15.
2 BGHZ 95, 330.

2. *Treupflichten in der mehrstufigen Unternehmensgruppe*

Kaum behandelt hat die Rechtsprechung bisher die Funktionsfähigkeit des Treupflichtkonzepts in der von einer GmbH und ihrem Mehrheitsgesellschafter beherrschten *mehrstufigen* Unternehmensgruppe[3]. Diese läßt sich jedoch herstellen. In Weiterführung von Grundgedanken der BGH-Urteile vom 12. November 1979 und 24. März 1980[4] sind die Mitgliedschaftspflichten des GmbH-Mehrheitsgesellschafters nach den Grundsätzen der Schutzwirkung zugunsten Dritter um eine Treupflicht gegenüber mittelbar abhängigen Gesellschaften zu erweitern. Sie reicht so weit, wie sich der Gesellschafter mit Hilfe seiner Mehrheit in der Gesellschafterversammlung auf dem Wege über Weisungen an die GmbH-Geschäftsführung und die Rechtsmacht der GmbH gesellschaftsrechtlich unmittelbar oder mittelbar in den unteren Stufen der Unternehmensgruppe durchsetzen kann. Bei treuwidrigen Eingriffen können die außenstehenden Gesellschafter der mittelbar abhängigen Gesellschaften den für die nachteiligen Maßnahmen verantwortlichen GmbH-Mehrheitsgesellschafter unmittelbar mit der Gesellschafterklage in Anspruch nehmen[5]. Eine generelle Konzerntreupflicht des Mehrheitsgesellschafters mit Handlungs- oder gar Leitungspflichten wird nicht verlangt; begründet wird nur die Verpflichtung, nachteilige Eingriffe zu *unterlassen.*

3. *Gläubigerschutz und Einzeleingriff*

Den *Gläubigern* der abhängigen Gesellschaft gewährt das geltende GmbH-Recht keine unmittelbaren Ansprüche gegen pflichtwidrige Beeinträchtigung des GmbH-Vermögens. Sie werden nur in den Grenzen der §§ 30, 31, 32 a, 32 b GmbHG mittelbar gegen Auszahlungen an die Gesellschafter geschützt. Der II. Zivilsenat hat allerdings im Autokran-Urteil im Anschluß an verschiedene Äußerungen im Schrifttum in einem obiter dictum die Möglichkeit angedeutet, Schadensersatzansprüche der abhängigen Gesellschaft gegen das herrschende Unternehmen könnten in Anlehnung an §§ 309 Abs. 4 Satz 3, 317 Abs. 1 und 4, 318 Abs. 4, 323 Abs. 1 Satz 2 AktG auch von den Gesellschaftsgläubigern geltend gemacht werden, die von der abhängigen Gesellschaft keine Befriedigung erlangen[6]. Mir ist das inzwischen zweifelhaft geworden. Es geht um die Übertragung spezifisch konzernrechtlicher Vorschriften. Diese hängen mit Regelungen

3 BGHZ 89, 162 (betrifft allerdings eine von einer AG mittelbar beherrschte GmbH & Co. KG).
4 BGHZ 75, 321, 76, 327.
5 Stimpel, Die AG 1986, 117 ff.
6 BGHZ 95, 330 (unter II 4 der Entscheidungsgründe m. w. N.).

zusammen, die nachteilige Eingriffe des herrschenden Unternehmens aus einem – für die abhängige Gesellschaft sachfremden – Konzerninteresse erlauben oder privilegieren, so daß hier konzernspezifische Gefahren (auch zu Lasten der Gläubiger) ohne weiteres indiziert sind. Ihre entsprechende Anwendung ließe sich daher nur rechtfertigen, wenn man in der GmbH schon bei einem oder einzelnen Eingriffen eines Unternehmens-Mehrheitsgesellschafters unterstellen dürfte, darin offenbare sich bereits ein konzernspezifischer Gefahrentatbestand. Ich halte das für überzogen. Gelegentliche Treupflichtverstöße zum Nachteil der GmbH sind nicht schon konzerneigentümlich, sondern, da in der GmbH bindende Weisungen an die Geschäftsführung zulässig, üblich und mit Mehrheit durchsetzbar sind, im selben Maße auch in der unabhängigen Gesellschaft nicht ungewöhnlich. Für unmittelbare, wenn auch nur von der GmbH abgeleitete Ansprüche der Gesellschaftsgläubiger ist daher m. E. auch gegenüber einem als Unternehmen zu qualifizierenden Mehrheitsgesellschafter in der GmbH kein Raum; Eingriffe des herrschenden Unternehmens und des schlichten Mehrheitsgesellschafters sind vielmehr auch in dieser Hinsicht gleich zu behandeln. Für dieses Ergebnis spricht im übrigen auch, daß der Alleingesellschafter oder die einverständlich handelnden Gesellschafter einer GmbH oberhalb der Grenzen der §§ 30 ff GmbHG frei über Gesellschaftsvermögen disponieren können[7]; in diesen Fällen lassen sich daher von vornherein Schadensersatzansprüche der abhängigen GmbH wegen nachteiliger Einzeleingriffe, die den Gläubigern zugänglich gemacht werden könnten, nicht begründen.

Im Schrifttum wird die These vertreten, weil der Gläubigerschutz im GmbH-Recht vom Gesetz generell niedriger als im Aktienrecht angesetzt sei, müsse grundsätzlich die Intensität des Gläubigerschutzes auch im GmbH-Konzern hinter dem aktiengesetzlichen Konzernrecht zurückbleiben[8]. Das läßt sich nach alledem im Einzeleingriffsbereich konkretisieren.

II. Schutz im qualifizierten faktischen Konzern

Der bislang erörterte Schutzmechanismus Treupflicht/Schadensersatz/Gesellschafterklage funktioniert nicht mehr, wenn ein herrschendes Unternehmen ohne vertragliche Grundlage seine GmbH-rechtlich vorgegebenen Einflußmöglichkeiten zu ständiger und umfassender Leitung des abhängigen Unternehmens verdichtet, diese Leitungsmacht an seinem (aus der Sicht der abhängigen GmbH sachfremden) Konzerninteresse ausrichtet und damit die unternehmerischen und vermögensmäßigen Interessen der GmbH und ihrer außenstehenden Gesellschafter nicht mehr kontrollierbar beeinträchtigt. Hier klafft daher eine rege-

7 BGH NJW 1984, 1037 m. w. N.
8 Rehbinder, Die AG 1986, 85, 92, Fn. 53 m. w. N.

lungsbedürftige Lücke, die der Gesetzgeber nicht ausgefüllt hat und die auszufüllen er sich nicht anschickt. Die Gerichte drängen sich nicht dazu, aber sie müssen eine solche Lücke – unausweichlich und legitim – schließen, wenn in einem anhängigen Prozeß eine abhängige GmbH, einer ihrer Gesellschafter oder ein Gläubiger einen Sachverhalt jener Art behauptet und gegen ein herrschendes Unternehmen geschützt zu werden beansprucht. Es war ein Glücksfall, daß sich der II. Zivilsenat in einem so schwierigen Bereich die grundlegenden Überlegungen des Arbeitskreises GmbH-Recht aus dem Jahre 1972[9] zunutze machen konnte, zumal auch das wissenschaftliche Schrifttum seither (unter dem Stichwort des „qualifizierten faktischen Konzerns") ganz unter ihrem Eindruck steht.

1. Begründungsansätze für den Verlustausgleich

Bei dem inzwischen erreichten Diskussionsstand konnte es für die Rechtsprechung kaum noch fraglich sein, daß die Haftung des herrschenden Unternehmens insoweit an das aktienrechtliche Vertragskonzernrecht anzulehnen ist. Der Rückgriff auf diese Vorschriften fiel um so leichter, als sich ein Verlustausgleichsanspruch in der GmbH unter Umständen schon aus dem Treupflichtgedanken herleiten läßt: Würde man nämlich die (treuwidrige) Übernahme der Leitungsmacht zu den der GmbH nachteiligen Konzernzwecken einer auftraglosen Geschäftsführung gegen das wirkliche oder mutmaßliche Interesse der abhängigen Gesellschaft gleichstellen, käme man schon analog § 678 BGB zu einer Pflicht des herrschenden Unternehmens, die entstandenen Verluste zu ersetzen; diese brauchten nicht schuldhaft verursacht worden zu sein. Man könnte auch schlicht daran denken, der Zustand intensiver, generell nachteiliger und unkontrollierbarer konzernorientierter Leitung zwinge das herrschende Unternehmen nach Treupflichtgrundsätzen dazu, das Unternehmensrisiko der abhängigen GmbH zu übernehmen, weil diese und ihre außenstehenden Gesellschafter mit isolierten Schadensersatzansprüchen nicht mehr zurechtkommen. Auch diese Überlegungen führen daher zu den Grundgedanken, die dem Vertragskonzernrecht zugrunde liegen, und machen zusätzlich deutlich, daß die entsprechende Anwendung des § 302 AktG auch in der GmbH sachgerecht ist. Die entsprechende Anwendung des § 303 AktG, der den § 302 AktG zum Schutze der Gläubiger ergänzt, ist die zwangsläufige Folge.

Die eigentlichen Schwierigkeiten bestehen nicht darin, *ob* die §§ 302, 303 AktG, sondern *wie* sie auf den qualifizierten faktischen GmbH-Konzern zu übertragen sind. Insoweit möchte ich versuchen, das Autokran-Urteil in drei Punkten zu erläutern.

9 Arbeitskreis GmbH-Reform, Thesen und Vorschläge zur GmbH-Reform, 1972, Bd. 2, S. 49 ff, 53/54.

2. *Der Tatbestand der Konzernhaftung*

Zunächst geht es um die Frage, wie der materiell-rechtliche Tatbestand zu formulieren ist, der die qualifizierte konzernrechtliche Innen- und Außenhaftung auslösen kann. Das Autokran-Urteil hat sich bekanntlich dagegen entschieden, den rein organisatorischen Zustand – dauerhaft und umfassend ausgeübte Leitungsmacht – für sich allein als zwingenden Haftungsgrund genügen zu lassen. Damit bleibt das Urteil hinter der aktienrechtlichen Regelung zurück. Diese knüpft allein schon an den Abschluß des Beherrschungsvertrages und die hiervon ausgehende *Gefährdung* des abhängigen Unternehmens an, von der nicht nur als möglich angenommen, sondern *unwiderlegbar* unterstellt wird, sie werde sich nachteilig auswirken. Das mag seinen Grund darin haben, daß solche Verträge regelmäßig gerade zu dem Zweck abgeschlossen werden, dem herrschenden Unternehmen ungehindert zu erlauben, das Konzerninteresse durchzusetzen und das Eigeninteresse der abhängigen Gesellschaft zu vernachlässigen. Man kann sich natürlich fragen, ob eine Gefährdung ähnlichen Grades im GmbH-Konzern auch schon erreicht wird, wenn ein herrschendes Unternehmen es tatsächlich unternimmt, die Geschäftsleitung der abhängigen GmbH entscheidend zu bestimmen. Selbst wenn man das bejahen könnte (was mir in dieser Allgemeinheit zweifelhaft ist), geriete man dennoch in Konflikt zum GmbH-Gesetz, wollte man schon daran in jedem Falle eine Verlustausgleichspflicht anschließen. Das Gesetz ermächtigt die Gesellschafter, den Geschäftsführer mit Weisungen zu versehen, und es erlaubt ihnen, dieses ständig und umfassend zu tun; es gestattet selbstverständlich auch jedem Mehrheitsgesellschafter, sich daran zu beteiligen und sich mit seiner Stimmenmacht durchzusetzen. Das kann nicht grundsätzlich anders sein, wenn der Mehrheitsgesellschafter ein Unternehmen ist. Nur muß sich dieser dabei – anders als im Vertragskonzern – wie jeder andere Gesellschafter an die Treupflicht halten.

a) Rechtsverletzungstatbestand

Über diesen Befund, der sich vom aktienrechtlichen Vertragskonzern unterscheidet, kann sich die Rechtsprechung, die die §§ 302, 303 AktG nur *entsprechend* anwenden kann, nicht hinwegsetzen. Sie kann nicht jede noch so hohe Leitungsdichte mit einer unabweisbaren Verlustausgleichspflicht sanktionieren, wenn jene in der GmbH grundsätzlich erlaubt ist und hier – anders als beim Beherrschungsvertrag – durch nichts indiziert wird, das herrschende Unternehmen werde mit *unwiderlegbarer Selbstverständlichkeit* seine Leitungsmacht unter Ausschaltung des Eigeninteresses der abhängigen GmbH im Konzerninteresse, also treuwidrig, einsetzen. So habe ich übrigens bislang auch den Standpunkt des „Arbeitskreises" verstanden. Denn in seinen Thesen heißt es, maßgebend für den qualifizierten Konzern sei nicht die besondere Leitungsdichte, sondern erst das *Ergebnis* der Konzernierung, nämlich die überwiegende Ausrichtung der Geschäftsleitung der abhängigen Gesellschaft auf das Interesse des herrschenden Unternehmens[10].

Mit den ihr zur Verfügung stehenden Mitteln kann danach die Rechtsprechung nur auf einen Rechtsverletzungstatbestand – verkürzt ausgedrückt, Mißbrauch der Leitungsmacht zur Entfremdung der GmbH zu Konzernzwecken – zurückgreifen. Materiell-rechtlich wäre der Tatbestand etwa dahin zu formulieren, daß die konzernrechtliche Innen- und Außenhaftung im faktischen GmbH-Konzern analog §§ 302, 303 AktG zum Zuge kommt, wenn das herrschende Unternehmen die Leitungsmacht dauerhaft und umfassend an sich gezogen hat und diese – aus der Sicht der abhängigen GmbH fremdnützig – im Konzerninteresse mit der Folge nachhaltiger und nicht mehr im einzelnen kontrollierbarer Beeinträchtigung ausübt.

b) Widerlegliche Vermutung

Die dem aktienrechtlichen Vertragskonzernrecht zugrundeliegende (dort unwiderlegliche) Vermutung, daß der Beherrschungsvertrag eine konzernspezifische Gefährdung der abhängigen Gesellschaft in sich berge, wird in der abgeschwächten Form verwertet, die der entsprechenden Anwendung auf das GmbH-Recht gerecht wird: Es ist zwar zu vermuten, *aber widerlegbar*, daß die von einem Unternehmens-Mehrheitsgesellschafter ausgeübte Leitungsmacht die abhängige GmbH nachhaltig und nicht mehr kontrollierbar benachteiligt hat. Die aus § 302 oder § 303 AktG analog klagende Seite (abhängige Gesellschaft, außenstehender Gesellschafter mit der actio pro socio oder Gesellschaftsgläubiger) muß daher nur den entstandenen Fehlbetrag, die Unternehmensqualität des Mehrheitsgesellschafters und die ausreichende Intensität der Leitungsmacht darlegen und beweisen. Das herrschende Unternehmen kann die Ansprüche abwehren, indem es die vermutete Fremdnützigkeit, Nachteiligkeit und Unkontrollierbarkeit seiner Einflußnahme oder, um die Sprache des Arbeitskreises zu verwenden, den Bestand eines qualifizierten Konzerns gegenbeweislich ausräumt. Der Verlust der abhängigen GmbH ist kein (auch kein pauschalierter) „Schaden“, den das herrschende Unternehmen schuldhaft verursacht haben müßte, der Ausgleichsanspruch kein Schadensersatzanspruch, sondern die aus der (treuwidrigen, nachteiligen) Konzernierung folgende Verpflichtung, das Unternehmensrisiko der GmbH zu übernehmen.

10 Arbeitskreis GmbH-Reform, aaO (Fn. 9), S. 50.

3. *Darlegungen im Prozeß*

Die tatbestandsmäßige Konkretisierung der dargelegten Grundsätze, insbesondere der Anforderungen an den Gegenbeweis, der dem herrschenden Unternehmen bleibt, wird vorläufig noch die Achillesferse der BGH-Lösung sein. Der II. Zivilsenat hatte es im Autokran-Fall leicht: Die Leitungsmacht hätte vom herrschenden Unternehmen kaum intensiver ausgeübt werden können, und die nachhaltige Beeinträchtigung der abhängigen sieben Gesellschaften war nach Aktenlage für die Revisionsinstanz ohne weiteres zu unterstellen. Doch wird es schon schwierig sein einzugrenzen, was unter einer „hinreichend verdichteten Leitungsmacht" zu verstehen ist[11].

Die Hauptaufgabe der Gerichte wird es sein, den bewußt sehr allgemein gehaltenen, weit gefaßten und nicht rezeptartig gemeinten Hinweis des Senats auszufüllen, das herrschende Unternehmen werde konzernrechtlichen Ansprüchen „insbesondere" damit begegnen können, daß es dartut, der Geschäftsführer einer selbständigen GmbH würde deren Geschäfte „unter den gegebenen Umständen" nicht anders geführt haben – was allerdings im gegenwärtigen Stadium (d. h. ohne größere Erfahrung aus einschlägigem Prozeßmaterial), wie es weiter heißt, „noch nicht näher erörtert und entschieden werden könne". Mit diesem Satz ist der notwendige Gegenbeweis – Ausräumung von Konzernausrichtung, Nachteiligkeit und Unkontrollierbarkeit der Einflußnahme – nur von einer anderen Seite beleuchtet worden, und es ist einzuräumen, daß auch das für die praktische Rechtsanwendung noch nicht viel weiterführt.

a) *Konkretisierungen des Revisionsgerichts*

Dem Revisionsgericht wird in solchen Fällen häufig vorgeworfen, es habe versäumt, den Instanzgerichten für die Rechtsanwendung konkretere Formeln an die Hand zu geben. Daran ist natürlich richtig, daß allzu allgemein gehaltene Aussagen, besonders in einem noch wenig entwickelten Rechtsgebiet, den Ansprüchen auf Rechtssicherheit nicht genügen. Andererseits bot der Prozeßstoff des Autokran-Urteils keinerlei Ansatzpunkt, an den man insoweit Überlegungen hätte anknüpfen können. Ein Revisionsgericht muß sich auch davor hüten, allzu früh und ohne Anlehnung an einen bestimmten Sachverhalt abstrakte Rechtssätze aufzustellen, solange sich nicht einigermaßen deutlich übersehen läßt, ob man damit die Vielfältigkeit der in Betracht kommenden Tatbestände sachgerecht erfassen kann und nicht falsche Weichen stellt – was später nur schwer zu korrigieren ist. Die Erscheinungsformen der faktischen GmbH-Konzerne reichen von Großunternehmen mit ihren Töchtern bis hin zu

11 Vgl. dazu Arbeitskreis GmbH-Reform, aaO (Fn. 9), S. 50.

den Gruppen von Gesellschaften, in die ein Einzelkaufmann sein Geschäft aufgespaltet hat, sie haben viele Gestalten und sind systematisch schwer zu erfassen. Es ist hier daher sinnvoller, für die Gerichte abzuwarten, bis sich die Rechtstatsachen in den Streitstoffen der Prozesse mehr und mehr entfalten und abstrakte Aussagen sodann auf konkreten Grundlagen entwickelt werden können.

b) Beispielsfälle

Vielleicht hätten im Urteil einige Beispiele angedeutet werden können: Es gibt den bekannten Fall, in dem ein Großunternehmen im Trend der Diversifizierungswelle die Mehrheitsbeteiligung an mehreren Gesellschaften mbH erworben und sich das Konzerninteresse vorerst ganz darin erschöpft hatte, dort wie in einer selbständig geleiteten GmbH die Gewinne zu maximieren – was dann nur wegen der aufgekommenen japanischen Konkurrenz mißlang. Das alles hätte sich unschwer durch die Vorlage grundsätzlicher Vorstandsbeschlüsse, Schriftverkehr mit den Tochter-Vorständen, Zeugnis der zuständigen leitenden Angestellten, vielleicht noch durch einen Sachverständigen der Branche belegen lassen.

Im Bereich der Zulieferungs-Industrien für Großunternehmen kann es einer kaufmännisch vertretbaren Entscheidung für eine selbständig gebliebene Gesellschaft entsprechen, sich fast nach Art einer Betriebsabteilung auf ein Großunternehmen zu konzentrieren und – etwa mangels weitergehender Kapazitäten – den übrigen Markt zu vernachlässigen. Das kann sicherlich plausibel dargetan und – vielleicht mit Parallelbeispielen oder Gutachten sachverständiger Kenner der Materie – bewiesen werden, wenn es sich im Streitfall um Ansprüche einer so gestalteten abhängigen und straff von der Konzernmutter geleiteten GmbH handelt.

Eine abhängige Gesellschaft kann gescheitert sein, weil sie vom herrschenden Unternehmen vor längerer Zeit veranlaßt worden war, sich nicht auf eine neue Technik umzustellen. Dieses wird unter Umständen dennoch durch einen Sachverständigen beweisen können, daß es auch für einen selbständig handelnden Geschäftsführer zur Zeit der Entscheidung jedenfalls nicht pflichtwidrig gewesen wäre, sich auf das aus damaliger Sicht kostspielige, ungewisse und risikoreiche Abenteuer der neuen Technik nicht einzulassen.

c) Generelle Tendenzen

Überhaupt wird, wenn Ansprüche aus §§ 302, 303 AktG von außenstehenden Gesellschaftern und Gläubigern geltend gemacht werden, meist erst der endgültige Niedergang der abhängigen Gesellschaft zu Prozessen Anlaß geben. Beruht der Niedergang nach Auffassung des herrschenden Unternehmens nicht auf seiner Konzernpolitik, dann wird es Gründe, die das widerlegen, unschwer beweisen können: den Zusammenbruch des einschlägigen Marktes, die Untreue des GmbH-Geschäftsführers oder vielleicht den Zusammenbruch eines Hauptschuldners. Solche Gründe werden nicht immer ausreichen, oft aber ein wesentliches Indiz dafür sein, daß dem herrschenden Unternehmen nicht der Vorwurf nachteiliger Konzernierung der abhängigen GmbH zu machen ist. Es ist gewiß nicht der versteckte Sinn der oben genannten vorläufigen Formel des BGH, vom herrschenden Unternehmen den praktisch nicht zu führenden Beweis zu verlangen, daß jede einzelne ihrer Weisungen sachgerecht und ohne nachteilige Folgen für die abhängige GmbH gewesen ist. Im übrigen hängt – wie auch sonst – der Umfang des notwendigen Gegenbeweises wesentlich mit vom Umfang der substantiierten Behauptungen der Gegenpartei ab.

Ich habe schon an anderer Stelle daraufhin gewiesen[12], der II. Zivilsenat habe mit der Ablehnung der reinen Gefährdungshaftung und seiner auf tatsächliche Vermutung und Beweislastverteilung beruhenden Lösung die Vorstellung verbunden, einen für alle Beteiligten akzeptablen Mittelweg zu beschreiten: die konzernspezifischen Gefahren werden ernst genommen, aber der Wirtschaft wird die Möglichkeit nicht unangemessen erschwert, partielle Unternehmensrisiken in Tochtergesellschaften mbH auszulagern *und* diese zentral zu leiten. Wenn man das im Auge behält, wird es im Laufe der Zeit möglich sein, die an den Gegenbeweis des herrschenden Unternehmens zu stellenden Anforderungen zufriedenstellend, praktikabel und ausgewogen näher zu umreißen.

4. Anwendung des § 303 AktG

An dritter Stelle ist eine Bemerkung zur *entsprechenden Anwendung des § 303 AktG* zu machen, mit der der II. Zivilsenat die Schlüssigkeit der Ansprüche des klagenden Gläubigers der abhängigen Gesellschaften begründet hat. Insoweit hat das Urteil anscheinend überrascht. Das liegt aber wohl nur daran, daß sich die wissenschaftliche Grundlagendiskussion zum faktischen GmbH-Konzern auf die auch im Aktienrecht im Vordergrund stehende Pflicht zur Verlustübernahme konzentriert hat und § 303 AktG bislang weder in der Rechtsprechung noch in der Praxis besondere Aufmerksamkeit auf sich gezogen hat.

12 Stimpel, Die AG 1986, 117, 122f.

a) Regelungszweck im Aktienrecht

Nach der aktienrechtlichen Konzeption – insoweit kann es im GmbH-Bereich nicht anders sein – hat die Vorschrift den Zweck, die Gläubiger der abhängigen Gesellschaft für den Fall der Beendigung des Beherrschungsverhältnisses wegen der bis zu diesem Zeitpunkt begründeten Ansprüche *in vollem Umfange* abzusichern.

Das gewinnt insbesondere Bedeutung, wenn das herrschende Unternehmen bei Beendigung des Beherrschungsverhältnisses (bzw. dessen Handelsregistereintragung) den von ihm abschließend geschuldeten Fehlbetrag an die abhängige Gesellschaft geleistet hat, diese von ihm daher nichts mehr beanspruchen kann. der Gläubiger aber dennoch aus dem Vermögen der abhängigen Gesellschaft nicht oder nicht mehr volle Befriedigung erhalten hat.

Es gibt keine Garantie, daß gezahlter Verlustausgleich allen Altgläubigern tatsächlich zugute kommt.

b) Anwendung auf die GmbH

Dieser im Aktienrecht für Ansprüche aus der Beherrschungszeit lückenlos gewährleistete Gläubigerschutz ist für den qualifizierten faktischen GmbH-Konzern zu übernehmen; es gibt keinen sachlichen Grund aus dem Recht der GmbH, ihn bei der hier nur entsprechend möglichen Anwendung zu reduzieren. Selbstverständlich ist er etwas schwächer als im Aktienrecht ausgeprägt, soweit die tatbestandsmäßigen Voraussetzungen, unter denen eine qualifizierte Haftung hier überhaupt nur in Betracht kommt, hinter den strengeren Voraussetzungen des Aktienrechts („unwiderlegliche Gefährdungshaftung") zurückbleibt. Für die entsprechende Anwendung des § 303 AktG gilt insofern dasselbe, was zu § 302 AktG ausgeführt worden ist. Da die beiden Vorschriften zusammengehörende Bestandteile einer einheitlichen Problemlösung sind, können auch im GmbH-Konzern der auslösende Tatbestand und die Beweislastverteilung nicht unterschiedlich bestimmt werden.

Diese Überlegungen zeigen m. E. zwingend, daß § 303 AktG aus der analogen Anwendung des Vertragskonzernrechts nicht eliminiert werden kann. Es wird zwar vorgeschlagen, es bei den Verlustausgleichsansprüchen des § 302 AktG bewenden zu lassen. Diese sollen allerdings – vor allem im Fall der im übrigen masselosen Insolvenz der abhängigen GmbH – analog §§ 309 Abs. 4 Satz 3, 317 Abs. 1, 318 Abs. 4, 323 Abs. 1 Satz 2 AktG im Wege der Prozeßstandschaft von den Gläubigern geltend gemacht werden können – die Haftung „gehöre ins Innenverhältnis verlegt"[13]. Dem ist aus methodischen *und* sachlichen Gründen

13 K. Schmidt, BB 1986, 146, 148; Rehbinder, Die AG 1986, 85, 95 ff.

nicht zu folgen: Methodisch nicht, weil damit die aktienrechtliche „Zwillingsregelung“ der §§ 302, 303 AktG ohne ersichtlichen Grund auseinandergerissen wird; sachlich nicht, weil damit im GmbH-Konzern der Gläubigerschutz weiter gemindert und in seiner Intensität von unbeherrschbaren Zufälligkeiten abhängig gemacht wird: Wenn nämlich das herrschende Unternehmen den abschließenden Fehlbetrag an die abhängige Gesellschaft gezahlt und diese alles für andere Zwecke verbraucht hat, geht der Gläubiger mit dem abgeleiteten Ausgleichsanspruch endgültig leer aus. Das ist keine vertretbare Lösung.

c) Verlustausgleich und Sicherheitsleistung

Um denkbare Mißverständnisse zu vermeiden, sollte die Rechtslage nach Beendigung des faktischen Beherrschungsverhältnisses, wie sie das Autokran-Urteil im qualifizierten faktischen GmbH-Konzern sieht, noch einmal verdeutlicht werden: Solange wegen des abschließenden Fehlbetrages die abhängige Gesellschaft noch Verlustausgleich verlangen kann, gibt es grundsätzlich keinen *Zahlungsanspruch* des Gläubigers gegen das herrschende Unternehmen, sondern nur den Anspruch auf Sicherheitsleistung wegen eines möglichen Ausfalls. Den Verlustausgleich hat im Konkurs der Verwalter beizutreiben. Der Gläubiger kann die ihm wegen der Altverbindlichkeiten vom herrschenden Unternehmen gestellte Sicherheit realisieren, wenn und soweit er im Konkurs der abhängigen Gesellschaft ausgefallen ist. Ein solcher Ausfall ist auch nicht ausgeschlossen, wenn das herrschende Unternehmen die abhängige Gesellschaft direkt in den Konkurs „entläßt“, sofern die Konkursabwicklungskosten, die vom herrschenden Unternehmen nicht auszugleichen sind, den Ausgleich teilweise aufzehren. Bis dahin ist alles im Gesetz zu lesen; technische Einzelheiten, die im GmbH-Konzern (besonders wegen der Registereintragung des Beherrschungsvertrages im Aktienrecht) etwas anders als nach § 303 AktG behandelt werden müssen, können hier beiseite bleiben.

d) Zum direkten Zahlungsanspruch

Einen besonderen Akzent gewinnt die entsprechende Anwendung des § 303 AktG erst durch den, soweit mir bekannt, bislang nicht weiter beachteten, bei der Aktiengesellschaft vielleicht noch nicht vorgekommenen, jedenfalls aber im GmbH-Bereich vermutlich häufigen Fall, daß eine abhängige Gesellschaft insolvent geworden ist, organisatorisch schon nicht mehr existiert, vielleicht auch schon im Handelsregister gelöscht worden ist und niemand den Konkurs betrieben hat. Ist der abschließende Verlustausgleichsanspruch noch nicht erfüllt worden, ist die GmbH nach h. L. als weiter existent zu behandeln, und bei förmlicher Anwendung des § 303 AktG hat das herrschende Unternehmen vorerst nur Sicherheit zu leisten.

Der Gläubiger könnte zwar mit einem Titel gegen die GmbH den Verlustausgleichsanspruch pfänden, sich überweisen lassen und danach das herrschende Unternehmen wegen der Altverbindlichkeiten der GmbH unmittelbar auf Zahlung in Anspruch nehmen. Aber der Umweg wäre langwierig und teuer; er diente niemandes Interesse. Soll das herrschende Unternehmen, unmittelbar verklagt, dem einzigen oder jedenfalls einzig noch interessierten Gläubiger entgegenhalten dürfen: Natürlich muß ich letzten Endes zahlen, aber zunächst einmal hafte ich nur der GmbH. Also nimm die Kosten und Schwierigkeiten zur Wiederbelebung der gestorbenen GmbH auf Dich, erstreite gegen den (von Dir zu bezahlenden) Notgeschäftsführer – wenn noch nötig – auf Deine Kosten einen Titel, dann pfände den Verlustausgleichsanspruch, sodann magst Du neu gegen mich klagen.

Im Sonderfall der insolvent gewordenen, formlos untergegangenen abhängigen GmbH sollte statt dessen nach Treu und Glauben der Gläubiger seinen Ausfall mit einem direkten Zahlungsanspruch gegen das herrschende Unternehmen analog § 303 AktG geltend machen können. Dieser stünde dem Gläubiger ohnehin zu, wenn das herrschende Unternehmen den Verlustausgleich bereits geleistet hätte, aber davon nichts mehr vorhanden wäre; auch dann hat der Anspruch auf Sicherheit keinen Sinn.

e) Einwendungen des herrschenden Unternehmens

Die vom BGH im Autokran-Urteil befürwortete entsprechende Anwendung von *§ 322 Abs. 2 und 3 AktG* ist teilweise mißverstanden worden. Sie hat nichts mit einer allgemeinen Analogie zum aktienrechtlichen Eingliederungsrecht zu tun. Unter der Prämisse des Urteils, die Ausfallhaftung greife ein, war darüber zu entscheiden, ob sich das herrschende Unternehmen gegenüber den Leasingansprüchen des klagenden Gläubigers darauf berufen konnte, diese seien verjährt oder durch Mängelansprüche gemindert. Dieses Akzessorietätsproblem ist vom Gesetzgeber für § 303 AktG nicht geregelt worden, obgleich es sich auch stellen kann, wenn zunächst nur Anspruch auf Sicherheitsleistung besteht. Es lag daher m. E. nicht gerade fern, eine aktienrechtliche Vorschrift zu verwenden, die in einem anderen Fall der Haftung eines herrschenden Unternehmens klarstellt, welche Einwendungen jeweils noch zulässig oder ausgeschlossen sind.

5. Gläubigerschutz in der Einmann-GmbH

Die vom II. Zivilsenat im Autokran-Urteil 1985 schließlich noch angesprochene, aber nicht entschiedene Frage, ob eine abhängige *Einmann-GmbH* von ihrem Unternehmens-Gesellschafter Verlustausgleich fordern könne, gehört nicht zu meinem Thema. Denn der Anspruch des Gläubigers aus § 303 AktG ist davon nicht abhängig. Auch wenn die §§ 302 und 303 AktG grundsätzlich nur miteinander kombiniert angewendet werden können, schließt das im qualifizierten Konzern den Gläubigerschutz nicht aus, wenn man im Einzelfall die abhängige Gesellschaft nicht für ausgleichsbedürftig halten würde. Der II. Zivilsenat hat seinerzeit jene Frage zur weiteren Diskussion stellen wollen, weil sie bis dahin vorwiegend mit einem Anspruch der abhängigen Gesellschaft auf „Bestandsschutz" zu begründen versucht wurde, was dem Senat nicht überzeugend erschien. Inzwischen hat *Ulmer*[14] einen auf das Stammkapital zu begrenzenden Verlustausgleich im Einmann-Konzern aus Kapitalerhaltungs-Grundsätzen hergeleitet. Hätte der II. Zivilsenat diesen Gesichtspunkt gesehen und sich daran erinnert, daß er ihn im Gervais-Danone-Urteil[15] für den Fall einer beherrschten GmbH & Co. KG selbst schon einmal erwogen hatte, würde er sich vielleicht etwas zurückhaltender geäußert haben.

14 Ulmer, Die AG 1986, 123, 126.
15 BGH NJW 1980, 232.

Bericht über die Diskussion

von

Wiss. Mitarbeiter BERND ERLE, Bielefeld

I. Zur Konzernwirklichkeit

In der Diskussion zu den Referaten von *Rowedder* und *Stimpel* berichtete ein Teilnehmer, es habe in seiner Praxis nie Schwierigkeiten gegeben, zu einer vertraglichen Regelung zu kommen, die auch den Vorstellungen der Minderheitsgesellschafter entsprach. In aller Regel müsse und werde ein Mehrheitsgesellschafter sich mit den Minderheitsgesellschaftern bei der Einbeziehung der Gesellschaft in den Konzern über die Geschäftspolitik einigen. Die Möglichkeit der Minderheitsgesellschafter, ihre Minderheitsrechte konsequent auszuüben, lasse dem herrschenden Gesellschafter kaum eine andere Wahl. Denn die Stellung der Minderheitsgesellschafter sei besser als ihr Ruf. Sie werde abgesichert durch einen Katalog von zwölf Minderheitsrechten:

- das Recht, die Behandlung eines bestimmten Tagesordnungspunktes in der Gesellschafterversammlung ab einer 10%igen Beteiligung zu verlangen (§ 50 Abs. 2 GmbHG),
- bei gleicher Beteiligungsquote die Möglichkeit, die Gesellschafterversammlung einberufen zu lassen (§ 50 Abs. 1 GmbHG),
- die Möglichkeit, die Gesellschafterversammlung unter den Voraussetzungen des § 50 Abs. 1 und 3 GmbHG selbst einzuberufen,
- ein umfassendes und kaum beschränkbares Auskunftsrecht jedes GmbH-Gesellschafters (§ 51 a GmbHG),
- den Stimmrechtsausschluß in den Fällen des § 47 Abs. 4 GmbHG,
- das Einstimmigkeitsprinzip bei der Vernehmung von Leistungspflichten der Gesellschafter (§ 53 Abs. 3 GmbHG),
- ein Vetorecht gegen Änderungen des Gesellschaftsvertrages bei einer mehr als 25%igen Beteiligung (§ 53 Abs. 2 GmbHG),
- das Recht zur Auflösungsklage aus wichtigem Grund bei einer Beteiligungsquote von 10% (§ 61 Abs. 2 GmbHG),
- den Anspruch auf Gewinnbezug (§ 29 GmbHG),
- Wettbewerbsverbote zwischen den Gesellschaftern,
- den Anspruch auf Gleichbehandlung,
- die Treupflicht unter den Gesellschaftern einer personalistisch verfaßten GmbH.

Um die verschiedenen Kräfte, die in der Gesellschaft wirken, insbesondere auch die Minderheit, in den Konzern einzubinden, werde aber kein Beherrschungsvertrag geschlossen. Vielmehr biete die personalistische GmbH die bessere Möglichkeit, einen Konsortialvertrag zwischen den Gesellschaftern zu vereinbaren. Darin regelten, so berichtete der Diskussionsteilnehmer weiter aus seiner Praxis, die Gesellschafter gemeinsam, wie die Gesellschaft zu betreiben sei und wie die Rechte der Minderheit geschützt werden.

Nach den Erfahrungen dieses Teilnehmers legten die Minderheitsgesellschafter meist Wert auf die Einbeziehung in den Konzern und die Ausnutzung aller Konzernvorteile. Dafür müßten sie dann auch gewisse gerechtfertigte Konzernnachteile in Kauf nehmen.

Bei dieser Praxis bestehe kein Bedarf, Regelungen des aktienrechtlichen Vertragskonzerns auf die GmbH zu übertragen.

Der Diskussionsteilnehmer berichtete, daß in dem Konzern, in dem er tätig sei, darauf geachtet werde, daß jede GmbH auch selbständig operieren könne, eigene Ergebnisse und Verantwortung habe. Daher werde der dezentral geführte Konzern heute bevorzugt.

Von anderer Seite wurde darauf hingewiesen, daß es im gut geführten Konzern nicht üblich sei, eine Tochtergesellschaft insolvent werden zu lassen. Es würden im Gegenteil erhebliche Mittel aufgewandt, um die Tochtergesellschaft solvent zu halten. Die Autokran-Entscheidung sei ein Extremfall. Er repräsentiere nicht die allgemein geübte Konzernpraxis. Der Konzern werde geführt, um ein möglichst gutes Ergebnis in der Gesamtheit zu erreichen. Diesem Optimum entspreche im allgemeinen eine optimale Lage aller Konzernunternehmen.

II. Der konzernspezifische Ansatz

Im weiteren Meinungsaustausch wurde die Ansicht vertreten, bei den materiellen Voraussetzungen für eine Haftungserweiterung des herrschenden Unternehmens sei zwischen einer Verschuldenshaftung und einer konzernrechtlich begründbaren Verlustausgleichspflicht zu unterscheiden.

Bei der Verschuldenshaftung sei es fraglich, was diese mit dem Konzernrecht zu tun habe. Insoweit sei dem Referenten *Rowedder* zuzustimmen. Zwar gehe es um Konzernsachverhalte, aber ob auch konzernrechtliche Kategorien einzusetzen seien, sei zweifelhaft; so etwa im ITT-Fall: Ein Konzernsachverhalt, gelöst über die Treupflicht, einem allgemeinen GmbH-rechtlichen Instrument. Die Haftung könne auf die Treupflicht oder anders ausgedrückt, auf das mitgliedschaftliche Sonderrechtsverhältnis des Gesellschafters zur Gesellschaft gegründet werden. Dieses Sonderrechtsverhältnis könne schuldhaft verletzt werden. Das führe dann zu Schadenersatzansprüchen der Gesellschaft. Den Verpflichtungen unterlägen alle Gesellschafter, auch der Minderheitsgesellschafter. Wie die Verpflichtungen aussehen, müßte noch geklärt werden; konzernrechtliche Probleme stellten sich dabei nicht.

Ein konzernrechtlicher Aspekt könne sich jedoch daraus ergeben, so wurde von anderer Seite angedeutet, daß bei der Beurteilung von Einzelmaßnahmen, die eine Schadenersatzpflicht auslösen sollen, eine konzernbezogene Gesamtbetrachtung hinzukomme müsse. Jedenfalls müsse das herrschende Unternehmen die Möglichkeit haben nachzuweisen, daß im ganzen die Konzernvorteile die Nachteile wesentlich übersteigen. Dieser Ansatz wurde aufgegriffen und die Ansicht vertreten, bei der Beurteilung, ob eine Maßnahme pflichtwidrig sei, könnten ausgleichende Vorteile, die sich im Laufe der Konzernbeziehung ergeben, berücksichtigt werden.

Für die Verschuldenshaftung, so wurde vorgeschlagen, könne, wenn ein Konzernverhältnis vorliege, eine Verschuldensvermutung eingreifen, die das herrschende Unternehmen entkräften müsse. Dies sei ein Ansatz, der mit der Autokran-Entscheidung vergleichbar sei. Er unterscheide sich aber wesentlich bei der Haftungsabwicklung, weil er zu einer Innenhaftung führe.

Ob dieser allgemeine Ansatz im mehrstufigen Konzern ausreiche, wurde bezweifelt. Im mehrstufigen Konzernverhältnis könne die Beziehung etwa zwischen der Mutter- und der Enkelgesellschaft nur mit einem konzernrechtlichen Ansatz befriedigend gelöst werden. Nur weil die Problematik der mehrstufigen Konzernierung nicht ausreichend beachtet werde, seien die Gerichte bisher noch relativ wenig damit beschäftigt worden. Das bedeute aber nicht, wurde *Rowedder* entgegengehalten, daß es in diesem Bereich keine Probleme gebe.

Bei der Behandlung der Konzernsachverhalte müsse zudem beachtet werden, daß die verschiedenen Gläubiger- und Gesellschaftergruppen im Konzern nicht zu Unrecht gleich behandelt werden dürften. Die Minderheitsgesellschafter und die Gläubiger der Muttergesellschaft müßten in die Überlegungen mit einbezogen werden. Eine einheitliche Behandlung aller Gläubiger in einem Konzern, wie es beispielsweise in Australien, Frankreich und den USA zu beobachten sei, benachteilige die Gläubiger der Muttergesellschaft. Hier müsse ein vernünftiges Ins-Verhältnis-Setzen der einzelnen Gläubigergruppen im Konzern vorgenommen werden. Ob die bisherigen Ansätze dies leisteten, sei fraglich.

Ein konzernspezifischer Ansatz sei aber auch aus einem weiteren Grund erforderlich. Es bestehe die Gefahr, daß sich das Konzernstrafrecht zum Schwerpunkt des Konzernrechts herausbilde und alles darüber abgewickelt werde. Mit einer solchen Entwicklung solle man sich aber nicht abfinden.

Diskutiert wurde dann, ob es im Konzern ein Sonderrechtsverhältnis zwischen Mutter-, Tochter- und Enkelgesellschaft gebe und ob in einem solchen Treupflichtkonzept nur Schutzpflichten, etwa bei der Wahrnehmung von

Geschäftschancen, enthalten seien oder auch die Verpflichtung, die Unternehmensleitung ordnungsgemäß auszuüben. Eine Konzerntreupflicht wurde dabei mit dem Argument abgelehnt, es gebe nur eine Pflicht, die Tochter- oder Enkelgesellschaft nicht pflichtwidrig zu schädigen. Daraus lasse sich aber keine Konzerntreupflicht mit weitergehenden Pflichten der Muttergesellschaft ableiten.

III. Die §§ 311 ff AktG im faktischen GmbH-Konzern

Der Vorschlag, die Regeln des faktischen Aktienrechtskonzerns auf den GmbH-Konzern zu übertragen, stieß auf breiten Widerspruch.

Zunächst wurde gefragt, worin die Zielsetzung einer solchen Analogie liege. Sei das Ziel nur die Pflicht zur Erstellung eines Abhängigkeitsberichts, so sei – das war die Meinung eines Teilnehmers – die Anwendung der §§ 311 ff AktG auf den GmbH-Konzern begrüßenswert. Soweit damit aber auch eine Privilegierung des herrschenden Unternehmens beabsichtigt sei, sei eine entsprechende Anwendung abzulehnen. Für diese Besserstellung der Muttergesellschaft bestehe kein Anlaß. Eingeräumt wurde, daß es allerdings auch Argumente gebe, die dafür sprächen. Anders als in der AG gebe es in der GmbH die Gesellschafterklage, die actio pro socio. Bei einer Privilegierung über die §§ 311 ff AktG sei aber zu bedenken, daß es um die Einfassung der konzernrechtlichen Regeln in die Struktur der GmbH gehe. Dazu gehöre, daß der Gesellschafter über die Gesellschafterversammlung einen erheblichen Einfluß auf die Geschäftsführung habe, er aber trotzdem grundsätzlich für sein Abstimmungsverhalten, auch soweit es fehlerhaft sei, nicht hafte. Von dieser Grundregel werde wegen der besonderen Konzernrisiken abgewichen. Zu den Gründen gehörten: erstens die verdeckte Gewinnausschüttung, die im mehrstufigen Konzern um die mittelbar verdeckte zu erweitern sei, zweitens die fehlerhafte Konzernleitung, und drittens die Übernahme von Geschäftschancen. Dies verbiete dann doch eine Besserstellung des GmbH-Konzerns.

Im übrigen, und so wurde von anderer Seite eingewandt, sei es methodisch fraglich, ob der Abhängigkeitsbericht mit seinen ganzen technischen Vorschriften und die Abhängigkeitsprüfung im Wege der Analogie auf die GmbH übertragen werden könnten.

Außerdem sei der Abhängigkeitsbericht, worauf mehrfach eingegangen wurde, nicht effektiv, sobald die Beziehungen zwischen abhängiger und herrschender Gesellschaft intensiver würden. Dazu komme, daß Erstellung und Prüfung des Abhängigkeitsberichtes sehr aufwendig seien.

Nach Einschätzung einiger Teilnehmer würde der Gesetzgeber heute die Regelungen der §§ 311 ff AktG, wie es 1971 in der Reformarbeit zum GmbHG vorgeschlagen wurde, höchstwahrscheinlich nicht mehr auf die GmbH ausdehnen.

IV. Die Verlustübernahme analog § 302 AktG im GmbH-Konzern

Im Mittelpunkt der weiteren Diskussion stand die Autokran-Entscheidung des Bundesgerichtshofs vom 16. September 1985.

1. Der dogmatische Ansatz

Dabei nahm das methodische Problem der Analogie zu § 302 AktG breiten Raum ein.

Zum Teil wurde eine analoge Anwendung von Vorschriften aus dem aktienrechtlichen Vertragskonzern grundsätzlich abgelehnt. Der Gesetzgeber habe 1965 im Aktienrecht zwischen dem Vertrags- und dem faktischen Konzern unterschieden. Bereits damals seien Formen qualifizierter faktischer Konzernierung bekannt gewesen. Trotzdem seien die unterschiedlichen Stufen der faktischen Konzernierung und die bloße Abhängigkeit in §§ 311 ff AktG zusammengefaßt worden. Dahinter verberge sich eine Grundentscheidung des Gesetzgebers, die auch im GmbH-Konzernrecht nicht übergangen werden dürfe. Zwar sei die Einflußnahme im GmbH-Konzern wegen des Weisungsrechts einfacher, das rechtfertige aber eine vom Aktienrecht abweichende Beurteilung des qualifizierten faktischen Konzerns im GmbH-Recht nicht. Einen Ansatz, um AG-Vertragskonzernrecht auf den faktischen GmbH-Konzern zu übertragen, könne die Gleichstellung von beherrschungsvertraglichem Weisungsrecht (§ 308 Abs. 1 AktG) und Einflußmöglichkeit der Mehrheit in der GmbH bieten. Dagegen spreche aber, daß es bei den §§ 300 ff AktG nicht auf die Ausübung der Leitungsmacht ankomme. Konsequenterweise müßte dann, so wurde behauptet, im GmbH-Konzern auf die Ausübung der Einflußmöglichkeiten als Tatbestandsvoraussetzung verzichtet werden. Es zeige die Bedenklichkeit des gewählten Ansatzes, wenn im Autokran-Urteil diese Konsequenzen nicht gezogen würden.

Gegen die Autokran-Entscheidung wurde weiter eingewandt, die Analogie zu §§ 302, 303 AktG sei nur ein juristischer Ansatz für ein gewolltes Ergebnis. Das zeige sich auch daran, daß im faktischen GmbH-Konzern anders als im aktienrechtlichen Vertragskonzern ein Entlastungsbeweis zugelassen werde.

Gegen die Anwendung der Regeln des Vertragskonzerns spreche außerdem die im Gegensatz zum Beherrschungsvertrag beim qualifizierten GmbH-Konzern fehlende Handelsregistereintragung[1].

Von den meisten Teilnehmern wurde die Analogie zu § 302 AktG begrüßt. Die Diskussion konzentrierte sich zunächst auf die Frage, ob die Nähe zu § 302

1 Vergleiche dazu auch den Diskussionsbericht von Mecke S. 220.

und auch zu § 303 AktG hinreichend sei. Dabei wurde die konzernspezifische Ausgangslage des § 302 eingehend erörtert. Das führte unmittelbar zu der im Autokran-Urteil geforderten zusätzlichen Qualifizierung des GmbH-Konzerns.

2. *Anknüpfung an den qualifizierten Konzern*

Nach der Autokran-Entscheidung bestehe ein qualifizierter faktischer GmbH-Konzern, wenn das herrschende Unternehmen die Leitungsmacht über das beherrschte Unternehmen ausübe. Dabei handele es sich um einen Mißbrauchtatbestand. An die Leitungsmacht sei die Vermutung geknüpft, daß sie nachteilig und unkontrollierbar sei.

Gegen diesen Ansatz, auf die Ausübung der Leitungsmacht abzustellen, wurden Bedenken erhoben. § 302 AktG knüpfe an das sich aus dem Beherrschungsvertrag ergebende Weisungsrecht an. Wo dieses bestehe, könne nicht mehr kontrolliert werden, in welchem Umfang Einfluß auf das abhängige Unternehmen genommen werde. Bei der GmbH bestehe das Weisungsrecht ohne Beherrschungsvertrag, daher müsse § 302 AktG im GmbH-Konzern grundsätzlich analog angewandt werden und nicht nur beim qualifizierten Konzern. Dieses Abgrenzungskriterium sei wegen seiner Unbestimmtheit ohnehin ungeeignet.

In vielen anderen Beiträgen wurde dem vom Bundesgerichtshof beschrittenen Weg zur Analogie über den qualifizierten Konzern zugestimmt.

Für die Behandlung des GmbH-Konzerns unterschieden einige Teilnehmer zwischen Situationen, in denen eine Einzelabrechnung möglich sei und solchen, wo dies aufgrund breitflächiger Einflußnahme nicht gehe, nämlich im qualifizierten faktischen Konzern. Nur dann sei es notwendig, von der Einzelbetrachtung abzuweichen. Wo die Einzelabrechnung in dichteren Konzernverflechtungen nicht mehr funktioniere, müsse ein Globalschutz eingreifen. Dieser Ansatz liege, entgegen der bereits genannten anderen Ansicht, auch dem § 302 AktG zugrunde. Die Untersuchung *Mestmäckers*[2] aus der Zeit vor dem AktG 1965 und auch die Regierungsbegründung zeigten, daß für die Einführung des § 302 AktG nicht das Weisungsrecht entscheidend gewesen sei. Der eigentliche Grund habe darin bestanden, daß die Normalvorschriften zur Kapitalerhaltung im Vertragskonzern nicht funktionierten. Verdeckte Gewinnausschüttungen und Vermögensverschiebungen und auch andere Gefahren im Konzern könnten durch das normale Instrumentarium des Gesellschaftsrechts nicht mehr erfaßt werden. Liege aber darin der Grund für die Schaffung des § 302 AktG, so setze die analoge Anwendung im GmbH-Konzern eine vergleichbare Gefahrenlage

2 MESTMÄCKER, Verwaltung, Konzerngewalt und Recht der Aktionäre, 1958.

voraus. Die sei nur im qualifizierten Konzern gegeben. Die im GmbH-Konzern zusätzlich geforderte Voraussetzung für die analoge Anwendung des § 302 AktG finde sich daher auch im aktienrechtlichen Vertragskonzern, wenn auch nicht ausdrücklich als Tatbestandsmerkmal ausformuliert. Daß für den § 302 AktG das Problem der Kapitalerhaltung wesentlich sei, zeige auch seine Stellung im Gesetz. Die Norm stehe mit § 300 und § 301 AktG unmittelbar im Zusammenhang, also mit Vorschriften, die eindeutig der Kapitalerhaltung im aktienrechtlichen Konzern dienten. Dabei wurde zwar zugestanden, eigentlich passe § 302 AktG nicht unmittelbar in das zugunsten der Gläubiger errichtete Schutzsystem der GmbH, denn § 302 AktG sei in erster Linie eine Schutznorm für die Gesellschafter, deren Schutz im GmbH-Konzern über den Schadenersatzanspruch erreicht werde. Aber § 302 AktG schaffe mittelbar Gläubigerschutz und sei daher auch systemgerecht.

Bezweifelt wurde mehrfach, ob die Abgrenzungskriterien für den qualifizierten Konzern ausreichend klar seien. Auch hier wurde im Ergebnis dem Ansatz des Bundesgerichtshofs bei der dauernden und umfassenden Ausübung von Leitungsmacht überwiegend zugestimmt. Daneben gab es den Vorschlag, für die Abgrenzung darauf abzustellen, ob das beherrschte Unternehmen wie eine Betriebsabteilung geführt werde. Eingewandt wurde weiter, eine dauernde und umfassende Einflußnahme sei erforderlich, um überhaupt ein Konzernverhältnis im Sinne von § 18 AktG zu begründen. Eine nur gelegentliche Einflußnahme reiche dazu nicht. Für den qualifizierten Konzern seien daher weitere Voraussetzungen zu verlangen: Ein qualifizierter Konzern könne nur dann vorliegen, wenn die selbständige Existenzfähigkeit des abhängigen Unternehmens vernichtet werde, unübersehbare Risiken auf die Tochtergesellschaft überbordet würden, fortgesetzt Nachteile unausgeglichen zugefügt und dem Gesellschaftszweck der beherrschten Gesellschaft zuwiderlaufende Strukturänderungen herbeigeführt würden. Nur wenn dies feststehe, könne ein qualifizierter faktischer Konzern vorliegen, und nur dann dürfe § 302 AktG auf den GmbH-Konzern übertragen werden.

Diesem engeren Ansatz wurde widersprochen, er sei rechtspolitisch bedenklich. Die Frage, ob die Einwirkung des herrschenden Unternehmens nachteilig sei, dürfe bei der Begriffsbestimmung des qualifizierten Konzerns nicht berücksichtigt werden.

Ob der Mißbrauchstatbestand in der Form des qualifizierten Konzerns schon bei Weisungen des Mehrheitsgesellschafters vorbei an der Gesellschafterversammlung erfüllt sei, wurde erörtert. Dafür spreche, daß dadurch die Einflußnahme unkontrollierbar werde. Dem wurde aber entgegengehalten, das bloß formale Vorbeigehen an den Zuständigkeiten des GmbH-Rechts reiche für den Nachweis eines qualifizierten Konzerns nicht aus; die Anforderung sei höher zu setzen.

3. Der Entlastungsbeweis

Zunächst wurde in der Diskussion klargestellt, daß es im Rahmen der analogen Anwendung von §§302, 303 AktG nicht um eine Exkulpationsmöglichkeit gehe. Exkulpation sei der Nachweis, daß kein Verschulden vorliege; in §§302, 303 AktG gehe es aber um eine objektive, verschuldensunabhängige Haftung.

Ein Teilnehmer gab zu bedenken, ob durch die Zulassung des Entlastungsbeweises nicht eine Schutztypenvermischung stattfinde. In das globale Schutzsystem, das das Gesetz beim Beherrschungs- und Gewinnabführungsvertrag vorsehe, würden Elemente der Einzelaktbetrachtung aufgenommen, wie sie das Schutzsystem der §§311ff AktG vorsehe.
Gefragt wurde weiter, wie der Entlastungsbeweis auszusehen habe. Sei dabei etwa nachzuweisen, daß die Konzernpolitik für das abhängige Unternehmen nicht nachteilig gewesen sei. Ein solcher Nachweis könne aber wohl kaum erbracht werden, wie die Untersuchung von *Mestmäcker* gezeigt habe. Soweit beim Entlastungsbeweis aber Einzelakte geprüft werden sollten, ergebe sich die schwierige Folgefrage, in welchem Verhältnis Einzelakt und Verlust stünden.

Von anderer Seite wurde die Funktion des Entlastungsbeweises durchleuchtet. Sie bestehe einmal darin, den Tatbestand des qualifizierten Konzerns zu widerlegen. Die zweite Möglichkeit könne sein, die Rechtsfolgen, die an den qualifizierten Konzern geknüpft seien, ausnahmsweise nicht eintreten zu lassen, etwa wenn ein Großschuldner unerwartet ausfalle. Auf die zweite Funktion des Entlastungsbeweises wurde auch von anderer Seite eingegangen. Dabei wurde die Meinung vertreten, das herrschende Unternehmen müsse den Nachweis führen, daß der Verlust nichts mit der Konzernierung zu tun habe, also auch ohne Konzernierung eingetreten wäre, etwa bei dem genannten Beispiel, daß ein Großschuldner unerwartet nicht mehr zahle. Es sei dies der Nachweis der fehlenden Kausalität zwischen Konzernierung und Verlust. Dieser sei zwar schwer zu führen, aber möglich.

V. Der unmittelbare Gläubigerschutz analog §303 AktG im GmbH-Konzern

Gegen die analoge Anwendung von §303 AktG wurde eingewandt, die Analogie sei nur sehr mühsam zu gewinnen und eigentlich fernliegend. Die im Referat von *Stimpel* abgelehnte subsidiäre Haftung analog §309 Abs.4 Satz 3 AktG sei demgegenüber auch an anderer Stelle, etwa in §93 Abs.5 Satz 1 und in §317 Abs.4 AktG zu finden. Der Teilnehmer nannte die subsidiäre Haftung daher ein Institut des Aktienrechts, das im Wege der Rechtsanalogie zu den genannten Normen auch im GmbH-Konzern gelte. Ihm wurde entgegengehalten, die §§ 307, 317 usw. AktG seien totes Recht, seien bisher nicht praktiziert worden. Die Außenhaftung bewähre sich gerade in der Einmann-Gesellschaft, bei der es eben keinen Bestandsschutz im Sinne der Erhaltung eines lebensfähigen Unternehmens gebe. Die Außenhaftung sei besonders beim Konkurs der Tochtergesellschaft praktikabler als der umständliche Weg über die subsidiäre Haftung nach § 309 Abs. 4 AktG. Die Haftung nach § 303 AktG komme als Gläubigerschutzinstrument ohnehin erst im Konkurs zum Zuge.

Mit dieser Problematik in unmittelbarem Zusammenhang stand die Frage nach der Haftungsabwicklung.

VI. Die Haftungsabwicklung

In einem Beitrag wurde für eine konsequente Haftungsabwicklung nur über das Vermögen der Tochtergesellschaft gestritten. Er wandte sich damit gegen ein im Referat *Stimpel* aufgezeigtes Recht der Tochtergläubiger, unmittelbar auf die Muttergesellschaft zuzugreifen.

Die Abwicklung über das Vermögen der Tochtergesellschaft müsse nach Möglichkeit auch für die Haftungserweiterung gelten. Denn Ziel der Erweiterung müsse es sein, die Masse zu vergrößern, die allen Gläubigern und nicht nur denjenigen zugute komme, die es wagten, gegen die Muttergesellschaft vorzugehen. Das sei auch rechtspolitisch wünschenswert. Aus der Häufigkeit masseloser Insolvenzen dürfe nicht der Schluß gezogen werden, daß Tatbestände, die die Ausnahme sein sollten, die Regel seien. Dazu gehöre insbesondere der unmittelbare Zugriff der Tochtergläubiger auf die Muttergesellschaft, weil bei der Tochter der Konkurs mangels Masse nicht eröffnet werde.

Dieser Punkt blieb kontrovers; insbesondere sei nicht erkennbar, warum das System des unmittelbaren Zugriffs nachteilig sein solle. In der Einmann-Gesellschaft, wo die Innenhaftung mangels Kläger leerlaufe, zeige sich im Gegenteil der Vorteil der Außenhaftung.

VII. Der schlichte Mehrheitsbesitz

In der Diskussion wurde auch auf den schlichten Mehrheitsbesitz eingegangen.

Dazu wurde vorgetragen, auch in diesen Verhältnissen zeige sich, daß der Mechanismus des Einzelschadenersatzes nicht immer funktioniere. Als Lösungsansatz biete sich auch hier die Verlustausgleichspflicht an, der man sich auch vom Treupflichtkonzept her nähern könne. Dabei reiche der bloße Mehrheitsbesitz, wie das in anderen Diskussionsbeiträgen angeklungen sei, nicht aus. Der vom bloßen Mehrheitsgesellschafter ausgeübte Einfluß müsse schon mit der Lage im qualifizierten GmbH-Konzern vergleichbar sein. Denkbar sei etwa ein Zustand, bei dem der Minderheitsgesellschafter mit den Schadenersatzansprüchen nicht mehr zurechtkomme. In diesem Fall könne der Einzelanspruch in einen Anspruch auf Übernahme des Unternehmensrisikos durch den Mehrheitsgesellschafter umschlagen. Dieser müsse dann einen entsprechenden Verlust ausgleichen, sofern nicht ein Schaden im Einzelfall nachweisbar sei. Damit werde über das Treupflichtkonzept in den Bereich des § 302 AktG eingebrochen.

Ob die Lösung aus der Treupflicht oder analog § 302 AktG entwickelt werde, sei nicht entscheidend. Jedenfalls könne vom Minderheitsgesellschafter in einer dem qualifizierten Konzern vergleichbaren Lage nicht verlangt werden, daß er dem Mehrheitsgesellschafter im einzelnen nachweise, daß der Verlust durch schuldhafte Einzeleingriffe entstanden sei. Vielmehr müsse er nur nachweisen, daß der Mehrheitsgesellschafter die Leitungsmacht übernommen habe. An die Leitungsmacht sei auch beim einfachen Mehrheitsgesellschafter die Vermutung geknüpft, daß diese nachteilig und unkontrollierbar sei. Sie verpflichte auch den schlichten Mehrheitsgesellschafter ohne einen Verschuldensnachweis im einzelnen zum Verlustausgleich.

VIII. Der qualifizierte faktische Aktienrechtskonzern

Als Folgeproblem der Autokran-Entscheidung wurde die Frage aufgeworfen, welche Konsequenzen aus dem Urteil für den faktischen Aktienrechtskonzern zu ziehen seien. Falle der qualifizierte Aktienrechtskonzern unter die §§ 311 ff AktG oder bestehe auch im Aktienrecht insoweit eine Lücke, die durch die Analogie zu §§ 302, 303 AktG geschlossen werden müsse?

Die Stellungnahmen dazu waren kontrovers. In einem Beitrag wurde die Ansicht vertreten, das Autokran-Urteil sei nicht auf den GmbH-Konzern begrenzt. Es enthalte die massive Aussage, daß die Regeln der §§ 311 ff AktG allgemein ungeeignet seien, die Probleme des qualifizierten faktischen Konzerns zu lösen. Daneben gehe das Urteil davon aus, es sei im GmbH-Konzern durch das Weisungsrecht „verhältnismäßig" einfach, die Leitungsmacht auszuüben. Daraus ergebe sich die Aussage, eine vergleichbare Lage sei auch im AG-Konzern möglich. Die Autokran-Entscheidung ziele daher deutlich auf eine umfassende Behandlung des qualifizierten Konzerns ab.

Andere, die den Ansatz des Bundesgerichtshofs grundsätzlich ablehnten, sprachen sich konsequent gegen die Ausdehnung auf den AG-Konzern aus. Insoweit kam es zu unterschiedlichen Ansichten, ob das Aktiengesetz den faktischen AG-Konzern in den §§ 311 ff AktG abschließend regele oder ob hier für die Behandlung der qualifizierten Konzernierung eine Lücke vorliege (vgl.

dazu auch oben S. 57). Dabei zeigte die Diskussion, daß bei der Behandlung der Fragen, die durch das Autokran-Urteil für den faktischen AG-Konzern aufgeworfen wurden, noch keine klaren Vorstellungen bestehen. Die Praktiker unter den Diskussionsteilnehmern forderten eine schnelle Klärung dieser Zweifelsfragen.

Referat

Bestandsschutz im GmbH-Vertragskonzern

von

Prof. Dr. Volker Emmerich, Bayreuth

Inhaltsübersicht

I. Einleitung

Wenn man im Konzernrecht von Bestandsschutz spricht, so meint man damit in erster Linie die Frage, wie die Lebensfähigkeit der abhängigen Gesellschaft sichergestellt werden kann. Dieser Frage ist daher hier unter Beschränkung auf GmbH-Vertragskonzerne nachzugehen.

Vertragskonzerne werden durch den Abschluß von Beherrschungsverträgen begründet (vgl. § 291 AktG). In ihnen steht dem herrschenden Unternehmen, auf dessen Rechtsform es nicht ankommt, nach dem entsprechend anwendbaren § 308 AktG ein umfassendes Weisungsrecht gegenüber der abhängigen GmbH zu. Die hieraus der abhängigen Gesellschaft drohenden Gefahren haben schon den Aktiengesetzgeber veranlaßt, in den §§ 300 bis 310 AktG weitreichende Vorkehrungen zum Schutz der abhängigen Gesellschaft (§§ 300 und 301 AktG), ihrer Gläubiger (§§ 302 und 303 AktG) sowie vor allem der außenstehenden Gesellschafter, der Minderheit, vorzusehen (§§ 304 bis 307 AktG). Außerdem sind dem Weisungsrecht des herrschenden Unternehmens durch § 308 AktG gewisse Schranken gezogen worden, bei deren Überschreitung eine eigenartige Organhaftung aufgrund der §§ 309 und 310 AktG eingreift.

Faßt man all dies ins Auge, so läßt sich die Frage nach dem „Bestandsschutz" im GmbH-Vertragskonzern in verschiedenen Richtungen präzisieren. In erster Linie geht es hier naturgemäß ebenfalls um die Frage nach dem Umfang und den Schranken des Weisungsrechts des herrschenden Unternehmens; dabei wird vor allem zu prüfen sein, in welchem Ausmaß für die abhängige GmbH nachteilige Weisungen zulässig sind, ob insbesondere die weitere Lebensfähigkeit der abhängigen Gesellschaft eine unübersteigbare Schranke für derartige Weisungen darstellt. Als nächstes ist sodann der Gläubigerschutz im GmbH-Vertragskonzern näher zu untersuchen. Im Vordergrund wird dabei die Frage nach der Analogiefähigkeit der §§ 300 bis 303 AktG im GmbH-Konzernrecht stehen. Eine weitere Frage ist hier, welche Bedeutung daneben den Grundsätzen über die Durchgriffshaftung und über die Behandlung eigenkapitalersetzender Gesellschafterdarlehen zukommt. Den Abschluß müssen Überlegungen zu der Frage bilden, ob die genannten Rechtsinstitute zum Schutz der Minderheit in der abhängigen Gesellschaft gegen die Aushöhlung und Ausplünderung ihrer Gesellschaft ausreichen oder ob insoweit zusätzliche Maßnahmen geboten und möglich sind. Eine Sonderrolle wird schließlich in allen diesen Beziehungen unvermeidlich die Einmann-Tochtergesellschaft spielen.

Ausgeklammert wird hingegen der Fragenkreis des Präventivschutzes im GmbH-Vertragskonzernrecht, weil dieses Problem ebenso wie die Fragen des Ausgleichs und der Abfindung im GmbH-Vertragskonzern (vgl. §§ 304 bis 307 AktG) in anderen Referaten behandelt werden. Ausgeklammert werden außerdem noch sämtliche Fragen, die mit dem Abschluß sog. isolierter Gewinnabführungsverträge zusammenhängen, da durch den Abschluß solcher Verträge keine Vertragskonzerne begründet werden.

II. Weisungsrecht

Der Beherrschungsvertrag begründet nach GmbH-Recht nicht anders als nach Aktienrecht ein umfassendes Weisungsrecht des herrschenden Unternehmens gegenüber der abhängigen Gesellschaft, worauf allgemein § 308 AktG entsprechend angewandt wird. Unter dem Blickwinkel des Bestandsschutzes für die abhängige Gesellschaft sind daher hier vorrangig zwei Fragen zu prüfen, nämlich zunächst die Frage, wer hier überhaupt Adressat der Weisungen des herrschenden Unternehmens ist, und sodann die Frage, wieweit das Weisungsrecht des herrschenden Unternehmens geht, welche Schranken ihm m. a. W. mit Rücksicht auf den notwendigen Schutz der abhängigen Gesellschaft, ihrer Gesellschafter und ihrer Gläubiger gezogen werden müssen.

1. Adressat

a) Bei der AG besteht das Weisungsrecht gem. § 308 Abs. 1 S. 1 AktG nur gegenüber dem Vorstand der abhängigen AG und daher auch nur hinsichtlich der dem Vorstand nach § 76 AktG obliegenden Leitung der Gesellschaft. Weisungsfrei sind hingegen stets die beiden anderen Organe Hauptversammlung und Aufsichtsrat, so daß durch Weisungen des herrschenden Unternehmens niemals in deren Zuständigkeit eingegriffen werden kann[1].

Will das herrschende Unternehmen insoweit ebenfalls Einfluß ausüben, so ist ihm dies nur aufgrund einer entsprechenden Mehrheit in der Hauptversammlung der abhängigen Gesellschaft sowie aufgrund seiner Vertretung in deren Aufsichtsrat möglich. Probleme für die Leitungsmacht des herrschenden Unternehmens ergeben sich hieraus freilich in der Regel nicht, und zwar einmal wegen der sehr starken Stellung des Vorstandes in der grundsätzlich zwingenden Zuständigkeitsordnung der AG, zum anderen, weil es zum Abschluß von Beherrschungsverträgen im Zuge der fortschreitenden Integration einer abhängigen Gesellschaft in den Konzern des herrschenden Unternehmens ohnehin in aller Regel nur kommt, wenn das herrschende Unternehmen bereits über eine qualifizierte Mehrheit bei der abhängigen AG verfügt (vgl. § 293 Abs. 1 S. 2 AktG).

An diesem Befund hat das Holzmüller-Urteil des BGH[2], wie besonderer Hervorhebung bedarf, vermutlich nur wenig geändert. Seit dem Holzmüller-Urteil wird zwar wieder über ungeschriebene Hauptversammlungszuständigkeiten u. a. in Fragen der Geschäftsführung – über § 119 Abs. 2 AktG hinaus – diskutiert; doch wird es sich dabei einmal, ohne daß dies hier näher vertieft werden müßte, wohl stets um Ausnahmefälle handeln; zum anderen bedeuten selbst zusätzliche Hauptversammlungszuständigkeiten in der *Tochtergesellschaft* keine Gefahr für die einheitliche Leitung des Konzerns (§ 18 Abs. 1 AktG), weil das herrschende Unternehmen dort ohnehin, um es zu wiederholen, in aller

1 Vgl. statt aller EMMERICH/SONNENSCHEIN, Konzernrecht, 2. Aufl., 1977, S. 190 m. w. N.

2 BGHZ 83, 122 = Die AG 1982, 158 = JuS 1982, 700 Nr. 9 = LM Nr. 1 zu § 118 AktG m. Anm. FLECK.

Regel über die Mehrheit verfügt. Anders steht es freilich mit der vom BGH gleichzeitig postulierten Konzernbildungs- und Konzern*leitungskontrolle* auf der Ebene des *herrschenden* Unternehmens. Doch ist darauf hier, wo allein der Schutz der abhängigen Gesellschaft interessiert, nicht näher einzugehen[3].

b) In scharfem Gegensatz zur AG kennt die GmbH hingegen keine zwingende Zuständigkeitsordnung und namentlich keine den Geschäftsführern vorbehaltene Leitung der Gesellschaft (vgl. §§ 35, 37, 45, 46 GmbHG). Lediglich bei mitbestimmten Gesellschaften gilt heute insofern etwas anderes, als bei ihnen ein Aufsichtsrat eingerichtet werden *muß*, dem dann obendrein zwingend die Bestellung der Geschäftsführer obliegt (§§ 6, 31 MitbestG). Im übrigen bleibt es aber selbst in solchen mitbestimmten Gesellschaften dabei, daß die Gesellschafterversammlung das oberste Organ ist und daher jede Frage der Geschäftsführung an sich ziehen und durch Weisungen an die Geschäftsführer regeln kann[4].

Hieraus ergeben sich im GmbH-Vertragskonzern Probleme für das Weisungsrecht des herrschenden Unternehmens, die in dieser Form bei der AG mit ihrer zwingenden Zuständigkeitsordnung unbekannt sind. Sie tauchen vor allem auf, wenn die Gesellschafterversammlung oder der Aufsichtsrat aufgrund entsprechender Satzungsbestimmungen durch Weisungen an die Geschäftsführer in die Geschäftsführung eingreifen. Dann muß entschieden werden, welche Weisungen, die des herrschenden Unternehmens oder die der anderen Gesellschaftsorgane, den Vorrang haben sollen.

Die Beantwortung dieser Frage ist unproblematisch, soweit es um die gesetzlichen Zuständigkeiten des zwingenden Aufsichtsrats nach den Mitbestimmungsgesetzen geht. Sie haben auf jeden Fall den Vorrang vor Weisungen des herrschenden Unternehmens. Im übrigen aber, d. h. hinsichtlich der Weisungen der

3 Vgl. zu dem angedeuteten Fragenkreis aus jüngster Zeit insbesondere FLUME, Allgemeiner Teil des Bürgerlichen Rechts, Bd. I 2, Die juristische Person, 1983, S. 313 f; GESSLER, FS Stimpel, 1985, S. 771; DERS., FS Meilicke, 1985, S. 18; GÖTZ, Die AG 1984, 85; GROSSFELD/BRONDICS, JZ 1982, 589; HEINSIUS, ZGR 1984, 383; insbesondere HOMMELHOFF, Die Konzernleitungspflicht, 1982, passim; HÜBNER, FS Stimpel, 1985, S. 791; KROPFF, ZGR 1984, 112, 127 ff; LUTTER, FS Stimpel, 1985, S. 825; LUTTER/TIMM, NJW 1982, 409; MARTENS, ZHR 147 (1983), 377; RAISER, FS Stimpel, 1985, S. 855; REHBINDER, FS Coing, Bd. II, 1982, S. 423; DERS., ZGR 1983, 92; U. H. SCHNEIDER, ZGR 1980, 511; insbesondere DERS., BB 1981, 249 m. w. N.; TIMM, Die AG als Konzernspitze, 1980; DERS., Die AG 1980, 172; SEMLER, BB 1983, 1566; SÜNNER, Die AG 1983, 169; THOMAS, ZGR 1985, 365; H. P. WESTERMANN, ZGR 1984, 352; WERNER, ZHR 147 (1983), 492; DERS., FS Stimpel, 1985, S. 935; w. N. aus der vorausgegangenen Diskussion, insbesondere zu den grundlegenden Arbeiten von LUTTER, siehe bei EMMERICH/SONNENSCHEIN, aaO (Fn. 1), S. 17 f.

4 Die Einzelheiten sind hinsichtlich mitbestimmter Gesellschaften bekanntlich streitig; doch kann dies hier offenbleiben.

Gesellschafterversammlung und eines fakultativen Aufsichtsrats, ist umstritten, welchem Organ in den genannten Kollisionsfällen der Vorrang gebührt[5].

Nach überwiegender und m. E. nach wie vor zutreffender Meinung bedarf bei der GmbH der Abschluß eines Beherrschungsvertrages der Zustimmung aller Gesellschafter der abhängigen Gesellschaft, wobei obendrein immer noch nicht endgültig geklärt ist, ob das herrschende Unternehmen hier mit Rücksicht auf § 47 Abs. 4 GmbHG überhaupt ein Stimmrecht hat[6]. Die Zustimmung der Gesellschafter zu dem Abschluß eines Beherrschungs- oder Gewinnabführungsvertrages enthält außerdem der Sache nach eine Änderung der Satzung der GmbH, weil die Gesellschaft fortan entgegen ihrem bisherigen Zweck nicht mehr im gemeinsamen Interesse aller Gesellschafter mit dem Ziel der Gewinnerzielung betrieben wird, sondern auf das einseitig vom herrschenden Unternehmen definierte Konzerninteresse ausgerichtet wird[7].

Nimmt man beides zusammen, so sprechen in der Tat die besseren Gründe für die Verdrängung der Zuständigkeiten von Gesellschafterversammlung und fakultativem Aufsichtsrat durch das Weisungsrecht des herrschenden Unternehmens[8]. Denn wenn alle Gesellschafter dem Abschluß des Beherrschungsvertrages zugestimmt haben, ist die Annahme unbedenklich, daß hierdurch die Organisation der Gesellschaft in einer Weise verändert wird, die den Vorrang der Weisungen des herrschenden Unternehmens begründet.

2. *Schranken*

a) *Allgemeines*

Nach § 308 Abs. 1 S. 2 AktG sind auch nachteilige Weisungen für das abhängige Unternehmen bindend, dies freilich nur unter den zwei zusätzlichen

5 Vgl. einerseits für den Vorrang der Gesellschafterversammlung Scholz/Emmerich, Komm. z. GmbHG, 6. Aufl., 1978/1983, Anh. II Rdn. 178–182; andererseits für Vorrang des Weisungsrechts des herrschenden Unternehmens Fischer/Lutter, Komm z. GmbHG, 11. Aufl., 1985, Anh. § 13 Rdn. 24; Rowedder/Koppensteiner, Komm. z. GmbHG, 1985, Anh. § 52 Rdn. 63; Kort, Der Abschluß von Beherrschungs- und Gewinnabführungsverträgen im GmbH-Recht, 1986, S. 140 f.

6 Vgl. statt aller m. N. Emmerich/Sonnenschein, aaO (Fn. 1), S. 245, 250; Scholz/Emmerich, aaO (Fn. 5) Anh. II Rdn. 165 f; Zöllner, in: Baumbach/Hueck, Komm. z. GmbHG, 14. Aufl., 1985, Schlußanh. I Rdn. 16; anders freilich OLG Düsseldorf BB 1981, 1482 = Die AG 1982, 27 = JuS 1982, 304 Nr. 12; Fischer/Lutter, aaO (Fn. 5), Anh. § 13 GmbHG Rdn. 27; Rowedder/Koppensteier, aaO (Fn. 5), Anh. § 52 GmbHG Rdn. 45; Timm, BB 1981, 1491, 1495 f; Ders., Die AG 1982, 93, 100 f unter Berufung auf § 355 AktG und § 20 KapErhG.

7 Die Frage ist bekanntlich ebenfalls streitig, kann hier aber wiederum offenbleiben.

8 Insoweit gebe ich meine früher vertretene, abweichende Meinung (oben Fn. 5) auf.

Voraussetzungen, daß einmal der Beherrschungsvertrag nichts anderes bestimmt und daß zum anderen die Weisung den Belangen des herrschenden Unternehmens oder der mit ihm und der Gesellschaft konzernverbundenen Unternehmen dient. Selbst wenn es hieran fehlt, bleibt die Weisung freilich für den Vorstand der abhängigen Gesellschaft bindend, solange es nicht offensichtlich ist, daß die Weisung nicht im Konzerninteresse liegt (§ 308 Abs. 2 S. 2 AktG).

Aus dieser Regelung, die unbedenklich ins GmbH-Konzernrecht übernommen werden kann, ergeben sich verschiedene Schlußfolgerungen, über die heute bereits weitgehende Einigkeit herrscht[9]:

Die genaue Bestimmung des Umfangs des Weisungsrechts ist in erster Linie die Aufgabe des Beherrschungsvertrages[10]. Die in den bisher bekannt gewordenen Beherrschungsverträgen übliche Blankoermächtigung an das herrschende Unternehmen zur Erteilung aller Weisungen ohne jede Begrenzung widerspricht dem Willen des Gesetzgebers und ist mit dem geltenden Recht unvereinbar, da sie das Entscheidungsrecht der Hauptversammlung der abhängigen Gesellschaft aushöhlt (§ 293 Abs. 1 AktG).

Nachteilige Weisungen sind außerdem, wenn überhaupt, so stets nur im *Konzerninteresse* zulässig (§ 308 Abs. 1 S. 2 AktG), wobei der Gesetzgeber davon ausgegangen ist, daß sich im Konzern letztlich die Vor- und Nachteile solcher Weisungen ausgleichen werden, da der Vertragskonzern vom Gesetzgeber als wirtschaftliche Einheit konzipiert worden ist. Daraus folgt, daß Weisungen, die lediglich den Interessen irgendwelcher beliebiger *Dritter* einschließlich namentlich des Mehrheitsgesellschafters des herrschenden Unternehmens dienen, stets unzulässig sind[11] sowie daß bei jeder Weisung der *Verhältnismäßigkeitsgrundsatz* beachtet werden muß: Wenn Grund für die Zulassung nachteiliger Weisungen letztlich der Ausgleich von Vor- und Nachteilen im Konzern ist, so bedeutet dies nichts anderes, als daß die Vorteile für den Konzern stets in einem angemessenen Verhältnis zu den Nachteilen der Weisung für die abhängige Gesellschaft stehen müssen. Jede unverhältnismäßige Schädigung der abhängigen Gesellschaft, der keine vergleichbaren Vorteile für andere Konzernunternehmen mehr gegenüberstehen, ist m. a. W. unzulässig. Unzulässig sind schließlich, wie keiner weiteren Begründung bedarf, noch sämtliche gesetz- oder

9 Vgl. statt aller EMMERICH/SONNENSCHEIN, aaO (Fn. 1), S. 189 ff; GESSLER, in: Geßler/Hefermehl/Eckardt/Kropff, Komm. z. AktG, 1976, § 308 Rdn. 50 ff; DERS., ZHR 140 (1976), 443; GLASER, Grenzen des Weisungsrechts im Vertragskonzern, Diss. München, 1983; HOMMELHOFF, aaO (Fn. 3), S. 148 ff; IMMENGA, ZHR 140 (1976), 301; BIEDENKOPF/KOPPENSTEINER, Kölner Kommentar z. AktG, 1985, § 308 Rdn. 14.

10 Eingehend GESSLER, aaO (Fn. 9), § 308 AktG Rdn. 50 ff; HOMMELHOFF, aaO (Fn. 3), S. 294 ff.

11 Vgl. die Begründung zum Regierungsentwurf, bei KROPFF, AktG, 1965, S. 403; EMMERICH/SONNENSCHEIN, aaO (Fn. 1), S. 191 ff; praktisch geworden vor allem in dem bekannten Fall Glöggler.

sittenwidrige Weisungen. Es versteht sich von selbst, daß das herrschende Unternehmen die Leiter der abhängigen Gesellschaft nicht zu Verstößen gegen zwingende gesetzliche Vorschriften anweisen darf.

Dies alles dürfte, wie gesagt, heute im wesentlichen unstreitig sein. Noch nicht endgültig geklärt ist hingegen die andere Frage, ob sich darüber hinaus aus dem Gegenstand der abhängigen Gesellschaft sowie aus dem gebotenen „Bestandsschutz" für sie zusätzliche, weitergehende Schranken für das Weisungsrecht des herrschenden Unternehmens im Vertragskonzern ergeben, eine Frage, die auch von der Unternehmensrechtskommission kontrovers diskutiert worden ist[12]. Doch ist unverkennbar, daß die inzwischen wohl überwiegende Meinung dahin tendiert, derartige zusätzliche Schranken des Weisungsrechts des herrschenden Unternehmens zum Schutze der abhängigen Gesellschaft, ihrer außenstehenden Gesellschafter und ihrer Gläubiger ebenfalls anzuerkennen[13].

Dazu haben verschiedene Überlegungen geführt, die hier nur kurz angedeutet werden können. Zunächst ist zu beachten, daß sich die Geschäftsführungsbefugnis des Vorstandes der AG (§§ 76, 82 AktG) ebenso wie die der Geschäftsführer einer GmbH (§§ 35, 37 GmbHG) strikt auf den *Gegenstand* der Gesellschaft beschränkt und daß beide außerdem verpflichtet sind, diesen Gegenstand der Gesellschaft stets *aktiv* zu verfolgen. Jede Abweichung hiervon bedarf einer Satzungsänderung; das gilt gleichermaßen für die Aufnahme von Tätigkeiten außerhalb des bisherigen Gegenstands der Gesellschaft wie für die Einstellung zentraler, zum bisherigen Gegenstand der Gesellschaft gehörender Tätigkeitsbereiche. Solche Satzungsänderungen fallen jedoch bei der AG ebenso wie bei der GmbH zwingend in die Zuständigkeit der Gesellschafterversammlung (§ 179 AktG; § 53 GmbHG) und sind damit dem Weisungsrecht des herrschenden Unternehmens entzogen.

12 Vgl. den Bericht über die Verhandlungen der Unternehmensrechtskommission, herausgegeben vom Bundesministerium der Justiz, 1980, Tz. 1324 ff, S. 682 ff.

13 Vgl. insbesondere Clemm, ZHR 141 (1977), 197, besonders 204 ff; Emmerich/Sonnenschein, aaO (Fn. 1), S. 192 f; Scholz/Emmerich, aaO (Fn. 5), Anh. II Rdn. 185; Gessler, aaO (Fn. 9), § 308 AktG Rdn. 55; Ders., ZHR 140 (1976) 443; Hommelhoff, aaO (Fn. 3), S. 148, 307 ff; Immenga, ZHR 140 (1976), 301 (mit gewissen Einschränkungen); Fischer/Lutter, aaO (Fn. 5), Anh. § 13 GmbHG Rdn. 30; Lutter, ZGR 1982, 244, 265 ff; Ders., ZIP 1985, 1425, 1433 f; U. H. Schneider, BB 1981, 249, 255 ff; Ders., ZGR 1984, 493; Schulze-Osterloh, ZHR 142 (1978), 519, 523 f; Sonnenschein, ZGR 1981, 429, 441; im Ergebnis wohl auch OLG München Die AG 1980, 272, 273; Autenrieth, GmbH-Rdsch. 1984, 198 (freilich für den faktischen GmbH-Konzern); H. Wilhelm, Die Beendigung des Beherrschungs- und Gewinnabführungsvertrages, 1976, S. 139 ff; – anders insbesondere Biedenkopf/Koppensteiner, aaO (Fn. 9), § 308 AktG Rdn. 15; LAG Hamm Die AG 1977, 323, wonach Dritte keinen Anspruch darauf besitzen, daß das herrschende Unternehmen von seinem Weisungsrecht mit dem Ziel Gebrauch macht, das abhängige Unternehmen zur Einhaltung seiner gesetzlichen Pflichten zu veranlassen.

Das herrschende Unternehmen darf folglich die Leiter der abhängigen Gesellschaft nicht dazu anweisen, neue Tätigkeiten außerhalb des bisherigen Gegenstands der Gesellschaft aufzunehmen oder zentrale, zum Gegenstand der Gesellschaft gehörende Tätigkeitsbereiche einzustellen, ohne daß vorher die Satzung der abhängigen Gesellschaft geändert worden ist, weil es sich andernfalls um eine gegen Gesetz und Satzung verstoßende, sog. faktische Satzungsänderung handelte, zu der die Leiter der abhängigen Gesellschaft nicht befugt sind[14]. Erst recht verboten sind damit Weisungen, die zur Folge haben müssen, daß die abhängige Gesellschaft ihre Geschäftstätigkeit ganz oder im wesentlichen *einstellen* muß. Durch bloße Weisung kann daher z. B. nicht eine bisher produktiv tätige Tochtergesellschaft ohne vorgängige Satzungsänderung in eine bloße Zwischenholding verwandelt werden.

Weiterhin ist zu beachten, daß das herrschende Unternehmen, wie sich unmittelbar aus § 309 AktG ergibt, bei der Erteilung von Weisungen stets die *Sorgfalt* eines ordentlichen und gewissenhaften Geschäftsleiters anzuwenden hat. Denn was dort für die Organe des herrschenden Unternehmens ausgesprochen ist, gilt selbstverständlich (erst recht) für das herrschende Unternehmen selbst[15]. Im Schrifttum knüpfen hieran bekanntlich umfangreiche Überlegungen zur Etablierung von Grundsätzen einer sog. ordentlichen Konzerngeschäftsführung an[16]. In der Rechtsprechung gibt es gleichfalls unverkennbar in dieselbe Richtung weisende Ansätze, die freilich bisher nur qualifizierte faktische GmbH-Konzerne betreffen[17]. Diese Frage bedarf hier keiner weiteren Vertiefung[18]; im vorliegenden Zusammenhang genügt vielmehr die Feststellung, daß es jedenfalls mit der Sorgfalt eines „ordentlichen und gewissenhaften" herrschenden Unternehmens im Vertragskonzern (so § 309 Abs. 1 AktG) unvereinbar sein dürfte, die einzelnen Konzernglieder durch Weisungen übermäßig zu schädigen oder gar in den *Konkurs* zu treiben, jedenfalls wenn an der abhängigen Gesellschaft noch außenstehende Gesellschafter beteiligt sind. Im Extremfall des Konkurses der abhängigen Gesellschaft kommt erschwerend hinzu, daß dadurch der Beherrschungsvertrag automatisch beendet wird, so daß es das herrschende Unternehmen im Falle der Zulassung derartig gefährlicher Weisungen abwei-

14 Vgl. statt aller HOMMELHOFF, aaO (Fn. 3), S. 149, 316 ff.

15 Das ist heute unstreitig und folgt im übrigen schon aus dem Wortlaut des § 309 Abs. 1 AktG, der bei einzelkaufmännischen Unternehmen unmittelbar auf den Inhaber des Geschäfts abstellt; siehe im übrigen grundlegend FLUME, aaO (Fn. 3), S. 85 ff.

16 LUTTER, ZGR 1982, 244, 265 ff; DERS., ZIP 1985, 1425, 1433 f; U. H. SCHNEIDER, ZGR 1980, 511, 531 ff; DERS., BB 1981, 249, 255 ff; DERS., ZGR 1984, 493, 506, 522 ff; TIMM, aaO (Fn. 3), S. 87 ff; DERS., Die AG 1980, 172, 184 f; zusammenfassend insbesondere HOMMELHOFF, aaO (Fn. 3), passim.

17 Vgl. grundlegend BGH LM Nr. 46 zu § 105 HGB (Gervais) und BGHZ 95, 330 = JuS 1986, 236 Nr. 12 (Autokran).

18 Siehe unten IV.

chend von der Regelung der §§ 296 ff AktG in der Hand hätte, einseitig den Unternehmensvertrag zu einem ihm genehmen Zeitpunkt zu beenden[19].

Positiv gewendet bedeutet dies, daß die Lebens- und *Überlebensfähigkeit* der abhängigen Gesellschaft bei allen Weisungen sichergestellt werden muß, und zwar schon deshalb, weil die §§ 300 bis 305 AktG eindeutig von dem *Fortbestand* der abhängigen Gesellschaft ausgehen. Die ganze hier getroffene, komplizierte Regelung zum Schutze der Gesellschaft, ihrer Gläubiger und der außenstehenden Gesellschafter verlöre ihren Sinn, wenn das herrschende Unternehmen befugt wäre, qua Weisung die abhängige Gesellschaft, in welcher Form auch immer, zu vernichten oder doch so zu schädigen, daß ihre Überlebensfähigkeit nach Beendigung des Unternehmensvertrages nicht mehr gesichert ist[20]. Es gibt m. a. W. kein denkbares Konzerninteresse, das die Vernichtung einzelner Konzernglieder zu rechtfertigen vermöchte, immer vorausgesetzt, daß an der abhängigen Gesellschaft noch außenstehende Gesellschafter beteiligt sind. Für hundertprozentige Tochtergesellschaften mögen andere Wertungen eingreifen, sofern und solange der hier ebenfalls nötige Gläubigerschutz sichergestellt ist (ebenso offenbar § 304 Abs. 1 S. 3 AktG).

Diese Überlegungen können in der Tat ein hohes Maß an Plausibilität für sich in Anspruch nehmen und sollen daher den folgenden Überlegungen zugrunde gelegt werden, zumal sie inzwischen weithin akzeptiert sind. Es handelt sich dabei der Sache nach um immanente Schranken des Weisungsrechts, die aus dem Gesamtzusammenhang der Rechtsordnung folgen. Viel gewonnen ist mit der Anerkennung solcher Schranken des Weisungsrechts freilich für den Schutz der abhängigen Gesellschaft noch nicht; vielmehr beginnen bei Lichte besehen die Probleme hier überhaupt erst recht eigentlich[21], weil jetzt geklärt werden muß, wie die übermäßig schädigenden, wie insbesondere die existenzgefährdenden Weisungen von anderen (nachteiligen) Weisungen abzugrenzen sind, welche Maßstäbe dabei anzuwenden sind und auf welche Zeitpunkte abzustellen ist. Denn es liegt auf der Hand, daß die Entwicklung zusätzlicher, immanenter Schranken des Weisungsrechts nur dann sinnvoll ist, wenn es gelingt, auf die eben aufgeworfenen Fragen operationale Antworten zu geben.

19 Vgl. insbesondere IMMENGA, ZHR 140 (1976), 301; SONNENSCHEIN, Organschaft und Konzerngesellschaftsrecht, 1976, S. 401 ff.

20 Insbesondere das Rechtsinstitut des Ausgleichs (§ 304 AktG) setzt zwingend den Fortbestand der abhängigen Gesellschaft voraus und ist als Alternative zur Abfindung des § 305 AktG überhaupt nur vertretbar, wenn man von der fortbestehenden Lebensfähigkeit der abhängigen Gesellschaft ausgeht.

21 Zutreffend SCHULZE-OSTERLOH, ZHR 142 (1978), 519, 522 ff.

b) Einzelfragen

aa) Zunächst muß entschieden werden, wer vornehmlich darüber zu wachen hat, daß die soeben entwickelten Schranken des Weisungsrechts tatsächlich eingehalten werden. Denn es macht einen grundlegenden Unterschied, ob man lediglich das herrschende Unternehmen verpflichtet, vor jeder Weisung deren übermäßige Nachteiligkeit mit der Sorgfalt eines ordentlichen und gewissenhaften Geschäftsleiters zu prüfen (siehe § 309 Abs. 1 AktG), oder ob man – zusätzlich – den Vorstand oder die Geschäftsführer der abhängigen Gesellschaft für verpflichtet erachtet, jede Weisung vor ihrer Befolgung mit der gebotenen Sorgfalt (siehe §§ 93, 310 AktG; § 43 GmbHG) auf ihre übermäßige Nachteiligkeit zu überprüfen.

Die Antwort kann hier nicht anders lauten als bei § 311 AktG: Die Leiter der abhängigen Gesellschaft dürfen (selbstverständlich) eine Weisung nur befolgen, wenn sie von ihrer Rechtmäßigkeit überzeugt sind. Die Vorschrift des § 308 Abs. 2 S. 2 AktG steht nicht entgegen, da sie ihre Erklärung vornehmlich in der schweren Erkennbarkeit des Konzerninteresses aus der Sicht des abhängigen Unternehmens findet. Ganz anders verhält es sich jedoch mit der Frage, ob von einer Weisung der Lebensfähigkeit der abhängigen Gesellschaft übermäßige, d. h. nicht mehr vertretbare Gefahren drohen. Es liegt auf der Hand, daß zur Beurteilung dieser Frage in erster Linie Vorstand und Geschäftsführer der abhängigen Gesellschaft berufen sind, da sie naturgemäß die Situation ihrer Gesellschaft am besten zu beurteilen vermögen.

Ebenso wie im faktischen Konzern aufgrund des § 311 AktG muß mithin im Vertragskonzern – trotz des § 308 AktG – der Vorstand oder Geschäftsführer der abhängigen Gesellschaft, bevor er eine Weisung des herrschenden Unternehmens befolgt, in jedem Fall nicht nur die Vereinbarkeit der Weisung mit dem Konzerninteresse (§ 308 Abs. 1 und 2 AktG), sondern außerdem sorgfältig die von der Weisung der Lebensfähigkeit seiner Gesellschaft drohenden Gefahren prüfen. Sind diese Gefahren nicht mehr vertretbar, ist namentlich bei Befolgung der Weisung jetzt oder nach Ende des Beherrschungsvertrages der Zusammenbruch der Gesellschaft zu befürchten, so dürfen sie die Weisung nicht befolgen, widrigenfalls sie sich ersatzpflichtig machen (§§ 93, 310 AktG; § 43 GmbHG)[22].

bb) Aus dem Gesagten folgt weiter, daß die Leiter der abhängigen Gesellschaft derartige Weisungen nicht nur auf ihre Gefahren für die Überlebensfähigkeit der Gesellschaft im Augenblick des Endes des Beherrschungsvertrages, sondern gleichermaßen auf ihre Gefährlichkeit für die *jetzige* Lebensfähigkeit der abhängigen Gesellschaft überprüfen müssen[23]. Dafür lassen sich gleich

22 Ebenso Clemm, ZHR 141 (1977), 197, 201 ff; anders offenbar H. Wilhelm, aaO (Fn. 13), S. 140 f.
23 Zutreffend Schulze-Osterloh, ZHR 142 (1978), 519, 522 ff.

mehrere Gründe anführen. Hervorzuheben ist zunächst der Umstand, daß bei der üblichen Vertragsgestaltung[24] in aller Regel der Zeitpunkt des voraussichtlichen Endes des Beherrschungsvertrages gar nicht exakt voraussehbar ist, so daß alle Prognosen für diesen Zeitpunkt mit einer untragbaren Unsicherheit belastet wären. Entscheidend ist aber vor allem, daß Weisungen, wie gezeigt, die fortbestehende Lebensfähigkeit der abhängigen Gesellschaft eben zu *keinem* Zeitpunkt tangieren dürfen.

Beispiele für hiernach problematische und deshalb stets besonders sorgfältig auf ihre Gefährlichkeit zu überprüfende Weisungen aus der bekannt gewordenen Konzernpraxis sind etwa der übermäßige Abzug von Liquidität[25], die Einstellung lebenswichtiger Produktionen oder vielversprechender Entwicklungen[26], die Übertragung der ertragreichsten Betriebszweige auf andere Konzernunternehmen, insbesondere die Verlagerung des Vertriebs auf andere Stellen im Konzern, so daß das abhängige Unternehmen vom Markt abgeschnitten wird, sowie die Unterlassung der für den Fortbestand der Gesellschaft am Markt unerläßlichen Erneuerungsinvestitionen[27]. Weitere wichtige Beispiele sind ein die abhängige Gesellschaft benachteiligender Effektenaustausch, Kredite an andere Konzernunternehmen ohne ausreichende Sicherheiten oder zu ganz ungünstigen Konditionen sowie die Aufnahme von Krediten unter Belastung des Gesellschaftsvermögens im Interesse anderer Konzernunternehmen[28].

cc) Speziell der Fall der *Darlehensgewährung* im Konzern ist in besonderem Maße geeignet, das Zusammenspiel der verschiedenen, oben entwickelten Schranken des Weisungsrechts zu verdeutlichen: Wenn das herrschende Unternehmen die abhängige Gesellschaft zur Darlehensgewährung an ein anderes Konzernunternehmen anweist, müssen die Leiter der abhängigen Gesellschaft nach dem Gesagten zunächst mit der Sorgfalt eines ordentlichen und gewissenhaften Geschäftsleiters (§§ 93, 310 AktG; § 43 GmbHG) prüfen, ob damit unverhältnismäßige und deshalb nicht mehr vertretbare Nachteile für die Gesellschaft verbunden sind. Dies ist etwa der Fall, wenn die Bonität des begünstigten Konzernunternehmens zweifelhaft ist, wenn ausreichende Sicherheiten fehlen oder wenn die Konditionen, gemessen an den marktüblichen Bedingungen, für die abhängige Gesellschaft unzumutbar sind. Derart schwerwiegende Nachteile können dann nur in seltenen Ausnahmefällen durch ganz überwiegende Konzerninteressen aufgewogen werden, etwa wenn nur auf diese Weise die

24 Aus steuerlichen Gründen in der Regel 5 Jahre nebst automatischer Verlängerung um jeweils ein Jahr.
25 Vgl. den bekannten Fall Glöggler.
26 Erinnert sei hier an den seinerzeit viel diskutierten Fall des K 70 nach dem Zusammenschluß von VW und NSU. Die Zeit ist über diesen Fall – wie über so viele andere auch – mittlerweile schon längst hinweggegangen.
27 Vgl. die Fallstudien aus der jüngsten Praxis bei KÜBLER, ZGR 1984, 560.
28 Eingehend CLEMM, ZHR 141 (1977), 197; AUTENRIETH, GmbH-Rdsch. 1984, 198.

Rettung eines anderen Konzernunternehmens möglich ist, während die zur Darlehensgewährung veranlaßte, abhängige Gesellschaft über ausreichende, im Augenblick nicht benötigte, liquide Mittel verfügt[29]. Insgesamt handelt es sich hier mithin um nur von Fall zu Fall zu konkretisierende, *bewegliche* Schranken, wobei freilich die Beweislast für den nur ausnahmsweise anzunehmenden Vorrang des Konzerninteresses das herrschende Unternehmen trifft. In allen Zweifelsfällen ist hier mit anderen Worten von der Unzulässigkeit solcher übermäßig nachteiligen Weisungen auszugehen.

Hinzu kommen indessen noch in jedem Fall verschiedene *absolute* Schranken des Weisungsrechts, die sich einmal aus dem entsprechend anwendbaren § 43 a GmbHG[30], zum anderen aus der stets zu gewährleistenden Lebensfähigkeit der abhängigen Gesellschaft ergeben: Bedroht die Darlehensgewährung, etwa wegen der fehlenden Bonität des Darlehensnehmers oder wegen des übermäßigen Entzugs dringend benötigter Liquidität, die Lebensfähigkeit der abhängigen Gesellschaft, so ist die Weisung *immer* unzulässig und darf daher von den Leitern der abhängigen Gesellschaft in keinem Fall mehr befolgt werden. Sie haben vielmehr ein Zurückbehaltungsrecht, solange nicht das herrschende Unternehmen die Bonität des Darlehensnehmers gewährleistet oder ausreichende Sicherheiten stellt (§§ 242, 273 BGB).

dd) Dies weist auf einen weiteren, verallgemeinerungsfähigen Gedanken hin: Man muß stets im Auge behalten, daß Nachteile von Weisungen für die abhängige Gesellschaft in Gestalt von Verlusten auf dem Weg über § 302 AktG schließlich auf das herrschende Unternehmen zurückschlagen. Die notwendige Folge ist, daß die abhängige Gesellschaft solche Nachteile nur in Kauf nehmen darf, wenn der Verlustausgleich durch das herrschende Unternehmen (§ 302 AktG) und damit dessen fortbestehende Bonität unter allen Umständen gewährleistet sind. Bestehen Zweifel an der Fähigkeit des herrschenden Unternehmens zum Verlustausgleich, etwa weil ihm andere erhebliche Verluste drohen oder weil aus sonstigen Gründen seine Bonität zweifelhaft ist, so darf die Weisung, unabhängig von allen bisher entwickelten Schranken, unter keinen Umständen jemals befolgt werden, weil dann nämlich die Befriedigung der Gläubiger (§§ 302 und 303 AktG) nicht mehr gewährleistet ist und infolgedessen der Zusammenbruch des gesamten Konzerns droht.

ee) Hieraus läßt sich noch eine weitere, nicht unwichtige Schlußfolgerung ableiten. Wie gezeigt, dürfen zwar übermäßig nachteilige Weisungen, Weisungen, die die Lebensfähigkeit der abhängigen Gesellschaft unmittelbar bedrohen, und Weisungen, von denen solche Verluste drohen, daß ihr Ausgleich durch das herrschende Unternehmen zweifelhaft ist, grundsätzlich nicht befolgt werden. Etwas anderes gilt indessen in jedem der genannten Fälle analog § 311 AktG,

29 Autenrieth, GmbH-Rdsch. 1984, 198; Clemm, ZHR 141 (1977), 197.
30 Siehe unten III 4.

wenn das herrschende Unternehmen die Nachteile ausgleicht oder den Verlustausgleich sicherstellt[31]. Das kann auf verschiedene Weise geschehen, z. B. durch entsprechende Rückstellungen für etwaige Verluste, die das herrschende Unternehmen nach § 302 AktG übernehmen muß, soweit solche Rückstellungen zulässig sind[32], durch vertragliche Garantien oder durch die Zusage von Wiederaufbauhilfen für die Zeit nach Vertragsende[33], immer vorausgesetzt, daß der Nachteilsausgleich liquide und sicher ist sowie daß er sämtliche, späteren Nachteile, einschließlich solcher in der Zeit nach Vertragsende, umfaßt. Notfalls müssen eben vom herrschenden Unternehmen Bankbürgschaften beigebracht werden.

Man wende nicht ein, damit würden die grundlegenden Unterschiede zwischen dem faktischen Konzern und dem Vertragskonzern (§§ 308 und 311 AktG) verwischt. Das Gegenteil ist der Fall. Während nämlich im faktischen Konzern grundsätzlich *jeder* Nachteil nach Maßgabe der §§ 311 und 317 AktG auszugleichen ist, geht es hier im Vertragskonzern, wo nachteilige Weisungen im Konzerninteresse grundsätzlich erlaubt sind (§ 308 Abs. 1 AktG), nur um gewisse, äußerste Schranken des Weisungsrechts, die zum Schutze der abhängigen Gesellschaft, der außenstehenden Gesellschafter und der Gläubiger unerläßlich sind. Es ist schon lange Allgemeingut der konzernrechtlichen Diskussion, daß das Ausgleichssystem der §§ 311 und 317 AktG im faktischen Konzern nur unter ganz bestimmten, sehr engen Voraussetzungen wirklich befriedigend funktioniert[34]. Es ist jetzt Zeit zu erkennen, daß im Prinzip ähnliche Überlegungen im Vertragskonzern geboten sind, nachdem verschiedene, umfangreiche Konzerninsolvenzen der letzten Jahre gezeigt haben, daß das ganze komplizierte Instrumentarium der §§ 300 bis 310 AktG zum Schutze der abhängigen Gesellschaft, der außenstehenden Gesellschafter und der Gläubiger nur funktionstüchtig ist, wenn die genannten, äußersten Schranken des Weisungsrechts zum Schutze der Lebensfähigkeit der abhängigen Gesellschaft eingehalten werden[35].

c) Der Sonderfall der Einmanngesellschaft

Bei dem Bestandsschutz für die abhängige Gesellschaft geht es sachlich vor allem darum, im Interesse der außenstehenden Gesellschafter die Lebensfähig-

31 Zutreffend H. Wilhelm, aaO (Fn. 13), S. 140 ff.

32 Siehe dazu Schulze-Osterloh, ZHR 142 (1978), 519, 522 ff und H. Wilhelm, aaO (Fn. 13), S. 140 ff; vgl. außerdem Prühs, Die Substanzerhaltung der vertraglich abhängigen AG, Diss. Bonn, 1978; Sura, Fremdeinfluß und Abhängigkeit, 1980, S. 119 f.

33 Siehe H. Wilhelm, aaO (Fn. 13), S. 116 f.

34 Vgl. z. B. zuletzt Immenga, ZGR 1978, 269; Gessler, FS Flume, Bd. II, 1978, S. 55; Ders., ZHR 145 (1981), 457; Sura, ZHR 145 (1981), 432; aus der Rspr. vgl. insbesondere BGH LM Nr. 46 zu § 105 HGB (Gervais) und BGHZ 95, 330 = JuS 1986, 236 Nr. 12 (Autokran).

35 Siehe zu den genannten Insolvenzfällen eingehend Kübler, ZGR 1984, 560.

keit der abhängigen Gesellschaft zu sichern. Deshalb ist zweifelhaft und umstritten, ob ein derartiger Bestandsschutz für die abhängige Gesellschaft auch dann noch geboten ist, wenn sie im Alleinbesitz des herrschenden Unternehmens steht[36]. Der BGH hat insoweit in dem Autokran-Urteil erhebliche Zweifel angedeutet, die Frage aber letztlich offengelassen[37]. Die Frage ist sicher zu verneinen, wenn man das sog. eigenständige Gesellschaftsinteresse sachlich mit den Interessen der außenstehenden Gesellschafter und der Gläubiger identifiziert und zusätzlich davon ausgeht, daß im Vertragskonzern über die §§ 302 und 303 AktG bereits für einen umfassenden Gläubigerschutz Sorge getragen ist. Das Problem sieht indessen anders aus, wenn man außerdem etwa die Interessen der Arbeitnehmer an der Erhaltung ihrer Arbeitsplätze oder sonstige, als solche freilich kaum faßbare, öffentliche Interessen in die Betrachtung mit einbezieht.

Das Problem kann hier nicht ausdiskutiert werden. Es mag deshalb der Hinweis genügen, daß selbst bei einer hundertprozentigen Tochtergesellschaft Fälle derart nachteiliger Weisungen denkbar sind, daß schon im Gläubigerinteresse die Geschäftsführer der abhängigen Gesellschaft die Weisungen nicht befolgen dürfen, dann nämlich, wenn von der Ausführung der Weisungen so große Verluste drohen, daß ihr Ausgleich durch das herrschende Unternehmen aufgrund der §§ 302 und 303 AktG nicht mehr gewährleistet ist[38]. Zumindest insoweit dürfte daher selbst bei einer Einmanngesellschaft ein eigenständiges Gesellschaftsinteresse anzuerkennen sein.

d) Sanktionen

Schranken für nachteilige Weisungen des herrschenden Unternehmens sind naturgemäß nur wenig wert, wenn und solange kein operationales Sanktionssystem bei Verstößen gegen die genannten Schranken dahintersteht. Daher kann man hier nicht der Frage nach der Haftung des herrschenden Unternehmens und seiner Organe sowie der Geschäftsführer der abhängigen GmbH im Falle des Ausspruchs und der Befolgung nachteiliger Weisungen ausweichen. Geklärt werden muß dabei vor allem, wem gegenüber jeweils die Haftung der genannten Personen besteht.

aa) Zweifelsfrei ist zunächst die Haftung der *Geschäftsführer* der abhängigen Gesellschaft im Rahmen des § 43 GmbHG für die Befolgung unzulässiger

36 Bejahend insbesondere FISCHER/LUTTER, aaO (Fn. 5), Anh. § 13 GmbHG Rdn. 20; ULMER, ZHR 148 (1984), 391, 417 ff; anders insbesondere ZÖLLNER, aaO (Fn. 6) Schlußanh. I Rdn. 34.

37 BGHZ 95, 330; vgl. dazu insbesondere LUTTER, ZIP 1985, 1425; K. SCHMIDT, BB 1985, 2074; ULMER, Die AG 1986, 123.

38 Vgl. BGHZ 95, 330 (Autokran).

Weisungen gegenüber der abhängigen *Gesellschaft*[39]. Jedoch setzt die Geltendmachung der Schadensersatzansprüche der Gesellschaft hier grundsätzlich einen Beschluß der Gesellschafter voraus (§ 46 Nr. 8 GmbHG), der im Vertragskonzern nach den Umständen kaum jemals zu erlangen sein dürfte. Wieweit daneben eine Zuständigkeit der Gesellschafter (mit der actio pro socio oder pro societate) besteht, ist noch nicht endgültig geklärt[40]. Um so wichtiger ist daher die Frage, ob die Geschäftsführer – unabhängig von ihrer Haftung gegenüber der Gesellschaft – zusätzlich unmittelbar den Gesellschaftern und den Gläubigern verantwortlich sein können.

§ 43 GmbHG ist – anders als § 64 GmbHG – nach ganz h. M. kein Schutzgesetz[41]. Folgt man dem, so kann man zu einer unmittelbaren Haftung der Geschäftsführer gegenüber den außenstehenden Gesellschaftern und den Gläubigern nur auf zwei Wegen gelangen, nämlich entweder auf dem Weg über eine Analogie zu den §§ 310 und 309 Abs. 4 AktG oder auf dem Weg über die Anerkennung spezifischer Verkehrspflichten der Geschäftsführer zum Schutze bestimmter Vermögensinteressen der Minderheit und der Gläubiger, wie sie z. T. im neueren Schrifttum erwogen werden[42].

Das Problem soll hier wegen seiner geringen praktischen Bedeutung im Vertragskonzern – der Schwerpunkt der Diskussion liegt beim faktischen Konzern – nicht weiter erörtert werden. Es genügt vielmehr die Feststellung, daß selbst bei Ablehnung der Schutzgesetzeigenschaft des § 43 GmbHG zumindest auf dem Wege über die Analogie zu den §§ 310 und 309 Abs. 4 AktG bei Bedarf eine unmittelbare Haftung der Geschäftsführer gegenüber der Minderheit und den Gläubigern begründet werden kann.

bb) Außer Frage steht außerdem die Haftung des *herrschenden Unternehmens* für die Erteilung unzulässiger Weisungen gegenüber der abhängigen *Gesellschaft,* da hierin stets eine zum Schadensersatz verpflichtende Verletzung des Beherrschungsvertrags liegt (§ 276 BGB). Bei der GmbH kommt ergänzend mit derselben Zielrichtung die Verletzung der gegenüber der Gesellschaft bestehenden Treuepflicht hinzu[43]. Problematisch ist daher hier gleichfalls nur die

39 Siehe statt aller Fischer/Lutter, aaO (Fn. 5), Anh. § 13 GmbHG, Rdn. 30; Scholz/Emmerich, aaO (Fn. 5), Anh. II Rdn. 209.

40 Vgl. dazu z. B. Berger, ZHR 149 (1985), 599; Flume, aaO (Fn. 3), S. 300 ff; K. Schmidt, GmbH-Rdsch. 1979, 121; Zöllner, aaO (Fn. 6), § 13 GmbHG Rdn. 32 ff, § 46 GmbHG Rdn. 41; Scholz/Emmerich, aaO (Fn. 5), Anh. II Rdn. 128 ff, alle m. w. N.

41 Anders freilich Scholz/Emmerich, aaO (Fn. 5), Anh. II Rdn. 117.

42 Vgl. insbesondere Autenrieth, GmbH-Rdsch. 1984, 198, 201; Mertens, FS Fischer, 1979, S. 461, 468, besonders 472 ff; Stein, Das faktische Organ, 1984, S. 167 ff; Ulmer, KTS 1981, 469, 490 ff.

43 Vgl. statt aller Fischer/Lutter, aaO (Fn. 5), Anh. § 13 GmbHG Rdn. 30; Emmerich/Sonnenschein, aaO (Fn. 1), S. 194; Scholz/Emmerich, aaO (Fn. 5), Anh. II Rdn. 209; Kort, aaO (Fn. 5), S. 141 ff.

unmittelbare Haftung des herrschenden Unternehmens gegenüber den außenstehenden *Gesellschaftern* sowie gegenüber den *Gläubigern.*

Das Problem ist aus dem Recht des faktischen Konzerns bekannt und wird dort vor allem unter dem Gesichtspunkt der Treuepflichtverletzung gegenüber der Minderheit, der Organhaftung des herrschenden Unternehmens sowie der Entwicklung besonderer Schutzpflichten, etwa gegenüber den Gläubigern zur Wahrung ihrer Vermögensinteressen, diskutiert. Im Vertragskonzern ist daneben an eine Analogie zu § 309 AktG in Verbindung mit den §§ 31 und 278 BGB zu denken, die über § 309 Abs. 4 AktG ebenfalls zur unmittelbaren Haftung des herrschenden Unternehmens gegenüber der Minderheit und den Gläubigern führte. Für diese Analogie spricht namentlich, daß nur über sie schließlich die Haftung der Organe des herrschenden Unternehmens sichergestellt werden kann[44].

II. Gläubigerschutz

Der Bestandsschutz durch Beschränkung des Weisungsrechts des herrschenden Unternehmens ist u. a. durch die Notwendigkeit eines umfassenden Gläubigerschutzes im Vertragskonzern bedingt. Der Gläubigerschutz erschöpft sich aber natürlich nicht hierin, sondern wird noch durch eine ganze Reihe weiterer Rechtsinstitute gewährleistet. Zu denken ist hier der Reihe nach an eine Analogie zu den Vorschriften der §§ 300 bis 303 AktG, weiter an die Übertragung der Grundsätze über die Durchgriffshaftung auf den Vertragskonzern sowie schließlich an eine Heranziehung der Vorschriften und Rechtsprechungsgrundsätze über die Eigenkapitalsicherung bei Gesellschafterdarlehen.

1. Analogie zu den §§ 300–303 AktG?

a) Überblick

Mit den §§ 300 bis 303 AktG bezweckt das AktG eine Erhaltung des *bilanzmäßigen* Vermögens der abhängigen Gesellschaft im Vertragskonzern. Geschützt ist m. a. W. nur das rechnerische Vermögen der abhängigen Gesellschaft, so daß Umschichtungen der Substanz zu ihrem Nachteil und damit ihre wirtschaftliche Ausplünderung nicht verhindert werden, solange eben nur nicht das bilanzmäßige Anfangsvermögen der Gesellschaft tangiert wird. Bereits die Gesetzesverfasser haben deshalb darauf hingewiesen, daß die gesetzliche Regelung vor allem keinen Schutz der Überlebensfähigkeit der Gesellschaft nach

44 Siehe Scholz/Emmerich, aaO (Fn. 5), Anh. II Rdn. 210.

Vertragsende gewährleiste[45]. Genau aus diesem Grunde wurde die Sondervorschrift des § 303 AktG in das Gesetz aufgenommen, um wenigstens den Schutz der Gläubiger nach Vertragsende umfassend sicherzustellen[46].

Im einzelnen schreibt das Gesetz zunächst in § 300 AktG eine besondere gesetzliche Rücklage vor. Außerdem ist durch § 301 AktG der aufgrund eines Gewinnabführungsvertrages abzuführende Gewinn beschränkt worden. Der Gläubigerschutz wird daneben vor allem durch die Verpflichtung des herrschenden Unternehmens zur Übernahme aller Verluste der abhängigen Gesellschaft gewährleistet (§ 302 AktG). Für den Fall der Vertragsbeendigung ist schließlich noch zusätzlich die Verpflichtung des herrschenden Unternehmens zur Sicherheitsleistung gegenüber den Gläubigern auf deren Verlangen hin vorgeschrieben (§ 303 AktG). Wieweit diese Vorschriften im Wege der Analogie in das GmbH-Konzernrecht übertragen werden können, ist nunmehr im einzelnen zu untersuchen.

b) §§ 300 und 301 AktG

§ 300 AktG, der besondere Vorschriften über die Auffüllung der gesetzlichen Rücklage bei Bestehen eines Gewinnabführungs- oder Beherrschungsvertrages enthält, ist nicht auf die GmbH übertragbar, da das GmbHG selbst nach seiner Änderung durch das Bilanzrichtliniengesetz[47] keine gesetzliche Rücklage kennt. Damit entfällt jede Basis für eine analoge Anwendung des § 300 AktG[48].

Anders verhält es sich hingegen mit *§ 301 AktG,* aus dem sich gewisse Beschränkungen für den aufgrund eines Gewinnabführungsvertrages im Vertragskonzern abzuführenden Gewinn ergeben[49]. Die Bedeutung dieser Analogie beschränkt sich freilich im wesentlichen auf das Verbot der Auflösung *vorvertraglicher* Rücklagen sowie auf das Gebot, vor der Gewinnabführung zunächst stets vorvertragliche Verluste abzuziehen. Ergänzend ist selbstverständlich stets § 30 GmbHG zu beachten[50].

45 Vgl. die Begründung zu § 303 AktG, bei KROPFF, aaO (Fn. 11), S. 393; ebenso z. B. statt aller EMMERICH/SONNENSCHEIN, aaO (Fn. 1), S. 167 ff; H. WILHELM, aaO (Fn. 13), S. 111 ff.
46 Vgl. die Begründung, aaO (Fn. 13), S. 393; statt aller BIEDENKOPF/KOPPENSTEINER, aaO (Fn. 9), Vorb. § 300 AktG Rdn. 5 f, § 303 AktG Rdn. 1.
47 Gesetz vom 19. 12. 1985, BGBl. I, S. 2355.
48 Ebenso z. B. ZÖLLNER, aaO (Fn. 6), Schlußanh. I Rdn. 27; SCHOLZ/EMMERICH, aaO (Fn. 5), Anh. II Rdn. 193.
49 SCHOLZ/EMMERICH, aaO (Fn. 5), Anh. II, Rdn. 221; anders freilich z. B. ROWEDDER/KOPPENSTEINER, aaO (Fn. 5), Anh. § 52 GmbHG Rdn. 65.
50 SONNENSCHEIN, aaO (Fn. 19), S. 345.

Die gesetzliche Regelung verhindert freilich nicht die Auflösung und Abführung vorvertraglicher *stiller* Reserven[51]. Hierin liegt, solange die herrschende Meinung bei der GmbH stille Reserven nahezu unbeschränkt zuläßt[52], der wohl schwerwiegendste Mangel der gesetzlichen Regelung, da es auf diese Weise dem herrschenden Unternehmen nahezu sanktionslos ermöglicht wird, die abhängige Gesellschaft zum Nachteil der Minderheit und der Gläubiger auszuplündern. Mit der Einführung neuer Bewertungsvorschriften durch das Bilanzrichtliniengesetz wird das Problem freilich an Brisanz verlieren.

c) § 302 AktG

Die Vorschrift des § 302 AktG ordnet die Pflicht des herrschenden Unternehmens zum Ausgleich jedes während der Vertragsdauer entstehenden Jahresfehlbetrages an. Die entsprechende Anwendbarkeit dieser Vorschrift im GmbH-Recht steht heute aufgrund der Rechtsprechung des BGH[53] außer Frage und ist dementsprechend inzwischen unstreitig[54].

Die Verlustübernahmepflicht des herrschenden Unternehmens beruht unmittelbar auf Gesetz und bedarf daher gesellschaftsrechtlich keiner besonderen Vereinbarung in dem Beherrschungs- oder Gewinnabführungsvertrag[55]. Die Höhe der von dem herrschenden Unternehmen zu übernehmenden Verluste richtet sich dabei ausschließlich nach der ordnungsgemäß festgestellten Bilanz der abhängigen Gesellschaft; jeder in der Bilanz ausgewiesene Verlust muß m. a. W. übernommen werden ohne Rücksicht darauf, ob die Bilanz sachlich richtig ist oder nicht[56]. Umstritten ist, wann der Anspruch der abhängigen Gesellschaft auf Übernahme der Verluste, der sog. Ausgleichsanspruch, fällig wird, so daß die Gläubiger der abhängigen Gesellschaft in ihn vollstrecken können. Der späteste Zeitpunkt ist jedenfalls der der Feststellung der Bilanz der

51 Z. B. EMMERICH/SONNENSCHEIN, aaO (Fn. 1), S. 169 Fn. 7; SONNENSCHEIN, ZGR 1981, 429, 441 f.

52 Dagegen z. B. SCHOLZ/EMMERICH, Komm. z. GmbHG, 7. Aufl., 1986, § 29 Rdn. 46 ff m. w. N.

53 BGH LM Nr. 46 zu § 105 HGB (Gervais); BGHZ 95, 330 (Autokran).

54 Vgl. statt aller z. B. FISCHER/LUTTER, aaO (Fn. 5), Anh. § 13 GmbHG Rdn. 23; ROWEDDER/KOPPENSTEINER, aaO (Fn. 5), Anh. § 52 GmbHG Rdn. 67; SCHOLZ/EMMERICH, aaO (Fn. 5), Anh. II Rdn. 194 f. 225 f m. w. N.; ZÖLLNER, aaO (Fn. 6), Schlußanh. I Rdn. 27; KOPPENSTEINER, öst. RdW 1985, 170, 172 f; K. SCHMIDT, GmbH-Rdsch. 1979, S. 121, 134; ULMER, Die AG 1986, 123.

55 GESSLER, aaO (Fn. 9), § 302 AktG Rdn. 40; anders nach Steuerrecht aufgrund des § 17 Satz 2 Nr. 3 KStG BFHE 132, 285 = GmbH-Rdsch. 1981, 203; wegen der Einzelheiten siehe im übrigen außer den Kommentaren zu § 302 AktG insbesondere K. SCHMIDT, ZGR 1983, 513; H. WILHELM, aaO (Fn. 13), S. 46 ff.

56 LG Hamburg ZIP 1985, 805, 806; GESSLER, aaO (Fn. 9), § 302 AktG Rdn. 8.

abhängigen Gesellschaft, in der die Verluste ausgewiesen sind[57]. Da das herrschende Unternehmen hierdurch jedoch die Möglichkeit erlangte, durch Verzögerung der Bilanzfeststellung den Verlustausgleich zum Nachteil der Gläubiger zu verschleppen, sollte richtigerweise auf das Ende des Geschäftsjahrs als den maßgeblichen Zeitpunkt für die Fälligkeit des Ausgleichsanspruchs abgestellt werden[58].

Wird die abhängige Gesellschaft aufgelöst oder fällt sie in Konkurs, so findet der Beherrschungsvertrag sein Ende[59]. Folglich muß dann auf den Tag der Beendigung des Unternehmensvertrages eine Zwischen- oder Schlußbilanz aufgestellt werden, um den Fehlbetrag zu ermitteln, den das herrschende Unternehmen übernehmen muß. Etwaige „Abwicklungsverluste" braucht das herrschende Unternehmen hingegen nicht zu tragen, ebensowenig wie ihm etwaige „Abwicklungsgewinne" gebühren[60]. Der gebotene Schutz der Gläubiger ist für diese Fälle schon umfassend durch § 303 AktG sichergestellt[61].

d) § 303 AktG

Die Vorschrift des § 303 AktG begründet unter bestimmten Voraussetzungen für die Gläubiger der abhängigen Gesellschaft das Recht, im Falle der Beendigung eines Beherrschungs- oder Gewinnabführungsvertrages vom herrschenden Unternehmen Sicherheit für ihre Forderungen gegen die abhängige Gesellschaft zu verlangen; Stichtag ist dabei der Tag, an dem die Eintragung der Vertragsbeendigung im Handelsregister bekanntgemacht wird (vgl. § 298 AktG).

Mit Rücksicht auf das Fehlen einer dem § 298 AktG entsprechenden Regelung im GmbH-Konzernrecht ist bisher verschiedentlich die Analogiefähigkeit des § 303 AktG verneint worden[62]. Inzwischen setzt sich jedoch immer mehr die Meinung durch, daß bei der GmbH nicht anders als bei der AG der Vertrag oder doch der Zustimmungsbeschluß beurkundet und zur Eintragung ins Handelsregister angemeldet werden müssen; zur Begründung wird dabei vor allem auf die

57 Für die Maßgeblichkeit dieses Zeitpunkts z. B. EMMERICH/SONNENSCHEIN, aaO (Fn. 1), S. 169 f; BIEDENKOPF/KOPPENSTEINER, aaO (Fn. 9), § 302 AktG Rdn. 11; GESSLER, aaO (Fn. 9), § 302 AktG Rdn. 41 f.

58 BFHE 127, 56 = Die AG 1980, 309; noch weitergehend K. SCHMIDT, ZGR 1983, 513.

59 SONNENSCHEIN, aaO (Fn. 19), S. 410 ff; K. SCHMIDT, ZGR 1983, 513, 526 ff m. w. N.; H. WILHELM, aaO (Fn. 13), S. 31 ff; im Ergebnis auch BFHE 90, 370 = WM 1968, 409 ff.

60 Grundlegend BFHE 90, 370 = WM 1968, 409 ff.

61 Ebenso EMMERICH/SONNENSCHEIN, aaO (Fn. 1), S. 170 m. w. N.; SCHOLZ/EMMERICH, aaO (Fn. 5), Anh. II Rdn. 195 und 226; BIEDENKOPF/KOPPENSTEINER, aaO (Fn. 9), § 302 AktG Rdn. 5; GESSLER, aaO (Fn. 9), § 302 AktG Rdn. 14 f; insbesondere K. SCHMIDT, ZGR 1983, 513, 524 ff m. w. N.

62 Z. B. SCHOLZ/EMMERICH, aaO (Fn. 5), Anh. II Rdn. 196.

Analogie zu den §§ 294 und 355 AktG, zu § 54 GmbHG und zu § 20 KapErhG verwiesen[63]. Schließt man sich dieser Meinung an, so bestehen gegen die entsprechende Anwendung des § 303 AktG im GmbH-Konzernrecht keinerlei Bedenken mehr[64].

Den Anspruch auf Sicherheitsleistung haben nach § 303 AktG sämtliche Gläubiger, deren Forderungen bereits vor Bekanntmachung der Eintragung der Vertragsbeendigung im Handelsregister begründet waren. Folglich kommt es nur darauf an, ob in dem fraglichen Zeitpunkt schon der Entstehungsgrund der Forderung vorlag, während der Zeitpunkt der Fälligkeit keine Rolle spielt. Selbst wenn die Fälligkeit der Forderung erst nach Bekanntmachung der Eintragung eintritt, steht dies m. a. W. dem Anspruch eines Gläubigers auf Sicherheitsleistung nicht entgegen, wenn nur seine Forderung schon vorher begründet war. Bei Dauerschuldverhältnissen genügt hierfür z. B. bereits der bloße Vertragsschluß und bei Schadensersatzforderungen der Eintritt des schädigenden Ereignisses, während es auf den des Schadens selbst nicht ankommt[65]. Im Ergebnis wird hierdurch eine umfassende Sicherung der Gläubiger der abhängigen Gesellschaft im GmbH-Vertragskonzern erreicht, so daß es als fraglich bezeichnet werden muß, ob es daneben noch weiterer Schutzmittel wie etwa der Durchgriffshaftung bedarf.

2. *Durchgriffshaftung?*

a) *Allgemeines*

Unter dem Stichwort Durchgriffshaftung erörtert man die Frage, ob in bestimmten Fällen eine unmittelbare, persönliche Haftung der Gesellschafter für die Gesellschaftsschulden in Abweichung von § 13 Abs. 2 GmbHG in Betracht kommt[66]. Die Voraussetzungen einer derartigen Haftung der Gesellschafter sind freilich ebenso umstritten wie die Existenzberechtigung des Rechtsinstituts der

63 So z. B. LG Hamburg Die AG 1984, 278; FISCHER/LUTTER, aaO (Fn. 5), Anh. § 13 GmbHG Rdn. 26; HÖNLE, DB 1979, 485, 488; KOPPENSTEINER, öst. RdW 1985, 170, 177 f; ROWEDDER/KOPPENSTEINER, aaO (Fn. 5), Anh. § 52 GmbHG Rdn. 41 f; SCHOLZ/PRIESTER, Komm. z. GmbHG, 6. Aufl., 1978/1983, § 53 Rdn. 133; U. H. SCHNEIDER, WM 1986, 181; TIMM, BB 1981, 1491, 1496; DERS., Die AG 1982, 93, 100; ZÖLLNER, aaO (Fn. 6), Schlußanh. I Rdn. 16; anders insbesondere OLG Düsseldorf BB 1981, 1482; EMMERICH/SONNENSCHEIN, aaO (Fn. 1), S. 246; GUTBROD, BB 1980, 288.

64 Ebenso z. B. PELTZER, Die AG 1975, 308, 313; ZÖLLNER, aaO (Fn. 6), Schlußanh. I Rdn. 28; ULMER, Die AG 1986, 123, 129.

65 Z. B. BIEDENKOPF/KOPPENSTEINER, aaO (Fn. 9), § 303 AktG Rdn. 5; GESSLER, aaO (Fn. 9), § 303 AktG Rdn. 8.

66 Vgl. zu diesen Rechtsfolgen der Durchgriffshaftung BGHZ 95, 330 (Autokran) sowie allgemein NIRK, FS Stimpel, 1985, S. 443.

Durchgriffshaftung selbst. Im Mittelpunkt der Diskussion steht dabei heute die Frage, ob ein Haftungsdurchgriff auf die Gesellschafter in besonders eklatanten Fällen der *Unterkapitalisierung* der Gesellschaft möglich ist. Zwar wird eine Pflicht der Gesellschafter, ihre Gesellschaft mit einem „angemessenen" Eigenkapital auszustatten, das in einer „vernünftigen" Relation zu dem Geschäftsumfang und den damit verbundenen Risiken steht, nahezu allgemein abgelehnt[67]. Und in der Tat wäre eine solche Annahme mit den neuen Vorschriften der §§ 5 Abs. 1, 32 a und 32 b GmbHG nur schwer zu vereinbaren. Hierdurch wird es indessen nach einer verbreiteten Meinung nicht ausgeschlossen, es den Gesellschaftern – umgekehrt – zu verbieten, ihre Gesellschaft mit einem völlig ungenügenden Eigenkapital zu versehen, das, für jeden Eingeweihten erkennbar, in keiner Weise ausreicht, die typischen Risiken aufzufangen, die mit dem Geschäftsbetrieb der Gesellschaft verbunden sind[68]. In der Rechtsprechung hat diese Lehre bisher keine allgemeine Billigung gefunden. In Fällen eindeutig unseriöser Finanzierungspraktiken weichen die Gerichte vielmehr bislang durchweg auf § 826 BGB aus[69]. Ebensowenig fehlt es im Schrifttum an kritischen Stimmen, wobei vor allem auf die großen Schwierigkeiten bei der Ermittlung der Unterkapitalisierung hingewiesen wird. Als Fälle einer Durchgriffshaftung bleiben dann, wenn überhaupt, nur die einer Vermögensvermischung oder einer Vermischung der Haftungssubjekte übrig[70].

67 Siehe unten 3 a.

68 Vgl. in diesem Sinne mit z. T. erheblichen Unterschieden in den Einzelheiten namentlich: Ulmer, FS Duden, 1977, S. 661, besonders 676 ff; Ders., GmbH-Rdsch. 1984, 256, 261 ff; Hachenburg/Ulmer, Komm. z. GmbHG, 7. Aufl., 1979, § 30 Anh. Rdn. 1 ff, besonders 35 ff; Hachenburg/Ulmer, aaO (Fn. 68), 2. Bearb., 1985, §§ 32 a, 32 b GmbHG Rdn. 13 f; sowie Immenga, Die personalistische Kapitalgesellschaft, 1970, S. 400 ff; Kübler, Gesellschaftsrecht, 2. Aufl., 1985, S. 249 f, 319 f; Lutter, ZGR 1982, 244, 247 ff; Lutter/Hommelhoff, ZGR 1979, 31, 57 ff; Meyer/Cording, JZ 1978, 11; Reuter, Gutachten zum 55. DJT 1984, Bd. I, Teil B, S. 44 ff; U. H. Schneider, BB 1981, 249, 254 f; Wiedemann, Gesellschaftsrecht Bd. I, 1980, S. 224, 565 ff; siehe im einzelnen Scholz/Emmerich, aaO (Fn. 52), § 13 GmbHG Rdn. 75 ff, besonders 82 ff.

69 Siehe insbesondere BGH LM Nr. 11 zu § 13 GmbHG = NJW 1979, 2104, 2105; OLG Karlsruhe BB 1978, 1332 f. Wesentlich weitergehend jedoch BSGE 56, 76, 83 ff; siehe Scholz/Emmerich, aaO (Fn. 52), § 13 GmbHG Rdn. 89 ff.

70 Vgl. insbesondere Flume, aaO (Fn. 3), S. 79 ff; K. Schmidt, JZ 1984, 771, 777 f; Ders., BB 1985, 2074; Schulze-Osterloh, ZGR 1983, 123, 143 ff; ganz ablehnend sogar J. Wilhelm, Rechtsform, S. 1, 285, besonders 330 ff; Ders., FS Flume, Bd. II, 1978, S. 337, 391 ff; sehr zurückhaltend auch Baumbach/Hueck, aaO (Fn. 6), § 5 GmbHG Rdn. 5 f, § 13 GmbHG Rdn. 10 ff.

b) Folgerungen

Zu dieser Kontroverse ist hier nicht im einzelnen Stellung zu nehmen. Hinzuweisen ist lediglich auf die folgenden beiden Punkte:

Eine allgemeine Durchgriffshaftung im Konzern hat die Praxis bisher noch immer abgelehnt, worin man ihr mit Rücksicht auf die sonst entbehrlichen Vorschriften der §§ 302 und 303 AktG selbst für den Vertragskonzern nur recht geben kann[71]. Liegen freilich die allgemeinen Voraussetzungen eines Haftungsdurchgriffs auf die Gesellschafter vor, so schützt selbstverständlich das Bestehen von Konzernbeziehungen zwischen der Gesellschaft und dem an ihr beteiligten Gesellschafter den letzteren nicht vor einem Haftungsdurchgriff der Gläubiger[72]. Dabei ist nicht auszuschließen, daß die genannten Voraussetzungen einer Durchgriffshaftung von Fall zu Fall bei Bestehen von Konzernbeziehungen schneller als in anderen Fällen zu bejahen sein mögen. Doch ist dies stets eine Frage des Einzelfalles, so daß sich hier weitere Ausführungen dazu erübrigen.

Noch nicht beantwortet ist damit freilich die andere, grundsätzlichere Frage, ob für die Anwendung der Grundsätze über die Durchgriffshaftung im Vertragskonzern neben der Verlustausgleichspflicht des herrschenden Unternehmens aufgrund des § 302 AktG überhaupt Raum ist. Das ist deshalb zweifelhaft, weil beide Rechtsinstitute letztlich zu einer Haftung des herrschenden Unternehmens für die Verbindlichkeiten der abhängigen Gesellschaft führen. Gleichwohl bestehen nicht unerhebliche Unterschiede in den Rechtsfolgen und vor allem in den Voraussetzungen, so daß es sich wohl empfiehlt, an der Konkurrenz der beiden Rechtsinstitute festzuhalten, wenn auch einzuräumen ist, daß für eine Durchgriffshaftung im Vertragskonzern neben den §§ 302 und 303 AktG nur ein sehr schmaler Anwendungsbereich verbleiben wird.

3. Gesellschafterdarlehen

a) Überblick

Seit 1980 enthält das GmbHG in den §§ 32 a und 32 b (in Verbindung mit § 32 a KO und § 3 b AnfG) eine sog. insolvenzrechtliche Lösung der Problematik

71 So insbesondere BGH NJW 1979, 1823, 1828 (insoweit nicht in BGHZ 75, 96 veröffentlicht) (Herstatt-Urteil); BGHZ 81, 311, 317 (Sonnenring-Urteil); BAG AP Nr. 2 zu § 13 GmbHG = Die AG 1979, 108; OLG Köln Die AG 1978, 17, 18; LG Frankfurt Die AG 1977, 321.

72 Eingehend Lutter, ZGR 1982, 244, 247 ff; U. H. Schneider, BB 1981, 249, 254 f; ebenso BGH LM Nr. 11 zu § 13 GmbHG.

der Gesellschafterdarlehen[73]. Kern der Regelung ist der Rangrücktritt von Gesellschafterdarlehen im Konkurs über das Vermögen der Gesellschaft oder im Vergleichsverfahren zur Abwendung des Konkurses (§ 32 a Abs. 1 S. 1 GmbHG). Unter einem Gesellschafterdarlehen versteht das Gesetz dabei jedes Darlehen eines Gesellschafters in einem Zeitpunkt, in dem die Gesellschafter als ordentliche Kaufleute der Gesellschaft Eigenkapital zugeführt hätten. Naheliegenden Umgehungsversuchen begegnet das Gesetz zugleich durch die Generalklausel des § 32 a Abs. 3 GmbHG, nach der die genannten Vorschriften sinngemäß für andere Rechtshandlungen eines Gesellschafters oder eines Dritten gelten, die einer Darlehensgewährung nach § 32 a Abs. 1 oder 2 GmbHG wirtschaftlich entsprechen. Darauf wird zurückzukommen sein.

Mit den neuen Vorschriften ist vor allem ein Gläubigerschutz in der Insolvenz der GmbH bezweckt. Sie begründen zwar nicht die Verpflichtung der Gesellschafter, ihre Gesellschaft mit einem angemessenen Eigenkapital auszustatten[74]. Das Gesetz legt den Gesellschaftern jedoch insofern eine besondere Finanzierungsverantwortung auf, als es sie zwingt, der Gesellschaft *Eigenkapital* zur Verfügung zu stellen, *wenn* sie sich schon dazu bereit finden, der Gesellschaft in der Krise zu helfen[75].

Mit dieser Neuregelung hat der Gesetzgeber bewußt an die bekannte Rechtsprechung des BGH zu eigenkapitalersetzenden Gesellschafterdarlehen angeknüpft. Er hat dabei indessen übersehen, daß die neuen Vorschriften im Ergebnis in vielen Beziehungen hinter dem vom BGH bereits erreichten Standard des Eigenkapitalschutzes zurückbleiben und nur in wenigen Beziehungen, namentlich hinsichtlich des Umfangs der Bindung kapitalersetzender Darlehen, darüber hinausgehen[76]. Der BGH hat sich deshalb auf den Standpunkt gestellt, daß die sog. Rechtsprechungsgrundsätze über eigenkapitalersetzende Gesellschafterdarlehen *neben* der gesetzlichen Neuregelung ihre Gültigkeit behalten und sogar, etwa durch ihre Übertragung auf andere Gesellschaften, weiterentwickelt wer-

73 Vgl. dazu insbesondere GESSLER, ZIP 1981, 228; KAMPRAD, Gesellschafterdarlehen an die GmbH und GmbH & Co. KG, 2. Aufl., 1981; KÜBLER, aaO (Fn. 68), S. 245 ff; LUTTER/HOMMELHOFF, ZGR 1979, 31; KL. MÜLLER, GmbH-Rdsch. 1982, 33; K. SCHMIDT, ZIP 1981, 689; DERS., ZHR 147 (1983), S. 165; DERS., Die AG 1984, 12; ULMER, GmbH-Rdsch. 1984, 256, 258 ff; DERS., in: Das neue GmbH-Recht in der Diskussion, 1981, S. 55; DERS., ZIP 1984, 1163, alle m. w. N.

74 Siehe oben 2 a.

75 Siehe statt aller FISCHER/LUTTER, aaO (Fn. 5), §§ 32 a, 32 b GmbHG Rdn. 1 ff; BAUMBACH/HUECK, aaO (Fn. 6), § 32 a GmbHG Rdn. 2; HACHENBURG/ULMER, aaO (Fn. 68), §§ 32 a, 32 b GmbHG Rdn. 6 f. m. w. N.; grundlegend insbesondere BGHZ 90, 381, 388 f (BuM/WestLB).

76 Während nach den Rechtsprechungsgrundsätzen Darlehen nur *insoweit* gebunden werden, wie sie nach den analog anwendbaren §§ 30 und 31 GmbHG Eigenkapital ersetzen, erfaßt der Rangrücktritt nach § 32 a GmbHG stets das *gesamte* Darlehen.

den können[77]. Die Grundgedanken seiner Rechtsprechung hat der BGH dabei wie folgt zusammengefaßt: Durch die Gleichstellung von Gesellschafterdarlehen und Eigenkapital solle verhindert werden, daß ein Gesellschafter, der die notleidende Gesellschaft nicht durch die sonst gebotene Hergabe fehlenden Eigenkapitals, sondern durch Darlehen in der Krise über Wasser zu halten sucht, das damit verbundene Finanzierungsrisiko auf außenstehende Gläubiger abwälzen könne. Grundgedanke sei damit die Verantwortung des Gesellschafters für eine ordnungsmäßige Unternehmensfinanzierung, die ihn in der Krise zwar nicht positiv verpflichte, fehlendes Kapital aus seinem Vermögen nachzuschießen, der er sich aber nicht in der Weise zum Nachteil der Gläubiger entziehen könne, daß er bei einer tatsächlich beabsichtigten Finanzhilfe anstatt der gebotenen Eigenkapitalaufbringung auf eine weniger riskante Finanzierungsform ausweiche[78].

Die Einzelheiten dieses zusätzlichen Eigenkapitalschutzes interessieren hier nicht. Zu prüfen ist vielmehr allein, ob im Vertragskonzern überhaupt Raum für seine Anwendung ist und welche Folgerungen sich daraus für konzerninterne Finanzierungsvorgänge ergeben.

b) Bedeutung im Konzern

In § 32 a Abs. 5 des Regierungsentwurfs zu der GmbH-Novelle von 1980 war noch ausdrücklich bestimmt, daß Forderungen, Sicherungen oder Bürgschaften eines mit einem Gesellschafter oder mit der Gesellschaft verbundenen Unternehmens den eigenen Forderungen, Sicherungen und Bürgschaften eines Gesellschafters gleichstehen sollten, wobei sich die Frage, ob ein Unternehmen im Sinne dieser Vorschrift ein mit einem Gesellschafter verbundenes Unternehmen ist, nach den §§ 15 bis 19 AktG bestimmen sollte[79]. An die Stelle dieser und anderer Umgehungsvorschriften ist dann freilich später im Zuge der Kürzungsbemühungen des Rechtsausschusses der schon erwähnte, generalklauselartige Umgehungstatbestand des jetzigen § 32 a Abs. 3 GmbHG getreten.

Mit Rücksicht auf die geschilderte Entstehungsgeschichte ist umstritten, ob Darlehen an oder von verbundenen Unternehmen, z. B. Darlehen einer nur mittelbar beteiligten Muttergesellschaft, in jeder Hinsicht Gesellschafterdarlehen gleichstehen oder nicht. Von der Rechtsprechung wird diese Frage uneingeschränkt bejaht, und zwar sowohl für die gesetzlichen Vorschriften als auch für

77 Grundlegend BGHZ 90, 370, 376 ff; 90, 381, 385 ff; seitdem unstreitig.
78 Grundlegend BGHZ 90, 381, 388 f (BuM/WestLB).
79 BT-Drucks. 8/1347.

die parallel geltenden Rechtsprechungsgrundsätze[80]. Das Schrifttum steht ganz überwiegend auf demselben Standpunkt[81].

Die Frage dürfte damit für die Praxis geklärt sein. Gleichwohl bleibt zu prüfen, ob insoweit nicht zumindest für den Vertragskonzern, und zwar in erster Linie mit Rücksicht auf die Verlustausgleichspflicht des herrschenden Unternehmens, Besonderheiten gelten. Im Schrifttum finden sich zu diesem Problem unterschiedliche Stellungnahmen. Auf der einen Seite hat etwa *U.H. Schneider* die Auffassung vertreten, daß sich im Konzern die zu einer wirtschaftlichen Einheit verbundenen Unternehmen Finanzierungsmaßnahmen wechselseitig zurechnen lassen müßten, so daß in der Tat selbst Darlehen nur mittelbar beteiligter Konzernunternehmen als Gesellschafterdarlehen qualifiziert werden könnten[82].

Demgegenüber hat jedoch *Hommelhoff*[83] die naheliegende Frage aufgeworfen, ob wegen der Pflicht des herrschenden Unternehmens zum Verlustausgleich (§§ 302 und 303 AktG) eine Zuführung von Mitteln seitens der Muttergesellschaft überhaupt eigenkapitalersetzenden Charakter haben kann. *Hommelhoff* hat zu diesem Zweck den Eigenkapitalschutz bei der abhängigen Gesellschaft nach den §§ 32a und 32b GmbHG, nach den ergänzenden Rechtsprechungsgrundsätzen sowie nach den §§ 302 und 303 AktG verglichen und ist dabei zu dem Ergebnis gelangt, daß zwar in einzelnen Beziehungen Unterschiede bestehen, diese aber nicht ins Gewicht fallen[84]. *Hommelhoff*[85] sieht gleichwohl noch

80 Grundlegend BGHZ 81, 311, 314 ff (Sonnenring/Helaba) (für Darlehen einer zu fast 100 % mittelbar beteiligten Muttergesellschaft); BGHZ 81, 365, 368 (Dr. Krayer I) (für Zahlungen an Unternehmen, die mit dem Gesellschafter verbunden sind); insbesondere BGH LM Nr. 15 zu § 30 GmbHG = NJW 1984, 1036 = GmbH-Rdsch. 1984, 18 = Die AG 1984, 52 (Dr. Krayer II) (sowohl für Leistungen eines nur mittelbar beteiligten herrschenden Unternehmens als auch für Rückzahlungen der Gesellschaft an mit dem Gesellschafter oder dem Darlehensgeber verbundene, andere Unternehmen).

81 Vgl. z.B. Deutler, GmbH-Rdsch. 1980, 145, 149; Kamprad, GmbH-Rdsch. 1984, 339, 341; Menzel, Die AG 1982, 197, 205; H. P. Westermann, ZIP 1982, 379, 382; K. Schmidt, ZIP 1981, 689, 694; U. H. Schneider, ZGR 1984, 493, 530 ff; Timm, GmbH-Rdsch. 1980, 286, 292; Hachenburg/Ulmer, aaO (Fn. 68), §§ 32a, 32b GmbHG Rdn. 109; Rowedder, Komm. z. GmbHG, 1985, § 32a Rdn. 25; Baumbach/Hueck, aaO (Fn. 6), § 32a GmbHG Rdn. 24; – enger hingegen (mit unterschiedlichen Abgrenzungskriterien) Beinert/Hennerkes/Binz, GmbH-Rdsch. 1981, 10, 11; Gessler, BB 1980, 1385, 1391; Fischer/Lutter, aaO (Fn. 5), §§ 32a, 32b GmbHG Rdn. 39, 41 und 46; Scholz/Winter, Komm. z. GmbHG 6. Aufl., 1978/1983, §§ 32a, b Rdn. 51; Roth, Komm. z. GmbHG, 1983, § 32a Anm. 5.5; insbesondere ganz eingehend Hommelhoff, WM 1984, 1105, 1110 ff m. w. N.

82 U. H. Schneider, ZGR 1984, 493, 530 f.

83 Hommelhoff, WM 1984, 1105, 1110 ff.

84 Die Erstattungsansprüche der abhängigen Gesellschaft nach den Rechtsprechungsgrundsätzen sind sofort fällig, während der Anspruch auf den Verlustausgleich erst mit Jahresende fällig wird; der Ausgleichsanspruch der abhängigen Gesellschaft aufgrund

zusätzliche Gefahren für die abhängige Gesellschaft durch den übermäßigen Entzug von Liquidität und will daher dieser Gefahr durch die Entwicklung von Grundsätzen ordnungsmäßiger Liquiditätsvorsorge im Vertragskonzern begegnen. Seiner Meinung nach bedarf es dann daneben eines zusätzlichen Eigenkapitalschutzes bei der abhängigen Gesellschaft nach den Grundsätzen über Gesellschafterdarlehen nicht mehr.

M. E. muß man bei der Frage ansetzen, unter welchen Voraussetzungen die Mittelzuführung seitens des herrschenden Unternehmens überhaupt als Gesellschafterdarlehen qualifiziert werden kann. Zwar scheint die überwiegende Meinung davon auszugehen, daß für diese Frage immer nur auf die Situation der einzelnen, konkreten Konzerngesellschaft abzustellen ist[86]. Diese Meinung erscheint indessen zumindest für den Vertragskonzern aus folgenden Gründen nicht zwingend: Bekanntlich nimmt der BGH die Kapitalersatzfunktion von Gesellschafterdarlehen an, wenn die Gesellschaft ohne die fraglichen Mittel nicht mehr lebensfähig wäre, d. h. wenn sich mit dem vorhandenen Kapital der Zusammenbruch nicht vermeiden ließe und die Gesellschaft außerstande ist, von dritter Seite Kredite zu marktüblichen Bedingungen zu beschaffen. Es genügt dabei, daß der Gesellschafter in der Notsituation Darlehen bei der Gesellschaft stehenläßt, die er noch zu einer Zeit gewährt hat, als die Gesellschaft wirtschaftlich gesund war. Unter solchen Voraussetzungen gewährte Kredite müssen hiernach der Gesellschaft wie haftendes Kapital solange belassen werden, wie ihr Stammkapital noch nicht wieder auf andere Weise gedeckt ist[87]. Entscheidendes Kriterium ist m. a. W. die fortbestehende *Kreditwürdigkeit* der Gesellschaft im Augenblick der Darlehensgewährung seitens des Gesellschafters (oder des verbundenen Unternehmens) oder im Augenblick der Entscheidung über das weitere sog. Stehenlassen des Kredits in der Gesellschaft.

§ 32 a Abs. 1 S. 1 GmbHG stellt freilich seinem Wortlaut nach statt dessen darauf ab, ob die Darlehensgewährung seitens des Gesellschafters zu einem Zeitpunkt erfolgt, in dem die Gesellschafter der Gesellschaft „als *ordentliche* Kaufleute" Eigenkapital zugeführt hätten. Es ist umstritten, ob mit dem schwer faßbaren, normativen Maßstab des „ordentlichen Kaufmanns" im Ergebnis eine Abweichung von der geschilderten BGH-Praxis bezweckt und erreicht worden ist oder nicht. Ganz überwiegend wird die Frage heute indessen verneint und dementsprechend weiterhin in erster Linie auf die Kreditwürdigkeit der Gesell-

des § 302 AktG schützt ebenso wie die Rechtsprechungsgrundsätze nur das nominelle Stammkapital (§§ 30 und 31 GmbHG); hingegen kann in Ausnahmefällen der Schutz aufgrund der §§ 32 a und 32 b GmbHG wesentlich weiter gehen.

85 Hommelhoff, WM 1984, 1105, 1112 f.

86 Statt aller Hachenburg/Ulmer, aaO (Fn. 68), §§ 32 a, 32 b GmbHG Rdn. 48.

87 Vgl. insbesondere BGHZ 75, 334, 336 f; 76, 326, 328 ff; 81, 311, 314 f; 81, 365, 366 f; 90, 381, 388 ff; BGH LM Nr. 15 zu § 30 GmbHG usw.

schaft im Augenblick der Darlehensgewährung abgestellt[88]. Das muß für die Darlehensgewährung im Vertragskonzern weitreichende Folgen haben.

Im Vertragskonzern kann nämlich die Kreditwürdigkeit einer abhängigen Gesellschaft im Augenblick der Darlehensgewährung niemals isoliert, d. h. unter Absehen von ihrer Einbindung in den Konzern als wirtschaftlicher Einheit, beurteilt werden. Daher wird jeder vernünftige Kreditgeber, wie schon die Verfasser des AktG richtig gesehen haben[89], bei der Prüfung der Kreditwürdigkeit der abhängigen Gesellschaft immer entscheidend auf die Gesamtsituation des *Konzerns* abstellen, zumal sich die Situation der abhängigen Gesellschaft infolge des Weisungsrechts des herrschenden Unternehmens jederzeit schlagartig zu seinem Nachteil verändern kann. Sicherheit gibt ihm m. a. W. stets nur die Kreditwürdigkeit des herrschenden Unternehmens, das über die §§ 302 und 303 AktG ohnehin stets mittelbar für die Rückzahlung des Darlehens einstehen muß.

M. E. kann deshalb jedenfalls im Vertragskonzern die Kreditwürdigkeit der abhängigen Gesellschaft im Augenblick der Darlehensgewährung nur aufgrund der finanziellen Gesamtsituation des Konzerns und damit vor allem der Bonität des herrschenden Unternehmens beurteilt werden. Oder anders gewendet: Ist der Konzern *insgesamt* kreditwürdig, so ist es auch die einzelne, abhängige Gesellschaft, so daß Mittel, die ihr von der Muttergesellschaft oder einem anderen Konzernunternehmen zur Verfügung gestellt werden, nicht in eigenkapitalersetzende Gesellschafterdarlehen umqualifiziert werden können. Mit *Hommelhoff*[90] ist daher in der Tat im Regelfall für die Anwendung der Grundsätze über eigenkapitalersetzende Gesellschafterdarlehen im Vertragskonzern kein Raum. Sie sind zudem ohnehin nur wenig geeignet, die Fülle der hier ablaufenden Finanzierungsvorgänge sachgerecht zu erfassen.

Die Situation ändert sich indessen schlagartig, wenn der Konzern in die Krise gerät und die Bonität des herrschenden Unternehmens nicht mehr gewährleistet ist, so daß seine Kreditwürdigkeit verlorengeht. In einer solchen Situation entfalten die Regeln über eigenkapitalersetzende Gesellschafterdarlehen ihre volle Schutzfunktion zugunsten des Stammkapitals der abhängigen Gesellschaft, so daß es dem herrschenden Unternehmen jetzt namentlich verwehrt ist, von der abhängigen Gesellschaft zum Überleben benötigte Mittel wieder abzuziehen.

88 Kübler, aaO (Fn. 68), S. 248; Menzel, Die AG 1982, 197, 199; K. Schmidt, ZIP 1981, 689, 690 ff; Timm, GmbH-Rdsch. 1980, 286, 291; Baumbach/Hueck, aaO (Fn. 6) § 32 a GmbHG Rdn. 41 ff m. w. N.; Fischer/Lutter, aaO (Fn. 5) §§ 32 a, 32 b GmbHG Rdn. 10 ff; Roth, aaO (Fn. 81), § 32 a GmbHG Anm. 2.2 Abs. 3; Rowedder, aaO (Fn. 81), § 32 a Rdn. 15; insbesondere Hachenburg/Ulmer, aaO (Fn. 68), §§ 32 a, 32 b GmbHG Rdn. 39 ff, besonders 45 ff m. N.; anders z. B. Gessler, BB 1980, 1385, 1390 f; insbesondere Kl. Müller, GmbH-Rdsch. 1982, 33 ff.

89 Vgl. die Begründung zu § 303 AktG, bei Kropff, aaO (Fn. 11), S. 329 f.

90 Hommelhoff, WM 1984, 1105, 1110 ff.

Bei den Regeln über eigenkapitalersetzende Gesellschafterdarlehen geht es nur um Darlehen verbundener Unternehmen *an* die abhängige Gesellschaft. Eine ganz andere Frage ist hingegen, unter welchen Voraussetzungen das herrschende Unternehmen seinerseits Kredite *von* der abhängigen Gesellschaft verlangen darf. Das führt zu dem Problem, ob hier § 43 a GmbHG entsprechend angewandt werden kann.

4. *Anwendbarkeit des § 43 a GmbHG im Vertragskonzern?*

Es ist bereits dargelegt worden, daß Weisungen des herrschenden Unternehmens zur Kreditgewährung an andere Konzernunternehmen nur unter engen Voraussetzungen zulässig sind, wenn die Rückzahlung des Kredits gefährdet ist[91]. Nunmehr ist noch ergänzend zu prüfen, ob auf solche Kredite außerdem das absolute Verbot des § 43 a GmbHG in der Fassung von 1980 entsprechend angewandt werden kann.

Nach § 43 a GmbHG darf den Geschäftsführern und einer Reihe weiterer Vertreter unter keinen Umständen ein Kredit aus dem zur Erhaltung des Stammkapitals erforderlichen Vermögen der Gesellschaft gewährt werden. Zu dieser Vorschrift hat die Erfahrung geführt, daß solche Kredite für die Gesellschaft häufig besonders gefährlich sind und daß mit ihnen zudem vielfältiger Mißbrauch getrieben wird[92]. Dieselben Gefahren bestehen nun aber offenkundig bei Krediten zu Lasten des gebundenen Vermögens an das herrschende Unternehmen oder an andere, konzernverbundene Unternehmen. Es spricht daher – trotz des wohl als abschließend gedachten Wortlauts des § 43 a GmbHG – in der Tat viel dafür, auf solche Fälle das Verbot des § 43 a GmbHG entsprechend anzuwenden[93].

Der dadurch erreichte, zusätzliche Schutz des Stammkapitals der abhängigen Gesellschaft ist zugegebenermaßen nur klein, kann aber gleichwohl in Krisensituationen wegen des sofort fälligen Rückzahlungsanspruchs der abhängigen Gesellschaft (§ 43 a S. 1 GmbHG) eine gewisse Bedeutung erlangen. Es besteht deshalb kein Anlaß, im Vertragskonzern neben der Verlustausgleichspflicht des herrschenden Unternehmens auf die Anwendung des § 43 a GmbHG zu verzichten. Weit wichtiger ist freilich die andere Frage, ob das herrschende Unterneh-

91 Oben II 2 b cc.

92 Eingehend U. H. Schneider, GmbH-Rdsch. 1982, 197, 200 f.

93 Ebenso U. H. Schneider, GmbH-Rdsch. 1982, 197, 201; Ders., ZGR 1985, 279, 293 f; Scholz/U. H. Schneider, Komm. z. GmbHG, 6. Aufl., 1978/1983, § 43 a Rdn. 61 f; zweifelnd aber Fischer/Lutter, aaO (Fn. 5), § 43 a GmbHG Rdn. 4; anders die überwiegende Meinung, z. B. Hachenburg/Mertens, Komm. z. GmbHG, 7. Aufl., 1979, § 43 a Rdn. 3 und 12; wohl auch Rowedder/Koppensteiner, aaO (Fn. 5), § 43 a GmbHG Rdn. 3; Zöllner, aaO (Fn. 6), § 43 a GmbHG Rdn. 3.

men nicht von Anfang an verpflichtet ist, für eine ordnungsmäßige Finanzierung des Konzerns und damit für eine ausreichende Ausstattung aller Konzernunternehmen mit Kapital und Liquidität Sorge zu tragen.

III. Ausblick: Grundsätze ordnungsmäßiger Konzernfinanzierung?

1. Diskussionsstand

Faßt man zusammen, so kann der Schutz der *Gläubiger* der abhängigen Gesellschaft im Vertragskonzern wohl insgesamt als ausreichend bezeichnet werden. Unbefriedigend ist und bleibt hingegen die Situation der *Minderheit,* die – trotz zahlreicher Anläufe in diese Richtung – nach wie vor keine Gewähr gegen eine Ausplünderung ihrer Gesellschaft besitzt, so daß ihr die Gefahr droht, bei Vertragsende eine ihrer wesentlichen Vermögenswerte und Chancen beraubte Gesellschaft zurückzuerhalten.

In der *Unternehmensrechtskommission* ist deshalb darüber diskutiert worden, ob der Vorstand des herrschenden Unternehmens – über das Gesagte hinaus – verpflichtet werden soll, die Substanz der abhängigen Gesellschaft zu erhalten. Anlaß zu dieser Erörterung war vor allem die Frage gewesen, ob das herrschende Unternehmen uneingeschränkt befugt sein soll, vorvertragliche stille Rücklagen aufzulösen und an sich abzuführen. Gegen eine Substanzerhaltungspflicht des herrschenden Unternehmens ist dabei freilich eingewandt worden, in der Zwischenzeit bei der abhängigen Gesellschaft eingetretene Wertminderungen müßten nicht notwendig zu Lasten des herrschenden Unternehmens gehen, so daß dieses nicht ohne weiteres verpflichtet werden könne, bei Vertragsende für das Vorhandensein derselben Vermögenssubstanz wie bei Vertragsbeginn zu sorgen[94].

Die von der *Unternehmensrechtskommission* aufgeworfene, aber nicht gelöste Frage ist nicht neu. Sie steht vielmehr schon seit langem im Mittelpunkt einer zunehmend an Breite gewinnenden Diskussion über die Fortentwicklung des bisher eher punktuellen Schutzes der abhängigen Gesellschaft, ihrer Gesellschafter und Gläubiger zu einem umfassenden System konsistenter Regeln der ordnungsmäßigen Konzernfinanzierung. Bezweckt wird damit vor allem, eine angemessene Liquiditätsversorgung der abhängigen Gesellschaft und die Erhaltung ihrer Substanz sicherzustellen, um ihre Lebensfähigkeit nach Möglichkeit zu gewährleisten.

Ausgelöst wurde die Diskussion vor allem durch Überlegungen *Lutters* über die Anerkennung einer Pflicht des herrschenden Unternehmens zur ordnungsmäßigen Konzerngeschäftsführung, worunter er wohl in erster Linie die Pflicht

94 Bericht der Unternehmensrechtskommission, aaO (Fn. 12), Tz. 1340–1344.

versteht, die Tochtergesellschaft nicht nur im Interesse des herrschenden Unternehmens, sondern auch in dem der übrigen Gesellschafter sowie der Gläubiger zu führen. Im einzelnen soll sich hieraus namentlich die Pflicht des herrschenden Unternehmens zur Rücksichtnahme auf die rechtliche Selbständigkeit der Tochtergesellschaft, weiter eine angemessene Verteilung der Chancen und Risiken zwischen den verbundenen Unternehmen sowie schließlich das Verbot einer ständigen Schädigung der abhängigen Gesellschaft, etwa durch den übermäßigen Abzug von Liquidität ohne entsprechende Sicherheiten, ergeben. In dem Autokran-Urteil des BGH[95] sieht *Lutter* eine Bestätigung dieser Thesen[96].

Die hier nur ganz kurz angedeuteten Überlegungen *Lutters* sind vor allem von *Hommelhoff* und *U.H. Schneider* fortgeführt worden. Nach dem ersteren begründet ein Beherrschungsvertrag die unternehmerische Verantwortlichkeit des herrschenden Unternehmens für die Tochtergesellschaft, wozu namentlich deren ordnungsmäßige Finanzierung gehöre; deshalb dürfe z. B. das herrschende Unternehmen Liquidität bei der Tochtergesellschaft nur absaugen, wenn es jederzeit in der Lage sei, den Liquiditätsbedarf der Tochtergesellschaft wieder zu decken. Andernfalls soll nach der Meinung *Hommelhoffs* das herrschende Unternehmen beim Abzug von Liquidität bei der Tochtergesellschaft rechtswidrig handeln, so daß es die fraglichen Mittel der Tochtergesellschaft sofort wieder erstatten muß[97].

In dieselbe Richtung weisen die Überlegungen *U.H. Schneiders,* nach dem sich allgemein an die Übernahme der Konzernleitung umfassende Konzerngeschäftsführungspflichten in Analogie zu § 76 AktG und zu § 43 GmbHG knüpfen[98]. *U.H. Schneider* hat hieraus später ein geschlossenes System von Konzernfinanzierungsgrundsätzen entwickelt[99]. Dagegen verstoßen seiner Meinung nach namentlich die mehrfache Verwendung desselben Kapitalstocks bei Mutter- und Tochtergesellschaft zur Eigenkapitalbildung, die Ausschüttung noch nicht extern verdienter Gewinne, der Erwerb oder die Fortführung völlig unterkapitalisierter Tochtergesellschaften sowie namentlich alle mittelbaren, verdeckten Gewinnausschüttungen im Konzern[100].

Lutter hat außerdem bereits 1974 darauf hingewiesen, daß das Gewinnbezugsrecht der Gesellschafter in der Muttergesellschaft (§ 58 AktG und § 29 GmbHG) einer Politik hemmungsloser Gewinnthesaurierung in den Tochtergesellschaften

95 BGHZ 95, 330.

96 LUTTER, ZGR 1982, 244, 265 ff; ZIP 1985, 1425, 1434; zustimmend REHBINDER, Die AG 1986, 85 (m. E. zweifelhaft; siehe STIMPEL, Die AG 1986, 117; ULMER, Die AG 1986, 123).

97 HOMMELHOFF, WM 1984, 1105, 1112 f.

98 U.H. SCHNEIDER, BB 1981, 249, 256 ff; ebenso TIMM, Die AG 1980, 172, 184 f.

99 U.H. SCHNEIDER, ZGR 1984, 493, besonders 506 ff.

100 Siehe zum letzteren auch noch eingehend U.H. SCHNEIDER, ZGR 1985, 279, besonders 295 ff.

unübersteigbare Schranken setzen könne[101]; bei der Rücklagenbildung in der Tochtergesellschaft dürfe sich freilich das herrschende Unternehmen nicht nur an dem Interesse der Gesellschafter der Muttergesellschaft an der möglichst umfassenden Ausschüttung der im gesamten Konzern erzielten Gewinne orientieren, sondern müsse gleichermaßen das Interesse der Minderheit und der Gläubiger der abhängigen Gesellschaft an deren „Festigung und Förderung" berücksichtigen.

Diese Überlegungen *Lutters* haben 1982 durch das Holzmüller-Urteil des BGH[102] unerwartete Aktualität erlangt. Denn wie auch immer man das Urteil interpretiert, auf jeden Fall stellt es einen ersten, großen Schritt der Praxis in Richtung auf die Entwicklung eines Konzernverfassungsrechtes dar. Es verwundert daher nicht, daß aus dem Urteil bereits verschiedentlich der Schluß gezogen worden ist, die mit ihm erstmals anerkannte Konzernleitungskontrolle der Gesellschafter des herrschenden Unternehmens erstrecke sich unter anderem auf die Gewinnverwendung und damit auf die Rücklagenbildung bei den Tochtergesellschaften[103]. Von hier ist es dann in der Tat nur noch ein kleiner Schritt bis zur ausdrücklichen Anerkennung allgemeiner Grundsätze ordnungsmäßiger Konzernfinanzierung, diesmal freilich nicht von der Tochtergesellschaft, sondern von der Muttergesellschaft her gedacht.

2. *Konsequenzen*

Die Diskussion über die Möglichkeit, Grundsätze ordnungsmäßiger Konzernfinanzierung zu entwickeln, hatte bisher vornehmlich Aktienkonzerne im Auge. Namentlich die Verlängerung der Hauptversammlungszuständigkeiten bei der Muttergesellschaft in die Tochtergesellschaften hinein kann als Problem von vornherein angesichts der umfassenden Zuständigkeiten der Gesellschafterversammlung bei der GmbH nur in Konzernen mit einer AG als Spitze auftauchen. Diesen Fragen ist daher in einer GmbH-Konzernen gewidmeten Untersuchung nicht weiter nachzugehen. Die Entwicklung besonderer Grundsätze ordnungsmäßiger Konzernfinanzierung ist m. E. außerdem entbehrlich, wenn es sich um 100%ige Tochtergesellschaften handelt. Selbst wenn man bei solchen

101 Grundlegend LUTTER, FS H. Westermann, 1974, S. 347, 361 ff.
102 BGHZ 83, 122 = JuS 1982, 700 Nr. 9.
103 Vgl. insbesondere GESSLER, FS Meilicke, 1985, S. 18; H. GÖTZ, Die AG 1984, 85 besonders 93 f; ablehnend insbesondere THOMAS, ZGR 1985, 365, besonders 374 ff; WERNER, FS Stimpel, 1985, S. 935, 940 ff; sowie naturgemäß alle diejenigen Autoren, die überhaupt die mit dem Holzmüller-Urteil eingeschlagene Richtung der Praxis hin auf die Entwicklung eines Konzernverfassungsrechts ablehnen, namentlich: HEINSIUS, ZGR 1984, 383; MARTENS, ZHR 147 (1983), 377; SEMLER, BB 1983, 1566; SÜNNER, Die AG 1983, 169; WERNER, ZHR 147 (1983), 429.

Gesellschaften ein eigenständiges Bestandsinteresse der abhängigen Gesellschaft anerkennt – was hier offenbleiben kann –, erschöpfen sich diese Interessen, nüchtern gesehen, im Konzern in einem umfassenden Schutz der Gläubiger der abhängigen Gesellschaft, der aber, wie gezeigt, bereits auf anderen Wegen sichergestellt werden kann[104]. Die Situation ändert sich indessen auch in GmbH-Konzernen, sobald an der abhängigen Gesellschaft außenstehende Gesellschafter beteiligt sind, weil man dann hier gleichfalls nicht mehr der Frage ausweichen kann, wie am besten im Interesse der Minderheit die Lebensfähigkeit der abhängigen Gesellschaft gesichert werden kann. Und hier führt nun in der Tat, um das Ergebnis vorwegzunehmen, auf die Dauer wohl kein Weg an der Erkenntnis vorbei, daß dieses Ziel letztlich nur durch die Entwicklung eines entsprechenden Pflichtenkatalogs des herrschenden Unternehmens zu verwirklichen ist. Beispiele solcher Pflichten haben *Lutter* und *U. H. Schneider* bereits genannt; darauf kann verwiesen werden. Hier geht es daher nur noch um die Frage nach den Grundlagen derartiger Pflichten des herrschenden Unternehmens und nach den Chancen ihrer Anerkennung in der Praxis.

Was zunächst die Grundlage besonderer Pflichten des herrschenden Unternehmens zu einer ordnungsmäßigen Konzernfinanzierung unter Berücksichtigung der Lebensfähigkeit der abhängigen Gesellschaft angeht, so bereitet insoweit der Vertragskonzern noch die geringsten Schwierigkeiten, da man hier unbedenklich an den Beherrschungsvertrag anknüpfen kann, und zwar ganz ohne Rücksicht auf den Streit über die Rechtsnatur derartiger Verträge. Es steht rechtlich nichts im Wege, an den Abschluß eines Beherrschungsvertrages, etwa in Parallele zu sonstigen Verträgen mit Treuhändern und vergleichbaren Interessenwahrern, – auf der Grundlage des § 276 BGB – umfassende Pflichtenkataloge zum Schutze der abhängigen Gesellschaft, ihrer Gesellschafter und ihrer Gläubiger gegen jeden Mißbrauch der Leitungsmacht des herrschenden Unternehmens zu knüpfen. Im Grunde spricht letztlich alles für und nichts gegen die Anerkennung solcher Pflichten.

Wenn ein Unternehmen durch Vertrag die Befugnis zur Leitung einer anderen Gesellschaft übernimmt, wird, wenn der Vertrag zwischen unabhängigen Unternehmen abgeschlossen wird, niemand daran zweifeln, daß aus einem derartigen Geschäftsbesorgungs- oder Geschäftsführungsvertrag für das die Leitung übernehmende Unternehmen umfassende Schutz- und Fürsorgepflichten folgen[105]. Es ist schwer zu erkennen, warum im Verhältnis zwischen herrschenden und

104 Anders offenbar Lutter, FS H. Westermann, S. 363, freilich ebenfalls nur für Ausnahmefälle.

105 Vgl. insbesondere das Holiday-Inn-Urteil von 1981, BGH LM Nr. 7 zu § 114 HGB = WM 1982, 394; dazu z. B. Emmerich, FS Stimpel, 1985, S. 743, 755 f; sowie allgemein Veelken, Der Betriebsführungsvertrag im deutschen und amerikanischen Aktien- und Konzernrecht, 1975.

abhängigen Unternehmen etwas anderes gelten sollte[106]. Unsere Rechtsordnung kennt keine umfassenden Rechte ohne entsprechende Pflichten.

Wenn heute Übereinstimmung darüber besteht, daß über die gesetzliche Regelung hinaus im Vertragskonzern ein umfassender Schutz der Lebensfähigkeit der abhängigen Gesellschaft geboten ist, so ist mithin der richtige Weg dazu die Statuierung entsprechender Pflichten des herrschenden Unternehmens im Anschluß an den Beherrschungsvertrag. Bei Verletzung dieser Pflichten können dann ohne weiteres eigene Ansprüche der außenstehenden Gesellschafter gegen das herrschende Unternehmen zur Durchsetzung ihrer Rechte anerkannt werden[107]. Bei alledem handelt es sich im Grunde nur um die wohl letztlich unausweichlichen Konsequenzen der mit der Anerkennung immanenter Schranken des Weisungsrechts sowie eines besonderen Konzernverfassungsrechts eingeleiteten Entwicklung. Die Lage der Minderheit im Vertragskonzern bleibt freilich selbst dann prekär; hoffnungslos aber ist sie nicht mehr.

106 Ebenso grundlegend ganz allgemein FLUME, aaO (Fn. 3), S. 85 ff; wohl auch J. WILHELM, Rechtsform und Haftung bei der juristischen Person, 1981, S. 330 ff; DERS., FS Flume, Bd. II, 1978, S. 337, 395 ff.

107 Der Problemkreis der actio pro socio bei der GmbH soll hier nicht weiter vertieft werden; vgl. statt aller BGHZ 65, 15 (ITT) und im Anschluß daran z. B. BERGER, ZHR 149 (1985), 599; FLUME, aaO (Fn. 3), S. 300 ff; GROSSFELD/BRONDICS, JZ 1982, 589; MARTENS, GmbH-Rdsch. 1984, 265, 272 f; K. SCHMIDT, GmbH-Rdsch. 1979, 121, 127 ff; DERS., ZGR 1981, 455, 475; SCHOLZ/EMMERICH, aaO (Fn. 52), § 13 GmbHG Rdn. 43 ff.

Bericht über die Diskussion

von

Wiss. Mitarbeiter THOMAS MECKE, Bielefeld

I. Grundsätzliches zum Bestandsschutz

Die Debatte wurde durch die Kritik eines Teilnehmers an dem Begriff „Bestandsschutz“ eingeleitet. Dieser aus der arbeitsrechtlichen Diskussion entlehnte Begriff, der dort eine ganz andere Funktion habe, könne im Konzernrecht eigentlich nur Mißverständnisse auslösen. Daher solle dieser Begriff in Zukunft nicht mehr verwandt werden.

Von anderer Seite wurde bezweifelt, ob der Minderheitenschutz der eigentliche dogmatische Ansatz sein könne, um ein Bestandsinteresse der abhängigen GmbH zu begründen. Wenn nämlich einerseits zutreffend die Zustimmung aller Gesellschafter für den Abschluß eines Beherrschungsvertrages als erforderlich erachtet werde und andererseits in diesem Vertrag neben den Ausgleichsleistungen auch das Weisungsrecht dezidiert geregelt sei, so führe der einstimmige Abschluß eines solchen Vertrages zu einem dem Einmann-Konzern vergleichbaren Innenverhältnis. Wenn trotz dieser vergleichbaren Interessenlagen das Weisungsrecht durch das Bestandsinteresse begrenzt sein solle, so sei dieses aber nur als ein von der Minderheit unabhängiges denkbar. Deshalb sei auch nicht recht einsehbar, warum dann das Weisungsrecht im Einmann-Konzern unbeschränkt sein solle.

Dem wurde entgegengehalten, daß auch dann, wenn der Abschluß eines Beherrschungsvertrages die Zustimmung aller Gesellschafter erfordere, ein Unterschied zwischen der Einmann-Gesellschaft und der Gesellschaft mit außenstehenden Gesellschaftern bestehe. Denn die Zustimmung der außenstehenden Gesellschafter sei nicht gleichbedeutend mit dem Verzicht auf jeglichen konzernspezifischen Schutz ihrer jeweiligen Rechtsstellung. Andererseits sei nicht zu verkennen, daß der Einmann-Konzern nicht gänzlich bei der Diskussion der Schranken des Weisungsrechtes ausgeblendet werden könne. So seien Fälle denkbar, bei denen eine Weisung für den Bestand der 100%igen Tochter-GmbH derart nachteilig sei, daß das herrschende Unternehmen diesen Nachteil über § 302 AktG gar nicht ausgleichen könne. In solchen Fällen müsse auch im Einmann-Konzern über am Bestandsinteresse orientierte Schranken des Weisungsrechtes nachgedacht werden.

Kritisch zum Bestandsinteresse wurde ferner vermerkt, daß sich die Frage nach der vom Referenten geforderten Sicherstellung der Lebensfähigkeit der abhängigen GmbH auf ein reines Bewertungsproblem zurückführen lasse mit der Folge, daß das herrschende Unternehmen nicht nur die Verluste nach § 302 AktG auszugleichen habe, sondern am Ende des Beherrschungsvertrages im großen Umfang Wiederaufbauhilfen zu leisten hätte. Zu diesem Zweck müsse man die Marktstellung der abhängigen GmbH bei Beendigung des Beherrschungsvertrages einfach sehr niedrig bewerten. Mit dem Hinweis, daß dies auf unzulässige Weisungen zurückzuführen sei, könne dann auf dem Wege des Schadensersatzes Wiederaufbauhilfe verlangt werden. Abgesehen von diesem Bewertungsproblem stehe einer dergestalt ermöglichten Wiederaufbauhilfe aber auch die Wertung des AktG entgegen. Denn das herrschende Unternehmen müsse als Ausgleich für die durch § 308 AktG ermöglichte, uneingeschränkte Ausrichtung des beherrschten Unternehmens auf das Konzerninteresse nur den Verlustausgleich nach § 302 AktG gewärtigen, nicht aber noch zusätzliche Wiederaufbauhilfen.

Dem wurde entgegengehalten, daß die Funktion des gegenständlich beschränkten Weisungsrechts nicht darin bestehe, eine dogmatische Grundlage für die Diskussion der Wiederaufbauhilfen zu liefern. Vielmehr gehe es nur darum, daß in einer bestehenden Konzernverbindung Weisungen unzulässig seien, die die Lebensfähigkeit des abhängigen Unternehmens bedrohen. Nur wenn diese Schranke nicht beachtet worden sei, bilde dies eine Grundlage für spätere Schadensersatzansprüche. Dies sei aber nicht gleichbedeutend mit der generellen Anerkennung von Wiederaufbauhilfen.

II. Schranken des Weisungsrechtes

Im Zentrum der weiteren Diskussion standen die Thesen des Referenten zu den Schranken des Weisungsrechtes.

Übereinstimmung bestand zunächst darin, daß diese Schranken in einer bestehenden Konzernverbindung angesichts der schwachen Stellung des Geschäftsführers der abhängigen GmbH kaum praktische Bedeutung erlangen könnten. Ein Geschäftsführer werde es zumeist gar nicht wagen, Weisungen des herrschenden Unternehmens auf ihre Zulässigkeit zu überprüfen. Deshalb werde die Einschränkung des Weisungsrechtes regelmäßig erst bei Beendigung des Konzernverhältnisses insofern relevant, als sie eine Grundlage für Schadensersatzansprüche abgebe. Dies sei – so wurde eingewandt – aber doch nicht sehr praktikabel, weil man letztlich auch hier, wie beim faktischen Konzern, sehr viele Einzelnachweise führen müsse. Des weiteren wurde darauf hingewiesen, daß eine Ausgrenzung aus dem Weisungsrecht, wenn sie konkret genug sein solle, um auch anwendbar zu sein, sehr schnell überholt sei. So sei beipielsweise in dem Vertrag zwischen VW und Audi-NSU der Lizenzvertrag bezüglich des Wankel-Motors vom Weisungsrecht ausgenommen worden. Dieses zunächst heiße Thema habe schon einige Jahre später seine Bedeutung verloren.

Ferner wurde geltend gemacht, daß es in konsequenter Fortführung der Thesen des Referenten auch im Aktien-Recht kein uneingeschränktes Weisungsrecht geben könne. Dies stünde aber doch wohl im Widerspruch zu der aktiengesetzlichen Regelung. Diesem Einwand wurde mit dem Hinweis auf die §§ 304, 309 AktG begegnet. Angesichts dieser Regelungen sei es zumindest gerechtfertigt, die beim faktischen Konzern unter den Stichworten Organhaftung, entsprechende Anwendung der §§ 304, 309 AktG sowie Verkehrspflichten zum Schutz fremden Vermögens geführte Diskussion auch auf den Vertragskonzern zu erstrecken und über Schadensersatzansprüche gegen das herrschende Unternehmen und seine Organe sowie entsprechend gegen die Geschäftsführer der abhängigen GmbH nachzudenken.

Von anderer Seite wurde herausgestellt, daß ein in großem Umfang gegenständlich eingeschränktes Weisungsrecht die Gefahr in sich berge, die wirtschaftliche Eingliederung steuerlich nicht mehr darstellen zu können. Auch tauche aus der Sicht der Gesellschafter der Konzernobergesellschaft die Frage auf, inwieweit es deren Organe überhaupt jenen gegenüber vertreten können, eine solche Einschränkung des Weisungsrechtes zu akzeptieren, wenn der Obergesellschaft eine uneingeschränkte Verlustausgleichspflicht obliege. Diesem Bedenken wurde die Frage entgegengehalten, worüber denn die Gesellschafter des herrschenden Unternehmens nach § 293 AktG abzustimmen hätten, wenn der Beherrschungsvertrag keine Aussage zu dem Umfang des Weisungsrechts enthalte.

Des weiteren wurde geltend gemacht, daß der Verhältnismäßigkeitsgrundsatz ein sehr unsicherer Gradmesser sei, um die Grenzen des Weisungsrechtes festzulegen. So sei nicht deutlich geworden, wie groß der aus einer Weisung sich ergebende Nachteil eigentlich im Verhältnis zu dem daraus resultierenden Vorteil der Obergesellschaft sein müsse, um eine entsprechende Weisung als unzulässig zu charakterisieren.

Schließlich wurde hervorgehoben, daß in der Diskussion zwar immer der Begriff des Konzerninteresses verwandt werde, dieses aber nicht mit hinreichender Klarheit lokalisiert werde. Letzteres sei aber nur möglich, wenn man das Konzerninteresse mit dem des herrschenden Unternehmens gleichsetze. Offen sei dann nur noch, ob dieses Interesse irgendwie qualitativ zu umschreiben und von den sonstigen Interessen des herrschenden Unternehmens abzugrenzen sei.

III. Eigenkapital-ersetzende Gesellschafterdarlehen

Hinsichtlich der Anwendung der Regeln über eigenkapital-ersetzende Gesellschafterdarlehen im Konzern wurde ausgeführt, daß die Kreditfähigkeit der abhängigen Gesellschaft nicht darüber entscheiden könne, ob diese Regeln anwendbar seien. Denn hierbei handele es sich um das zentrale materiellrechtliche Tatbestandsmerkmal für die Umqualifizierung eines Darlehens in Eigenkapitalersatz. Aus diesem Grunde seien auch die Auswirkungen des § 302 AktG analog als ein Tatbestandsproblem und nicht als eine Frage der Anwendbarkeit der Eigenkapital-Ersatzregeln anzusehen.

Hinsichtlich der Kreditfähigkeit einer Konzerngesellschaft – so wurde ausgeführt – solle man die Bankenusancen zur Richtschnur nehmen. So sei in der Bankenpraxis bei der Vergabe von Tochterkrediten der Wunsch nach qualifizierenden Zusatzmomenten neben dem § 302 AktG zu beobachten. Dieser Wunsch beruhe auf dem Umstand, daß das Sicherungsbedürfnis der Kreditwirtschaft durch den Verlustausgleich nicht voll befriedigt werde. So wolle man auch hinsichtlich der von § 302 AktG etwa nicht erfaßten Konkursabwicklungsverluste gesichert sein. Deshalb sei der Hinweis auf § 302 AktG nicht generell geeignet, die Anwendbarkeit der Eigenkapital-Ersatzregeln zu verneinen.

Hinsichtlich der vom Referenten vorgeschlagenen Gesamtbetrachtung des Konzerns sei zu bedenken, ob eine solche überhaupt möglich sei. Dies erscheine jedoch höchst fraglich. Selbst wenn man sowohl die finanzielle Lage der Tochter- als auch die der Muttergesellschaft überblicken könne, so wisse man aber nicht, welche Risiken etwa aus dem Bereich der Schwestergesellschaften durchschlagen und damit auch das Kreditpotential der Muttergesellschaft beeinträchtigen könnten.

Referat

Minderheitenschutz im österreichischen GmbH-Konzern

von

Prof. Dr. Hans-Georg Koppensteiner, Salzburg

Inhaltsübersicht

I. Einführung

Konzernspezifischer Außenseiterschutz existiert als Bestandteil der geschriebenen lex lata in Österreich nicht. Zwar gibt § 115 öGmbHG eine Definition des Konzerns. Positivierte Rechtsfolgen finden sich aber nur in den Bestimmungen über die Rechnungslegung (§ 23) und den Aufsichtsrat (§§ 30j II, 29 I Ziff. 3). Mit Minderheitenschutz haben diese Bestimmungen aber nichts zu tun. Auch gibt es in Österreich keine Judikatur, die sich mit den Entscheidungen des BGH in Sachen ITT, Maschinenfabrik Süssen und zuletzt dem Autokranurteil[1] vergleichen ließe. Neben anderen Gründen hängt dies sicher auch damit zusammen, daß eine wissenschaftliche Diskussion des GmbH-Konzerns in Österreich, von

* Die Vortragsform wurde beibehalten. Die Anmerkungen beschränken sich im großen und ganzen auf den Nachweis des österreichischen Materials.

1 BGHZ 65, 15; 80, 69; 95, 330.

einigen Ansätzen in dem Werk von *Reich-Rohrwig*[2] abgesehen, fast nicht existiert. Unter diesen Umständen kann es m. E. nur darum gehen, allgemeine Grundsätze des Minderheitenschutzes auf die Verhältnisse im Konzern zu projizieren. Auch dabei bewegen wir uns häufig auf durchaus ungesichertem Boden. Dementsprechend kann ich über weite Strecken nicht mehr vortragen als Interpretationshypothesen, die nicht als fertige Lösungsvorschläge, sondern eher als Anregung zu weiterer Diskussion verstanden werden sollten.

Bei der Formulierung solcher Hypothesen ist die Versuchung sehr groß, sich an die Ergebnisse der deutschen Diskussion und namentlich an das Gesetzesverständnis des BGH „anzuhängen". Diesen Weg hat *Reich-Rohrwig* denn auch fast ohne Zögern beschritten. Das GmbHG selbst würde das im Prinzip auch erlauben. Denn in den meisten hier relevanten Punkten stimmt es mit der deutschen Gesetzeslage überein. Eine GmbH-konzernrechtliche Kernprämisse, nämlich das Vorhandensein von Treubindungen auch unter den Gesellschaften und das damit zusammenhängende Postulat der Erforderlichkeit und Verhältnismäßigkeit gewisser Gesellschafterbeschlüsse ist auch in Österreich anerkannt[3]. Dennoch ist m. E. erhebliche Vorsicht geboten. Einmal ist die deutsche Entwicklung ohne das Konzernrecht des AktG kaum denkbar. Das gilt unabhängig von der Möglichkeit einer Analogie im Einzelfall als Folge der dort zugrundegelegten rechtsformunabhängigen Basiswertungen. Das einschlägige österreichische Aktienrecht kennt aber nichts Vergleichbares; es entspricht im wesentlichen dem Stand des deutschen AktG 1937[4]. Zum zweiten: Wie *Zöllner*[5] richtig sagt, wird die Entscheidung GmbH-konzernrechtlicher Probleme vor allem im Bereich des Minderheitenschutzes durch eine bestimmte „Konzernrechtsphilosophie" determiniert. In Deutschland hat im Zusammenwirken von Rechtsprechung und starken Tendenzen der Literatur derzeit eine – ich möchte zurückhaltend sagen – sehr kühne Richtung die Oberhand gewonnen, die m. E. nicht selten Gefahr läuft, Rechtspolitik mit Gesetzesanwendung zu verwechseln. Der Stil der österreichischen Rechtsprechung auf dem Gebiet des Gesellschaftsrechts ist demgegenüber erheblich konservativer. Auch deshalb wäre es verfehlt, deutsche herrschende Meinungen als in Österreich geltendes Recht auszugeben, ohne vorher sorgfältig geprüft zu haben, ob und wie sie sich zureichend im Gesetz selbst oder in anerkannten Auslegungsergebnissen verankern lassen.

Nun noch einige Worte zu den Fragen, auf die ich eingehen möchte. Ich behandle zunächst Abhängigkeitslagen und Konzerne untergliedert nach Prä-

2 Reich-Rohrwig, GmbH-Recht, 1983.

3 OGH, GesRZ 1981, 44, 47f, Reich-Rohrwig, aaO (Fn. 2), S. 358ff m. w. N.

4 Roth/Fitz, öRdW 1985, 99, 100 empfehlen eine „vorsichtige Orientierung am deutschen Konzernrecht". Schon das, erst recht aber die anschließende, sozusagen ungebremste Übernahme deutscher Regelungen ist unhaltbar.

5 Zöllner in: Baumbach/Hueck, Komm. z. GmbHG, 14. Aufl., 1985, Schlußanh. I Rdn. 6.

ventivschutz und Rechtsfolgen. Es folgen Ausführungen zum Gewinnabführungsvertrag. Er ist praktisch mit Abstand am wichtigsten. Der Beherrschungsvertrag ist in Österreich nicht geregelt. Er mag – Zulässigkeit unterstellt – geeignet sein, die organisatorische Eingliederung als Voraussetzung der steuerlichen Organschaft zu realisieren. Doch ist er hierfür keineswegs erforderlich und – wenn ich richtig sehe – auch ungebräuchlich. Die übrigen Unternehmensverträge scheinen, verglichen mit dem Gewinnabführungsvertrag, ebenfalls keine wesentliche praktische Rolle zu spielen. Auf sie kann ich schon aus Zeitgründen nicht eingehen. Aus demselben Grund können anstatt gründlicher Analyse auch sonst häufig nur Abbreviaturen geboten werden.

II. Abhängigkeit; faktischer Konzern (Präventivschutz)

1. Präventivschutz im Gesellschaftsvertrag

Präventivschutz dagegen, daß die Gesellschaft in eine Abhängigkeitslage gerät oder gar in einen Konzern eingegliedert wird, kann schon im *Gesellschaftsvertrag* vorgesehen werden. Die Möglichkeiten, die in diesem Zusammenhang für das deutsche Recht erwogen werden, d. h. in erster Linie Anteilsvinkulierung und Wettbewerbsverbot, daneben Stimmrechtsbeschränkungen, Veränderungen des Stimmgewichts nach oben und unten, Vorkaufsrechte in Fällen der Anteilsveräußerung, kommen auch in Österreich in Betracht. Auch eine Vereinbarung des Inhalts, daß ein Gesellschafter im Fall anderweitiger unternehmerischer Betätigung verpflichtet ist, seinen Anteil den anderen Gesellschaftern gegen Abfindung zu überlassen, ist unbedenklich[6]. Unzulässig wäre es wegen den §§ 82, 81 öGmbHG dagegen, wenn die Leistung der Abfindung aus dem Gesellschaftsvermögen verabredet würde; das österreichische GmbH-Recht bezieht den Grundsatz der Kapitalerhaltung bekanntlich nicht auf das Stammkapital, sondern auf das Gesellschaftsvermögen. An der Abstimmung über die Veräußerung eines vinkulierten Geschäftsanteils kann sich der betreffende Gesellschafter beteiligen. Die Judikatur des OGH und des BGH stimmt in diesem Punkte überein[7]. Anders als in Deutschland wird sie auch nicht in Frage gestellt.

Ob über die Befreiung von einem Wettbewerbsverbot in Österreich ebenso entschieden werden würde wie vom BGH[8], scheint mir sehr fraglich. Dieses

6 Reich-Rohrwig, aaO (Fn. 2), S. 619.
7 OGH SZ 47/147, BGHZ 48, 163.
8 BGHZ 80, 69.

Urteil erklärt den Dispensbeschluß dann für anfechtbar, wenn die Gesellschaft dadurch in Abhängigkeit von einem konkurrierenden Unternehmen gerät, es sei denn, es bestünden nach Abwägung der beteiligten Interessen und der Verhältnismäßigkeit von Mittel und Zweck ausreichend starke Gründe dafür, daß der Beschluß die Interessen der Gesellschaft fördert. Zwar hat auch die österreichische Rechtsprechung anerkannt, daß es Gesellschafterbeschlüsse gibt, die sich eine Überprüfung auf Erforderlichkeit und Verhältnismäßigkeit hin gefallen lassen müssen. Deutlich wurde dies bisher allerdings nur für den Ausschluß des Bezugsrechts bei einer Kapitalerhöhung ausgesprochen[9]. Demzufolge ist die Frage nach der Reichweite dieses, das Mehrheitsprinzip durchbrechenden, zusätzlichen Rechtmäßigkeitserfordernisses in Österreich völlig offen. Auch für Deutschland kann diese Frage noch nicht als überzeugungskräftig geklärt gelten, so daß eine Übernahme fertig bereitliegender Lösungsmuster ohnehin nicht in Betracht kommt. Wichtiger noch ist aber ein weiterer Gesichtspunkt. M. E. hätte der Fall des BGH[10] ohne das Konzernrecht des AktG kaum so, wie geschehen, entschieden werden können. Im Zentrum der Urteilsbegründung stehen nämlich die Gefahren, die der Gesellschaft infolge der Abhängigkeit von einem Unternehmen drohen. In der Abwehr solcher Gefahren besteht das vielleicht wichigste Anliegen des aktiengesetzlichen Konzernrechts von 1965. Erst diese Wertung und ihre Generalisierungsfähigkeit sichert die Prämissen, auf denen die Argumentation des BGH beruht. In Österreich gibt es nichts, was mit dem Konzernrecht des AktG 1965 verglichen werden könnte. Demzufolge fehlt nicht nur eine gesetzliche Anerkennung der dem BGH-Urteil[11] zugrundeliegenden Argumentationsidee, sondern auch – sozusagen eine Stufe tiefer – die normative Basis für den Unternehmensbegriff, mit dem der BGH arbeitet[12]. Den Satz, ein Gesellschafter sei schon dann als Unternehmen zu qualifizieren, wenn er außerhalb der Gesellschaft wirtschaftliche Interessen verfolge, die stark genug seien, um die ernsthafte Besorgnis einer Benachteilung der Gesellschaft zu begründen, gewinnt der 2. Senat nämlich direkt aus § 17 dAktG und seiner eigenen früher dazu ergangenen Rechtsprechung. Mit all dem soll nicht gesagt werden, daß eine Entscheidung wie die des BGH[13] in Österreich rechtswidrig wäre. Doch halte ich es für unwahrscheinlich, daß der OGH den dazu in erheblichem Ausmaß erforderlichen rechtsfortbildenden Elan entwickeln würde.

9 OGH GesRZ 1981, 44.
10 BGHZ 80, 69.
11 BGHZ 80, 69.
12 Anders Roth/Fitz, aaO (Fn. 2), S. 100, aber mit unhaltbarer Prämisse (vgl. Fn. 4).
13 BGHZ 80, 69.

2. *Satzungsunabhängiger Präventivschutz*

Satzungsunabhängiger Präventivschutz wird in Deutschland hauptsächlich als gesetzliches Wettbewerbsverbot zu Lasten der Gesellschafter erwogen[14]. Ein solches Verbot soll sich bei Gesellschaften personalistischen Zuschnittes aus einer Analogie zu § 112 HGB ergeben und dann allerdings auch auf unternehmerische Beteiligungen an konkurrierenden Kapitalgesellschaften ausgedehnt werden. § 112 HGB gilt auch in Österreich. Doch spricht m. E. mehr gegen als für die in Frage stehende Analogie. Auch ein OHG-Gesellschafter, der sich auf die Hingabe von Kapital beschränkt, unterliegt, insofern dem Kommanditisten vergleichbar, keinem Wettbewerbsverbot[15]. Auf Beteiligungen an Kapitalgesellschaften ist § 112 HGB grundsätzlich nicht anwendbar. Unter welchen Voraussetzungen Ausnahmen von dieser Regel anzuerkennen sind, ist meines Wissens bisher noch nicht gründlich untersucht worden. Eine sichere Abgrenzung zwischen kapitalistischer und personalistischer Beteiligung dürfte ebenfalls nicht gelingen. In manchen Fällen mag es möglich sein, ein Wettbewerbsverbot aus der Perspektive der Treuebindung mit einer ergänzenden Auslegung des Gesellschaftsvertrages zu begründen. Wo diese Möglichkeit nicht gegeben ist, verliert die analoge Heranziehung von § 112 HGB wegen der konzeptionellen Unterschiede zwischen GmbH und OHG jede Überzeugungskraft. Ob herrschende Unternehmen unter Gesichtspunkten der Treuepflicht sogar einem satzungsresistenten Wettbewerbsverbot unterliegen, wie ganz kürzlich vorgeschlagen wurde[16], muß noch im einzelnen überprüft werden. Ich möchte das bezweifeln.

Nach Auffassung von *Reich-Rohrwig* ist es möglich, die Bildung eines faktischen Konzerns und die Befolgung von Anordnungen des Mehrheitsgesellschafters durch die Geschäftsführung mittels Gesellschafterbeschlusses zu untersagen[17]. Aber solche Anordnungen dürfen, wenn nicht im Gesellschaftsinteresse, ohnehin nicht befolgt werden. Im übrigen ist nicht zu sehen, wie ein Verbot der Konzernbildung gegen den Mehrheitsgesellschafter durchgesetzt werden sollte. Die von *Reich-Rohrwig* ins Auge gefaßte positive Beschlußfeststellungsklage ist von den österreichischen Gerichten bisher noch nicht einmal in den Fällen unzutreffender Feststellung des Beschlußergebnisses zugelassen worden. Abgesehen davon wäre zunächst einmal ein Anspruch der Minderheit auf Unterlassung der Konzernbildung zu begründen. Eine Rechtsgrundlage für einen solchen Anspruch gibt es m. E. nicht. Die Treuebindung dürfte überstrapaziert sein, weil das Schädigungsverbot im einfachen Konzern ausreicht, um Benachteiligungen

14 ZÖLLNER, aaO (Fn. 5), Schlußanh. I Rdn. 21 m. w. N.

15 BGHZ 38, 306.

16 WIEDEMANN/HIRTE, ZGR 1986, 163, 168 ff, in Auseinandersetzung mit BGHZ 89, 162; dazu auch LÖFFLER, NJW 1986, 223, 225 ff; vgl. RAISER, FS Stimpel, 1985, S. 855 ff; U. H. SCHNEIDER, WUB II G § 112 HGB 1.84.

17 REICH-ROHRWIG, aaO (Fn. 2), S. 573.

der Minderheit hintanzuhalten. Gäbe es eine Anspruchsgrundlage, so wäre zu fragen, warum noch ein Untersagungsbeschluß der Gesellschafterversammlung erforderlich sein soll. Das GmbHG setzt, wie eingangs dargelegt, die Möglichkeit und damit wohl auch die Zulässigkeit von Konzernen voraus. Hinzu kommt, daß die sogleich darzulegenden Gründe gegen die Annahme eines Verbots qualifizierter Konzerne ohne wesentliche Modifikationen auch gegen ein Verbot des einfachen GmbH-Konzerns geltend zu machen sind. Zu denken gibt schließlich auch, daß ein solches Verbot nach ganz überwiegender Ansicht nicht einmal für das deutsche GmbH-Recht bejaht werden kann.

3. *Qualifizierte Konzernierung*

Die Einbeziehung einer GmbH in einen qualifizierten Konzern, also ihre Behandlung als unselbständige Betriebsabteilung, wird in der deutschen Literatur überwiegend für verboten gehalten[18]. Diesen Vorschlag hat der BGH in seinem jüngsten Urteil zum GmbH-Konzernrecht[19] nicht aufgegriffen. Bei Auswertung dieser Situation für Österreich muß allerdings berücksichtigt werden, daß die Alternative, der der BGH den Vorzug gegeben hat, nämlich die analoge Nutzung von Elementen des aktienrechtlichen Vertragskonzerns, für Österreich mangels Vorhandensein entsprechender Normen von vornherein nicht in Betracht kommt. Als Rechtsgrundlage eines Verbots stünden die Treuebindungen der Gesellschaft und den anderen Gesellschaftern gegenüber zur Verfügung. Inhaltlich ließe es sich, wie in Deutschland vielfach befürwortet, damit rechtfertigen, daß das Eigeninteresse der abhängigen Gesellschaft in der Situation des qualifizierten Konzerns keinen Maßstab für die Beurteilung einzelner unternehmerischer Maßnahmen mehr liefert, daß schädliche Einwirkungen nicht mehr isoliert und daher auch nicht mehr kompensiert werden können. Abgesehen davon, daß derartiges in der österreichischen Literatur bisher nicht überlegt, geschweige denn von der Rechtsprechung anerkannt worden ist, verspricht ein Verbot qualifizierter Konzernierung m. E. aber auch keine Lösung des Problems. Fraglich erscheint schon, ob ein solches ipso-iure-wirkendes Verbot mit Rücksicht auf die möglicherweise auch günstigen Wirkungen der Konzernierung überhaupt vernünftig ist. Unabhängig davon scheitert es aber jedenfalls an dem Fehlen einer adäquaten Sanktion. Schadensersatzansprüche ließen sich nicht beziffern, weil die Besonderheit des qualifizierten Konzerns ja

18 Nachweise bei ROWEDDER/KOPPENSTEINER, Komm. z. GmbHG, 1985, Anh. §52 Rdn. 37; ferner FISCHER/LUTTER, Komm. z. GmbHG, 11. Aufl., 1985, Anh. §13 Rdn. 17; ZÖLLNER, aaO (Fn. 5), Schlußanh. I, Rdn. 8; anders zuletzt K. SCHMIDT, ZIP 1986, 146, 148.

19 BGHZ 95, 330 = WM 1985, 1263 = ZIP 1985, 1263.

gerade in der Unmöglichkeit eines Vergleichs seiner Wirkungen mit der Lage der als unabhängig gedachten Gesellschaft gesehen wird. Auch ein Unterlassungs- oder Beseitigungsurteil könnte nicht mit der für seine Vollstreckungsfähigkeit erforderlichen Präzision formuliert werden. Das liegt daran, daß sich die Eingliederung der Gesellschaft in einen Konzern mit verschiedenen untereinander austauschbaren Mitteln bewerkstelligen läßt. Außerdem kann einem Vollstrekkungsbeamten sicher schon nicht zugemutet werden, über das Vorliegen eines Konzerns zu entscheiden. Erst recht ist es ihm unmöglich, festzustellen, ob noch ein zulässiger „einfacher Konzern" oder möglicherweise schon ein hypothetisch unzulässiger qualifizierter Konzern vorliegt. Denn über die genaue Beschaffenheit dieser Grenze kann auch sonst niemand etwas Zuverlässiges sagen.

4. *Minderheitenschutz in der Obergesellschaft*

Präventiver Minderheitenschutz in der GmbH-Obergesellschaft eines Konzerns läßt sich auch in Österreich mit Aussicht auf praktische Relevanz diskutieren, seit der OGH[20] die Ausgliederung des Produktionsbetriebes auf eine 100%ige Tochtergesellschaft als Änderung des Unternehmensgegenstandes beurteilt hat, die nach § 50 III öGmbHG mangels gegenteiliger Satzungsanordnung nur einstimmig möglich ist. Die Entwicklung in Deutschland läuft, namentlich seit dem Holzmüller-Urteil[21], in ähnlicher Richtung. Für Österreich nicht geklärt ist, ob auch die Veräußerung signifikanter Betriebsteile als Gegenstandsänderung zu betrachten ist. Bei Fehlen satzungsmäßiger Vorkehrungen wird diese Frage unter dem Gesichtspunkt des Entstehens einer Teil-Holding[22] bejaht werden können. Von da aus ist es nicht weit zu der zusätzlichen Annahme, jedenfalls der Erwerb solcher Beteiligungen, die unternehmerischen Einfluß verschaffen sollen, bedürfte einer Grundlage in der Satzung. Mit der Bildung eines Konzerns sind dagegen keine zusätzlichen Beeinträchtigungen der Gesellschaft verbunden. Eine besondere Legitimation benötigt die Geschäftsführung hierfür daher nicht.

III. *Rechtsfolgen von Abhängigkeit und Konzern*

1. *Rechtsfolgen für die Tochter-GmbH*

a) Bei der Tochter-GmbH sind zunächst die Stimmverbote des § 39 Abs. 4 öGmbHG zu beachten. Wichtig ist hier vor allem, daß ein Gesellschafter, wie

20 OGH GesRZ 1984, 217.
21 BGHZ 83, 122.
22 Vgl. ROWEDDER/KOPPENSTEINER, aaO (Fn. 18), Anh. § 52 GmbHG Rdn. 32f m. w. N.

der OGH kürzlich anerkannt hat, auch dann als befangen gilt, wenn über ein Rechtsgeschäft der Gesellschaft mit einer anderen Gesellschaft zu entscheiden ist, in der der GmbH-Gesellschafter so engagiert ist, daß mit einem Interessenkonflikt gerechnet werden muß[23]. Das bedeutet z. B., daß eine Konzernmutter nicht abstimmen kann, wenn ein Rechtsgeschäft der GmbH-Enkelin mit einer Tochter zur Debatte steht. Zum zweiten gilt, daß eine Kapital- oder Personengesellschaft in der GmbH dann nicht stimmberechtigt ist, wenn angenommen werden muß, daß die Befangenheit eines ihrer Mitglieder auf die Willensbildung der Gesellschaft durchschlägt. Wiederum an einem Beispiel illustriert: Die an der GmbH-Enkelin beteiligte Tochtergesellschaft kann über ein Rechtsgeschäft zwischen der GmbH und der Konzernmutter nicht abstimmen. Eine genaue Behandlung der Frage, unter welchen Umständen ein Gesellschafter deshalb als befangen anzusehen ist, weil er mit dem Geschäftspartner der GmbH identifiziert werden muß, muß ich mir hier ersparen. Vermerkt sei nur, daß Unterschiede zwischen dem deutschen und dem österreichischen Recht in diesem Punkt nicht existieren. Meine eigene Auffassung findet sich in einem demnächst erscheinenden Beitrag[24].

Die Effektivität der Stimmverbote als Instrument des Minderheitenschutzes im Konzern ist allerdings auch dann skeptisch zu beurteilen, wenn man bei der Frage der Identifizierung nicht kleinlich ist. Das liegt einerseits daran, daß die in § 39 Abs. 4 öGmbHG genannten Beschlußgegenstände nur einen Teil des Bereiches abdecken, in dem sich Konzernleitung manifestieren kann. Zum zweiten setzt die Steuerung durch Stimmverbot voraus, daß überhaupt eine Zuständigkeit der Gesellschafterversammlung vorliegt. Das hängt aber ganz von der im Einzelfall maßgebenden Satzungslage ab. Ob eine Beschneidung von Gesellschafterzuständigkeiten durch nachträgliche Satzungsänderungen mit konzernpolitischem Hintergrund sachlich gerechtfertigt und verhältnismäßig sein muß, läßt sich derzeit für Österreich nicht zuverlässig sagen. Doch ist es nicht unwahrscheinlich, daß sich die Rechtsprechung dieser Ansicht anschließen wird.

b) Auch in Österreich besteht im übrigen kein Zweifel, daß die Gesellschafter verpflichtet sind, die Gesellschaft nicht zu schädigen. Die verdeckte Gewinnausschüttung ist – anders als im deutschen Recht – generell unzulässig (§ 82 Abs. 1 öGmbHG)[25]. Verträge, die dazu verpflichten, dürften als nichtig gemäß § 879 ABGB (= § 134 BGB) zu behandeln sein. Jedenfalls steht der Gesellschaft nach § 83 öGmbHG ein Rückgewähranspruch zu. All das gilt selbstverständlich auch im Konzern. Vermögensverschiebungen von der Tochter-GmbH zur Mutter oder zu einem anderen Konzernunternehmen sind demnach unzulässig und müssen rückabgewickelt werden. Soweit der Gesellschaft als Folge von Einfluß-

23 OGH GesRZ 1981, 44, 47.
24 Koppensteiner, Gedächtnisschrift Schönherr, 1986.
25 Dazu zuletzt Arnold, GesRZ 1985, 86, 88 ff.

nahme des herrschenden Unternehmens auf die Geschäftsführung der Gesellschaft ein Schaden entsteht, haftet dieses entweder in Analogie zu § 100 öAktG (= § 117 dAktG) oder – was von praktisch größerer Bedeutung ist – nach den Grundsätzen über die faktische Geschäftsführung[26]. Der hier maßgebliche Pflichtenmaßstab unterscheidet sich nicht von den Pflichten der Geschäftsführer. Denn in zulässiger Weise können die Gesellschafter auf die Geschäftsführung nur auf der Grundlage eines Gesellschafterbeschlusses einwirken. Ob anläßlich von Abstimmungen in der Gesellschafterversammlung dasselbe gilt oder ob dem einzelnen Gesellschafter dort ein größerer Spielraum zur Wahrnehmung seiner eigenen Interessen einzuräumen ist, ist für das deutsche Recht umstritten[27]. Die dort angeführten Argumente könnten in derselben Weise auch auf der Grundlage des österreichischen GmbHG formuliert werden. M. E. darf der Mehrheitsgesellschafter, den man ja nicht zum Treuhänder der Minderheit hochstilisieren darf, seinen eigenen Interessen solange den Vorzug geben, solange damit nicht eine Beeinträchtigung des Verbandszweckes verbunden ist. Für zulässig halte ich es also z. B., wenn die Gewinnausschüttungspolitik der Gesellschaft im Rahmen der satzungsrechtlichen Grenzen an Konzerninteressen orientiert wird. Zulässig dürfte z. B. auch ein Beschluß auf Umstellung der Produktion im Konzerninteresse sein, wenn er die Gesellschaft gegenüber dem status quo ante nicht benachteiligt.

Im Zusammenhang der Geltendmachung von Schadensersatzansprüchen gegen den Mehrheitsgesellschafter trifft diesen ein Stimmverbot. Dasselbe dürfte auf Grund der vorher skizzierten Identifizierung auch hinsichtlich der Abstimmungsbefugnis der Tochter gelten, wenn über einen Schadensersatzanspruch gegen die Mutter zu entscheiden ist. Die Frage nach der Möglichkeit einer actio pro socio unter Gesellschaftern im Recht der GmbH ist praktisch also dort am wichtigsten, wo die Minderheit nicht einmal über die für die Herbeiführung eines Gesellschafterbeschlusses erforderlichen 10 % des Stammkapitals verfügt. Bei Klagen gegen die Geschäftsführer setzt die actio pro socio kraft ausdrücklicher Anordnung von § 48 öGmbHG die Innehabung von mindestens 10 % des Stammkapitals voraus. Die analoge Anwendung dieser Bestimmung auf Klagen gegen einen Gesellschafter liegt sehr nahe und wird auch von österreichischen Autoren befürwortet. Zwar hat *Hadding*[28] versucht, die Einzelklagebefugnis gegen den Einwand aus § 48 abzusichern. Ob dieser Versuch gelungen ist, erscheint aber sehr zweifelhaft. Eine genauere Untersuchung des Komplexes ist hier nicht möglich.

c) Die Hauptschwäche des in Österreich geltenden Rechts scheint mir beim qualifizierten Konzern zu liegen. Ein Verbot kann, wie dargelegt, kaum befür-

26 Dazu REICH-ROHRWIG, aaO (Fn. 2), S. 569 ff.
27 Vgl. ROWEDDER/KOPPENSTEINER, aaO (Fn. 18) § 43 GmbHG Rdn. 57.
28 HADDING, GesRZ 1984, 32, 42 f.

wortet werden. Jedenfalls wäre es nicht wirksam. Ein Austrittsrecht aus wichtigem Grund gegen volle Abfindung ist in Deutschland anerkannt[29], scheitert aber in Österreich an der Ausgestaltung der Kapitalerhaltungsvorschriften. Diese Vorschriften wären freilich gegenstandslos, wenn die Abfindung von dem als Konzernspitze fungierenden Mehrheitsgesellschafter geleistet werden müßte. Aber die Schwierigkeit besteht darin, eine Rechtsgrundlage für einen solchen Anspruch zu finden. Eine Analogie zu den Abfindungsregeln bei der Fusion und der Umwandlung wäre doch wohl zu weit hergeholt. Denn dort geht die Gesellschaft unter, hier nicht. Auch die Treuebindung würde nach derzeit vorherrschendem Verständnis keine tragfähige Basis liefern. Aus der Treuebindung lassen sich Verhaltensmaßstäbe bei der Wahrnehmung gesellschafterlicher Befugnisse und damit zusammenhängende Schadensersatzansprüche entwickeln. Als Begründung für Rechtsfolgen rechtmäßigen Verhaltens ist sie meines Wissens bisher noch nie bemüht worden. Manche deutsche Autoren befürworten als Folge eines qualifizierten Konzerns einen Ausgleichsanspruch entsprechend § 304 dAktG[30]. Für Österreich ist dieser Weg schon deshalb nicht gangbar, weil keine Parallelnorm existiert. Möglicherweise durchsetzungsfähig erscheint daher im Moment nur die Hypothese, möglich sei eine Auflösungsklage aus wichtigem Grund. Immerhin haben sich einige österreichische Autoren trotz Fehlens einer gesetzlichen Regelung und bewußter Nichtübernahme von § 61 dGmbHG für diese Möglichkeit ausgesprochen[31]. Die insbesondere von *Reich-Rohrwig* vorgetragenen Gründe halte ich für überzeugend. Da aber, besonders im Hinblick auf die Materialien, auch mehr oder weniger gute Gegengründe existieren, muß die Rechtslage als offen bezeichnet werden.

2. *Rechtsfolgen für die GmbH als Obergesellschaft*

Auch bei einer GmbH als Obergesellschaft eines Konzerns ergeben sich – auch unter Gesichtspunkten des Minderheitenschutzes – besondere Rechtsfolgen. Namentlich ist auch für Österreich anzunehmen, daß Leitungsmaßnahmen im Bereich von Tochtergesellschaften, die, beträfen sie die Mutter selbst, der Zustimmung der Gesellschafter bedürften, ebenfalls nicht ohne deren Mitwirkung getroffen werden dürfen. Das folgt aus dem auch in Österreich anerkannten Grundsatz, daß außergewöhnliche Geschäfte mangels gegenteiliger Regelung durch den Gesellschaftsvertrag die Zustimmung der Gesellschafter voraussetzen. Der von einem erheblichen Teil der deutschen Literatur darüber hinaus befür-

29 Nachweise bei ROWEDDER/KOPPENSTEINER, aaO (Fn. 18), Anh. § 52 GmbHG Rdn. 59.
30 Nachweise bei ROWEDDER/KOPPENSTEINER, aaO (Fn. 18), Anh. § 52 GmbHG Rdn. 60; zuletzt EMMERICH, FS Stimpel, 1985, S. 743, 753 f.
31 REICH-ROHRWIG, aaO (Fn. 2), S. 669 ff m. w. N.

wortete weitere Grundsatz, daß im Falle sog. „Strukturänderungen" eine satzungsändernde Mehrheit erforderlich sei, läßt sich in dieser Allgemeinheit für Österreich vorläufig nicht behaupten. Doch gilt auch dort, daß die Umschreibung des Unternehmensgegenstandes der Mutter auch Grenzen für die Betätigung durch Tochtergesellschaften setzt.

IV. Unternehmensverträge

Das Gesellschaftsrecht der Unternehmensverträge ist in Österreich kaum geregelt. § 238 öAktG rechnet hierher Gewinnabführungs- und Teilgewinnabführungsverträge, Betriebspacht- und sonstige -überlassungsverträge, nicht ausdrücklich dagegen Beherrschungsverträge. Unternehmensverträge bedürfen der Zustimmung der Hauptversammlung mit qualifizierter Mehrheit. Aus Gründen, die ich schon angedeutet habe, konzentriere ich mich auf den Gewinnabführungsvertrag. Dazu habe ich unlängst eine ausführlichere Arbeit publiziert[32]. Hier muß ich es bei einer Zusammenfassung der wichtigsten Gesichtspunkte belassen.

Gewinnabführungsverträge sind gesellschaftsrechtlich *zulässig*. Das folgt einerseits aus § 8 Abs. 4 KStG, wo dies vorausgesetzt wird, andererseits aus dem soeben angeführten § 238 AktG. Eine demgegenüber abweichende Beurteilung der Zulässigkeitsfrage im Recht der GmbH läßt sich nämlich nicht überzeugend begründen.

1. Abschluß des Gewinnabführungsvertrags

Keine Schwierigkeiten bereitet die Begründung des Satzes, daß der Abschluß von Gewinnabführungsverträgen nicht in die normale *Geschäftsführungsbefugnis* der Geschäftsführer fällt. Denn es liegt ausnahmslos ein ungewöhnliches Geschäft vor. Hinzu kommen die sogleich darzulegenden Gründe für eine Beschränkung auch der *Vertretungsmacht*. Die Frage ist in der Vergangenheit kaum erörtert worden. Auszugehen ist von dem Satz, daß die Geschäftsführer die Gesellschaft nicht wirksam zur Änderung ihrer Satzung verpflichten können. Ist die Gewinnverteilung ausdrücklicher Regelungsgegenstand der Satzung, dann liegt die Satzungsrelevanz des Gewinnabführungsvertrages auf der Hand. Sonst gibt den Ausschlag, daß dispositives GmbH-Recht, darunter auch der Gewinnanspruch, als Element des Gesellschaftsvertrages zu interpretieren ist. Denn das Fehlen einer eigenen Vorschrift muß dahin gedeutet werden, daß nach dem Willen der Beteiligten die gesetzliche Regelung gelten soll. Geltungsgrund

32 Koppensteiner, Zum Gewinnabführungsvertrag der GmbH, öRdW 1985, 170.

dispositiver Elemente des GmbHG ist demnach die Satzung, die also auch in solchen Fällen durch den Gewinnabführungsvertrag tangiert wird. Zusätzlich ließe sich anführen, daß der Gesetzessinn der Unterscheidung zwischen Geschäftsführungsbefugnis und Vertretungsmacht dann entfällt, wenn Geschäftspartner ein über die Interna der Gesellschaft bestens informierter Mehrheitsgesellschafter ist. Im Rahmen von § 126 HGB ist die Bedeutung dieses Gesichtspunktes auch in Österreich anerkannt.

2. *Gesellschafterbeschluß*

Hinsichtlich des demnach erforderlichen Gesellschafterbeschlusses ist folgendes zu bemerken: Der andere Vertragsteil des Gewinnabführungsvertrages kann, wie das auch die in Deutschland ganz h.M. annimmt, mitstimmen. Daß das Rechtsgeschäfte betreffende Stimmverbot des §39 Abs. 4 öGmbHG zu weit geraten ist, ist auch in Österreich anerkannt. Für die vorliegende Konstellation ist es wichtig, sich darauf zu besinnen, daß der Gewinnabführungsvertrag während der Zeit seines Bestehens die sonst geltende Verteilungsregel ersetzt und daher satzungsrelevant ist. Am Inhalt der Satzung sind aber alle Gesellschafter in gleicher Weise interessiert. Die Gegenthese ließe sich wertungsfolgerichtig auch nicht mit der unzweifelhaften Stimmberechtigung des Interessierten bei der übertragenden Umwandlung vereinbaren.

Sehr schwierig ist die Frage nach der erforderlichen Mehrheit. Mindestens nötig ist die für Satzungsänderungen notwendige Dreiviertelmehrheit. Das folgt aus der jedenfalls zeitweisen Überlagerung des Gesellschafts- durch den Gewinnabführungsvertrag. Daß darüber hinausgehende Einstimmigkeitspostulat[33] ließe sich in erster Linie auf §50 Abs. 3 öGmbHG stützen[34]. Wenn schon eine Gegenstandsänderung eines einstimmigen Beschlusses bedarf, dann liegt es nahe, dasselbe auch für eine Änderung des Gesellschaftszwecks anzunehmen. Ohne weiteres durchschlagskräftig erscheint dieses Argument allerdings nicht. Wie noch zu zeigen sein wird, sollte der Minderheitsgesellschaftern zwingend zu gewährende Ausgleichsanspruch an den Gewinnaussichten der Gesellschaft orientiert werden, weshalb diese in den Zweck gemeinsamer Gewinnerzielung doch noch eingebunden bleiben. §238 AktG läßt bei Gewinnabführungsverträgen der AG eine Dreiviertelmehrheit genügen. Das liefert jedenfalls ein Indiz

33 Dafür Reich-Rohrwig, aaO (Fn. 2), S. 197.

34 §50 Abs. 4 (Verkürzung der einzelnen Gesellschaftern eingeräumten Rechte nur mit deren Zustimmung) ist dagegen nicht einschlägig. Denn der Gleichbehandlungsgrundsatz fällt nach richtiger Ansicht nicht unter diese nur Sonderrechte betreffende Bestimmung (OGH GesRZ 1981, 44, 50) und dürfte wegen der Entschädigung von Minderheitsgesellschaftern darüber hinaus auch kaum verletzt sein.

dafür, daß dies bei der GmbH auch ausreicht. Ferner ist die Möglichkeit zu berücksichtigen, daß die GmbH nach den § 245 ff AktG, von Ausnahmefällen abgesehen, mit einer Dreiviertelmehrheit in eine AG umgewandelt werden könnte, die dann den Gewinnabführungsvertrag abschließen würde. Unbedingt überzeugungskräftig ist aber auch dieses Argument nicht, einmal wegen der vorgesehenen Ausnahmen und zum zweiten deshalb, weil ein nur zu dem genannten Zweck gefaßter Umwandlungsbeschluß wohl wegen Verstoßes gegen den Grundsatz der Erforderlichkeit und Verhältnismäßigkeit anfechtbar wäre[35]. Im Zusammenhang der Fusion ist Einstimmigkeit erforderlich, wenn eine GmbH mit einer anderen verschmolzen wird. Eine Dreiviertelmehrheit genügt dagegen, wenn aufnehmende Gesellschaft eine AG ist. Diese Differenzierung läßt sich nicht sachlich, sondern nur historisch erklären, wobei sich die aktiengesetzliche Bestimmung als die „modernere" Norm darstellt. Da die Fusion einen eher noch gewichtigeren Eingriff in die Position von Minderheiten darstellt als der Gewinnabführungsvertrag, spricht dies dafür, die Dreiviertelmehrheit auch dort genügen zu lassen. Die vor allem von *Timm*[36] für Deutschland entwickelte Parallelargumentation halte ich für zutreffend. Für Österreich bleibt das Bedenken aus § 50 Abs. 3 öGmbHG. Letzten Endes wird es darauf ankommen, ob man glaubt, die Interessen der Minderheit auch ohne das Einstimmigkeitspostulat in angemessener Weise schützen zu können. Ich möchte diese Frage bejahen und daher dafür optieren, daß eine Dreiviertelmehrheit ausreicht.

In Österreich fast nicht behandelt ist die Frage, ob der Beschluß über den Gewinnabführungsvertrag entsprechend den einschlägigen Vorschriften zur Satzungsänderung notarieller Beurkundung bedarf und in das Handelsregister eingetragen werden muß. Im Einklang mit der in Deutschland inzwischen h. M.[37] sollten diese Fragen auch für Österreich bejaht werden.

3. Kompensation

a) Aus dem Prinzip gleicher Behandlung der Gesellschafter folgt ohne weiteres, daß der Gewinnabführungsvertrag bzw. der ihn legitimierende Beschluß nicht Rechtens sein kann, wenn nicht den Minderheitsgesellschaftern, die ihren Gewinnanspruch einbüßen, dafür in irgendeiner Form eine Kompensation geboten wird. In Betracht kommen Abfindung oder Ausgleich oder beides als alternative Möglichkeiten. Schuldner von Abfindung oder Ausgleich müßte der Gewinnabführungsberechtigte sein. Die GmbH scheidet als Schuldnerin aus, im Kontext der Abfindung deshalb, weil dazu das Gesellschaftsvermögen angegrif-

35 So andeutungsweise OGH GesRZ 1982, 256, 258.
36 Timm, Die AG 1982, 93, 100 f.
37 Nachweise bei Rowedder/Koppensteiner, aaO (Fn. 18), Anh. § 52 GmbHG, Rdn. 42.

fen werden müßte, beim Ausgleich deshalb, weil als Folge der Gewinnabführung keine Finanzierungsquellen zur Verfügung stehen.

Wichtig ist, daß sich mit dem Gleichheitssatz nur eine der beiden in Frage stehenden Kompensationstechniken als notwendiger Vertragsinhalt ausweisen läßt. Würde nämlich Ausgleich oder Abfindung gewährt, so ist – zutreffende Ermittlung vorausgesetzt – vermögensmäßige Gleichbehandlung unter den Gesellschaftern sichergestellt. Gegen die Abfindung als ausschließliche Entschädigungsform spricht, daß außenstehende Gesellschafter ohne ihren Willen oder ohne ihr Zutun aus der Gesellschaft hinausgedrängt werden könnten. Die Abfindungsregeln bei Umwandlung und Fusion kann man diesem Befund nicht entgegenhalten. Denn bei Gewinnabführungsverträgen handelt es sich in allen Fällen um jedenfalls potentiell zeitlich limitierte Arrangements. Das schließt die von *Mestmäcker*[38] früher für das deutsche Recht erwogene Möglichkeit einer Analogie m. E. aus. Ich optiere demnach für die Notwendigkeit des Ausgleichs in Form einer – untechnisch gesprochen – „Dividendengarantie". Maßstab für deren Ermittlung sollte freilich nicht, wie § 304 dAktG dies gestattet, die anhand der sog. Verschmelzungswertrelation bereinigte Dividende des anderen Vertragsteils sein. Diese Ausgleichsvariante weist wegen fehlender Partizipation der Minderheit an den Rücklagen des anderen Vertragsteils entscheidende Benachteiligungspotentiale auf und dürfte daher schon mit dem Gleichheitssatz nicht vereinbar sein. Vorzuziehen ist die Orientierung des Ausgleichsanspruchs an den Gewinnaussichten der Gesellschaft. Abgesehen von der Kongruenz dieser Lösung mit dem zugrundeliegenden Rechtsgedanken, nämlich dem Gleichbehandlungsgebot, entspricht sie auch der inzwischen von der österreichischen Rechtsprechung gebilligten Einsicht, daß sich die Bewertung eines Unternehmens an der sog. „Ertragswertmethode" zu orientieren hat[39]. Für die praktisch wegen der steuerrechtlichen Determinanten des Gewinnabführungsvertrags[40] wohl besonders wichtigen Fälle des Fehlens einer nachhaltigen Gewinnaussicht sollte der Ausgleichsanspruch allerdings nicht einfach versagt, sondern wenigstens als marktadäquate Verzinsung des Anteils an einem fiktiven Liquidationserlös gewährt werden.

b) Einen Gewinnabführungsvertrag, der keinen oder nur einen unzureichenden Ausgleich vorsieht, kann man in Österreich nicht als nichtig behandeln, solange Entsprechendes nicht auch für den Verschmelzungsvertrag angenommen wird[41]. An die Stelle zivilrechtlicher Nichtigkeit tritt die Anfechtbarkeit des Zustimmungsbeschlusses. Für den Anfechtungsbeschluß sollte freilich eine Umkehr der Beweislast gelten. Der OGH hat das für die Zulässigkeit des

38 Mestmäcker, Verwaltung, Konzerngewalt und Rechte der Aktionäre, 1958, S. 352 ff.
39 OGH GesRZ 1981, 44, 48 f.
40 Dazu Doralt/Ruppe, Grundriß des österreichischen Steuerrechts I, 1978, S. 159.
41 Vgl. Reich-Rohrwig, aaO (Fn. 2), S. 740.

Bezugsrechtsausschlusses anerkannt, weil der Kläger in Ermangelung der erforderlichen Informationen und Unterlagen sonst in unzumutbare und nicht zu rechtfertigende Schwierigkeiten käme[42]. Genauso liegt es hier. Der anfechtende Minderheitsgesellschafter hat nach gegenwärtigem Stand des Informationsrechts keine Möglichkeiten, sich ein zuverlässiges Bild über den Wert des Unternehmens zu verschaffen. Hinzu kommen die bekannten Schwierigkeiten der Unternehmensbewertung. Beides zusammen würde – Geltung der allgemeinen Beweislastregeln unterstellt – dem Mehrheitsgesellschafter die Möglichkeit geben, den Ausgleich gerade so festzusetzen, daß das Prozeßrisiko für die Minderheit nicht mehr kalkulierbar ist. Wegen der zu erwartenden erheblichen Kosten von Anfechtungsprozessen der hier interessierenden Art müßte deshalb damit gerechnet werden, daß sich die Anfechtungsmöglichkeit als ganz stumpfe Waffe erweist. Die behauptete Umverteilung des Beweislast ist also letzten Endes nur die Folge des konsequent zu Ende gedachten Gleichbehandlungsgebotes. Sollte sie nicht akzeptiert werden, so müßte erneut an schon verworfene Möglichkeiten der Remedur, also entweder das Einstimmigkeitserfordernis bei der Beschlußfassung oder die Nichtigkeit des Vertrages, gedacht werden.

4. Materielle Beschlußrechtfertigung?

Ob sich der Zustimmungsbeschluß auch an den Kriterien von *Erforderlichkeit* und *Verhältnismäßigkeit* messen lassen muß, ist vorläufig ganz unsicher. Wie schon angedeutet, ist die Aufarbeitung dieses Komplexes in Österreich noch unterentwickelt. Nicht nur ist unklar, welche Beschlußsituationen im einzelnen hierher gehören. Auch der Rechtsgedanke, ohne den eine überzeugende Lösung von Einzelfällen gar nicht möglich ist, muß noch konkretisiert werden. Für das deutsche Aktienrecht ist aus den Regeln zum Schutz der Minderheit gefolgert worden, daß eine zusätzliche Überprüfung auf Notwendigkeit und Verhältnismäßigkeit hin bei Organschaftsverträgen nicht stattfindet[43]. Das halte ich für zutreffend. Auf die GmbH, erst recht die österreichische GmbH, läßt sich das aber nicht ohne weiteres übertragen. Denn hier ist die Position der Minderheit schon deshalb, weil es an einer Wahlmöglichkeit zwischen Abfindung und Ausgleich fehlt, und weil auch die Einzelheiten des Ausgleichs noch keineswegs als gesichert gelten können, doch noch erheblich prekärer als beim aktienrechtlichen Vertragskonzern.

42 OGH GesRZ 1981, 44, 48.

43 Lutter, ZGR 1981, 171, 180; Semler, BB 1983, 1566, 1569; dagegen etwa Wiedemann, Gesellschaftsrecht Bd. 1, 1980, S. 445 f.

5. *Gesellschafterzustimmung in der Obergesellschaft*

Bei der GmbH als *anderem Vertragsteil* eines Gewinnabführungsvertrags ist die Zustimmung der Gesellschafterversammlung jedenfalls unter dem Gesichtspunkt des außergewöhnlichen Geschäfts erforderlich. Die in der Bundesrepublik Deutschland im Hinblick auf § 293 II AktG teilweise vertretene Notwendigkeit einer satzungsändernden Mehrheit ist mit dieser Begründung in Österreich gegenstandslos. Auch eine Gegenstands- oder Zweckänderung liegt nicht vor, so daß das vorher angeführte Ausgliederungsurteil des OGH nicht einschlägig ist.

Bericht über die Diskussion

von

Universitätsdozent DR. CHRISTIAN NOWOTNY, Wien

I. Konzernspezifischer Einsatz hergebrachter Schutzinstrumente

In der Diskussion wurde auf weitere, im geltenden GmbH-Recht bereits auffindbare Schutztatbestände hingewiesen, die sowohl für den Minderheiten- als auch für den Gläubigerschutz bei konzernverbundenen Gesellschaften mbH an praktischer Bedeutung zunehmend Gewicht bekommen könnten:

1. Nach in Österreich herrschender Ansicht und Rechtsprechung haften die Geschäftsführer einer Kapitalgesellschaft, die fahrlässig deren Insolvenz herbeiführen (z. B. durch übermäßigen Aufwand, leichtsinnige Inanspruchnahme von Kredit, krasse Unterkapitalisierung) oder die Anmeldung des Insolvenzverfahrens verzögern, für den dadurch bewirkten Gläubigerschaden. Haftungsgrundlage ist § 159 StGB. Es besteht in diesen Fällen ein unmittelbarer Ersatzanspruch der Gläubiger gegenüber dem Geschäftsführer. Im Unterschied zur deutschen Rechtslage wird dabei überwiegend die Ansicht vertreten, daß Neugläubigern, das sind solche, die erst nach dem für einen sorgfältigen Geschäftsführer erkennbaren Eintritt der Insolvenz Gläubigerstellung erlangen, der gesamte Ausfall und nicht bloß die durch die Verzögerung bewirkte Quotenverschlechterung zu ersetzen ist. Gesellschafter, die die Willensbildung der Geschäftsführer maßgeblich beeinflussen, trifft als Mittäter diese Haftung ebenfalls. Gerade bei Konzernverhältnissen könnte dieser Haftungstatbestand auf herrschende Obergesellschaften zur Anwendung gelangen, deren Organe durch ihre Einflußnahme zur Insolvenz einer Tochtergesellschaft beigetragen haben.

2. Weiter wurde darauf hingewiesen, daß im Ergebnis teilweise ähnliche Folgen aus der neueren Rechtsprechung des BGH zur vorvertraglichen Aufklärungspflicht der Geschäftsführer abgeleitet werden könnten: Danach trifft den beherrschenden Gesellschafter – Geschäftsführer eine besondere vorvertragliche Aufklärungspflicht gegenüber seinen Geschäftspartnern, wenn die Vertragsabwicklung durch die schlechte wirtschaftliche Lage der Gesellschaft gefährdet ist. Ein erhebliches wirtschaftliches Eigeninteresse, das diese Aufklärungspflicht begründet, liege auch bei einer die Geschäftsführung faktisch wahrnehmenden Konzernobergesellschaft vor. Es könnte daher auch dieser Haftungstatbestand für den Gläubigerschutz im Konzern fruchtbar gemacht werden. Damit wäre

vor allem erreichbar, daß präventiv auf das Verhalten von Obergesellschaften eingewirkt wird.

3. Die dogmatische Grundlage eines Wettbwerbsverbotes für den herrschenden Gesellschafter als Ansatz für einen Minderheitenschutz blieb umstritten. Einerseits wurde die ergänzende Auslegung des Gesellschaftsvertrages als Begründung für ein derartiges Wettbewerbsverbot als unzureichend und gekünstelt angesehen. Eher sei an die gesellschaftsrechtliche Treuepflicht zu denken, um im Einzelfall die Minderheit davor zu schützen, daß sich ein beherrschender Gesellschafter Geschäftschancen der Gesellschaft zunutze mache. Demgegenüber wurde darauf hingewiesen, daß die ergänzende Vertragsauslegung eine objektive Grundlage für die Abgrenzung des Wettbewerbsverbotes schaffe; maßgeblich seien die Verhältnisse zum Zeitpunkt des Abschlusses des Gesellschaftsvertrages.

II. Zur Funktion des Schädigungsverbotes

Zur Diskussion gestellt wurde in der Folge auch die analoge Anwendung der §§ 100 f (entspricht etwa § 117 des deutschen Aktienrechts) öAktG im GmbH-Recht. Diese Vorschriften würden, so wurde ausgeführt, eine Haftungsgrundlage gegenüber dem außerhalb der Gesellschafterversammlung einflußnehmenden Gesellschafter bieten. Auf diesen, einen allgemeinen gesellschaftsrechtlichen Grundsatz verkörpernden Haftungstatbestand solle im GmbH-Recht nicht verzichtet werden, zumal er sich gut einpassen lasse: Die durch § 101 Abs. 3 öAktG ausgeschlossene Haftung bei der Verfolgung von Sondervorteilen durch Stimmrechtsausübung werde durch die ausdrücklich geregelte Klage auf Nichtigerklärung von Gesellschafterbeschlüssen (§ 41 öGmbHG) ersetzt. Es sei deshalb bei der Einflußnahme in der Gesellschafterversammlung jeder Gesellschafter durch die Möglichkeit der Beschlußanfechtung geschützt.

Andererseits wurde darauf hingewiesen, daß die andere Kompetenzlage bei der GmbH gegen eine Analogie spreche. Gemäß § 25 Abs. 5 öGmbHG werde auch die Haftung der Geschäftsführer für Nachteile, die sie in Befolgung eines Gesellschafterbeschlusses bewirkt hätten, nicht zur Gänze aufgehoben, sondern sie sei einforderbar, wenn der Ersatz zur Befriedigung der Gläubiger erforderlich ist. Es bleibe demnach auch das auf einer Weisung beruhende sorgfaltswidrige Verhalten des Geschäftsführers rechtswidrig; dies sei mit einer analogen Anwendung von § 101 Abs. 3 öAktG nicht zu vereinbaren. Eine Haftung des einflußnehmenden Gesellschafters sei aber über § 100 öAktG auch deshalb in praktisch befriedigender Weise nicht erreichbar, da diese Vorschrift Schädigungsvorsatz voraussetze. Unwidersprochen blieb, daß auch im Wege der Analogie der §§ 100 f öAktG eine spezifisch konzernrechtliche Regelung nicht ersetzt werden könnte.

III. Abstimmungserfordernisse

Uneinigkeit herrschte auch bezüglich der österreichischen Rechtssituation, ob für die Zustimmung zum Gewinnabführungsvertrag bei der abführenden GmbH eine qualifizierte Mehrheit genüge oder Einstimmigkeit erforderlich sei. Es wurde auf § 50 Abs. 4 öGmbHG verwiesen, wonach eine Verkürzung der einzelnen Gesellschaftern eingeräumten Rechte nur mit Zustimmung der betroffenen Gesellschafter beschlossen werden könne. § 50 Abs. 4 öGmbHG sei für den Fall einer Gewinnabführung unmittelbar anwendbar und führe demnach zur Einstimmigkeit. Dem wurde entgegengehalten, daß diese Bestimmung auf Sonderrechte einzelner Gesellschafter, nicht aber auf den Fall abstelle, daß alle Gesellschafter in gleicher Weise durch einen Beschluß in ihren Gesellschafterrechten betroffen würden. Auch habe der österreichische OGH Beschlüsse, die in die Gleichbehandlung der Gesellschafter eingriffen, nicht § 50 Abs. 4 öGmbHG unterworfen. Eine aus dem GmbH-Recht zwingend ableitbare Wertung für das Einstimmigkeitserfordernis sei nicht feststellbar. Auch § 96 öGmbHG, wonach ein Verschmelzungsbeschluß der übertragenden GmbH der Einstimmigkeit bedarf, sei keine Grundlage für eine Anwendung dieses Erfordernisses auf den Gewinnabführungsvertrag. Denn § 96 öGmbHG sei durch die spätere Regelung in § 238 öAktG in seinem Wertungsgehalt ausgehöhlt worden, es sei daher die für die Verschmelzung mit einer AG geforderte qualifizierte Mehrheit auf den Gewinnabführungsvertrag sinngemäß anzuwenden. Im übrigen löse auch die Einstimmigkeit nicht alle Probleme, da in diesem Fall Zustimmungspflichten eingreifen müßten, wenn ein Minderheitsgesellschafter den Beschluß querulatorisch und willkürlich hindere.

Der Analogie zu § 238 öAktG wurde entgegengehalten, daß zwischen einer Verschmelzung und einem Gewinnabführungsvertrag hinsichtlich der Auswirkungen auf die Stellung der Gesellschafter erhebliche Unterschiede bestünden. Bei der Fusion werde doch eine vollwertige Gesellschafterstellung als Abfindung geboten, während bei einem Gewinnabführungsvertrag ein wesentliches Element der Gesellschafterstellung verlorengehe.

Deshalb sei auch beim Gewinnabführungsvertrag eine Rentengarantie, auch in Form des von *Koppensteiner* vertretenen Ausgleichsanspruches, kein ausreichender Schutz für die Minderheit; durch die Gewährung einer „Rente" werde keine Gleichbehandlung mit dem herrschenden Gesellschafter hergestellt.

IV. Zum Bestandsschutz

In der Diskussion wurden nochmals die Fragen des Bestandsschutzes der Gesellschaft sowohl unter dem Aspekt des Minderheitenschutzes, als auch unter dem des Gläubigerschutzes aufgegriffen.

1. Klargestellt wurde, daß im österreichischen Recht keinerlei Grundlage für einen Anspruch der Minderheit auf „Wiederherstellung“ des Unternehmens bei Beendigung eines Unternehmensvertrages bestehe. De lege lata sei der Schutz der Minderheit im Verbot der Schädigung der Gesellschaft durch ein herrschendes Unternehmen und durch das gegenüber § 30 f dGmbHG im österreichischen GmbH-Recht weiterreichende Verbot verdeckter Ausschüttungen begründet.

2. Der Gläubigerschutz sei de lege lata auch in einem qualifiziert faktischen Konzern gleichfalls primär über diese Ansätze zu erreichen. De lege ferenda sei im qualifiziert faktischen Konzern eine Verlustübernahmepflicht zu erwägen. Dabei sei für die Abgrenzung des qualifizierten Konzerns von schlichten Abhängigkeitsverhältnissen nicht auf den Nachweis konkreter Nachteile abzustellen, sondern auf die Interessenverlagerung aus der Gesellschaft auf ein anderes Unternehmen. Damit werde auch die Problematik, ob sich der beherrschende Gesellschafter entlasten könne, sei es durch Ausgleich einzelner Nachteile, sei es durch den Nachweis, daß einzelne Maßnahmen noch mit der Sorgfalt eines ordentlichen Geschäftsführers vereinbar waren, obsolet.

V. Änderung des Unternehmensgegenstandes?

Ausführlich analysiert wurde auch die in den österreichischen Referaten zitierte Entscheidung des OGH, wonach die Ausgliederung des maßgeblichen Produktionszweiges in eine Tochtergesellschaft eine Änderung des Unternehmensgegenstandes darstelle und deshalb gemäß § 50 Abs. 3 öGmbHG eines einstimmigen Gesellschafterbeschlusses bedürfe. Es wurde darauf hingewiesen, daß die Qualifikation der Ausgliederung eines Betriebes als Änderung des Unternehmensgegenstandes der vom Bundesgerichtshof im Holzmüller-Urteil vertretenen Ansicht entspreche. Problematisch sei vor allem die in der österreichischen Entscheidung unterdrückte Frage, ob bei Leitungsmaßnahmen der Untergesellschaft, die auch in der Gesellschafterversammlung der Obergesellschaft zu genehmigen sind, die für die Untergesellschaft geltenden Mehrheitserfordernisse auf die Beschlußfassung in der Obergesellschaft zu übertragen seien. Diese Problematik konnte auch in der Diskussion nicht geklärt werden.

Letztlich könne aber auch über eine ausweitende Interpretation der „Gegenstandsänderung“ die Minderheit nicht vor einer schleichenden Aushöhlung des Unternehmens im Wege der sukzessiven Ausgliederung kleiner Einheiten geschützt werden.

*

Die Regelungsbedürftigkeit des GmbH-Konzernrechts wurde von den österreichischen Teilnehmern nicht in Zweifel gezogen, zumal eine Anknüpfung an das Aktienrecht wegen der auch dort fehlenden Konzernregelungen nicht in Betracht komme.

Referat

Die Gründung von faktischen GmbH-Konzernen – Zuständigkeiten und Finanzierung –

von

Professor Dr. Uwe H. Schneider, Darmstadt/Mainz

Inhaltsübersicht

I. Einführung

1. Die §§ 311 ff AktG handeln nur von der Verantwortlichkeit des herrschenden Unternehmens gegenüber einer beherrschten Aktiengesellschaft bei Fehlen eines Beherrschungsvertrags. Hinter der damit eingeführten *„Konzernleitungskontrolle"* stehen zwei Gedanken: *Erstens* wird als zentrale Aufgabe des Konzernrechts der Schutz der Minderheitsgesellschafter und der Gläubiger der abhängigen Gesellschaft gesehen. *Zweitens* wird im faktischen Konzern mit einer abhängigen Aktiengesellschaft auf eine *„Konzernbildungskontrolle"* verzichtet. Nach herrschender Ansicht verlangt weder die Entstehung einer Abhängigkeitslage, noch die Einbeziehung einer Aktiengesellschaft als beherrschtes Unternehmen in einen Konzern die Zustimmung der Hauptversammlung[1]. Der Mehrheitsaktionär unterliegt keinem Wettbewerbsverbot. Auch der Unternehmer-Aktionär hat nur die in §§ 20 f AktG bestimmten, freilich überaus kraftlosen Mitteilungspflichten beim Anteilserwerb[2]. Geht man hiervon aus, so könnten sich die Überlegungen zur Konzernbildung im Konzernrecht der GmbH auf die Frage beschränken, ob es bei der GmbH im Konzern neben der „Konzernleitungskontrolle" noch einer besonderen „Konzernbildungskontrolle", also eines weitergehenden „Präventivschutzes" bedarf.

2. Der Blick allein auf die gefährdeten Interessen und deren Schutz verkürzt aber die Sicht. Es geht im Konzernrecht nicht nur um den Schutz der Gesellschafter und der Gläubiger, sondern es geht *um die rechtliche Ordnung einer besonderen Organisationsform für Unternehmen*. Die Probleme, die aus dem Gesellschaftsrecht bei der einzelnen Gesellschaft bekannt sind, wiederholen sich im Konzern. Das gilt für die „Leitung" und für die „Finanzierung", für die „Verhaltenspflichten für die Organmitglieder" ebenso, wie für die „Konzerngründung" und für die „Konzernauflösung". Der Gesellschaftsgründung entspricht die Konzerngründung.

Zu unterscheiden sind dabei drei Regelungsbereiche:

- Zu klären ist *erstens* die Zuständigkeit zur Konzerngründung und deren Finanzierung und zwar aus der Sicht der einzelnen Konzernunternehmen. Es geht also um Probleme des *Sonderrechts der konzernierten GmbH*[3]. Nur davon handeln die folgenden Überlegungen.

1 Die Aktiengesellschaft läßt sich daher auch insoweit als „konzernoffene Gesellschaftsform" bezeichnen. Siehe Martens, GmbH-Rdsch. 1984, 265, 268; Hommelhoff, Die Konzernleitungspflicht, 1982, S. 141 ff.

2 Siehe dazu Gessler, in: Geßler/Hefermehl/Eckardt/Kropff, Komm. z. AktG, 1973, § 20 Rdn. 20 f einerseits und Heinsius, FS Fischer, 1979, S. 215, andererseits.

3 Zu den Grundlagen eines Konzernverfassungsrechts: U. H. Schneider, BB 1981, 249; Hommelhoff, aaO (Fn. 1), S. 265 ff.

- Zu klären wären *zweitens* die Rechte und Pflichten der Konzernunternehmen im Verhältnis zu Dritten, die mit der Konzerngründung entstehen.
- Zu klären wäre *drittens* das Verhältnis der Konzernunternehmen zueinander, das durch die Konzernierung entsteht.

3. Das Konzernrecht der GmbH und das Konzernrecht der Personengesellschaften weisen im Vergleich zum Konzernrecht der Aktiengesellschaft eine Besonderheit auf. Die Gesellschafter einer GmbH können nicht nur durch *Stimmbindungsverträge* und *sonstige schuldrechtliche Absprachen* ihre Interessen koordinieren. Sie können auch durch Bestimmungen im *Gesellschaftsvertrag* Abhängigkeits- und Konzernlagen verhindern[4]. Und sie können durch entsprechende Bestimmungen die GmbH für die Konzernbildung öffnen. Vor allem aber können sie *den Gesellschaftsvertrag an die Konzernlage anpassen.* Bei der Aktiengesellschaft ist hierfür wenig Spielraum. Nach § 23 Abs. 5 AktG gilt für die Satzung der Grundsatz der Satzungsstrenge. Bei der GmbH aber besteht Gestaltungsfreiheit. Das gibt den Gesellschaftern Spielraum, um die Besonderheiten der Konzernierung einzufangen.

II. Die Zuständigkeit zur Konzerngründung

1. Die Ausgangslage

Die Zuständigkeit zur Konzerngründung ist für die GmbH gesetzlich nicht geregelt. Sie ist auch durch die höchstrichterliche Rechtsprechung nicht geklärt. Die *Holzmüller-Entscheidung* des II. Senats des Bundesgerichtshofs vom 25. Februar 1982[5] handelt nur von einem Sonderfall der Konzernbildung bei einer herrschenden Aktiengesellschaft. In der Lehre standen bisher die Überlegungen zum Abschluß von Unternehmensverträgen und zur Bildung eines faktischen Konzerns durch eine herrschende Aktiengesellschaft im Vordergrund[6]. Die gesetzlichen Regelungen und die für den faktischen AG-Konzern gefundenen Ergebnisse lassen sich auf die Gründung eines faktischen GmbH-Konzerns aber nicht übertragen[7]. Vielmehr ist

4 VERHOEVEN, GmbH-Konzern-Innenrecht, 1978, S. 33 ff; LUTTER/TIMM, NJW 1982, 409 ff; ROWEDDER/KOPPENSTEINER, Komm. z: GmbHG, 1985, Anh. § 52 Rdn. 25; ZÖLLNER, in: Baumbach/Hueck, Komm. z. GmbHG, 14. Aufl., 1985, Schlußanh. I Rdn. 19 ff.

5 BGHZ 83, 122.

6 Siehe zuletzt HEINSIUS, ZGR 1984, 383 ff; BEUSCH, FS Werner, 1985, S. 1 ff und LUTTER, FS Stimpel, 1985, S. 825, 846 ff jeweils m. w. N.

7 ZÖLLNER, aaO (Fn. 4), Schlußanh. I Rdn. 10; FISCHER/LUTTER, Komm. z. GmbHG, 11. Aufl., 1985, Anh. § 13 Rdn. 12; HOMMELHOFF, aaO (Fn. 1) S. 252; LUTTER, ZGR 1982, 260; ULMER, ZHR 148 (1984), 412; MARTENS, GmbH-Rdsch. 1984, 268.

- selbständig für jede Rechtsform und
- getrennt danach, ob es sich um das herrschende Unternehmen oder das beherrschte Unternehmen handelt,

die Zuständigkeit zur Konzerngründung zu untersuchen. Dabei sind die einzelnen Schritte auf dem Weg zur Konzernierung, nämlich der Beteiligungserwerb, die Abhängigkeitsbildung, die Gründung des faktischen Konzerns, die Gründung des qualifizierten faktischen Konzerns und die Gründung eines Vertragskonzerns zu unterscheiden[8]. Die Lösung ist im Blick auf die Strukturelemente der GmbH und die allgemeine Entwicklung des Organisationsrechts zu erarbeiten.

2. *Die Zuständigkeit zur Konzerngründung bei der herrschenden GmbH*

a) *Die Mehrheitsbeteiligung als Grundlage zur Konzerngründung*

Die Grundlage der Konzerngründung durch das herrschende Unternehmen ist in aller Regel die unmittelbare oder mittelbare Beteiligung. Daher ist zu erwägen, ob schon für den Beteiligungserwerb die Mitwirkung der Gesellschafter erforderlich ist. Das gilt zwar gewißlich nicht, wenn es sich nur um eine der Höhe nach unbedeutende Beteiligung handelt. Der Erwerb von einigen Aktien, zumal als kurzfristige Vermögensanlage, ist Teil der allgemeinen Vermögensverwaltung. Er gehört zur Geschäftsführung. Eine Mehrheitsbeteiligung, die typischerweise als Grundlage der Konzernleitung dient, ist aber in der Regel langfristig angelegt. Sie bindet langfristig Kapital. Damit werden aber Mittel der Gesellschaft nicht mehr für den Gesellschaftszweck eingesetzt, es sei denn, daß auch die einheitliche Leitung aufgenommen und die betreffende Gesellschaft in den Konzern einbezogen wird. Der in der Folge noch näher darzustellende qualitative Umschlag erfolgt aber nicht bereits durch den Beteiligungserwerb, sondern erst mit der Aufnahme der einheitlichen Leitung[9]. Erst hierdurch entsteht der Konzern. Der Erwerb der Mehrheitsbeteiligung aber ist grundsätzlich nicht anders zu sehen als jede andere langfristige Vermögensanlage, ebenso wie der Erwerb von Grundstücken oder wie der Erwerb von Bundesanleihen. Der Erwerb einer Mehrheitsbeteiligung ist erst dann mit dem Gesellschaftszweck nicht mehr vereinbar, wenn es sich um wesentliche Mittel der Gesellschaft

8 Zu weiteren Differenzierungen: TIMM, Die Aktiengesellschaft als Konzernspitze, 1980, S. 71 ff.

9 A. A. ROWEDDER/KOPPENSTEINER, aaO (Fn. 4), Anh. § 52 GmbHG Rdn. 34; FLUME, Allgemeiner Teil des Bürgerlichen Rechts, Bd. I/2, Die Juristische Person, 1983, S. 129; KROPFF, ZGR 1984, 110, 129 ff; wie hier: HOMMELHOFF, aaO (Fn. 1), S. 378 ff; wohl auch RITTNER, AcP 183 (1983), 295, 301.

handelt. Durch eine solche Anlage wird die Gesellschaft zur Vermögensverwaltungsgesellschaft.

Wenn gleichwohl einzelne ausländische Rechtsordnungen den Beteiligungserwerb an die Mitwirkung der Gesellschafter binden, so hat dies seinen Grund darin, daß nicht deutlich zwischen dem Beteiligungserwerb und der Konzernierung unterschieden wird. Bei einer Mehrheitsbeteiligung wird vielmehr undifferenziert die einheitliche Leitung unterstellt. Für eine Anknüpfung entsprechender Mitwirkungsbefugnisse der Gesellschafter an einen Beteiligungserwerb, ließe sich auch vortragen, daß die Aufnahme der einheitlichen Leitung vielfach nicht zeitlich exakt feststellbar, sondern daß der Übergang zum Konzern fließend sein kann. Auch fallen der Erwerb der Mehrheitsbeteiligung und die Aufnahme der einheitlichen Leitung häufig zusammen.

Das deutsche Konzernrecht unterscheidet jedoch sorgfältig zwischen der Mehrheitsbeteiligung, der Abhängigkeits- und der Konzernlage. Seinen deutlichsten Niederschlag hat dies in den §§ 15 ff und 291 ff AktG gefunden. Zwar knüpft das Aktiengesetz sowohl an die Mehrheitsbeteiligung als auch an die Abhängigkeit jeweils widerlegliche Vermutungen. *Das Gesetz erkennt jedoch sehr genau den jeweiligen qualitativen Unterschied.* Die besondere Mitbestimmung im Konzern, § 5 MitbestG, die Pflicht zur Aufstellung einer Konzernbilanz[10], die Einrichtung eines Konzernbetriebsrats usw., knüpfen an die Konzernlage und nicht schon an die Mehrheitsbeteiligung an. Hieran sollte man auch im GmbH-Konzernrecht festhalten, wenn es um die Befugnisse der Gesellschafter geht.

Als *Zwischenergebnis* ist damit festzuhalten:

(1) Der Erwerb einer Mehrheitsbeteiligung mag zwar problematisch sein, weil damit langfristig finanzielle Mittel der beteiligten Gesellschaft gebunden werden. Wenn aber keine größeren Beträge investiert werden, ist der Erwerb nur eine Maßnahme der Geschäftsführung.

(2) Werden durch den Erwerb der Mehrheitsbeteiligung oder die Gründung einer Gesellschaft wesentliche Teile der finanziellen Mittel der Gesellschaft gebunden, werden wesentliche Teile des Unternehmens in die Beteiligungsgesellschaft eingebracht, so ist der Erwerb oder die Gründung keine Maßnahme der Geschäftsführung, es sei denn, die Satzung sieht auch die Vermögensverwaltung als Gesellschaftszweck vor. Es bedarf vielmehr einer Satzungsänderung.

(3) Die Gründung einer Gesellschaft und der Erwerb einer Mehrheitsbeteiligung mag zwar die Zustimmung der Gesellschafter verlangen. Fehlt es an einem Gesellschafterbeschluß, so sind solche Rechtsgeschäfte aber gleichwohl von der organschaftlichen Vertretungsmacht des Geschäftsführers gedeckt.

10 Zu weiteren Aufgreifmerkmalen § 290 II–IV HGB.

b) Die herrschende Konzern-GmbH als Sonderform der GmbH

aa) Die Konzerngründung unterscheidet sich jedoch qualitativ von dem Erwerb der Mehrheitsbeteiligung. Mit der Konzerngründung wird das Unternehmen in der Folgezeit über mindestens zwei Gesellschaften betrieben. Gleichwohl wird auch die Konzerngründung teilweise nur als eine gewöhnliche Maßnahme der Geschäftsführung gesehen, soweit der Tochtergesellschaft nicht wesentliche Teile des Unternehmens übertragen werden. So könnte man auch ein obiter dictum zur Aktiengesellschaft in der *Holzmüller-Entscheidung*[11] verstehen. Die tragenden Gründe der *Holzmüller-Entscheidung* betrafen freilich einen Sonderfall.

Nun ist zunächst daran zu denken, daß durch die Tochtergesellschaft ein anderer Gesellschaftszweck und ein anderer Unternehmensgegenstand verfolgt werden, als sie bei der Muttergesellschaft vorgesehen sind.

Verfolgt die ausgründende Gesellschaft nur ideelle Zwecke, so widerspricht dem eine unternehmerische Tätigkeit über eine Tochtergesellschaft[12]. Die Zweckänderung aber verlangt nach herrschender Meinung[13] die Zustimmung aller Gesellschafter. Das muß auch dann gelten, wenn die Zweckänderung durch Konzernbildung erfolgt[14]. Entsprechendes gilt für die Änderung des Unternehmensgegenstandes. Nur genügt hierfür die satzungsändernde Mehrheit[15].

bb) Das Problem „Konzerngründung" läßt sich jedoch nicht von der Zweckänderung und von der Gegenstandsänderung her entwickeln[16]. Die „Konzernleitung" ist bei der GmbH auch nicht nur die Wahrnehmung der Möglichkeiten, über die Gesellschafterversammlung durch Weisungen an den Geschäftsführer die Geschäftsführung zu bestimmen. Zu erkennen gilt es vielmehr die durch die Konzerngründung bedingte umfassende Neuordnung der Zuständigkeits- und der Vermögensordnung sowie der Stellung der Gesellschafter des herrschenden und des beherrschten Unternehmens.

aaa) An die Stelle der eindimensionalen Zuständigkeits- und Vermögensordnung der konzernfreien Gesellschaft mit der Bindung der Organmitglieder an das Interesse dieser Gesellschaft tritt die mehrdimensionale Zuständigkeits- und

11 BGHZ 83, 122ff.

12 A. A. wohl BGHZ 85, 84 mit Anm. K. SCHMIDT, NJW 1983, 543.

13 ZÖLLNER, aaO (Fn. 4), § 53 GmbHG Rdn. 14; SCHOLZ/PRIESTER, Komm. z. GmbHG. 6. Aufl., 1978/1983, § 53 Rdn. 140; HACHENBURG/ULMER, Komm. z. GmbHG, 7. Aufl., 1979, § 53 Rdn. 95; siehe auch BGH WM 1986, 289 (Verein).

14 ROWEDDER/KOPPENSTEINER, aaO (Fn. 4), Anh. § 52 GmbHG Rdn. 32; TIMM, aaO (Fn. 8), S. 100; REHBINDER, FS Coing, 1982, S. 430.

15 HOMMELHOFF, aaO (Fn. 1), S. 267ff; ZÖLLNER, aaO (Fn. 4), § 53 GmbHG Rdn. 103; LUTTER, FS Stimpel, 1985, S. 825, 846f.

16 So aber ROWEDDER/KOPPENSTEINER, aaO (Fn. 4), Anh. § 52 GmbHG Rdn. 33 und REHBINDER, FS Coing, 1982, S. 423: „Gegenstandsänderung per se"; beide jeweils m. w. N. in Ausgliederungsfällen.

Vermögensordnung im Konzern[17]. Die Organmitglieder der einzelnen Konzernunternehmen bleiben zwar auch im faktischen Konzern auf das jeweilige Gesellschaftsinteresse festgelegt. Aber: Die Zuständigkeiten des geschäftsführenden Organs des herrschenden Unternehmens erweitern sich um die Konzernleitung. So ist etwa der Arbeitsdirektor des herrschenden Unternehmens für das Personal- und Sozialwesen im Konzern verantwortlich. Er wird zum Konzernarbeitsdirektor[18]. Das geschäftsführende Organ des beherrschten Konzernunternehmens wird faktisch zum Kontrollorgan, soweit die einheitliche Leitung ausgeübt wird. Es kontrolliert nur noch die Rechtmäßigkeit der unternehmerischen Entscheidungen, aber entscheidet nicht mehr über ihre Zweckmäßigkeit. Und konzernintern, also im Verhältnis der Konzernunternehmen zueinander, begründet die faktische Konzernlage sowohl für das herrschende Unternehmen wie auch für das beherrschte Konzernunternehmen konzernweite Rechte und Pflichten. So erhält etwa das herrschende Unternehmen konzernweite Auskunftsrechte, um seiner Pflicht zur Aufstellung des Konzernabschlusses und des Konzernlageberichts nachkommen zu können, § 294 Abs. 3 Satz 2 HGB.

bbb) Und weiter: Die Rechte der Gesellschafter des herrschenden Unternehmens werden durch die Konzerngründung mediatisiert. Ihre Mitentscheidungsrechte erstrecken sich zwar auch auf gleichwertige Entscheidungen im Konzern.

Der Geschäftsführer hat Maßnahmen, die bei Tochtergesellschaften verwirklicht werden, aus der Sicht der Obergesellschaft neu zu qualifizieren und sie gegebenenfalls der Gesellschafterversammlung vorzulegen. Hält sich aber der Geschäftsführer nicht hieran, so mag er zwar seine Pflichten verletzen. Die Gesellschafter können aber an dem Ergebnis u. U. nichts ändern.

Wird etwa bei einer wesentlichen 100 %igen Tochtergesellschaft ein Gesellschafter aufgenommen, so verlangt dies zwar auch die Zustimmung der Gesellschafterversammlung des herrschenden Unternehmens. An dieses Votum ist der Geschäftsführer bei der Ausübung seines Stimmrechts gebunden. Fehlt die Zustimmung der Gesellschafter der Obergesellschaft, so ist die Aufnahme bei der beherrschten Gesellschaft aber gleichwohl wirksam.

Mediatisiert werden auch die Gewinnbeteiligungsrechte der Gesellschafter, und zwar, um nur die wichtigsten Gründe zu nennen, durch die Möglichkeit unterschiedlicher Bilanzstichtage bei den einzelnen Konzernunternehmen und durch die Veränderung der Zuständigkeit und der Anforderungen an die konzerninterne Ausschüttung und Rücklagenbildung. Unabhängig davon, wie man im Einzelfall das Problem der Rücklagenbildung im Konzern löst, wird man jedenfalls anerkennen müssen, daß eine Ausschüttung an die Obergesellschaft nur insoweit in Betracht kommt, wie dem nicht die Erfordernisse der Tochtergesellschaft entgegenstehen. Das aber bedeutet, daß die Gewinnverwendung durch

17 Wie hier auch HOMMELHOFF, aaO (Fn. 1), S. 214 ff, 267 ff.
18 Siehe dazu HOFFMANN-BECKING, FS Werner, 1985, S. 301 ff.

die Konzerngründung zusätzlichen Beschränkungen unterworfen ist. Das gilt erst recht dann, wenn zum Schutz des einzelnen Gesellschafters eine Mindestausschüttung bei der Obergesellschaft in der Satzung vorgesehen ist, man aber zugleich die Ansicht vertritt, die Entscheidung über die Gewinnverwendung bei Tochtergesellschaften stehe allein im pflichtgemäßen Ermessen des Geschäftsführers. Die Neuordnung der Zuständigkeits- und der Vermögensordnung und die Mediatisierung der Gesellschafterrechte durch die Konzerngründung verändert damit die Verfassung der herrschenden GmbH.

Daraus folgt:

(1) Abzulehnen sind Überlegungen, die Konzerngründung sei eine Maßnahme der Geschäftsführung, die Gesellschafter der herrschenden GmbH seien über die Konzernierung nur zu informieren.

(2) Die Konzernleitung gehört zwar zur Geschäftsführung. Zur Aufnahme der einheitlichen Leitung sind die Geschäftsführer aber erst nach der Anpassung der Satzung berechtigt. Durch die Satzungsänderung wird die Normal-GmbH zu einer Sonderform, nämlich der „herrschenden Konzern-GmbH".

(3) Fehlt eine Satzungsänderung, so verletzt der Mehrheitsgesellschafter durch die Aufnahme der einheitlichen Leitung seine Pflichten, die ihm aufgrund des Gesellschaftsvertrags gegenüber der Gesellschaft und den Mitgesellschaftern obliegen. Jeder Mitgesellschafter kann die Unterlassung und gegebenenfalls die Rückgängigmachung entsprechender Vorgänge verlangen.

(4) Im „Konzernierungsbeschluß" können die Gesellschafter die Konzernierung auf die Bildung eines einfachen faktischen Konzerns beschränken, aber auch die Bildung eines qualifizierten faktischen Konzerns legitimieren.

c) Das Mehrheitserfordernis

aa) Damit ist jedoch noch nicht entschieden, welcher Mehrheit eine entsprechende Strukturveränderung bedarf. Bedenkt man die tiefgreifenden Veränderungen in der Verfassung der GmbH und zumal die Eingriffe in die Rechte der Gesellschafter, so könnte man geneigt sein, einen einstimmigen Beschluß aller Gesellschafter zu verlangen. Zu denken wäre auch daran, zwischen der personalistischen und der kapitalistischen GmbH zu unterscheiden, und nur im zuerst genannten Fall einen einstimmigen Beschluß zu verlangen[19]. Dann gäbe es freilich erhebliche Abgrenzungsprobleme. Vor allem aber würde man der GmbH als einer auf Dauer angelegten Kapitalgesellschaft nicht gerecht. Das Normalstatut der GmbH ermöglicht den Wechsel der Gesellschafter und den Fortbestand über die Generationen hinweg. Das verlangt die flexible Entscheidungsfindung, um die Anpassung an neue Entwicklungen zu ermöglichen. Die

19 Für diese Differenzierung: Lutter/Timm, NJW 1982, 418 für die herrschende GmbH.

Regel heißt daher auch, daß über Veränderungen der Satzung die qualifizierte Mehrheit entscheidet. Durch diese Mehrheit kann das Kapital erhöht und es können neue Gesellschafter aufgenommen werden. Das muß auch für den Konzernierungsbeschluß gelten[20].

bb) Bei solchen Strukturentscheidungen bedarf es auch keiner „sachlichen Gründe", die die Mehrheit zusätzlich vorzutragen hätte[21]. Bei allen unternehmerischen Entscheidungen im Rahmen der Geschäftsführung, vor allem aber bei Strukturveränderungen haben die Gesellschafter einen weiten Ermessensspielraum. Gegen eine gerichtliche Inhaltskontrolle dieser Entscheidungen, etwa ob „sachliche Gründe" vorliegen, bestehen grundsätzliche Bedenken. Die Gesellschafter haben nur bestimmte, durch die Treuepflicht gezogene Grenzen bei der Abstimmung einzuhalten, aber nicht „sachliche Gründe" selbst vorzutragen. Der „Mißbrauch" der Mehrheitsmacht ist der Maßstab, wobei aber der *überstimmte Gesellschafter* und nicht der Mehrheitsgesellschafter die Gründe für ein mißbräuchliches Verhalten vorzutragen hat, wie etwa die Mehrheit verschaffe sich in unzulässiger Weise Sondervorteile oder er sei von der Konzerngliederung „existenziell betroffen", weil er sein Arbeitsfeld im Unternehmen verliere.

Fehlt es an diesen Voraussetzungen, so kann der überstimmte Gesellschafter nur mit entsprechender Abfindung ausscheiden; denn für ihn sind die Grundlagen der Gesellschaft entfallen.

cc) Zweifeln könnte man aber, ob die Zustimmung auch erforderlich ist, wenn die Tochtergesellschaft im Verhältnis zur Muttergesellschaft nur einen unbedeutenden Umfang hat. Die Gesellschaft kann sich jedoch verändern, sie kann wachsen und an Bedeutung gewinnen. Erst anzusetzen, wenn eine bestimmte Größenordnung überschritten wird, wäre wenig überzeugend. Auch die Aufnahme eines Gesellschafters mit einer geringfügigen Beteiligung ist eine Satzungsänderung. Auch die Verlegung des Geschäftsjahres um einen Tag ist eine Satzungsänderung, mögen auch die Auswirkungen beschränkt sein. Wenn freilich erst einmal der Schritt zur Konzern-GmbH getan ist, so sind weitere Ausgründungen in der Regel nur noch Maßnahmen der Geschäftsführung.

3. Die Zuständigkeit bei der beherrschten GmbH
a) Die Entstehung der Abhängigkeitslage

Bei der beherrschten GmbH wird man zunächst zu klären haben, ob die Konzerngründung nicht schon im Vorfeld an Grenzen stößt, die nur durch einen Beschluß der Gesellschafter überwunden werden können. Zwar sind die

20 Streitig; wie hier etwa: ROWEDDER/KOPPENSTEINER, aaO (Fn. 4), Anh. § 52 GmbHG Rdn. 35.

21 Siehe aber auch ROWEDDER/KOPPENSTEINER, aaO (Fn. 4), Anh. § 52 GmbHG Rdn. 35.

Geschäftsanteile einer GmbH grundsätzlich frei veräußerlich, so daß ein Gesellschafter auch gegen den Willen der Mitgesellschafter zum Mehrheitsgesellschafter werden kann. Der Mehrheitsgesellschafter unterliegt aber gerade wegen seines dauerhaften Einflusses besonderen Bindungen. Die höchstrichterliche Rechtsprechung hat in der *Heumann-Ogilvy-Entscheidung*[22] bei den Personengesellschaften das gesetzliche Wettbewerbsverbot für den persönlich haftenden Gesellschafter auch auf den beherrschenden Kommanditisten und den atypischen stillen Gesellschafter ausgedehnt, wenn dieser die Geschäftsführung des „Inhabers des Handelsgeschäfts" bestimmt[23].

Bei der GmbH kann dies nicht anders sein. Ob jeder Gesellschafter einer GmbH einem Wettbewerbsverbot unterliegt, mag hier dahinstehen[24]. Jedenfalls folgt aus den gesellschafterlichen Treuepflichten ein Wettbewerbsverbot für den beherrschenden Gesellschafter[25]. Der beherrschende Gesellschafter ist über die Vorgänge bei seiner Gesellschaft vollständig informiert. Die originäre Zuständigkeit der Gesellschafterversammlung, auch für Maßnahmen der Geschäftsführung, stürzt ihn in fortdauernde Loyalitätskonflikte, wenn es gilt, im Interesse der Gesellschaft zu handeln, und Geschäftschancen der GmbH im Interesse der Gesellschaft wahrzunehmen und nicht an sich zu ziehen. Solche Dauerkonflikte löst die Rechtsordnung typischerweise abstrakt und nicht im Einzelfall.

Soll das ungeschriebene gesellschaftliche Wettbewerbsverbot aufgehoben werden, bedarf es einer besonderen Bestimmung in der Satzung[26]. Fehlt es hieran, so kann die Befreiung nachträglich nur durch Satzungsänderung erteilt werden.

Damit ist jedoch nicht verhindert, daß der Gesellschafter in anderen Bereichen unternehmerisch tätig wird. Das Normalstatut der GmbH hindert nicht, daß die GmbH zur abhängigen Gesellschaft wird. Es gibt kein allgemeines Verbot für den beherrschenden Gesellschafter, unternehmerisch tätig zu sein. Wer mehrheitlich an der Weinhandels-GmbH beteiligt ist, ist nicht gehindert, zugleich den Zuckerhandel zu betreiben. Für diesen Fall der zwar erhöhten aber nur punktu-

22 Differenzierend: ZÖLLNER, aaO (Fn. 4), Schlußanh. I Rdn. 21.

23 BGH WM 1984, 227 = WuB II G, Gesellschaftsrecht 1.84 mit Anm. U. H. SCHNEIDER; RAISER, FS Stimpel, 1985, S. 855 ff; WIEDEMANN/HIRTE, ZGR 1986, 163 ff; LÖFFLER, WSW 1986, 223; LUTTER/HOMMELHOFF, de naamlooze vennotschap 1985, 129 f.

24 TIMM, GmbH-Rdsch. 1981, 177 ff, meint, es bestehe ein Wettbewerbsverbot für jeden Gesellschafter.

25 LUTTER/TIMM, NJW 1982, 415; RAISER, FS Stimpel, 1985, S. 855, 860 ff; dagegen aber: K. SCHMIDT, GmbH-Rdsch. 1979, 121, 133.

26 Wie hier: ROWEDDER/KOPPENSTEINER, aaO (Fn. 4), Anh. § 52 GmbHG Rdn. 26 und FISCHER/LUTTER, aaO (Fn. 7), Anh. § 13 GmbHG Rdn. 11: Beschluß muß aber im Interesse der Gesellschaft sein; BGHZ 80, 60 ff: Einfache Mehrheit soll genügen, wenn Befreiung durch Gesellschafterbeschluß in der Satzung vorgesehen. Voraussetzung seien aber „sachliche Gründe"; a. A. ZÖLLNER, aaO (Fn. 4), Schlußanh. I Rdn. 23: nur Informationen der Mitgesellschafter.

ellen Gefährdung der Minderheitsgesellschafter greifen nur die allgemeinen Schranken, die für die Ausübung des Stimmrechts und die tatsächliche Einflußnahme im Einzelfall errichtet sind. Daraus erhellt zugleich, daß die Abhängigkeitslage allein noch kein *Austrittsrecht* für den Minderheitsgesellschafter begründet.

b) Die Zuständigkeit zur Konzerngründung

Der beschriebene Dauerkonflikt, der das Wettbewerbsverbot für den beherrschenden Gesellschafter begründet, entsteht freilich auch, wenn ein beherrschender Unternehmergesellschafter die einheitliche Leitung übernimmt, er aber nicht in derselben Branche tätig ist. Der Dauerkonflikt verstärkt sich, wenn der beherrschende Gesellschafter vom Wettbewerbsverbot befreit war. Daher ist schon aus diesem Grund daran zu denken, aus der Treuepflicht des Gesellschafters ein allgemeines Verbot der faktischen Konzernierung abzuleiten[27]. Bei der Betrachtung der Konzerngründung aus der Sicht der beherrschten GmbH darf man aber nicht nur die mit der faktischen Konzernierung verbundenen Gefahren für die Minderheitsgesellschafter und die Gläubiger in den Blick nehmen. Man sollte zugleich erkennen, daß die faktische Konzernierung auch für die beherrschte GmbH tatsächlich zu einer umfassenden Änderung der Zuständigkeits- und der Vermögensordnung führt. Ist die GmbH in einen Konzern eingegliedert, so werden nicht nur punktuell in Einzelfragen durch die Gesellschafterversammlung unternehmensleitende Weisungen an die Geschäftsführer erteilt. Soweit die einheitliche Leitung ausgeübt wird, entscheidet vielmehr nicht mehr das zuständige Organ der GmbH, sondern dauerhaft und breitflächig das Leitungsorgan des herrschenden Unternehmens. Gerade das ist das konstitutive Merkmal des Unterordnungskonzerns. Daher haften zwar Gesellschafter, die über Maßnahmen der Geschäftsführung abstimmen, auch dann nicht nach § 43 GmbHG, wenn die Maßnahme fehlerhaft ist[28]. Leitet aber ein Gesellschafter breitflächig und dauerhaft die Geschäftsführung, ist er herrschendes Unternehmen im Konzern, so muß er sich wie ein Geschäftsführer behandeln lassen, und zwar ohne Unterschied danach, ob er nur faktisch Einfluß nimmt oder ob er

27 Wie hier: FISCHER/LUTTER, aaO (Fn. 7), Anh. § 13 GmbHG Rdn. 11.

28 Streitig; wie hier: BGHZ 31, 258, 278 (nur Haftung aus § 826 BGB); FISCHER/LUTTER, aaO (Fn. 7), § 43 GmbHG Rdn. 14; MERTENS, FS Fischer, 1979, S. 461; FLUME, ZHR 144 (1980), 18, 31; a. A. ZÖLLNER, Die Schranken mitgliedschaftlicher Stimmrechtsmacht bei den privatrechtlichen Personenverbänden, 1963, S. 322 ff; IMMENGA, GmbH-Rdsch. 1973, 8 f; SCHOLZ/K. SCHMIDT, Komm. z. GmbHG, 6. Aufl., 1978/1983, § 45 Rdn. 75.

ständig entsprechende Gesellschafterbeschlüsse mit seiner Stimmrechtsmacht herbeiführt[29].

Zwar dürfen im faktischen Konzern die Leitungsmaßnahmen des herrschenden Unternehmens nicht gegen die Interessen des beherrschten Unternehmens verstoßen. Das Unternehmensinteresse ist aber ohnehin nur ein begrenzender unbestimmter Verhaltensmaßstab. Im übrigen besteht ein weiter, unternehmerischer Ermessensspielraum. Die Möglichkeit, diesen unternehmerischen Ermessensspielraum, der den Organen der beherrschten GmbH zusteht, auszufüllen, wird im Konzern, soweit sich die einheitliche Leitung verwirklicht, dauerhaft von den Organen des herrschenden Unternehmens wahrgenommen. Die Organe der beherrschten GmbH verlieren insoweit ihre Zuständigkeit. *Die Normal-GmbH wird zu einer Sonderform, nämlich der „beherrschten Konzern-GmbH"*.

Daraus folgt:

(1) Die Gesellschafterversammlung ermöglicht zwar dem Mehrheitsgesellschafter einen dauerhaften Einfluß auf die Geschäftsführung. Er darf jedoch seinen Einfluß nicht dazu nutzen, die Unternehmensleitung aus der Gesellschaft zu verlagern.

(2) Zur Eingliederung einer GmbH in einen Konzern als beherrschtes Konzernunternehmen bedarf es einer Satzungsänderung.

c) Das Mehrheitserfordernis

Für das Mehrheitserfordernis gilt das Entsprechende, das für die beherrschende GmbH bereits herausgearbeitet wurde.

Die qualifizierte Mehrheit entscheidet über die Strukturveränderungen der Gesellschaft. Sie hat die Möglichkeit, gegen den Willen Einzelner die Gesellschaft den Entwicklungen anzupassen. Dazu gehört auch die Konzernierung[30]. Die persönliche Verbundenheit, das Risiko persönlicher Haftung fehlt bei der GmbH. Daher können widersprechende Gesellschafter auf die Möglichkeit

29 Streitig; wie hier: OLG Saarbrücken Die AG 1980, 26; HOMMELHOFF, aaO (Fn. 1), S. 236 ff; SCHILLING, FS Hefermehl, 1976, S. 389; REHBINDER, ZGR 1977, 639, EMMERICH/SONNENSCHEIN, Konzernrecht, 2. Aufl., 1977, S. 240; a. A. WIEDEMANN, Gesellschaftsrecht, Bd. 1, 1980, S. 349 ff; MERTENS, FS Fischer, 1979, S. 464 (bei Abstimmung in der Gesellschafterversammlung); FLUME, ZHR 144 (1980), 18, 27 ff; differenzierend: FISCHER/LUTTER, aaO (Fn. 7), § 43 GmbHG Rdn. 14: § 43, falls es sich beim Gesellschafter um ein Unternehmen handelt; § 276 BGB, falls der Gesellschafter Privatunternehmen ist.

30 Für ein „Verbot des qualifizierten faktischen Konzerns": ROWEDDER/KOPPENSTEINER, aaO (Fn. 4), Anh. § 52 GmbHG Rdn. 37; SONNENSCHEIN, Organschaft und Konzerngesellschaftsrecht, 1976, S. 182 ff; LUTTER. ZGR 1982, 244, 265; K. SCHMIDT, GmbH-Rdsch. 1979, 121, 130; a. A. VERHOEVEN, aaO (Fn. 4), S. 111.

verwiesen werden, mit entsprechender Abfindung auszuscheiden[31]. Der Beschluß unterliegt nur der Mißbrauchskontrolle.

d) Die Beteiligungsklausel und die Konzernklausel

aa) Die Gestaltungsfreiheit im Innenverhältnis erlaubt den Gesellschaftern schon bei Abschluß des Gesellschaftsvertrags die Gesellschaft gegen die Entstehung von Abhängigkeits- und Konzernlagen durch Höchst- und Mehrstimmrechte, durch die Erschwerung der Abtretung von Geschäftsanteilen usw., abzuschotten.

bb) Vielfach finden sich auf der anderen Seite aber auch heute schon im Gesellschaftsvertrag der herrschenden GmbH im Abschnitt über den Zweck der Gesellschaft Klauseln, etwa mit dem Inhalt: „Die Gesellschaft kann andere Unternehmen gründen oder erwerben und ihren Gegenstand über Tochtergesellschaften verwirklichen"[32]. Ermöglichen solche Klauseln, die GmbH für die Konzerngründung aufzuschließen mit der Folge, daß etwa die Gründung von Tochtergesellschaften mit einfacher Mehrheit durch die Gesellschafter oder sogar durch die Geschäftsführer erfolgen kann?

Das gesetzliche Erfordernis einer qualifizierten Mehrheit für eine Satzungsänderung, wie sie hier für eine Konzerngründung als erforderlich angesehen wird, kann nicht durch die Satzung herabgesetzt werden. Das bedeutet aber nicht, daß weitergehende Ermächtigungen durch Konzernklauseln nicht möglich sind. Ebenso wie die Gesellschafter den Geschäftsführer ermächtigen können, neue Gesellschafter aufzunehmen, können sie auch zur Konzerngründung legitimieren. Anders formuliert: Die Gesellschafter können schon bei der Gründung die GmbH als „Konzern-GmbH", also als eine konzernoffene Gesellschaft anlegen. In dieser Weise wird man wohl auch die *Holzmüller-Entscheidung* verstehen dürfen. Im konkreten Fall war aufgrund der Satzung einer *Aktiengesellschaft* die Gesellschaft berechtigt, „andere Unternehmen zu errichten und zu erwerben sowie sich an anderen Unternehmen zu beteiligen". Die Gesellschaft konnte auch ihren Betrieb ganz oder teilweise solchen Gesellschaften überlassen. Für diesen Fall, so meinte der Senat, sei die nachfolgende Ausgliederung des Betriebs, der den wertvollsten Teil des Gesellschaftsvermögens bilde, auf eine dazu gegründete Tochtergesellschaft keine faktische Satzungsänderung, sondern

31 Streitig; wie hier: SCHOLZ/EMMERICH, Komm. z. GmbHG, 6. Aufl., 1978/1983, Anh. II Rdn. 132, 144 m. w. N.; WIEDEMANN, ZGR 1978, 477, 495; a. A. OLG Saarbrücken Die AG 1980, 26; differenzierend: FISCHER/LUTTER, aaO (Fn. 7), Anh. § 13 GmbHG Rdn. 19: Austrittsrecht nur im qualifizierten faktischen Konzern.

32 Siehe etwa bei HEIDENHAIN/MEISTER, in: Münchener Vertragshandbuch, Bd. 1, 1982, S. 299 (für die GmbH). Für die AG etwa: KRAFT, Kölner Komm. z. AktG, 1985, § 23 Rdn. 25; BARZ, Großkomm. z. AktG, 1973, § 23 Anm. 11; TIMM, aaO (Fn. 8), S. 88 ff.

eine Maßnahme der Geschäftsführung. Sie bedürfe aber einer Entscheidung durch die Hauptversammlung. Ob man dieser Auslegung im Einzelfall folgt, kann hier dahinstehen. Entscheidend ist an dieser Stelle, daß der Grundsatz der Gestaltungsfreiheit auch die Konzernöffnung umfaßt.

Bei der *herrschenden GmbH* können solche Klauseln in unterschiedlicher Weise ausgestaltet werden:

- Die Klausel kann als eine bloße Absichtserklärung ausgestaltet sein. In dieser Weise sind im Blick auf den Bestimmtheitsgrundsatz die in der Praxis heute üblichen Klauseln auszulegen *(„Absichtsklauseln")*. Eine solche Klausel, wie die obengenannte, ändert nichts an der Notwendigkeit einer Satzungsänderung bei der Konzerngründung. Angesichts der zweifelhaften Rechtslage sollten fürsorglich im Gesellschaftsvertrag, und zwar im Zuständigkeitskatalog der Gesellschafterversammlung, der Beteiligungserwerb und die Konzerngründung sowie das Mehrheitserfordernis festgelegt werden.
- Die Klausel kann die Geschäftsführung ermächtigen, das ganze oder einen Teil des Gesellschaftsvermögens in Beteiligungen an anderen Unternehmen anzulegen, ohne daß sich die GmbH aber zur Konzernspitze entwickelt *(„Beteiligungsklausel")*.
- Die Klausel kann auch so formuliert und auszulegen sein, daß sich die GmbH zum herrschenden Unternehmen entwickeln kann und daß es sich bei der Konzerngründung nur noch um eine ausführende Maßnahme, also eine Maßnahme der Geschäftsführung, handelt *(„einfache Konzernklausel")*[33]. So auszulegen ist die Klausel: „Gegenstand des Unternehmens ist die Herstellung von Sportartikeln jeder Art. Die Gesellschaft ist zugleich konzernleitende Holding des X-Konzerns". Wegen der Besonderheit der Konzerngründung ist im Einzelfall dann aber die Gesellschafterversammlung anzurufen. Sie entscheidet freilich mit einfacher Mehrheit.
- Unbedenklich sollte es auch sein, daß in der Satzung die Konzerngründung schon so konkret angelegt ist und bestimmt wird, daß die Gründung von Tochtergesellschaften, vor allem aber auch die nachfolgenden Umstrukturierungen im Konzern als Maßnahme der laufenden Geschäftsleitung zu behandeln sind. In dieser Weise ist die Bestimmung zu verstehen: „Die Gesellschaft ist die konzernleitende Holding des X-Konzerns". Dann entscheidet im Einzelfall nur noch der Geschäftsführer *(„qualifizierte Konzernklausel")*.

Bei der beherrschten GmbH geht es um die Abhängigkeit und um die Einbeziehung in die einheitliche Leitung durch ein anderes Unternehmen.

- Es bestehen keine Bedenken gegen eine abstrakte Befreiung vom Wettbewerbsverbot für alle Gesellschafter, unabhängig von der Beteiligungshöhe *(„Abhängigkeitsklausel")*.

33 Für die AG: Timm, aaO (Fn. 8), S. 130 ff.

- Vorgesehen werden kann auch die satzungsmäßige Öffnung der Gesellschaft für eine breitflächige Einflußnahme durch den beherrschenden Gesellschafter (*„Konzernunterwerfungsklausel"*).

III. Die Finanzierung der Konzerngründung

1. Das Problem

a) Die Konzerngründung führt zu einer Reihe von konzerntypischen Finanzierungseffekten. Für die folgende Betrachtung gewinnt dabei der *„Teleskopeffekt"* besondere Bedeutung: Hat eine GmbH ein Stammkapital in Höhe von 50 000 DM, gründet sie eine Tochtergesellschaft mit ebenfalls 50 000 DM, und wiederholt sich dasselbe bei der Tochtergesellschaft durch Gründung einer Enkelgesellschaft, so bestehen nun drei GmbH's mit je 50 000 DM Stammkapital. Sie haben auch je ein Vermögen von 50 000 DM. Das Eigenkapital des Konzerns beträgt bei konsolidierter Betrachtung aber nicht 150 000 DM, sondern nur 50 000 DM. Diese Eigenkapitalpyramide, entstanden durch die der Konzernbildung zugrundeliegenden Beteiligungen, hat zur Folge, daß jede Mark Verlust bei der Enkelgesellschaft zugleich zu einem entsprechenden Verlust bei der Tochtergesellschaft und bei der Muttergesellschaft führt.

b) Im Blick auf den „Teleskopeffekt" und die weiteren Finanzierungseffekte im Konzern wurde an anderer Stelle versucht, *Regeln für die Konzernfinanzierung bei bestehender Konzernlage* auszuformulieren[34]. Im folgenden geht es um die *Regeln für die Finanzierung bei der Konzerngründung*.

- Will man die Funktion des Stammkapitals erhalten, so könnte man *erstens* daran denken, ein Konzernmindestkapital einzuführen.
- Zu prüfen ist *zweitens*, wie die Regeln über die Kapitalaufbringung bei Konzernunternehmen fortzuentwickeln sind.
- Dabei stellt sich *drittens* insbesondere die Frage, wie Sacheinlagen bei Konzernunternehmen zu werten sind.

2. Kein Konzernmindestkapital

a) Die vorgeführte Eigenkapitalpyramide, die Mehrfachbelegung mit Krediten auf jeder Stufe des Konzerns, ist weniger für die Gläubiger des beherrschten Konzernunternehmens, sondern in erster Linie für die Gläubiger des übergeord-

34 U. H. Schneider, ZGR 1984, 497, 501 ff; siehe zu entsprechenden Überlegungen auch Hommelhoff, FS Stimpel, 1985, S. 603, 619: „Grundsätze ordnungsgemäßer Beteiligungsüberwachung".

neten Konzernunternehmens problematisch. Das an die Enkelgesellschaft durchgeleitete Kapital steht deren Gläubigern unmittelbar zur Verfügung. Für die Gläubiger der übergeordneten Konzernunternehmen aber verwirklicht sich der Effekt der strukturellen Nachrangigkeit. Im Konkurs der Enkelgesellschaft werden erst deren Gläubiger befriedigt, bevor auf die Beteiligung ein Liquidationserlös gezahlt und dieser vom Gläubiger des übergeordneten Unternehmens verwertet werden kann. Die Gläubiger des übergeordneten Unternehmens sind strukturell nachrangige Gläubiger.

b) Der „Teleskopeffekt" entleert damit die „Garantiefunktion" und die „Verlustausgleichsfunktion" des Stammkapitals beim herrschenden Unternehmen. Daher könnte man daran denken, bei der Konzerngründung vorzusehen, daß das Stammkapital des herrschenden Unternehmens entsprechend zu erhöhen ist. Ein solches Gebot würde freilich die Bildung von Verwaltungs-Holdings und die Konzernbildung gerade bei den kleinen und mittleren Unternehmen erschweren; denn gerade bei diesen Unternehmen pflegt das Stammkapital des herrschenden Unternehmens geringer zu sein als die Summe des Stammkapitals der beherrschten Konzernunternehmen. Sieht man jedoch in der Konzernbildung eine wirtschaftspolitisch vernünftige Gestaltungsmöglichkeit, so sollte man zu diesen Mitteln nur greifen, wenn dafür zwingende, rechtstatsächlich abgesicherte Erkenntnisse vorliegen. Aus diesem Grund ist daher an anderer Stelle ein besonderes konzernspezifisches Ausschüttungsverbot entwickelt worden[35].

3. Mittelbare verdeckte Finanzierungen im Konzern

Jede Gesellschaft hat im Konzern aber nicht nur ihr eigenes Kapital, sondern bei jeder Gesellschaft ist auch getrennt sicherzustellen, daß die Regeln über die Kapitalaufbringung beachtet werden. Dabei unterscheidet das Gesetz zwischen der Bargründung und der Sachgründung. Fehlt im Gesellschaftsvertrag eine Vereinbarung, daß Sacheinlagen geleistet werden, so hat der Gesellschafter seine Einlage in Geld zu leisten. Die Einzahlung braucht aber nicht „bar" im Sinne einer Übereignung von Geldscheinen vorgenommen zu werden, sondern es können auch die üblichen Formen des unbaren Zahlungsverkehrs gewählt werden[36]. Unbedenklich ist dabei die Finanzierung der Einlage durch Dritte, etwa durch das Kreditinstitut, bei dem die Gesellschaft ihr Bankkonto hat, und unbedenklich sind auf Veranlassung des Geschäftsführers vorgenommene Zahlungen eines Gesellschafters an Dritte zur Ablösung einer vollwertigen, fälligen

35 U. H. Schneider, ZGR 1984, 497, 501 ff.
36 Fischer/Lutter, aaO (Fn. 7), § 7 GmbHG Rdn. 9.

und liquiden Forderung gegen die Gesellschaft. Voraussetzung ist nur, daß das einzuzahlende Kapital „zur freien Verfügung der Geschäftsführer" stand[37].

Problematisch sind aber:

- Zahlungen, die *durch* ein beherrschtes Konzernunternehmen finanziert werden, an dem die Gesellschaft, deren Kapitalerhöhung in Frage steht, beteiligt ist und
- Zahlungen *an* Gesellschaften, die durch den verpflichteten Gesellschafter beherrscht werden oder die ihrerseits den verpflichteten Gesellschafter beherrschen.

Im zuerst genannten Fall ist § 19 Abs. 2 GmbHG entsprechend anwendbar. Nach § 19 Abs. 2 kann ein Gesellschafter von der Verpflichtung zur Leistung der Einlage nicht befreit werden. Dem steht es gleich, wenn an die Stelle der gesellschaftlichen Pflicht zur Leistung der Einlage eine weniger strenge Form der Verpflichtung z. B. eine Darlehensforderung tritt. Im zweiten Fall ist an eine Umgehung der Sacheinlagevorschriften zu denken.

a) An einer wirksamen Einzahlung kann es fehlen, wenn der Gesellschafter nicht an die Gesellschaft, sondern an ein mit ihm verbundenes Konzernunternehmen leistet und dadurch nur eine Forderung der berechtigten Gesellschaft begründet werden soll. Wird daher für jedes Konzernunternehmen bei der Muttergesellschaft ein Konto geführt, so reicht die Zahlung der Tochtergesellschaft anläßlich der Gründung der Enkelgesellschaft auf ein solches Konto nicht notwendig aus. Den entsprechenden Fall hat der II. Senat des Bundesgerichtshofs mit Urteil vom 25. 11. 1985 für die GmbH & Co. KG entschieden[38]. Der Gesellschafter der GmbH wird von seiner Pflicht zur Zahlung der Mindesteinlage nicht frei, wenn er an die Kommanditgesellschaft leistet. Von der Pflicht zur Zahlung der Resteinlage wird er nur befreit, wenn einer der Ausnahmefälle greift, etwa der Gesellschafter auf Veranlassung der GmbH eine vollwertige, fällige und liquide Forderung erfüllt. Entsprechend befreit die Zahlung auf die Mindesteinlage anläßlich der Gründung der Enkelgesellschaft auf ein bei der Muttergesellschaft für die Enkelgesellschaft geführtes Konto nicht von der Einlageschuld.

b) Der Einzahlungsbetrag darf weder unmittelbar noch mittelbar durch ein Kreditgeschäft aus dem Vermögen der Gesellschaft finanziert werden[39]. Keine wirksame Einzahlung liegt daher vor, wenn die Gesellschaft zum Zwecke der Einzahlung dem Gesellschafter ein Darlehen gewährt. An einer wirksamen Einzahlung fehlt es bei Konzernunternehmen auch dann, wenn das Darlehen im

37 Siehe dazu BGH Die AG 1979, 168.

38 BGH ZIP 1986, 161; siehe auch das vorinstanzliche Urteil des OLG Stuttgart ZIP 1985, 476 = DB 1985, 1985 mit Anm. K. SCHMIDT.

39 BGHZ 28, 77.

Zusammenhang mit der Kapitalerhöhung von einem beherrschten Konzernunternehmen gewährt, also mittelbar aus dem Vermögen der Gesellschaft gezahlt wird.

c) Keine wirksame Einzahlung liegt vor, wenn die Gesellschaft die Einlage an den Gesellschafter als Darlehen zurückgewährt. Dem sind Rückgewährungen in der Form eines Darlehens durch ein von der berechtigten Gesellschaft beherrschtes Konzernunternehmen oder an ein mit dem Gesellschafter verbundenes Konzernunternehmen gleichzustellen.

4. Mittelbare verdeckte Sacheinlagen im Konzern

a) Verdeckte Sacheinlagen

Werden die Leistungen auf die Stammeinlage wenigstens eines der Gesellschafter ganz oder zum Teil nicht durch Barzahlung, sondern durch Sachwerte bewirkt, so sind zur Sicherung der Gläubiger eine Reihe von zwingenden Sonderregeln zu beachten[40]:

- Der Gegenstand der Sacheinlage und der Betrag der Stammeinlage, auf die sie geleistet werden soll, müssen im Gesellschaftsvertrag festgesetzt werden, § 5 Abs. 4 Satz 1 GmbHG[41]. Fehlt es an einer Vereinbarung im Gesellschaftsvertrag, so befreit die Sachleistung den Gesellschafter nicht von seiner Einlagepflicht, § 19 Abs. 5 GmbHG.
- Sollen anläßlich einer Kapitalerhöhung Sacheinlagen geleistet werden, so müssen ihr Gegenstand und der Betrag der Stammeinlage im Beschluß über die Erhöhung des Stammkapitals festgesetzt werden, § 56 Abs. 1 GmbHG.
- Die Gesellschafter haben einen Sachgründungsbericht zu erstellen, in dem die für die angemessene Bewertung wesentlichen Umstände darzulegen sind, § 5 Abs. 4 Satz 2 GmbHG. Beim Übergang eines Unternehmens auf die Gesellschaft sind die Jahresergebnisse der beiden letzten Geschäftsjahre anzugeben.
- Jede Sacheinlage muß vor der Anmeldung der Gesellschaft voll bewirkt sein, so daß sie endgültig zur freien Verfügung der Geschäftsführer steht, § 7 Abs. 3 GmbHG. Gegen den Anspruch der Gesellschaft ist die Aufrechnung nicht zulässig, § 19 Abs. 2 Satz 2 GmbHG.
- Bei der Anmeldung der Gesellschaft sind der Sachgründungsbericht, die sich auf die Wertansätze für die Sacheinlagen beziehenden Verträge und eine Reihe weiterer Unterlagen einzureichen, § 8 Abs. 1 Satz 1 Nr. 4 und 5 GmbHG.

40 Siehe dazu aus jüngerer Zeit neben den einschlägigen Kommentaren: PRIESTER, Deutscher Steuerberatertag 1982, Protokoll, 1983, S. 119 ff; LANGENFELD, GmbH-Rdsch. 1981, 55; SUDHOFF, NJW 1982, 129.

41 Zum Umfang der Beurkundung: RGZ 125, 323, 325 und 159, 321, 327.

– Die Gründungsprüfung erstreckt sich auch darauf, ob die Sacheinlagen nicht überbewertet worden sind, § 9c Satz 2 GmbHG.

Das Ziel dieser Vorschriften ist es zu verhindern, daß der Gesellschaft in Anrechnung auf die Einlagepflicht unterwertige Sachwerte zufließen.

Die Vorschriften über die Sachgründung gehen dabei über die entsprechenden Regeln im Rahmen der Kapitalerhaltung und das Verbot der verdeckten Gewinnausschüttung weit hinaus. Nach dem Entstehen der Gesellschaft sind Verkehrsgeschäfte zwischen der Gesellschaft und ihren Gesellschaftern bei angemessener Gegenleistung unbedenklich. Einer Bestimmung in der Satzung, die das Rechtsgeschäft legitimiert, bedarf es nicht. Demgegenüber dürfen die Gesellschafter nicht ihre in Geld übernommenen Einlagen durch Sachleistungen als Erfüllungssurrogate erbringen. Wenn ein Gesellschafter an die Gesellschaft einen Gegenstand veräußert, bedarf es auch keines besonderen „Sachleistungsberichts", der dem „Sachgründungsbericht" entsprechen würde und in dem die für die angemessene Bewertung wesentlichen Umstände darzulegen wären. Die Gefahr unterwertiger Einzahlung wird folglich abstrahiert, die Gründungskontrolle wird im Vergleich zur Leitungskontrolle verschärft. Das bedeutet, daß im Gegensatz zur „verdeckten Gewinnausschüttung" eine „verdeckte Sacheinlage" auch vorliegen kann, wenn die Sachleistung werthaltig ist.

bb) Die Vorschriften über die Sacheinlagen handeln freilich nur von der Einlage bei der konzernfreien Gesellschaft. Schon in diesem Fall stellt sich die Frage, unter welchen Voraussetzungen Gestaltungen, die von dem Wortlaut der Normen nicht erfaßt werden, als *„verschleierte Sacheinlagen"*[42] oder besser als *„verdeckte Sacheinlagen"* zu werten sind. Zu denken ist vor allem an die Barkapitalerhöhung, wobei der Sachgegenstand an Erfüllungs Statt an die Gesellschaft übertragen wird, zu denken ist an die vielfältigen Möglichkeiten einer Aufspaltung[43], nämlich eine Barkapitalerhöhung und etwa ein Kaufgeschäft, wobei die beiderseitigen Ansprüche verrechnet werden[44], zu denken ist an die Rückzahlung einer bereits erbrachten Barzahlung als Vergütung für eine Sachleistung[45] und an die Bareinlage mit dem Erlös aus dem vorangegangenen Verkauf von Sachgütern an die Gesellschaft[46].

42 Für diesen Begriff: LANGENFELD, GmbH-Rdsch. 1981, 53; SUDHOFF, NJW 1982, 129; dagegen PRIESTER, DB 1976, 1801, 1803.

43 Geschätzt wird, daß in der Zeit nach dem Ersten Weltkrieg 80 bis 90% aller Bargründungen von Aktiengesellschaften in Wahrheit Sachgründungen waren; vgl. FISCHER, Gruchot 64 (1920), 665 und SCHMOELDER, JW 1929, 1342.

44 BGHZ 15, 52, 58; vgl. auch RGZ 121, 99 (AG) sowie dazu FLECHTHEIM, JW 1929, 2105.

45 BGHZ 28, 314, 319.

46 Vgl. BGH WM 1982, 660, 662.

Solche Vorgänge sind als unzulässige Umgehung der Sachgründungsvorschriften anzusehen, wenn sie, wie vielfach formuliert wird[47], „in engem zeitlichen und sachlichen Zusammenhang" mit der Geldeinlagepflicht des Gesellschafters stehen. Eine besondere Gründungsvereinbarung, in der sich die Umgehungsabsicht niederschlägt, sei nicht Voraussetzung[48].

b) Die Fragestellung

Im Konzern erweitern sich die Fragestellungen, weil es jeweils einer doppelten Betrachtung bedarf. Es geht

- um die mittelbare Sacheinlage beim herrschenden Unternehmen durch Leistung von Sachwerten an ein beherrschtes Konzernunternehmen *(Konzernlage auf der Seite der Gesellschaft)* und
- um die mittelbare Sacheinlage beim beherrschten Konzernunternehmen durch Leistung eines nur mittelbar beteiligten Unternehmens, eines Gesellschafters des herrschenden Unternehmens oder durch eine Schwestergesellschaft *(Konzernlage auf der Seite des Gesellschafters).*

Nur der zweite Fall wurde bisher in der Rechtsprechung und in der Lehre in allgemeiner Form aufgegriffen. Auch insoweit ist die konzernspezifische Fragestellung, soweit ersichtlich, aber nicht erörtert.

Unterscheidet man in der beschriebenen Weise, so bedarf es zusätzlich bei Konzernvorgängen auf der Seite der Gesellschaft einer Würdigung

- aus der Sicht des beteiligten herrschenden Konzernunternehmens und
- aus der Sicht des beherrschten Konzernunternehmens.

In dieser Weise gliedert sich auch die folgende Untersuchung.

47 BGHZ 28, 314, 319; HACHENBURG/ULMER, Komm. z. GmbHG, 7. Aufl., 1985, II. Bearb., § 5 Rdn. 139; HUECK, in: Baumbach/Hueck, aaO (Fn. 4), § 5 GmbHG Rdn. 19; PRIESTER, aaO (Fn. 40), S. 119, 143 ff; ULMER, GmbH-Rdsch. 1984, 256, 257; zur verdeckten Sacheinlage bei der Aktiengesellschaft: LUTTER, Kölner Komm. z. AktG, 1985, § 183 Rdn. 47; weitergehend: LANGENFELD, GmbH-Rdsch. 1981, 55: zeitlicher Zusammenhang nicht erforderlich.

48 HACHENBURG/ULMER, aaO (Fn. 13), § 5 GmbHG Rdn. 139; SCHOLZ/WINTER, Komm. z. GmbHG, 6. Aufl., 1978/1983, § 5 Rdn. 30.

c) Die mittelbare verdeckte Sacheinlage beim herrschenden Unternehmen durch Leistung an ein beherrschtes Konzernunternehmen

aa) Keine Sacheinlagen beim Konzern

Sacheinlagen können nicht bei der Gründung eines Konzerns an den Konzern geleistet werden. Der Konzern selbst ist keine juristische Person. Er hat kein Grund- oder Stammkapital, worauf Einlagen zu leisten wären. Es kann daher nur um die Einlagepflicht eines Gesellschafters bei einem einzelnen Konzernunternehmen anläßlich der Gründung der Gesellschaft oder anläßlich einer Kapitalerhöhung gehen. Dabei soll zunächst der Frage nachgegangen werden, wie die Leistung von Sachwerten an eine Tochtergesellschaft oder eine Enkelgesellschaft *aus der Sicht des einzelnen Unternehmens* rechtlich zu beurteilen ist. Das Problem wird im folgenden Fall deutlich:

Die M-GmbH mit den Gesellschaftern X, Y und Z hat eine Tochtergesellschaft, nämlich die T-GmbH. Die T-GmbH ist an der E-GmbH zu 90% beteiligt. Die restlichen 10% an der E-GmbH hält der Gesellschafter G.

Anläßlich einer Kapitalerhöhung bei der M-GmbH verkauft Y ein Grundstück an die E-GmbH. Der überhöhte Kaufpreis wird von Y dazu verwendet, um seiner Einlagepflicht bei der M-GmbH nachzukommen.

Variante: Die M-GmbH leitet die Bareinlage des Y an die E-GmbH weiter. Die E-GmbH zahlt aus diesem Darlehen den Kaufpreis an Y.

bb) Beurteilung aus der Sicht des beherrschten Konzernunternehmens

Aus der Sicht der E-GmbH und deren gebundenem Vermögen liegt eine verdeckte Gewinnausschüttung vor. Zwar erfolgt die Zahlung nicht an die T-GmbH, sondern an einen nur mittelbar beteiligten Gesellschafter. Solche Zahlungen muß sich aber das unmittelbar beteiligte Unternehmen, nämlich die T-GmbH zurechnen lassen. Es ist daher ebenso zur Rückzahlung verpflichtet, wie der nur mittelbar beteiligte Gesellschafter, dem der Vorteil zugeflossen ist[49].

cc) Beurteilung aus der Sicht des herrschenden Unternehmens

Im vorliegenden Fall geht es aber nicht um die Probleme aus der Sicht des beherrschten Unternehmens, sondern um das herrschende Unternehmen.

49 U. H. Schneider, ZGR 1985, 279 ff.

Bei dieser Gesellschaft hat aber der Gesellschafter *erstens* „bar" und *zweitens* „den vollen Betrag" einbezahlt. Eine unmittelbare Anwendung der Vorschriften über die Sacheinlagen kommt daher nicht in Betracht.

Nun steht es den Parteien zwar frei, Sachverhalte so zu gestalten, daß für sie unerfreuliche Rechtsfolgen vermieden werden *(„Vermeidungsgeschäft").* Wer Milch trinkt, vermeidet in zulässiger Weise die Sektsteuer. Wer über ein Grundstück einen Mietvertrag anstelle eines Kaufvertrags abschließt, vermeidet die Grunderwerbsteuer. Dabei sind Absprachen der Beteiligten über Vermeidungsgeschäfte ganz unbedenklich. Allein aus dem Bestehen von solchen Abreden läßt sich gewißlich noch nicht der Schluß ziehen, daß das Rechtsgeschäft unzulässig ist.

Solche Rechtsgeschäfte, die der Rechtsfolgen-Vermeidung dienen, sind aber von Rechtsgeschäften, die nur zum Schein abgeschlossen werden *(„Scheingeschäft")* und von Rechtsgeschäften, die einen Mißbrauch von Gestaltungsmöglichkeiten darstellen *(„Umgehungsgeschäft"),* abzugrenzen.

Im Blick hierauf sind nun die genannten Finanzierungsvorgänge im Konzern zu würdigen.

aaa) In der Entscheidung vom 10.11.1958 hat der II. Senat des Bundesgerichtshofs[50] ausgeführt, daß für den Fall, daß nach außen eine Geldeinlagepflicht vereinbart, in Wirklichkeit aber eine Sacheinlage gewollt sei, die Abrede über die Geldeinlage als Scheingeschäft nach § 117 Abs. 1 BGB nichtig und die hierdurch verdeckte Abrede über die Sacheinlage nach § 117 Abs. 2 BGB, § 5 Abs. 4 GmbHG unwirksam sei.

Ob diese Würdigung zutreffend ist, erscheint äußerst zweifelhaft; denn der Senat hält die Beitrittserklärung und den Gesellschaftsvertrag nicht für unwirksam. Im Ergebnis hält der Senat auch die Barerhöhung für wirksam. All dies kann hier jedoch offen bleiben; denn das gilt allenfalls für den Fall, daß die Sacheinlage an Erfüllungs Statt geleistet werden soll. Bei einer Aufspaltung in eine Barkapitalerhöhung und ein Kaufgeschäft sind diese Überlegungen jedoch nicht anzuwenden; denn die Erklärungen sind nicht nur zum Schein abgegeben. Die rechtliche Trennung ist von den Parteien gewollt.

Dies gilt zumal im Konzern. Die Aufspaltung in eine Barerhöhung bei der Muttergesellschaft und die Veräußerung von Gegenständen an eine Tochtergesellschaft entspricht dem Willen der Parteien. Es handelt sich um selbständige Vertragspartner. Das Rechtsgeschäft ist aus der Sicht des beherrschten Konzernunternehmens auch ganz unbedenklich, wenn die Leistung und die Gegenleistung angemessen sind. Sind die Leistung und die Gegenleistung aber nicht angemessen, so sind, wie bereits gezeigt, für die Tochtergesellschaft die Regeln über die verdeckte Gewinnausschüttung anzuwenden. Die Barerhöhung bei der

50 BGHZ 28, 314, 316.

Muttergesellschaft und das schuldrechtliche Geschäft bei der Tochtergesellschaft sind aber nicht in Anwendung von § 117 BGB unwirksam.

bbb) Näher liegt der Gedanke an ein „Umgehungsgeschäft". Liegt in der hier zu behandelnden Gestaltung ein Mißbrauch von Gestaltungsmöglichkeiten, widerspricht sie dem gesetzlichen Zweck, liegt darin eine „Umgehung" der Vorschriften über die Sacheinlage, ist deren analoge Anwendung zu prüfen[51].

Nun könnte man die Ansicht vertreten, daß auf der einen Seite nicht nur Kaufverträge der Muttergesellschaft mit dem Gesellschafter, bei denen es *am zeitlichen Zusammenhang* mit der Bewirkung der Einlage fehle, sondern auf der anderen Seite auch alle Kaufverträge zwischen Konzernunternehmen und dem Gesellschafter nur als Form der „Mittelverwendung" und nicht als Maßnahmen im Rahmen der Kapitalaufbringung anzusehen seien. Im zuletzt genannten Fall fehle es *am wirtschaftlichen und rechtlichen Zusammenhang*. Dabei ist zutreffend beobachtet, daß im Konzern zwar jedes Unternehmen selbst Verträge abschließt und für seine Finanzierung selbst verantwortlich ist. Jedes Konzernunternehmen bildet für sich eine eigenständige rechtliche Einheit. Bei einer konsolidierten Betrachtung zeigt sich aber, daß dem Konzern tatsächlich nur eine Sachleistung zugeflossen ist. Ist die Sachleistung nicht werthaltig, so wirkt sich das auch auf das nur mittelbar beteiligte herrschende Unternehmen aus. Die Ursache hat dies im „Teleskopeffekt", also in der „Eigenkapitalpyramide". Vorgänge bei Konzernunternehmen, an denen das herrschende Unternehmen mittelbar oder unmittelbar beteiligt ist, wirken sich direkt auch auf die Vermögenslage der beteiligten Gesellschaft aus.

Nun könnte man weiter die Ansicht vertreten, daß auch aus der Sicht der Obergesellschaft das Kaufgeschäft bei der Tochtergesellschaft als eine Form der Mittelverwendung und daher nach den Regeln über mittelbare verdeckte Gewinnausschüttungen zu beurteilen sei. Auch an dieser Stelle ist jedoch daran festzuhalten, daß alle Vorgänge bei beherrschten Konzernunternehmen aus der Sicht der Obergesellschaft neu zu qualifizieren sind. Diese „Qualifikationstheorie" gilt für die Vermögensordnung ebenso wie für die Zuständigkeitsordnung im Konzern[52]. Bedenkt man aber, daß das Kaufgeschäft im Zusammenhang mit einer Kapitalerhöhung bei der Obergesellschaft steht, so ist bei dieser zu fragen, ob die Regeln über die Kapitalaufbringung entsprechend anwendbar sind.

Gegen eine Gesetzesanalogie spricht jedoch, daß die vorgesehenen Pflichten und Rechtsfolgen der Vorschriften über die Sacheinlage für Konzernvorgänge teils nicht passen, teils unangemessen sind[53].

51 Zur Gesetzesumgehung: RGZ 100, 210, 212; BGHZ 34, 200 und 58, 60; BGHZ 36, 87; TEICHMANN, Die Gesetzesumgehung, 1962, S. 66ff; FLUME, Allgemeiner Teil des Bürgerlichen Rechts, Bd. II, Das Rechtsgeschäft, 3. Aufl., 1979, S. 350f, 408f; KRAMER, Münchener Komm. z. BGB, 2. Aufl., Bd. I, 1984 § 117 Rdn. 15.

52 U. H. SCHNEIDER, BB 1981, 249, 251.

53 A. A. aber FISCHER/LUTTER, aaO (Fn. 7), § 19 GmbHG Rdn. 28.

Aus § 5 Abs. 4 in Verbindung mit § 19 Abs. 5 GmbHG ergibt sich ein *Form- und Gestaltungszwang:*

- Zwar sind nach herrschender Ansicht[54] sowohl das schuldrechtliche Rechtsgeschäft als auch das Verfügungsgeschäft, soweit sie eine verbotene Rückzahlung von gebundenem Vermögen darstellen, wirksam.
- In der *Gründungsphase* ist dies aber anders zu beurteilen.

Verpflichtungen zu Sachleistungen, die keine Umsatzgeschäfte darstellen, können in der Gründungsphase der Gesellschaft nur im Gesellschaftsvertrag begründet werden. Schuldrechtliche Vereinbarungen ohne entsprechende Festsetzung in der Satzung sind in analoger Anwendung von §§ 27 Abs. 3 und 183 Abs. 2 AktG nichtig[55]. Ob dies auch für das Verfügungsgeschäft gilt, ist zweifelhaft. Jedenfalls kann ein Gesellschafter Sachleistungen ohne Vereinbarungen im Gesellschaftsvertrag kondizieren, und zwar selbst dann, wenn sich zeigen sollte, daß die Sachleistung überwertig ist[56]. Die Pflicht zur Bareinlage aber besteht fort.

Bei den hier zu betrachtenden Konzernvorgängen wird der schuldrechtliche Vertrag aber nicht mit der Muttergesellschaft, deren Einlage in Frage steht, sondern mit einem Konzernunternehmen abgeschlossen. Daher wäre einerseits ein undifferenziertes Sacheinlageversprechen im Gesellschaftsvertrag der Muttergesellschaft geeignet, Dritte zu täuschen, wenn sie davon ausgehen, die Gesellschaft werde die Sachleistung erlangen. Zugleich ist andererseits zu bedenken, daß der gesellschaftsrechtliche Gestaltungszwang nicht zu Lasten Dritter, also auch nicht zu Lasten der Konzerngesellschaften, wirken kann. So kann die Tochtergesellschaft großes Interesse an dem Kaufvertrag haben. Handelt es sich um eine Auslandstochter, so wäre ohnehin die Wirksamkeit des Rechtsgeschäfts nach ihrer Rechtsordnung zu beurteilen.

Ist aber das schuldrechtliche Geschäft mit dem beherrschten Konzernunternehmen wirksam, so fehlt dem Gesellschafter der Muttergesellschaft die Möglichkeit, die Sachleistung zu kondizieren. Und weiter: Auch aus der Sicht der Muttergesellschaft wären die Rechtsfolgen einer Gesetzesanalogie wenig sinnvoll. Der verpflichtete Gesellschafter müßte seine Bareinlage neu erbringen, könnte die erste Zahlung aber kondizieren. Wäre zugleich das Kaufgeschäft des

54 Anstelle anderer: SCHOLZ/H. P. WESTERMANN, Komm. z. GmbHG 6. Aufl., 1978/1983, § 30 Rdn. 10.

55 RGZ 125, 323, 329; 141, 204, 210 f; LG Hamburg WM 1985, 1525; SCHOLZ/WINTER, aaO (Fn. 48), § 5 GmbHG Rdn. 38 f und § 19 GmbHG Rdn. 19 (unwirksam auch Umsatzgeschäfte); HACHENBURG/ULMER, aaO (Fn. 47), § 5 GmbHG Rdn. 138 und § 19 GmbHG Rdn. 55; siehe auch BGH GmbH-Rdsch. 1966, 139; unklar: BGHZ 28, 314, 319. Wirksam sind aber schuldrechtliche Nebenverpflichtungen siehe BGH GmbH-Rdsch. 1970, 10 ff.

56 SCHOLZ/WINTER, aaO (Fn. 48), § 19 GmbHG Rdn. 19; offengelassen von BFH DStR 1986, 93.

Gesellschafters mit der Tochtergesellschaft unwirksam, so wären auch der dort gezahlte Kaufpreis und der Kaufgegenstand jeweils zurückzugewähren. Und endlich: Die Pflicht zur Erstellung des Sachgründungsberichts trifft alle Gesellschafter. Wie aber sollen sie ihren Pflichten nachkommen, wenn das Leistungsgeschäft zwischen einem einzelnen Gesellschafter und einem Konzernunternehmen vorgenommen wird? Die Ausfallhaftung der nichtbeteiligten Gesellschafter wäre unerträglich. Ein Minderheitsgesellschafter etwa braucht von entsprechenden Konzernvorgängen nichts erfahren zu haben. Ihn träfe jedoch die Ausfallhaftung, wenn der Mitgesellschafter zur Erfüllung seiner Bareinlagepflicht nicht in der Lage ist, § 24 GmbHG.

dd) Konzernspezifische Lösung

Zu entwickeln ist vielmehr eine konzernspezifische Lösung. Weitgehend Einigkeit besteht heute darüber, daß sich das Konzernrecht nicht aus dem Gedanken der Gesetzesumgehung und der Gesetzesanalogie entwickeln läßt. Zwar ist jeweils die Übertragung entsprechender Wertungen im Wege der Rechtsanalogie zu erwägen. Vor allem aber verlangt die Konzernlage eigenständige Lösungen ,wenn es um konzernspezifische Probleme geht. So kennen, um dies an einem Beispiel zu zeigen, weder das Aktienrecht noch das GmbH-Recht einen „Sachleistungsbericht" für Rechtsgeschäfte zwischen einem Gesellschafter und seiner Gesellschaft, wenn diese nach der Errichtung der Gesellschaft abgeschlossen werden. Besteht aber ein Abhängigkeitsverhältnis, so sieht § 313 AktG einen besonderen „Abhängigkeitsbericht" vor.

Im Blick hierauf sind auch die hier zu behandelnden Vorgänge zu würdigen.

Zwar ist jedes Unternehmen im Konzern für seine Finanzierung selbst verantwortlich. Bei jedem Konzernunternehmen sind aber nicht nur selbständig die Regeln über die Kapitalaufbringung und über die Kapitalerhaltung anzuwenden, sondern diese sind auch im Blick auf die besonderen Finanzierungseffekte im Konzern fortzuentwickeln.

Für die Regeln über die Kapitalerhaltung ist daher bereits näher dargelegt worden, daß das Vermögen der Tochtergesellschaft und der Enkelgesellschaft in die für das beteiligte herrschende Unternehmen angeordnete Vermögensbindung fällt. Das hat die höchstrichterliche Rechtsprechung für die vergleichbare Lage bei der GmbH & Co. KG entschieden[57]. Zahlungen aus dem Vermögen der KG an einen der Gesellschafter der Komplementär-GmbH verstoßen gegen § 30 GmbHG, wenn hierdurch mittelbar das Vermögen der GmbH unter den Nennwert des Stammkapitals fällt. Das Entsprechende gilt für Zahlungen aus

57 BGHZ 60, 324, 328 ff; Immenga, ZGR 1975, 487; Lutter/Hommelhoff, ZGR 1979, 31, 45 ff.

dem Vermögen einer Tochtergesellschaft, wenn hierdurch zugleich das Vermögen des herrschenden Unternehmens unter die Stammkapitalziffer fällt.

Das läßt sich auf die Sacheinlage übertragen, wenn die Gründung des herrschenden Unternehmens mit der Gründung des beherrschten Unternehmens in unmittelbarem Zusammenhang steht. Das Problem stellt sich aber vor allem bei einer Kapitalerhöhung bei der Muttergesellschaft. Dabei interessiert hier nur der Fall, daß das Buchvermögen der GmbH noch nicht der erhöhten Stammkapitalziffer entspricht und daher entsprechende Leistungen durch die Gesellschafter zu erbringen sind.

- Ist die GmbH an der Erwerberin wesentlich beteiligt, besteht aber kein Konzernverhältnis, so wird man den sachlichen Zusammenhang zwischen dem Sacherwerb durch das Beteiligungsunternehmen und der Einzahlung bei der Muttergesellschaft nur annehmen können, wenn der Erwerb durch das Beteiligungsunternehmen von der beteiligten GmbH „veranlaßt“ wurde. In solchen Fällen des Zusammenwirkens kann sich der Gesellschafter des herrschenden Unternehmens nicht auf die rechtliche Trennung von Veräußerung und Einlage berufen.
- Im Konzern sind entsprechende Vorgänge aber auch dann als „mittelbare verdeckte Sacheinlagen“ anzusehen, wenn es an einer konkreten Veranlassung im Einzelfall fehlt, weil hier die Unternehmen „unter einheitlicher Leitung“ stehen.

Entscheidend ist, daß durch die Leistung der Sachwerte an das beherrschte Konzernunternehmen aufgrund des „Teleskopeffektes“ nicht sichergestellt wird, daß sich das Vermögen des herrschenden Unternehmens entsprechend der übernommenen Einlagepflicht erhöht.

Als *Ergebnis* des gewählten Fallbeispieles ist daher festzuhalten.

Die Veräußerung des Grundstücks zu überhöhtem Kaufpreis ist aus der Sicht des beherrschten Konzernunternehmens eine verdeckte Gewinnausschüttung und aus der Sicht des herrschenden Unternehmens eine mittelbare verdeckte Sacheinlage. Die jeweiligen Rechtsfolgen sind aufeinander abzustimmen. Daher ist zu unterscheiden:

(1) Da Vertragspartner das *beherrschte Konzernunternehmen* ist, bei diesem aber keine mittelbare verdeckte Sacheinlage vorliegt, sind §§ 5, 7, 8, 9 c und 19 GmbHG nicht anwendbar. Das Verpflichtungs- und das Verfügungsgeschäft sind wirksam. Auch wenn das Verbot zur Auszahlung von gebundenem Vermögen und damit § 30 GmbHG verletzt wurde, führt dies nicht zur Nichtigkeit der Verträge. Sie bleiben bestehen. Freilich kann bei Verletzung von § 30 GmbHG die beherrschte Gesellschaft von dem nur mittelbar beteiligten Gesellschafter die Differenz zum angemessenen Kaufpreis verlangen, § 31 Abs. 1 GmbHG.

Finden aber die Vorschriften über die verdeckte Sacheinlage keine Anwendung, sind sowohl das Verpflichtungs- und das Verfügungsgeschäft wirksam, so hat der Gesellschafter auch keinen Anspruch gegen das beherrschte Konzernunternehmen wegen ungerechtfertigter Bereicherung.

(2) Vor dem Hintergrund der gespalteten Rechtsvorgänge im Konzern und den Folgen mittelbarer verdeckter Gewinnausschüttungen aus der Sicht des beherrschten Konzernunternehmens sind die Rechtsfolgen beim *herrschenden Unternehmen* zu modifizieren:

- Da es sich aus der Sicht des herrschenden Unternehmens um eine mittelbare verdeckte Sacheinlage handelt, bedarf es einer besonderen Bestimmung im Gesellschaftsvertrag. Daraus muß aber hervorgehen, daß die Sachleistung nicht an die Gesellschaft selbst, sondern an ein Konzernunternehmen erbracht wird.
- Zugleich ist durch Prüfung bei der Tochtergesellschaft und durch Bericht sicherzustellen, daß die Sachleistung angemessen bewertet war.
- Dagegen läßt sich der Rechtsgedanke des § 19 Abs. 5 GmbHG nicht anwenden. § 19 Abs. 5 kann nur von solchen Sachleistungen handeln, die an die Gesellschaft selbst erbracht werden. In diesem Fall hat der Gesellschafter hinsichtlich der gesellschaftsrechtlich nicht anerkannten Sachleistung nur einen Anspruch aus ungerechtfertigter Bereicherung. An einem solchen Anspruch fehlt es aber bei Leistungen an Konzernunternehmen. Dann aber kann auch beim Fehlen einer Bestimmung im Gesellschaftsvertrag der betreffende Gesellschafter nur zur Zahlung der Wertdifferenz an die Tochtergesellschaft herangezogen werden. Damit wird man zugleich der Tatsache gerecht, daß derselbe Vorgang bei der Tochtergesellschaft eine mittelbare verdeckte Gewinnausschüttung darstellen kann und auszugleichen ist.

d) Die mittelbare verdeckte Sacheinlage beim beherrschten Konzernunternehmen durch Leistung eines nur mittelbar beteiligten Unternehmens, eines Gesellschafters des herrschenden Unternehmens oder durch eine Schwestergesellschaft

aa) Im folgenden geht es um Konzernlagen auf seiten des Gesellschafters. Im mehrstufigen Konzern kann zugleich eine Konzernlage zur Gesellschaft selbst bestehen. Auch dieser Problembereich erschließt sich am deutlichsten durch ein Beispiel:

Anläßlich der Kapitalerhöhung bei einer Enkelgesellschaft veräußert ein Gesellschafter der Muttergesellschaft zu überhöhtem Preis ein Unternehmen an die Enkelgesellschaft. Der Kaufpreis wird dem Gesellschafter ausbezahlt und von diesem der Tochtergesellschaft als Darlehen überlassen. Hiermit zahlt die Tochtergesellschaft auf ihre Einlageschuld.

bb) Sachleistungen durch Dritte stellen in der Regel keine Sacheinlagen dar. Ein Gesellschafter muß sich aber ausnahmsweise Sachleistungen durch Dritte bei der Gründung oder im zeitlichen Zusammenhang mit einer Kapitalerhöhung zurechnen lassen, wenn sie einer Sacheinlage gleichstehen. Davon ist auszugehen, wenn der einheitliche Vorgang, nämlich die Erfüllung der Einlagepflicht durch eine Sachleistung in ein Dreiecksgeschäft aufgespalten wird.

Die Vorschriften über die Sacheinlage sind daher analog anzuwenden,

- wenn der Gesellschafter die Sachleistung durch den Dritten veranlaßt hat, er sie intern abrechnet und
- wenn die Sachleistung durch den Dritten nicht unternehmerisch motiviert war, also nicht im Rahmen des unternehmerischen Leistungsverkehrs erfolgte.

Fehlt es an einer konkreten Veranlassung, hat der Dritte im Rahmen des geschäftsüblichen Verkehrs geliefert, so fehlt es an der „Geschäftseinheit" zwischen Sachleistung und Leistung der Einlage[58]. Ein Gesellschafter braucht sich die Sachleistungen eines Dritten nicht zurechnen zu lassen. Ebenso wie bei den mittelbaren verdeckten Gewinnausschüttungen wird man aber auf das Vorliegen und den Nachweis einer konkreten Veranlassung verzichten können, wenn typischerweise davon auszugehen ist, daß die Sachleistung in Kenntnis des Gesellschafters erfolgte. Zu denken ist an Leistungen durch nahestehende Personen, durch Unternehmen, die zum selben Konzern gehören oder durch Gesellschafter, die mittelbar an der Gesellschaft beteiligt sind, bei der die Einlagepflicht besteht. In solchen Fällen besteht eine widerlegliche Vermutung dafür, daß die Sachleistung durch das unmittelbar beteiligte Konzernunternehmen veranlaßt wurde. Eine solche Vermutung rechtfertigt die im Konzern bestehende Leitungs- und Handlungseinheit.

Das bedeutet, daß der betreffende Gesellschafter durch die Verrechnung mit dem Kaufpreis von seiner Einlageschuld nicht befreit wurde.

5. *Mittelbare verdeckte Aufrechnungen im Konzern*

Nach der Errichtung der Gesellschaft sind nur solche Rechtsgeschäfte zwischen der Gesellschaft und einem Gesellschafter verboten, bei denen die Leistung und die Gegenleistung nicht angemessen sind und hierdurch das gebundene Vermögen der Gesellschaft gemindert wird, § 30 GmbHG. Rechtsgeschäfte zwischen der Gesellschaft und einem Gesellschafter unterfallen aber nicht mehr der Formvorschrift des § 5 Abs. 4 GmbHG und den Vorschriften über die Sachgründungskontrolle.

Unabhängig hiervon bestimmt § 19 Abs. 5 GmbHG, daß eine Leistung auf die Stammeinlage, welche nicht in Geld besteht, den Gesellschafter nicht von seiner

58 FISCHER/LUTTER, aaO (Fn. 7), § 5 GmbHG Rdn. 34.

Verpflichtung befreit. Die Vorschrift enthält zugleich ein beiderseitiges Aufrechnungsverbot. Damit soll eine Umgehung der Sachgründungsvorschriften verhindert und die Sicherung der Kapitalaufbringung bis zum Zeitpunkt der letzten Einzahlung ausgedehnt werden. Verrechnungsabreden zwischen der Gesellschaft und einem Gesellschafter sind daher im Blick auf § 19 Abs. 5 GmbHG zu würdigen. Steht mit der Zahlung auf die Resteinlage ein schuldrechtliches Rechtsgeschäft in einem engen sachlichen und zeitlichen Zusammenhang und fehlt es an einer Verrechnungsabrede, wird aber der aus dem Rechtsgeschäft erzielte Erlös dazu verwendet, die Resteinlage zu bewirken, so liegt darin ein Mißbrauch von Gestaltungsmöglichkeiten[59]. Die Resteinzahlung ist auch dann gefährdet, wenn ein Hin- und Herzahlen erfolgt und damit wirtschaftlich dasselbe Ergebnis erzielt wird wie bei einer Sachleistung auf die Einlagepflicht oder bei einer Aufrechnung. § 19 Abs. 5 GmbHG will eben nicht nur die Aufrechnung verhindern, sondern die Vorschriften über die Sicherung der realen Kapitalaufbringung bis zum Zeitpunkt der Resteinzahlung verlängern.

§ 19 Abs. 5 GmbHG ist jedoch rechtsform- und nicht konzernbezogen. Werden nach der Errichtung der Gesellschaft oder nach der Eintragung einer Kapitalerhöhung bei der Muttergesellschaft schuldrechtliche Geschäfte zwischen einem Gesellschafter und einer Tochtergesellschaft vorgenommen und wird der Erlös dazu verwendet, die Resteinlage bei der Muttergesellschaft zu bezahlen, so kann darin eine mittelbare verdeckte Gewinnausschüttung liegen, wenn die Leistung und die Gegenleistung bei dem schuldrechtlichen Geschäft nicht angemessen waren. Bei solchen mittelbaren verdeckten Aufrechnungen ist § 19 Abs. 5 GmbHG aber nicht entsprechend anwendbar. Bei der Muttergesellschaft wurde auf die Einlagepflicht in bar geleistet. Die Wirksamkeit des schuldrechtlichen Geschäfts mit der Tochtergesellschaft steht nicht in Frage. Überlegungen, daß die Pflicht zur Bareinlage bei der Muttergesellschaft fortbestehe, lassen sich nicht begründen.

IV. Die Anpassung des Gesellschaftsvertrags an die Konzernlage

Die Gestaltungsfreiheit erlaubt den Gesellschaftern nicht nur die GmbH gegen Abhängigkeits- und Konzernlagen abzuschotten oder sie für die Konzerngründung zu öffnen. Sie erlaubt den Gesellschaftern auch in umfassender Weise, den Gesellschaftsvertrag und die Geschäftsordnungen für die Geschäftsführer und für den Aufsichtsrat an die Konzernlage anzupassen. Zu denken ist an

59 A. A. R. Fischer, Anm. zu LM § 19 GmbHG Nr. 1; wie hier wohl: Fischer/Lutter, aaO (Fn. 7), § 19 GmbHG Rdn. 28 und Hachenburg/Ulmer, aaO (Fn. 47), § 19 GmbHG Rdn. 56 ff und § 56 Rdn. 41.

Bestimmungen, die sicherstellen, daß Maßnahmen, die bei Tochtergesellschaften verwirklicht werden, den Gesellschaftern der Obergesellschaft zur Entscheidung vorgelegt werden müssen, also Zustimmungskataloge. Zu denken ist an weitergehende Minderheitsrechte wie Informationspflichten über Vorgänge bei beherrschten Konzernunternehmen[60], an Berufungsrechte für Aufsichtsratsmitglieder und Geschäftsführer bei den beherrschten Gesellschaften, zu denken ist an Klauseln über die Abstimmung der Bilanzstichtage und über die Gewinnverwendung bei Konzernunternehmen. Zu denken ist an Klauseln, wie bei mittelbaren verdeckten Gewinnausschüttungen zu verfahren ist und wie die Beteiligungen an Konzernunternehmen bei Ausscheiden eines Gesellschafters zu bewerten sind.

All diese Vereinbarungen und mehr können auch in Stimmbindungsverträgen, schuldrechtlichen Partnerverträgen usw. enthalten sein. Dies darzustellen, verlangt eine eigenständige Untersuchung.

60 Zur gesetzlichen Rechtslage: OLG Köln ZIP 1985, 800, 804; OLG Hamm DB 1986, 580; FISCHER/LUTTER, aaO (Fn. 7), § 51 a GmbHG Rdn. 10 f.

Referat

Bildung und Auflösung des GmbH-Vertragskonzerns

von

Notar DR. HANS-JOACHIM PRIESTER, Hamburg

Inhaltsübersicht

Einführung

Wie das übrige GmbH-Konzernrecht ist auch die Bildung und Auflösung von GmbH-Vertragskonzernen nicht kodifiziert. Der große Reformentwurf von 1971/73[1] hatte in seinen §§ 230 ff RegE GmbHG zwar eine dem aktienrechtlichen Vorbilde der §§ 291 ff AktG weitgehend nachgestaltete Regelung vorgesehen, sie ist aber bekanntlich nicht Gesetz geworden und hat zumindest auf absehbare Zeit keine Verwirklichungschance. Diese Bestimmungen können deshalb auch nicht etwa im Vorgriff auf künftiges Gesetzesrecht als bereits anwendbar behandelt werden[2].

Die Regeln für die Bildung und Auflösung des GmbH-Vertragskonzerns – über dessen grundsätzliche Zulässigkeit es keinen Streit gibt[3] – sind vielmehr primär auf der Grundlage des geltenden GmbH-Rechts und daneben in Analogie zu den aktienrechtlichen Vorschriften zu entwickeln, wobei schon hier festzuhalten ist, daß eine Pauschalanalogie zu den §§ 291 ff AktG nicht in Betracht kommt[4]. Dabei ergibt sich die Schwierigkeit, daß der Steuergesetzgeber in § 17 KStG für den Abschluß des außeraktienrechtlichen Gewinnabführungsvertrages eigene Regeln aufgestellt hat, die nicht nur für die gestaltende Praxis verständlicherweise Orientierungsmarken darstellen, sondern zudem die Frage aufwerfen, inwieweit sie darüber hinaus gesellschaftsrechtlich die Wirksamkeitsvoraussetzungen für solche Verträge bestimmen[5].

1 BT-Drucks. VI/3088 = BT-Drucks. 7/253 – jeweils S. 63 ff. Kritisch zu diesen Vorschriften etwa: ARBEITSKREIS GMBH-REFORM, Thesen und Vorschläge zur GmbH-Reform, Bd. 2, 1972, S. 45 ff; BALLERSTEDT, ZHR 135 (1971), 383 ff, 400 ff; EDER, GmbHR 1970, 249 ff; MARTENS, DB 1970, 813 ff, 865 ff.

2 Zur Zulässigkeit eines Vorgriffs auf künftiges Gesetzesrecht KLOEPFER, Vorwirkung von Gesetzen, 1974.

3 HACHENBURG/BARZ, Komm. z. GmbHG, 7. Aufl., 1975/1985, § 13 Anh. II Rdn. 31 f; HACHENBURG/ULMER; Komm. z. GmbHG, 7. Aufl., 1983, § 53 Rdn. 126; SCHOLZ/EMMERICH, Komm. z. GmbHG, 6. Aufl., 1978/1983, Anh. II Rdn. 159; SCHOLZ/PRIESTER, Komm. z. GmbHG, 6. Aufl. 1978/1983, § 53 Rdn. 129; FISCHER/LUTTER, Komm. z. GmbHG, 11. Aufl., 1985, Anh. § 13 Rdn. 22; ROWEDDER/KOPPENSTEINER, Komm. z. GmbHG, 1985, Anh. § 52 Rdn. 39; EMMERICH/SONNENSCHEIN, Konzernrecht, 2. Aufl., 1977, S. 244; TIMM, BB 1981, 1491, 1492.

4 HACHENBURG/BARZ, aaO (Fn. 3), § 13 GmbHG Anh. II Rdn. 30; SCHOLZ/EMMERICH, aaO (Fn. 3), Anh. II Rdn. 9; EMMERICH/SONNENSCHEIN, aaO (Fn. 3), S. 232 ff.

5 Dazu KORT, Der Abschluß von Beherrschungs- und Gewinnabführungsverträgen im GmbH-Recht, 1986, S. 77 ff (diese nach dem Symposion erschienene Schrift ist bei der Druckfassung des Manuskripts noch berücksichtigt). Korts Ansicht, die steuerrechtlichen Inhaltsanforderungen hätten Auswirkungen auf die gesellschaftsrechtlichen Erfordernisse, da eine Lückenfüllung im Gesellschaftsrecht „auch und gerade" durch das Steuerrecht erfolgen könne, erscheint allerdings angreifbar. TIMM, BB 1981, 1491, 1492 hat mit Recht darauf hingewiesen, der Steuergesetzgeber habe nicht umstrittene

Auf diesem Wege hat sich die Rechtsentwicklung in den letzten Jahren ein gutes Stück vorwärts bewegt, mag das auch im Augenblick durch die mit dem Autokran-Urteil des Bundesgerichtshofs[6] in den Mittelpunkt des Interesses gerückte Problematik des faktischen GmbH-Konzerns ein wenig in den Hintergrund geraten sein. Vor allem die formelle Behandlung der GmbH-rechtlichen Unternehmensverträge ist in Bewegung gekommen. Genannt seien etwa die Stichworte „Beurkundung der Zustimmungsbeschlüsse" und „Eintragung der Verträge in das Handelsregister". Hier zeichnen sich herrschende Auffassungen ab, die Debatte ist aber noch nicht zum Abschluß gelangt. In anderen Punkten, insbesondere in bezug auf das Mehrheitserfordernis für die Zustimmungsbeschlüsse, regt sich neuer Widerspruch gegenüber gefestigt erscheinenden Ansichten. Wiederum andere Aspekte sind bisher nur am Rande behandelt worden, etwa der Abschluß der Unternehmensverträge aus der Sicht der Obergesellschaft, ihre Beendigung und die Anforderungen an ihre inhaltliche Ausgestaltung.

Ziel dieses Beitrages ist auf solchem Hintergrund zunächst eine Bestandsaufnahme der Diskussion. Darüber hinaus wird in einer Reihe von Fragen Position im Sinne einer Konsolidierung und Fortentwicklung der rechtlichen Behandlung bezogen. Schließlich sollen Ansatzpunkte für eine weitere Erörterung der Materie aufgezeigt werden.

Zunächst ist freilich eine Eingrenzung vorzunehmen: GmbH-Vertragskonzernrecht meint das Recht der konzernabhängigen GmbH[7], ist also nicht nur dann angesprochen, wenn das herrschende Unternehmen gleichfalls eine GmbH ist, sondern auch dann, wenn es eine andere Rechtsform hat, etwa AG oder Personenhandelsgesellschaft, ja sogar Einzelkaufmann[8]. Gleichwohl soll hier nur

materielle Fragen des GmbH-Konzernrechts allgemein verbindlich regeln wollen. Ähnlich HACHENBURG/ULMER, aaO (Fn. 3), § 53 GmbHG Rdn. 132; ROWEDDER/KOPPENSTEINER, aaO (Fn. 3) Anh. § 52 GmbHG Rdn. 39. Anders dagegen ESCH, BB 1986, 272, 276.

6 BGHZ 95, 330 = BB 1985, 2065 = DB 1985, 2341 = GmbH-Rdsch. 1986, 78 = ZIP 1985, 1263; EWiR § 13 GmbHG 3/85, 885 – HOMMELHOFF. Dazu K. SCHMIDT, BB 1985, 2074 ff; DERS., ZIP 1986, 146 ff; LUTTER, ZIP 1985, 1425 ff; PRIESTER, ZIP 1986, 137 ff; EHLKE, DB 1986, 523 ff; E. REHBINDER, Die AG 1986, 85 ff; HEINSIUS, Die AG 1986, 99 ff; STIMPEL, Die AG 1986, 117 ff; ULMER, Die AG 1986, 123 ff, DERS., NJW 1986, 1579 ff.

7 Entsprechend regelt das Aktienvertragskonzernrecht in §§ 291 ff AktG das Recht der abhängigen AG bzw. KGaA. Daran ändert es nichts, daß sich einzelne Bestimmungen auch mit einer herrschenden AG bzw. KGaA befassen, z. B. §§ 293 Abs. 2, 305 Abs. 2 AktG. Vgl. dazu BIEDENKOPF/KOPPENSTEINER, Kölner Komm. z. AktG, 1971/1985, Vorb. § 291 Rdn. 11 f; WÜRDINGER, Großkomm. z. AktG, 3. Aufl., 1970/1973, § 291 Anm. 1.

8 Der andere Vertragsteil eines Unternehmensvertrages kann auch eine Personengesellschaft oder eine GmbH sein, LUTTER, DB 1973, Beilage 21 S. 12 f.

der Fall untersucht werden, daß sowohl das abhängige als auch das herrschende Unternehmen die Rechtsform einer GmbH besitzen. Einmal dürfte diese Konstellation trotz aller Bedeutung der AG als Obergesellschaft den praktisch häufigsten Fall bilden, zum anderen zeigen sich auf diese Weise auch die Probleme bei der Obergesellschaft allein aus GmbH-rechtlicher Sicht[9].

A. Organschaftsverträge als Gegenstand der Überlegungen

I. Unternehmensvertragstypen und ihre Verwendung im GmbH-Recht

1. Vertragstypen

Im Aktienrecht werden zwei Gruppen von Unternehmensverträgen unterschieden: Die erste Gruppe ist in § 291 AktG geregelt. Sie umfaßt den Beherrschungsvertrag und den Gewinnabführungsvertrag, sowie dessen praktisch seltene Unterart, den Geschäftsführungsvertrag[10]. Eine Kombination beider Vertragstypen wird üblicherweise – steuerrechtlicher Terminologie folgend – als „Organschaftsvertrag" bezeichnet[11].

In die zweite Gruppe fallen die von § 292 AktG aufgeführten sonstigen Unternehmensverträge, nämlich die Gewinngemeinschaft, der Teilgewinnabführungsvertrag sowie der Betriebspacht- und der Betriebsüberlassungsvertrag. Diese sonstigen Unternehmensverträge werden vom Aktiengesetz als schuldrechtliche Vertragstypen angesehen[12], die eine konzernmäßige Beziehung zwischen den Parteien nicht mit sich bringen. Ob das glücklich ist, erscheint zweifelhaft, weil solche Verträge regelmäßig zwischen einem herrschenden und einem abhängigen Unternehmen geschlossen werden. Es ist deshalb erwägenswert, bei ihnen die gleichen Anforderungen zu stellen wie beim Organschaftsvertrag[13]. Darauf ist hier indessen nicht näher einzugehen. Diese „sonstigen" Unternehmensverträge können zwar gleichermaßen gegenüber einer GmbH

9 In den anderen Fällen kommen zumindest Einflüsse der jeweiligen Rechtsform hinzu.

10 Dazu Biedenkopf/Koppensteiner, aaO (Fn. 7), § 291 AktG Rdn. 13 f; Baumbach/Hueck, Komm. z. AktG, 13. Aufl., 1968, § 291 Rdn. 10.

11 Biedenkopf/Koppensteiner, aaO (Fn. 7), § 291 AktG Rdn. 15; Scholz/Emmerich, aaO (Fn. 3), Anh. II, Rdn. 159.

12 Begründung zu § 292 AktG RegE, abgedruckt bei Kropff, Aktiengesetz, 1965, S. 378; Biedenkopf/Koppensteiner, aaO (Fn. 7), § 292 AktG Rdn. 8; Emmerich/Sonnenschein, aaO (Fn. 3), S. 128. Ob das zutreffend ist, wird heftig diskutiert. Nachweise bei Praël, Eingliederung und Beherrschungsvertrag als körperschaftliche Rechtsgeschäfte, 1978, S. 68.

13 Fischer/Lutter, aaO (Fn. 3), Anh. § 13 GmbHG Rdn. 33 für derartige Verträge mit einer abhängigen GmbH.

abgeschlossen werden, was auch gelegentlich geschieht. Die Beherrschungs- und vor allem die Gewinnabführungsverträge stehen aber praktisch so sehr im Vordergrund, daß sich die nachstehenden Überlegungen auf diese Verträge konzentrieren sollen.

2. *Praktische Relevanz*

Die Vertragspraxis im GmbH-Konzern wird weitgehend durch steuerliche Ziele und die zu ihrer Einreichung einzuhaltenden steuerrechtlichen Vorschriften bestimmt. Steuerlich geht es um die Begründung eines Organschaftsverhältnisses mit Zurechnung des Jahresergebnisses der abhängigen Gesellschaft bei der herrschenden, dem Organträger[14]. Dazu schreibt § 17 Satz 1 KStG den Abschluß eines Gewinnabführungsvertrages vor, verlangt aber – anders als § 14 Nr. 2 Satz 2 KStG für die aktienrechtliche Organschaft – nicht auch einen Beherrschungsvertrag zur Sicherstellung der organisatorischen Eingliederung[15]. Aufgrund solcher steuerrechtlichen Vorgaben aus § 17 KStG beschränkt sich die Praxis in der Mehrzahl der Fälle auf den Abschluß isolierter Gewinnabführungsverträge.

Dem entspricht die weit verbreitete Ansicht, bei der GmbH bedürfe es auch keines Beherrschungsvertrages, um den Willen der Obergesellschaft gegenüber der Tochter durchzusetzen[16]. Im Aktienrecht resultiere die Notwendigkeit des Abschlusses von Beherrschungsverträgen aus der eigenverantwortlichen Stellung des Vorstandes, der Weisungen seitens der Hauptversammlung nicht unterliege. Demgegenüber sei die Gesellschafterversammlung bei der GmbH – was unstreitig ist[17] – zu Weisungen gegenüber der Geschäftsführung befugt (§ 37 Abs. 1 GmbHG).

14 Dazu JURKAT, Die Organschaft im Körperschaftsteuerrecht, 1975, Rdn. 103 ff, S. 80 ff; L. SCHMIDT/STEPPERT, Die Organschaft im Körperschaftsteuer-, Gewerbesteuer- und Umsatzsteuerrecht, 3. Aufl., 1978, S. 18 ff.

15 So die h. M. im Steuerrecht, etwa: W. WINTER, in: Herrmann/Heuer/Raupach, Komm. z. EStG u. KStG, Lfg. 140 (Juni 1983), § 17 KStG Anm. 35; FELIX/STRECK, Komm. z. KStG, 2. Aufl., 1984, § 17 Anm. 4. Wenn KORT, aaO (Fn. 5), S. 84 f demgegenüber jetzt Bedenken anmeldet, liegt das auf der von ihm eingeschlagenen Linie einer Angleichung der zivil- und steuerrechtlichen Voraussetzungen des Organschaftsvertrages; vgl. dazu oben Fn. 5.

16 HACHENBURG/BARZ, aaO (Fn. 3), § 13 GmbHG Anh. II Rdn. 30; SKIBBE, GmbH-Rdsch. 1968, 245, 246; WÜRDINGER, in: Probleme der GmbH-Reform, 1970, S. 122, 131; SCHILLING, FS Hefermehl, 1976, S. 383, 390; GÄBELEIN, in: Der GmbH-Konzern, Hrsg. Centrale für Gesellschaften mbH Dr. Otto Schmidt, 1976, S. 50, 58; TIMM, BB 1981, 1491, 1493. Zweifelnd dagegen SCHOLZ/EMMERICH, aaO (Fn. 3), Anh. II Rdn. 163; vgl. ferner die Diskussion zwischen WÜRDINGER und GESSLER, in: Der GmbH-Konzern, aaO (Fn. 16), S. 175 f, 178 ff.

17 Etwa: SCHOLZ/U. H. SCHNEIDER, Komm. z. GmbHG, 6. Aufl. 1978/1983, § 37 Rdn. 54; FISCHER/LUTTER (Fn. 3), § 37 GmbHG Rdn. 1; ZÖLLNER, in: Baumbach/Hueck, Komm. z. GmbHG, 14. Aufl., 1985 § 37 Rdn. 10.

Demgemäß wird oder wurde jedenfalls als konstituierendes Merkmal des GmbH-Vertragskonzerns zumeist das Vorhandensein eines Gewinnabführungsvertrages angesehen. Das zeigt sich besonders deutlich an der von *Barz* getroffenen Feststellung, wie bei der Aktiengesellschaft der Beherrschungsvertrag, so bilde bei der GmbH der Gewinnabführungsvertrag die Scheide zwischen Vertragskonzern und faktischem Konzern[18].

In der Praxis scheint sogar eine gewisse Scheu vor dem Begriff des Beherrschungsvertrages bei der GmbH zu bestehen. Es kommt vor, daß ein Vertrag neben der Gewinnabführung die Unterstellung der abhängigen GmbH unter die Leitung der herrschenden ausdrücklich vorsieht und das Vertragswerk gleichwohl lediglich als „Gewinnabführungs"-Vertrag bezeichnet wird.

II. Konzernherrschaft nur durch Organschaftsverträge

1. Verbot nachteiliger Weisungen im faktischen Konzern

Durch die gesellschaftliche Treuepflicht sind der Mehrheitsherrschaft in der GmbH Grenzen gesetzt. Aufgrund dieser Treuepflicht hat sich der Mehrheitsgesellschafter bei Beschlüssen über Geschäftsführungsmaßnahmen am Interesse der GmbH zu orientieren. Das ist seit der ITT-Entscheidung des BGH[19] allgemein anerkannt[20]. Daraus folgt aber, daß die Obergesellschaft der abhängigen GmbH im faktischen Konzern keine für sie nachteiligen Weisungen erteilen darf[21]. Auf ein die Weisung rechtfertigendes Konzerninteresse kann sich das herrschende Unternehmen dabei nicht berufen[22].

Ob etwas anderes gilt, wenn ein sofortiger Nachteilsausgleich erfolgt, ist umstritten[23]. Für die Praxis wäre freilich auch dann nicht viel gewonnen, wenn man nachteilige Weisungen in diesem Falle billigen wollte. Mit einem Ausgleich würde häufig das Interesse des herrschenden Unternehmens an dem angestrebten Vorteil entfallen.

18 HACHENBURG/BARZ, aaO (Fn. 3), § 13 GmbHG Anh. II Rdn. 30.

19 BGHZ 65, 15 = BB 1975, 1450 m. Anm. SCHILLING = NJW 1976, 191 m. Anm. ULMER. Dazu etwa: BREZING, Die AG 1976, 5 ff; E. REHBINDER, ZGR 1976, 386 ff; H. P. WESTERMANN, GmbH-Rdsch. 1976, 77 ff; WIEDEMANN, JZ 1976, 392 ff; MERTENS, FS Fischer, 1979, S. 461 ff.

20 Ferner etwa: LUTTER, AcP 180 (1980) 84, 113 ff; HOMMELHOFF, Die Konzernleitungspflicht, 1982, S. 247 f; SCHULZE-OSTERLOH, ZGR 1983, 123, 155 f.

21 Anders SCHILLING, FS Hefermehl, 1976, S. 390 bei Bestehen eines Gewinnabführungsvertrages.

22 HOMMELHOFF, aaO (Fn. 20), S. 253; ZÖLLNER, aaO (Fn. 17), SchlußAnh. I Rdn. 8.

23 Die überwiegende Mehrheit verneint; vgl. dazu insbesondere die umfangreichen Nachweise bei HOMMELHOFF, aaO (Fn. 20), S. 253 Fn. 67. Aus dem neueren Schrifttum verneinend: LUTTER, ZGR 1982, 244, 260 f; ULMER, ZHR 148 (1984), 391, 412; MARTENS, GmbH-Rdsch. 1984, 265, 268 f.

Ein vom Mehrheitsgesellschafter mit seiner Stimmkraft durchgesetzter, für die Gesellschaft nachteiliger Beschluß ist analog § 243 Abs. 2 Satz 1 AktG anfechtbar[24]. Darüber hinaus ist die herrschende GmbH zum Schadenersatz verpflichtet[25]. Anspruchsinhaber ist dabei die abhängige Gesellschaft[26]. Machen die Geschäftsführer den Schaden nicht geltend, so ist den außenstehenden Gesellschaftern eine Notzuständigkeit im Wege der actio pro socio eingeräumt[27].

2. *Bedeutung des Beherrschungsvertrages*

Auf diesem Hintergrund zeigt sich die wesentliche Bedeutung des Beherrschungsvertrages. Ist ein solcher mit der abhängigen GmbH abgeschlossen, sind ihr gegenüber auch nachteilige Weisungen seitens der herrschenden Gesellschaft erlaubt. Das wird von § 308 Abs. 1 Satz 2 AktG für das Aktienkonzernrecht ausdrücklich festgestellt, gilt aber gleichermaßen für die GmbH[28]. Die Zulässigkeit nachteiliger Weisungen ist freilich nicht ohne Grenzen. Derartige Weisungen müssen durch das Konzerninteresse gerechtfertigt sein[29]. Ob darüber hinaus noch weitere Beschränkungen insoweit anzunehmen sind, als die Überlebensfähigkeit der abhängigen Gesellschaft gewährleistet sein muß, ist eine neuerdings diskutierte, hier jedoch nicht weiter zu verfolgende Frage[30].

Der Beherrschungsvertrag führt daneben aber auch zu einer Vereinfachung des Herrschaftsverhältnisses. Die Obergesellschaft kann ihre Weisungen den Geschäftsführern der abhängigen GmbH direkt erteilen. Sie erspart sich den Umweg über deren Gesellschafterversammlung und damit das Risiko einer

24 Dazu etwa Scholz/K. Schmidt, Komm. z. GmbHG, 6. Aufl., 1978/1983, § 45 Rdn. 75 m. w. N., der jedoch im Anschluß an Immenga, GmbH-Rdsch. 1973, 5, 9 ff, mit Recht darauf hinweist, daß in den hier relevanten Fällen von Beschlüssen in Geschäftsführungsangelegenheiten nur Schadenersatzansprüche praktische Hilfe bieten.

25 Fischer/Lutter, aaO (Fn. 3), Anh. § 13 GmbHG Rdn. 14; Zöllner, aaO (Fn. 17), SchlußAnh. I Rdn. 9.

26 Fischer/Lutter, aaO (Fn. 3), Anh. § 13 GmbHG Rdn. 15; Zöllner, aaO (Fn. 17), SchlußAnh. I Rdn. 9.

27 BGHZ 65, 15, 21 (ITT). Teilweise wird allerdings behauptet, diese Entscheidung betreffe nur die Geltendmachung eines Eigenschadens des Minderheitsgesellschafters; dazu Kort, aaO (Fn. 5), S. 21 f m. w. N. Zur actio pro socio im GmbH-Recht jüngst Berger, ZHR 149 (1985), 599 ff.

28 Scholz/Emmerich, aaO (Fn. 3), Anh. II Rdn. 183; Rowedder/Koppensteiner aaO (Fn. 3), Anh. § 52 GmbHG Rdn. 63.

29 Scholz/Emmerich, aaO (Fn. 3), Anh. II Rdn. 183; Rowedder/Koppensteiner, aaO (Fn. 3), Anh. § 52 GmbHG Rdn. 64.

30 Dazu Hommelhoff, aaO (Fn. 20), S. 150 f m. w. N. und neuestens v. Schwabe, Abgrenzung der weisungsfesten Regelungsbereiche im Vertragskonzern, Diss. Mannheim, 1986, S. 127 ff.

Anfechtung von Weisungsbeschlüssen[31]. Insoweit stellt der Beherrschungsvertrag eine Legalisierung der Konzernleitung dar[32].

Unter diesen Umständen ist echte Konzernherrschaft auch bei der GmbH nur durch die Kombination von Gewinnabführungs- *und* Beherrschungsvertrag, also durch einen Organschaftsvertrag, möglich.

B. Bildung des GmbH-Vertragskonzerns

I. Abhängige GmbH

1. Zuständigkeiten

Nach heute wohl allgemeiner Ansicht werden der Beherrschungs- wie der Gewinnabführungsvertrag auch auf seiten der abhängigen Gesellschaft von den Geschäftsführern geschlossen[33]. Wirksam wird dieser Vertrag aber erst, wenn ihm die Gesellschafter durch entsprechenden Beschluß zustimmen. Die Situation ist vergleichbar mit derjenigen bei der Verschmelzung, wo der Verschmelzungsvertrag (§21 KapErhG) durch die Geschäftsführer geschlossen wird[34], seine Wirksamkeit aber erst mit Zustimmung der Gesellschafterversammlungen der beteiligten Gesellschaften erhält (§20 Abs. 1 KapErhG). Der Zustimmungsbeschluß hat damit also nicht nur legitimierende Innenwirkung gegenüber den Geschäftsführern, sondern Außenwirkung im Sinne einer Wirksamkeitsvoraussetzung für den Organschaftsvertrag[35].

31 Gessler, in: Der GmbH-Konzern, aaO (Fn. 16), 1976, S. 179; Fischer/Lutter, aaO (Fn. 3), Anh. §13 GmbHG Rdn. 24.

32 Fischer/Lutter, aaO (Fn. 3), Anh. §13 GmbHG Rdn. 24; ähnlich Scholz/Emmerich, aaO (Fn. 3), Anh. II Rdn. 179: zusätzliche Legitimation der anderweitig schon begründeten Herrschaft.

33 Hachenburg/Barz, aaO (Fn. 3), §13 GmbHG Anh. II Rdn. 36; Scholz/Emmerich, aaO (Fn. 3), Anh. II Rdn. 172; Fischer/Lutter, aaO (Fn. 3), Anh. §13 GmbHG Rdn. 26.

34 Unstreitig, vgl. etwa: Hachenburg/Schilling/Zutt, Komm. z. GmbHG, 7. Aufl., 1979, Anh. §77 GmbHG, §21 VerschmG Rdn. 3; Scholz/Skibbe, Komm. z. GmbHG, 6. Aufl., 1978/1983 Anh. III Rdn. 28.

35 Heute h. M.: Hachenburg/Barz, aaO (Fn. 3), §13 GmbHG Anh. II Rdn. 31; Scholz/Emmerich, aaO (Fn. 3), Anh. II Rdn. 172; Scholz/Priester, aaO (Fn. 3), §53 GmbHG Rdn. 129; Fischer/Lutter, aaO (Fn. 3), Anh. §13 GmbHG Rdn. 26; Hönle, DB 1979, 485, 487; Timm, BB 1981, 1491, 1492; K. Schmidt, ZGR 1984, 295, 308; a. A. OLG Düsseldorf BB 1981, 1482, 1483; Ballerstedt, DB 1956, 837, 839; Skibbe, GmbH-Rdsch. 1968, 245, 246; Laube, BB 1969, 1532, 1533. Allgemein zur Funktion, die der Zustimmung der Aktionäre bzw. der Gesellschafter in diesen Fällen zukommt: BGHZ 82, 188, 196ff.

Der Grund für die Zuständigkeit der Gesellschafterversammlung bei Abschluß des Beherrschungs- und des Gewinnabführungsvertrages liegt darin, daß der Grundsatz unbeschränkbarer Vertretungsmacht der Geschäftsführer (§ 37 Abs. 2 GmbHG) bei ihnen nicht zur Anwendung kommt[36]. Das folgt aus der nicht schuldrechtlichen, sondern organschaftlichen, körperschaftsrechtlichen Natur dieser Verträge[37].

Der Beherrschungs- wie der Gewinnabführungsvertrag greifen nachhaltig in die Struktur der abhängigen Gesellschaft ein. Sie verändern deren Zweck, denn der Zweck einer GmbH[38] geht mangels abweichender Satzungsregelung auf Verfolgung des Unternehmensgegenstandes in eigener freier Tätigkeit und auf eigene Rechnung[39]. Darüber hinaus wirkt der Beherrschungsvertrag auf die innergesellschaftliche Zuständigkeitsverteilung ein und beschränkt zugleich die Mitwirkungsrechte der außenstehenden Gesellschafter. Der Gewinnabführungsvertrag beseitigt das Gewinnbezugsrecht der Gesellschafter.

Diese Wirkungen des Organschaftsvertrages führen weiter dazu, daß ihm ein satzungsändernder, genauer: ein satzungsüberlagernder Charakter beizumessen ist und die Zustimmungsbeschlüsse daher den Vorschriften über Satzungsänderungen zu unterstellen sind. Darauf ist alsbald zurückzukommen[40].

Aus der körperschaftsrechtlichen Natur des Organschaftsvertrages folgt nach herrschender Meinung ferner, daß § 47 Abs. 4 Satz 2 GmbHG nicht eingreift, wonach ein Gesellschafter bei Abschluß eines Rechtsgeschäfts mit ihm vom Stimmrecht ausgeschlossen ist. Das herrschende Unternehmen kann also bei

36 ZÖLLNER, aaO (Fn. 17), Schlußanh. II Rdn. 16; ROWEDDER/KOPPENSTEINER, aaO (Fn. 3), Anh. § 52 GmbHG Rdn. 40, HACHENBURG/ULMER, aaO (Fn. 3) § 53 GmbHG Rdn. 128; HERRMANN/WINTER, FR 1982, 262, 267; a. A. OLG Düsseldorf BB 1981, 1482, 1483; LUTTER, DB 1973, Beilage 21, S. 12; GUTBROD, BB 1980, 288, 289.

37 WÜRDINGER, DB 1958, 1447; MESTMÄCKER, Verwaltung, Konzerngewalt und Rechte der Aktionäre, 1958, S. 316 ff; E. REHBINDER, Konzernaußenrecht und allgemeines Privatrecht, 1969, S. 77; SONNENSCHEIN, Organschaft und Konzerngesellschaftsrecht, 1976, S. 319 ff; HACHENBURG/ULMER, aaO (Fn. 3) § 53 GmbHG Rdn. 128; für das Aktienrecht ebenso: BIEDENKOPF/KOPPENSTEINER, aaO (Fn. 7), § 291 AktG Rdn. 20 m. w. N.

38 Der nach heutigem Verständnis von ihrem Unternehmensgegenstand deutlich zu trennen ist; dazu HACHENBURG/ULMER, aaO (Fn. 3), 2. Bearb., 1985, § 1 GmbHG Rdn. 4 ff; SCHOLZ/WINTER, Komm. z. GmbHG, 6. Aufl., 1978/1983, § 1 Rdn. 2.

39 HACHENBURG/SCHILLING, Komm. z. GmbHG, 6. Aufl., 1959, § 53 Anm. 19 ff; ähnlich HACHENBURG/ULMER, aaO (Fn. 3), § 53 GmbHG Rdn. 129. Zu widersprechen ist deshalb der Ansicht von KORT, aaO (Fn. 5), S. 60, bei Schweigen der Satzung könne der Gesellschaftszweck nicht auf „die Verfolgung des Unternehmensgegenstandes in eigener, freier Tätigkeit beschränkt werden".

40 Unten B I 3 b.

Beschlußfassung über den Organschaftsvertrag mitstimmen[41]. Das ist zwar ohne Bedeutung, solange man für den Zustimmungsbeschluß das Einverständnis aller Gesellschafter verlangt, gewinnt aber entscheidendes Gewicht, sobald eine qualifizierte Mehrheit als ausreichend angesehen wird.

Die Zustimmung der Gesellschafterversammlung muß sich auf einen konkreten Unternehmensvertrag beziehen. Generelle Satzungsklauseln, wonach der Abschluß von Unternehmensverträgen zulässig ist, vermögen die Zustimmung nicht zu ersetzen[42]. Etwas anderes mag gelten, wenn die Satzung den künftigen Unternehmensvertrag in seinen wesentlichen Momenten[43] bereits aufführt. Hier käme eine vorweggenommene Zustimmung in Betracht. Solche Fälle dürften aber in der Praxis äußerst selten sein.

2. *Mehrheiten*

a) *Meinungsstand*

Die – jedenfalls noch – herrschende Meinung verlangt für den Zustimmungsbeschluß Einstimmigkeit bzw. genauer: die Zustimmung aller Gesellschafter[44].

41 So die h.M.: Hachenburg/Barz, aaO (Fn. 3), § 13 GmbHG Anh. II Rdn. 36; Hachenburg/Ulmer, aaO (Fn. 3), § 53 GmbHG Rdn. 128; Scholz/Emmerich, aaO (Fn. 3), Anh. II Rdn. 168; Fischer/Lutter, aaO (Fn. 3), Anh. § 13 GmbHG Rdn. 26; Scholz/K. Schmidt, aaO (Fn. 24), § 47 GmbHG Rdn. 104; Sonnenschein, aaO (Fn. 37), S. 357 f; Verhoeven, GmbH-Konzern – Innenrecht, 1978, S. 51 f; Hönle, DB 1979, 485, 487 f; a. A. Zöllner, Die Schranken mitgliedschaftlicher Stimmrechtsmacht bei den privatrechtlichen Personenverbänden, 1963, S. 250 f; Ders., aaO (Fn. 17), Schlußanh. I Rdn. 17; Martens, Mehrheits- und Konzernherrschaft in der personalistischen GmbH, 1970, S. 164; Immenga/Werner, GmbH-Rdsch. 1976, 55, 58 f; Flume, Allgemeiner Teil des Bürgerlichen Rechts, Bd. I 2, Die juristische Person, 1983, S. 235 f.

42 Hachenburg/Ulmer, aaO (Fn. 3), § 53 GmbHG Rdn. 131; Scholz/Priester, aaO (Fn. 3), § 53 GmbHG Rdn. 133; a. A. offenbar Herrmann/Winter, FR 1982, 262, 267.

43 Wozu vor allem wohl der Vertragspartner gehören müßte, da die weiteren wesentlichen Vertragsbestandteile zumindest zu einem guten Teil zwingend vorgegeben sind; vgl. dazu unten B III.

44 Einstimmige Beschlußfassung: Hachenburg/Barz, aaO (Fn. 3), § 13 GmbHG Anh. II Rdn. 36; Scholz/Emmerich, aaO (Fn. 3), Anh. II Rdn. 165, 220; K. Müller, GmbH-Rdsch. 1973, 97, 99; H. P. Westermann, in: Der GmbH-Konzern, aaO (Fn. 16), S. 25, 39; Zustimmung sämtlicher Gesellschafter: Zöllner, aaO (Fn. 17), Schlußanh. I Rdn. 16; Roth, GmbHG, 1983, § 29 Anm. 4.2; Sonnenschein, aaO (Fn. 37), S. 373; Schilling, FS Hefermehl, 1976, S. 391; K. Schmidt, GmbH-Rdsch. 1979, 121, 124; Scholz/Priester, aaO (Fn. 3), § 53 GmbHG Rdn. 129; Fleck, ZHR 149 (1985), 387, 396. – Zum Unterschied zwischen Einstimmigkeit und Zustimmung aller deutlich: K. Schmidt, aaO.

Sie kann auch außerhalb der Gesellschafterversammlung erteilt werden, vorher oder nachher[45].

Argumentationsgrundlage für diese Auffassung ist zunächst der Hinweis auf § 33 Abs. 1 Satz 2 BGB, wonach eine Zweckänderung des Vereins die Zustimmung aller Gesellschafter erfordert. Das gelte auch für die GmbH[46]. Ferner sei der vom Organschaftsvertrag bewirkte Eingriff in die Mitverwaltungs- und Gewinnbezugsrechte der Minderheitsgesellschafter nur bei deren Einverständnis zulässig[47]. Schließlich verletze der Zustimmungsbeschluß den Grundsatz der Gleichbehandlung aller Verbandsmitglieder, da er eine Bevorzugung des herrschenden Unternehmens auf Kosten der außenstehenden Gesellschafter enthalte[48].

Demgegenüber will eine andere Ansicht, die neuerdings wieder an Boden gewinnt, eine Dreiviertelmehrheit genügen lassen[49]. Sie hält der herrschenden Meinung entgegen, das von § 33 BGB aufgestellte Einstimmigkeitserfordernis bei Zweckänderung sei keineswegs zwingend, sondern – wie § 40 BGB ergebe – disponibel[50]. Der Eingriff in die Mitverwaltungs- und Gewinnbezugsrechte führe nicht gemäß § 53 Abs. 3 GmbHG zu einer Zustimmungsnotwendigkeit aller betroffenen Gesellschafter, denn diese Vorschrift betreffe nur die Lasten-

45 Vgl. HACHENBURG/ULMER, aaO (Fn. 3), § 53 GmbHG Rdn. 72 f; SCHOLZ/PRIESTER; aaO (Fn. 3), § 53 GmbHG Rdn. 75 f.

46 HACHENBURG/ULMER, aaO (Fn. 3), § 53 GmbHG Rdn. 95, 129; SCHOLZ/PRIESTER, aaO (Fn. 3), § 53 GmbHG Rdn. 131, 139 ff; ZÖLLNER, aaO (Fn. 17), § 35 GmbHG Rdn. 46; § 53 GmbHG Rdn. 14, SCHOLZ/EMMERICH, aaO (Fn. 3), Anh. II Rdn. 165, der allerdings – obwohl auf § 33 BGB verweisend – von Änderung des „Gegenstandes" spricht; HÖNLE, DB 1979, 485, 486.

47 SCHOLZ/EMMERICH, aaO (Fn. 3), Anh. II Rdn. 165; HACHENBURG/ULMER, aaO (Fn. 3), § 53 GmbHG Rdn. 129, SCHOLZ/PRIESTER, aaO (Fn.3), § 53 GmbHG Rdn. 131; K. MÜLLER, GmbH-Rdsch. 1973, 97, 99.

48 HACHENBURG/BARZ, aaO (Fn. 3), § 13 GmbHG Anh. II Rdn. 36; HACHENBURG/ULMER, aaO (Fn. 3), § 53 GmbHG Rdn. 131 a.

49 So im *älteren* Schrifttum unter dem Blickwinkel des Erfordernisses einer Satzungsänderung etwa: BALLERSTEDT, DB 1956, 837, 839; FLUME, DB 1956, 455, 457; MESTMÄKKER, aaO (Fn. 37), S. 337 f; weitere Nachweise bei SONNENSCHEIN, aaO (Fn. 37), S. 355 Fn. 31. – Aus der *späteren* Zeit sind zu nennen: SKIBBE, GmbH-Rdsch. 1968, 245, 246; HACHENBURG/GOERDELER/MÜLLER, Komm. z. GmbHG, 7. Aufl., 1979, § 29 Rdn. 62. *Neuerdings* wird die ¾-Mehrheit insbesondere vertreten von FISCHER/LUTTER, aaO (Fn. 3), Anh. § 13 GmbHG Rdn. 27 a. E.; ROWEDDER/KOPPENSTEINER, aaO (Fn. 3), Anh. § 52 GmbHG Rdn. 40; KORT, aaO (Fn. 5), S. 109 ff, insbesondere S. 119 f. – TIMM hatte in BB 1981, 1491, 1494 eine 9/10-Mehrheit analog § 9 UmwG vorgeschlagen, daran aber in Die AG 1982, 93, 100 f wohl nicht festgehalten.

50 ROWEDDER/KOPPENSTEINER, aaO (Fn. 3), Anh. § 52 GmbHG Rdn. 40 u. KORT, aaO (Fn. 5), S. 113 f jeweils unter Berufung auf WIEDEMANN, Gesellschaftsrecht, Bd. I, 1980, S. 156 f m. w. N.

vermehrung, nicht aber auch die Rechtsverkürzung[51]. Schließlich sei der Gleichbehandlungsgrundsatz dann nicht verletzt, wenn der Minderheit ein angemessener Ausgleich geboten werde[52]. Darüber hinaus lasse sich dem Gesetz eine einheitliche Linie entnehmen, auch für Grundlagenbeschlüsse eine – wenngleich qualifizierte – Mehrheit ausreichen zu lassen[53]. Deutlich zeige sich das etwa an der Verschmelzung. Hier genüge die Mehrheit von drei Viertel (§ 20 Abs. 2 Satz 1 KapErhG), obwohl der Eingriff in die Rechtsstellung der Minderheit in diesem Falle gravierender sei als bei Abschluß eines Unternehmensvertrages[54].

Teilweise wird zur Ergänzung der Dreiviertelmehrheit eine materielle Beschlußkontrolle dahin empfohlen, ob der Zustimmungsbeschluß erforderlich, geeignet und angemessen ist[55].

b) Stellungnahme

Man sollte der herrschenden Meinung folgen. Ihre Argumente sind überzeugend. Nach geltendem Recht erscheint die Zustimmung aller Gesellschafter notwendig.

Die Regelung des § 33 Abs. 1 Satz 2 BGB hat ihren guten Sinn: Der Zweck des Verbandes, seine Grund-Zielorientierung, soll nur mit Einverständnis aller Mitglieder geändert werden können[56]. Diese Regel kann durch die Satzung abbedungen werden – nur das meint § 40 BGB –, fehlt es daran aber, bleibt es beim Zustimmungserfordernis aller.

Die Eingriffe in die Mitverwaltungs- und Gewinnbezugsrechte durch Beherrschungs- und Gewinnabführungsverträge sind so gravierend, daß sie ohne Einwilligung der betroffenen Gesellschafter nicht hingenommen werden können. Es mag problematisch sein, inwieweit die Vorschrift des § 53 Abs. 3 GmbHG von der Lastenvermehrung auf die dort nicht genannte Rechtsverkür-

51 Rowedder/Koppensteiner, aaO (Fn. 3), § 52 GmbHG Rdn. 40; Verhoeven, aaO (Fn. 41), S. 131; Timm, Die AG 1982, 93, 100 f.

52 Rowedder/Koppensteiner, aaO (Fn. 3), Anh. § 52 GmbHG Rdn. 40; ähnlich schon Sonnenschein, aaO (Fn. 37), S. 353 f, 368 f.

53 Kort, aaO (Fn. 5), 111 ff.

54 Rowedder/Koppensteiner, aaO (Fn. 3), Anh. § 52 GmbHG Rdn. 40 unter Hinweis auf Timm, Die AG 1982, 93, 100.

55 Fischer/Lutter, aaO (Fn. 3), Anh. § 13 GmbHG Rdn. 27 a. E.; vorsichtiger Rowedder/Koppensteiner, aaO (Fn. 3), Anh. § 52 GmbHG Rdn. 40 a. E. u. Timm, BB 1981, 1491, 1495 m. w. N. z. Problem materieller Schranken formal ordnungsmäßiger Beschlüsse in Fn. 39.

56 Dazu etwa Staudinger/Coing, Komm. z. BGB. 12. Aufl., 1980, § 33 Rdn. 2. Zur grundlegenden Bedeutung der Zweckänderung beim Verein jüngst BGH DB 1986, 473 mit Stellungnahme von Häuser/van Look, ZIP 1986, 749 ff.

zung erstreckt werden kann[57]. Bei einem zumindest weitgehenden, wenn nicht gar vollständigen Rechtsentzug, wie hier, muß sie aber zum Zuge kommen.

Auch wenn man den Gleichbehandlungsgrundsatz nicht formal verstehen darf, erscheint es doch nicht möglich, selbst in angemessener Ausgleichsgewährung für die außenstehenden Gesellschafter eine Aufhebung der Ungleichbehandlung zu sehen. Beim Beherrschungsvertrag geht die Disposition über das unternehmerische Geschehen, beim Gewinnabführungsvertrag das wirtschaftliche Ergebnis auf das herrschende Unternehmen allein über[58].

Diesen Gesichtspunkten läßt sich nicht entgegenhalten, der Abschluß des Organschaftsvertrages gieße nur die vorher bereits gegebene Situation in eine rechtliche Form. Die Rechte der Minderheit seien durch die Mehrheitsmacht des herrschenden Unternehmens längst faktisch entsprechend eingeschränkt gewesen[59]. Durch einen solchen Unternehmensvertrag tritt nämlich eine deutlich weitergehende Restriktion der Rechte der außenstehenden Gesellschafter ein. Erst der Beherrschungsvertrag gibt die Befugnis zu nachteiligen Weisungen[60], ohne Gewinnabführungsvertrag ist eine Abführung des jährlichen Gewinnes nicht möglich[61].

Schließlich ist der behauptete Wertungswiderspruch zu § 20 Abs. 2 KapErhG nicht gegeben. Bei der Verschmelzung erhalten die Gesellschafter der übertragenden Gesellschaft Anteile an einer selbständigen Gesellschaft, bleiben also unternehmerisch beteiligt[62]. Beim Unternehmensvertrag werden sie dagegen zu Rentner-Gesellschaftern[63].

Der Gesetzgeber könnte freilich anordnen, daß eine Drei-Viertel-Mehrheit für den Zustimmungsbeschluß genügen soll, wie er es im Aktienrecht getan hat (§ 293 Abs. 1 Satz 2 AktG) und anläßlich der Reform von 1971/73 auch für die GmbH vorgesehen hatte (§ 232 Abs. 1 Satz 2 RegE GmbHG)[64]. Eine andere Frage ist allerdings, ob eine solche Lösung zu empfehlen wäre.

57 Zu dieser Frage: HACHENBURG/ULMER, aaO (Fn. 3), § 53 GmbHG Rdn. 70; SCHOLZ/PRIESTER, aaO (Fn. 3), § 53 GmbHG Rdn. 46; ROWEDDER/ZIMMERMANN, Komm. z. GmbHG, 1985, § 53 Rdn. 47; H. P. WESTERMANN, Pro GmbH, Analysen und Perspektiven des Gesellschafts- und Steuerrechts der GmbH, 1980, S. 23, 41 f; TIMM, Die AG 1981, 133, 134.

58 Ähnlich VERHOEVEN, aaO (Fn. 41), S. 132; wie hier schon HOMMELHOFF, aaO (Fn. 20), S. 249 ff.

59 In dieser Richtung KORT, aaO (Fn. 5), S. 61.

60 Vgl. oben A II 2.

61 SCHOLZ/EMMERICH, aaO (Fn. 3), Anh. II Rdn. 218; SONNENSCHEIN, aaO (Fn. 37), S. 431.

62 Was das Gesetz durch eine grundsätzlich zwingende Pflicht zur Gewährung von Anteilen an die Gesellschafter der übertragenden Gesellschafter sicherstellen will, dazu sowie zu Ausnahmen PRIESTER, BB 1985, 363 ff.

63 WIEDEMANN, aaO (Fn. 50), S. 445.

64 BT-Drucks. VI/3088 = BT-Drucks. 7/253 jeweils S. 63.

Auch rechtspolitisch erscheint ein Abgehen von der Zustimmungsnotwendigkeit aller Gesellschafter nicht angezeigt. Dafür spricht zunächst einmal das Gewicht, das dem Präventivschutz im Konzernrecht heute zugemessen wird[65]. Mag auch der „archimedische Punkt" der Konzernbildung[66] früher liegen, nämlich bei Begründung der Abhängigkeit, so kommt doch der Zustimmung zum Organschaftsvertrag zumindest die Funktion einer „letzten Notbremse" zu.

Vor allem aber enthält das Verlangen nach einer Zustimmung sämtlicher Gesellschafter eine GmbH-spezifische Umsetzung von Aktienkonzernrecht. Die Aktiengesellschaft ist jedenfalls nach ihrer gesetzlichen Konzeption auf eine große Zahl rein kapitalistisch beteiligter Gesellschafter angelegt[67]. Die GmbH weist dagegen regelmäßig eine personalistische Struktur auf. Sie besitzt zumeist einen kleinen Gesellschafterkreis mit relativ enger Verbundenheit der Gesellschafter[68]. Vielfach bildet sie die Existenzgrundlage der Gesellschafter, insbesondere dort, wo diese im Unternehmen mitarbeiten.

c) *Zustimmungspflicht aufgrund Treuebindung*

Das Zustimmungserfordernis aller Gesellschafter bedeutet nun aber nicht schlechthin eine Blockade sinnvoller Konzernierung. Treuepflichten können nämlich eine Zustimmung zum Abschluß des Unternehmensvertrages gebieten. Eine solche Mitwirkungspflicht ist auch bisher schon erörtert worden, wurde jedoch restriktiv gesehen und auf seltene Ausnahmefälle beschränkt[69]. Insoweit erscheint eine erweiternde Betrachtungsweise angezeigt.

Eine Zustimmungspflicht zu Änderungen des Gesellschaftsvertrages wird bei der GmbH freilich allenfalls für Sonderkonstellationen angenommen[70]. Das ist anders als im Recht der Personengesellschaft, wo eine derartige Pflicht unter bestimmten Voraussetzungen als Ausfluß der Treuebindung des Gesellschafters

65 Zuletzt etwa: ROWEDDER/KOPPENSTEINER, aaO (Fn. 3), Anh. § 52 GmbHG Rdn. 24 ff; ZÖLLNER, aaO (Fn. 17), Schlußanh. I. Rdn. 19 ff.

66 LUTTER/TIMM, NJW 1982, 409, 411 ff.

67 Dazu etwa: F. KÜBLER, Gesellschaftsrecht, 2. Aufl., S. 163 ff; G. HUECK, Gesellschaftsrecht, 18. Aufl., S. 171 ff.

68 Rechtstatsachen bei KORNBLUM, GmbH-Rdsch. 1985, 42, 46 ff unter einbeziehenden Hinweisen auf frühere Untersuchungen.

69 SCHOLZ/EMMERICH, aaO (Fn. 3), Anh. II Rdn. 166 jedenfalls für die personalistische GmbH; HACHENBURG/ULMER, aaO (Fn. 3), § 53 GmbHG Rdn. 131 a a. E.; großzügiger wohl H. P. WESTERMANN, in: Der GmbH-Konzern, aaO (Fn. 36), S. 25, 39; SCHOLZ/K. SCHMIDT, aaO (Fn. 24), § 47 GmbHG Rdn. 5.

70 HACHENBURG/ULMER, aaO (Fn. 3), § 53 GmbHG Rdn. 65; SCHOLZ/PRIESTER, aaO (Fn. 3), § 53 GmbHG Rdn. 29.

bejaht wird[71]. Der Grund für diesen Unterschied liegt darin, daß bei Personengesellschaften das Einstimmigkeitsprinzip herrscht, während im GmbH-Recht der Mehrheitsgrundsatz auch für Satzungsänderungen gilt (§ 53 Abs. 2 Satz 1 GmbHG). Sind aber Zustimmungspflichten das Gegenstück zum Einstimmigkeitserfordernis, werden sie auch im GmbH-Recht dort relevant, wo ein Beschluß die positive Mitwirkung aller Gesellschafter erfordert. Das ist indessen nach hier vertretener Ansicht beim Zustimmungsbeschluß zum Organschaftsvertrag der Fall.

Unter diesen Umständen wird man eine Zustimmungspflicht annehmen müssen, wenn der Abschluß des Organschaftsvertrages sachlich gerechtfertigt ist, die Vermögensinteressen des außenstehenden Gesellschafters voll gewahrt sind und nicht überwiegende Belange aus seiner Sicht entgegenstehen. Eine sachliche Rechtfertigung des Vertrages kann sich etwa aus der Verlustdeckungspflicht des herrschenden Unternehmens oder aus mit dem Vertrag verbundenen wirtschaftlichen Synergieeffekten[72] ergeben. Dabei sei zum Verfahrensmäßigen bemerkt, daß die Geschäftsführer den vorgesehenen Organschaftsvertrag in der Gesellschafterversammlung, die über die Zustimmung entscheiden soll, zu erläutern und zu begründen haben. Insoweit läßt sich der Gedanke des § 186 Abs. 4 Satz 2 AktG heranziehen[73]. Die Wahrung der Vermögensinteressen eines Minderheitsgesellschafters setzt einen angemessenen Ausgleich beim Verbleib in der Gesellschaft oder eine Abfindung zum vollen Wert bei Ausscheiden aus der Gesellschaft voraus[74]. Überwiegende Interessen des Gesellschafters können sich etwa bei ursprünglich personenbezogenen Gesellschaften ergeben, bei denen der Organschaftsvertrag zu einer existenziellen Betroffenheit des Gesellschafters führen kann. Entscheidend ist jeweils der Einzelfall. Als Faustformel wird man aber festhalten können: Je kapitalistischer die Gesellschaft strukturiert ist, desto eher wird eine Zustimmungspflicht anzunehmen sein. Umgekehrt liegt es etwa bei einer Familiengesellschaft, in die ein anderes Unternehmen durch Anteilsaufkauf eingedrungen ist.

Ein solcher Grundsatz des Vorranges von Fortbestehensinteressen des von der Gesellschaft betriebenen Unternehmens vor dem Vermögensinteresse eines Gesellschafters findet eine gewisse Parallele in der jüngsten Rechtsprechung des Bundesgerichtshofs zu dem – freilich etwas anders gelagerten – Fall der Auflösung einer Gesellschaft. Hier hat das Gericht bei einer Zwei-Mann-GmbH die Auflösungsklage eines Gesellschafters abgewiesen, weil der andere Gesellschaf-

71 Ausführlich dazu ULMER, MünchKomm. z. BGB, 2. Aufl., 1986, § 705 Rdn. 193 ff mit zahlreichen Nachweisen.

72 Vgl. dazu SCHUSTER, Die AG 1982, 1, 2 f.

73 Er enthält – wie HOMMELHOFF, ZIP 1983, 383, 389 f mit Recht feststellt – den ersten gesetzlichen Niederschlag des Grundsatzes einer Berichtspflicht des Geschäftsführungsorgans gegenüber den Gesellschaftern.

74 Dabei ist die Auszahlungssperre des § 30 GmbHG zu beachten.

ter bereit war, den Anteil des Klägers zum vollen Wert zu übernehmen[75], und bei einer durch Gesellschaftertod aufgelösten OHG eine Ausscheidenspflicht des dissentierenden Gesellschafters gegen vollwertige Entschädigung angenommen[76].

Das hier vorgetragene Modell greift also den Gesichtspunkt einer materiellen Rechtfertigung des Zustimmungsbeschlusses auf, berücksichtigt ihn aber an anderer Stelle. Das Regel-Ausnahme-Verhältnis wird damit im Vergleich zu der von *Lutter* vorgeschlagenen Lösung einer Dreiviertelmehrheit in Verbindung mit einer materiellen Kontrolle des Zustimmungsbeschlusses[77] umgedreht. Dabei ist zuzugeben, daß die vorliegend vertretene Auffassung zeitliche Verzögerungen mit sich bringen kann. Diese müssen aber hingenommen werden. Gegebenenfalls läßt sich eine Beschleunigung dadurch herbeiführen, daß man den betreffenden Gesellschafter gegen einen Aufpreis aus der Gesellschaft „herauskauft"[78]. Im übrigen kann die Verletzung einer Zustimmungspflicht zu Schadenersatzforderungen führen, was ungerechtfertigten Zustimmungsverweigerungen entgegenwirkt[79].

Wenn *Emmerich* als weiteren Lösungsweg die Umwandlung der GmbH in eine Aktiengesellschaft vorschlägt, bei der dann die Zustimmung mit Dreiviertelmehrheit erfolgen kann[80], ist das nicht unproblematisch. Einmal könnte ein solcher Umwandlungsbeschluß anfechtbar sein, weil er lediglich die Zustimmungsnotwendigkeiten umgehen will[81]. Zum anderen wird sich nicht selten ein Hindernis aus der gesellschaftsvertraglichen Vinkulierung der Anteile ergeben, da § 376 Abs. 2 Satz 2 AktG die Zustimmung aller derjenigen Gesellschafter zu dem Umwandlungsbeschluß verlangt, von deren Zustimmung die Übertragung der Geschäftsanteile abhängig gemacht ist[82].

75 BGH NJW 1985, 1901.

76 BGH BB 1986, 421 = DB 1986, 374 = ZIP 1986, 91; EWiR § 105 HGB 1/86, 83 – Priester.

77 Vgl. oben B I 2 a u. dort Fn. 55.

78 Auf diese Möglichkeit weist auch – wenngleich unter einem anderen Vorzeichen – der Bericht über die Verhandlungen der Unternehmensrechtskommission, 1980, Tz 1703 hin.

79 Verletzungen der Treuepflicht können Schadenersatzansprüche auslösen, etwa: Hueck, in: Baumbach/Hueck, Komm. z. GmbHG, 14. Aufl., 1985, § 13 Rdn. 31; Fischer/Lutter, aaO (Fn. 3), § 14 GmbHG Rdn. 13. Das gilt nicht nur für den Mehrheitsgesellschafter!

80 Scholz/Emmerich, aaO (Fn. 3), Anh. II Rdn. 167.

81 Was Verhoeven, aaO (Fn. 41), S. 136 als Frage aufwirft. Verneinend dagegen Kort, aaO (Fn. 5), S. 117.

82 Dabei muß es sich allerdings um individuelle Zustimmungsrechte der einzelnen Gesellschafter handeln. Das Erfordernis einer Zustimmung der Gesellschafter als Organ läßt § 376 Abs. 2 AktG nicht eingreifen; dazu etwa: Zöllner, Kölner Komm. z. AktG, 1971/1985, § 376 Rdn. 26.

3. Form- und Verfahrensfragen

a) Organschaftsvertrag

Der Beherrschungs- und Gewinnabführungsvertrag als solcher bedarf der Schriftform. Steuerlich wird das von § 17 Satz 2 Nr. 1 KstG angeordnet. Das Formerfordernis besteht aber auch zivilrechtlich[83]. Der Vertrag muß – worauf sogleich noch zurückzukommen ist – dem Zustimmungsbeschluß als Anlage beigefügt werden. Im übrigen ließe sich die Schriftform wegen der Bedeutung dieses Vertrages aus einer Analogie zu § 293 Abs. 3 Satz 1 herleiten. Einer notariellen Beurkundung bedarf der Vertrag allerdings nicht[84].

b) Zustimmungsbeschluß

Das Formerfordernis für den Zustimmungsbeschluß bestimmt sich nach dessen Funktion. Da er dem Organschaftsvertrag zur Wirksamkeit verhilft und diesem – wie bereits angedeutet – satzungsändernder Charakter beigemessen werden muß[85], ist der Zustimmungsbeschluß als Satzungsänderungsbeschluß anzusehen, mit der Folge, daß er notarielle Beurkundung erfordert (§ 53 Abs. 2 Satz 1 GmbHG).

Im Aktienrecht war früher streitig, ob der Abschluß des Unternehmensvertrages eine Satzungsänderung darstellt[86]. Das Aktiengesetz 1965 hat diesen Streit mit der in seinem § 293 Abs. 1 Satz 4 getroffenen Bestimmung erledigt, wonach die Satzungsänderungsvorschriften nicht anwendbar sind. Für das Aktienrecht mag es dabei sein Bewenden haben, denn die §§ 293, 294 AktG enthalten eine eigenständige Regelung dieses Komplexes[87]. Hinsichtlich des GmbH-Rechts ist

83 Hachenburg/Barz, aaO (Fn. 3), § 13 GmbHG Anh. II Rdn. 35; Fischer/Lutter, aaO (Fn. 3), Anh. § 18 GmbHG Rdn. 26; a. A. Scholz/Emmerich, aaO (Fn. 3), Anh. II Rdn. 170.

84 H. M., etwa: Hachenburg/Ulmer, aaO (Fn. 3), § 53 GmbHG Rdn. 131; Scholz/Priester, aaO (Fn. 3), § 53 GmbHG Rdn. 133; für eine notarielle Beurkundung Timm. BB 1981, 1491, 1496, der diese Ansicht freilich später aufgegeben hat, Die AG 1982, 93, 100 Fn. 59.

85 Vgl. oben B I 1.

86 Nachweise bei Biedenkopf/Koppensteiner, aaO (Fn. 7), § 291 AktG Rdn. 19; Sonnenschein, aaO (Fn. 37), S. 320, 355; Sapper, Die rechtssystematische Stellung der Unternehmensverträge, Diss. Tübingen, 1963, S. 45 ff.

87 Die mit den Regeln über Satzungsänderungen weitgehend übereinstimmt, Biedenkopf/Koppensteiner, aaO (Fn. 7), § 293 AktG Rdn. 3. Wegen Unterschieden vgl. Baumbach/Hueck, aaO (Fn. 10), § 293 AktG Rdn. 13.

damit aber noch nichts gewonnen[88]. Die §§ 293, 294 AktG sind nämlich auf die GmbH unmittelbar gar nicht und auch entsprechend nur zu Teilen anwendbar[89].

In bezug auf die GmbH ist von der oben angesprochenen Eingriffswirkung des Organschaftsvertrages in den Zweck des Verbandes und die Rechtsstellung seiner Mitglieder auszugehen. Sie berührt nicht nur die Satzung, vielmehr hat *Flume* mit Recht festgestellt, es sei schwerlich eine Satzungsänderung vorstellbar, die von grundsätzlicherer Bedeutung wäre[90]. Freilich handelt es sich nicht um eine Satzungsänderung im üblichen Sinne. Der Text der Satzung bleibt vom Beherrschungs- wie vom Gewinnabführungsvertrag unberührt[91]. Man kann das *Bestehen* solcher Verträge zwar in den Satzungstext aufnehmen, etwa bei der den Gegenstand des Unternehmens regelnden Satzungsbestimmung[92]. Notwendig ist das aber nicht[93]. Die Aufnahme des Vertrags*inhaltes* würde sogar auf Schwierigkeiten stoßen, da zumeist mehrere Satzungsbestimmungen betroffen sind und die Unternehmensverträge neben satzungsändernden auch schuldrechtliche Regelungen enthalten[94]. Es ist deshalb kein Zufall, daß die Satzung im deutschen Recht nicht als Ort zur Aufnahme des Unternehmensvertrages angesehen wird[95].

Ändert der Organschaftsvertrag damit nichts am Satzungstext, handelt es sich also nicht um eine Satzungsänderung im formellen Sinne, so liegt doch materiell eine Änderung des Statuts vor. In Differenzierung von den formellen Satzungsänderungen hat *Timm* davon gesprochen, der Vertrag „überlagere" die Satzung[96]. Darin ist ihm beizupflichten. Auf dieser formell satzungsüberlagernden, materiell satzungsändernden Funktion des Organschaftsvertrages beruht das Erfordernis notarieller Beurkundung des Zustimmungsbeschlusses. Die Beurkundungsnotwendigkeit war früher umstritten[97], dürfte jetzt aber die herr-

88 SONNENSCHEIN, aaO (Fn. 37), S. 355 f; anders GUTBROD, BB 1980, 288, 289.

89 Vgl. oben Fn. 4.

90 FLUME, DB 1956, 455, 457.

91 HACHENBURG/ULMER, aaO (Fn. 3), § 53 Rdn. 130. Anders offenbar KORT, aaO (Fn. 5), S. 93, 99 f: der Ausschluß des Gewinnbezugsrechtes durch den Gewinnabführungsvertrag müsse in der Satzung erfolgen.

92 So das Formular 2.102 b) von LUTTER/HAPP, in: Formularkommentar, 21. Aufl., Bd. 2, 1982, S. 45.

93 TIMM, BB 1981, 1491, 1495 f.

94 SCHOLZ/PRIESTER, aaO (Fn. 3), § 53 GmbHG Rdn. 133.

95 HACHENBURG/BARZ, aaO (Fn. 3), § 13 GmbHG Anh. II Rdn. 31.

96 TIMM, BB 1981, 1491, 1492; ihm folgend HACHENBURG/ULMER, aaO (Fn. 3), § 53 GmbHG Rdn. 130.

97 Bejahend etwa: BALLERSTEDT, DB 1956, 838, 839; SKIBBE, GmbH-Rdsch. 1968, 245, 246; HÖNLE, DB 1979, 485, 489; ablehnend etwa: GUTBROD, DB 1980, 288, 289.

schende Meinung darstellen[98]. Sie ist allerdings neuestens wieder angegriffen worden[99].

Rechtstechnisch ist noch darauf hinzuweisen, daß Gegenstand der notariellen Beurkundung allein der Zustimmungsbeschluß zu dem Unternehmensvertrag ist, dieser aber dem Beschluß beigefügt werden muß, da sich die Zustimmung auf einen konkreten Vertrag zu beziehen hat[100].

c) *Handelsregisteranmeldung und -eintragung*

Wegen des satzungsändernden bzw. -überlagernden Charakters eines Organschaftsvertrages ist dieser nebst zugehörigem Zustimmungsbeschluß im Hinblick auf § 54 GmbHG zum Handelsregister anzumelden und dort unter Angabe des Vertragstypus einzutragen[101]. Einer analogen Heranziehung des § 294 AktG bedarf es nicht[102]. Im Hinblick auf § 54 Abs. 3 GmbHG kommt der Eintragung konstitutive Wirkung zu.

Die Eintragung des Unternehmensvertrages ist auch nicht etwa bloße gesetzestechnische Folge der Anwendbarkeit der Satzungsänderungsvorschrif-

98 HACHENBURG/ULMER, aaO (Fn. 3), § 53 GmbHG Rdn. 131; SCHOLZ/PRIESTER, aaO (Fn. 3), § 53 Rdn. 133; ROWEDDER/KOPPENSTEINER, aaO (Fn 3), Anh. § 52 GmbHG Rdn. 42; ROWEDDER/ZIMMERMANN, aaO (Fn. 57), § 53 GmbHG Rdn. 29; FISCHER/LUTTER, aaO (Fn. 3), Anh. § 13 GmbHG Rdn. 26; ZÖLLNER, aaO (Fn. 17), Schlußanh. I Rdn. 16. Auch die UNTERNEHMENSRECHTSKOMMISSION, (Fn. 78), hat sich für eine notarielle Beurkundung des Zustimmungsbeschlusses ausgesprochen, Tz 1698 a. E.

99 ESCH, BB 1986, 272 ff: das geltende Gesellschaftsrecht kenne keine Formvorschriften für den Unternehmensvertrag der GmbH (274); der Zustimmungsbeschluß bedeute auch keine Satzungsänderung (275). Demgegenüber räumt KORT, aaO (Fn. 5), S. 130 die satzungsüberlagernde Wirkung des Unternehmensvertrages ein, sieht darin aber ein aliud gegenüber der Satzungsänderung, auf das deren Beurkundungserfordernis nicht erstreckt werden könne. Ihm ist entgegenzuhalten: Die begriffliche Verdeutlichung als „satzungsüberlagernd" kann nichts daran ändern, daß es hier der Sache nach um Satzungsänderungen geht. Für sie aber greift § 53 Abs. 2 S. 1 GmbHG ein. Die Grundordnung des Verbandes soll nur unter Einhaltung der dafür vorgeschriebenen Formen abgewandelt werden können.

100 HACHENBURG/ULMER, aaO (Fn. 3), § 53 GmbHG Rdn. 131; SCHOLZ/PRIESTER, aaO (Fn. 3), § 53 GmbHG Rdn. 133. ROWEDDER/ZIMMERMANN, aaO (Fn. 57), § 53 GmbHG Rdn. 29 will offenbar neben dem Unternehmensvertrag auch den Zustimmungsbeschluß eintragen. Das erscheint nicht erforderlich, vgl. SCHOLZ/PRIESTER, aaO (Fn. 3), § 53 GmHG Rdn. 133 a. E.

101 Die Eintragung hätte also etwa zu lauten: „Es besteht ein Beherrschungs- und Gewinnabführungsvertrag mit der NN-GmbH".

102 Das verkennen diejenigen, die eine Eintragung mit dem Argument ablehnen, die Formvorschrift des § 294 AktG sei aus Rechtssicherheitsgründen nicht analogiefähig, so OLG Düsseldorf BB 1981, 1482; KORT, aaO (Fn. 5), S. 130; ESCH, BB 1986, 272, 275 f.

ten. Ihr kommt vielmehr losgelöst von der Anordnung des § 54 GmbHG erhebliche eigenständige Bedeutung zu. Wegen der Folgewirkungen des Organschaftsvertrages auf die Entscheidungsstruktur der Gesellschaft und vor allem wegen der Ergebnisübernahme durch das herrschende Unternehmen besteht für Dritte, insbesondere Gläubiger oder künftige Gesellschafter ein erhebliches Interesse an einer Information über das Bestehen eines solchen Vertrages[103]. Dafür ist nach unserem Recht das Handelsregister als Informationsinstrument berufen[104].

Im Schrifttum dürfte die Eintragung des Unternehmensvertrages in das Handelsregister entgegen früheren Auffassungen heute die herrschende Ansicht darstellen[105]. Rechtsprechung liegt noch kaum vor. Während das OLG Düsseldorf die Eintragungsnotwendigkeit im Jahre 1980 verneint hat[106], wurde sie inzwischen vom LG Hamburg bejaht[107], und zwar unter ausdrücklichem Hinweis auf das Informationsinteresse von zukünftigen Gesellschaftern und Gläubigern. Offenbar sind die Registergerichte zunehmend bereit, beantragte Eintragungen von Unternehmensverträgen vorzunehmen. Die Finanzverwaltung hält die Eintragung dagegen bisher nicht für erforderlich[108].

4. Einmann-GmbH

Handelt es sich bei der abhängigen Gesellschaft um eine Einmann-GmbH, deren alleiniger Gesellschafter das herrschende Unternehmen ist, könnte man

103 Zur Publizitätsfunktion des § 294 AktG: Begründung RegE, KROPFF, aaO (Fn. 12), S. 382; WÜRDINGER, aaO (Fn. 7), § 294 AktG Anm. 4; BIEDENKOPF/KOPPENSTEINER, aaO (Fn. 7), § 294 AktG Rdn. 1.

104 Zur Fortentwicklung des Handelsregisters zum Konzernregister jüngst U. H. SCHNEIDER, WM 1986, 181 ff.

105 *Für* Eintragungsnotwendigkeit: HACHENBURG/ULMER, aaO (Fn. 3), § 53 GmbHG Rdn. 131; SCHOLZ/PRIESTER, aaO (Fn. 3), § 53 GmbHG Rdn. 132 f; ROWEDDER/KOPPENSTEINER, aaO (Fn. 3), Anh. § 52 GmbHG Rdn. 42; FISCHER/LUTTER, aaO (Fn. 3), Anh. § 13 GmbHG Rdn. 26; ZÖLLNER, aaO (Fn. 17); Schlußanh. I Rdn. 16; HÖNLE, DB 1979, 485, 488; TIMM, BB 1981, 1491, 1496; früher schon: BALLERSTEDT, DB 1956, 838, 839; SKIBBE, GmbH-Rdsch. 1968, 245, 246. *Gegen* Eintragung: HACHENBURG/BARZ, aaO (Fn. 3), § 13 GmbHG Anh. II Rdn. 38, SCHOLZ/EMMERICH, aaO (Fn. 3), Anh. II Rdn. 171; HACHENBURG/GOERDELER/MÜLLER, aaO (Fn. 49), § 29 GmbHG Rdn. 62; LAUBE, BB 1969, 1532, 1534; L. SCHMIDT, GmbH-Rdsch. 1971, 9, 10; GUTBROD, BB 1980, 288, 289; FLUME, aaO (Fn. 41), S. 235 Fn. 168 a; neuerdings: HERRMANN/WINTER, FR 1982, 262, 267; ESCH, BB 1986, 272, 275 f. KORT, aaO (Fn. 5), verneint die Erforderlichkeit (S. 130), bejaht aber Zulässigkeit der Eintragung (S. 131).

106 OLG Düsseldorf BB 1981, 1482.

107 LG Hamburg BB 1984, 873 = DB 1984, 1295 = GmbH-Rdsch. 1984, 185 = ZIP 1984, 838.

108 Abschn. 64 Abs. 1 S. 1 KStR 1981.

sich fragen, ob hier etwa eine von den vorstehend dargestellten Grundsätzen abweichende Behandlung des Unternehmensvertrages geboten ist. So ließe sich daran denken, daß ein Zustimmungsbeschluß bei der abhängigen GmbH nicht erforderlich ist, weil er von den Geschäftsführern der herrschenden GmbH zu fassen wäre, die bereits den Unternehmensvertrag für diese geschlossen haben. Ein doppeltes Tätigwerden sei also entbehrlich. Zur Stützung einer solchen Position wäre die steuerrechtliche Beurteilung heranzuziehen. Danach gilt die Zustimmung des abhängigen Unternehmens schon dann als erteilt, wenn das herrschende mit mindestens 75 % beteiligt ist[109].

Solchen Überlegungen ist indessen entgegenzuhalten: Zunächst einmal gelten die allgemeinen Regeln für die Satzungsänderung bei der Einmann-GmbH in gleicher Weise[110]. Über diesen letztlich formalen Gesichtspunkt hinaus ist die Gleichbehandlung der Einmann-GmbH hinsichtlich des Unternehmensvertrages aber auch aus der Sache heraus geboten. Das trifft insbesondere auf die Eintragung des Unternehmensvertrages in das Handelsregister zu. Es besteht ebenso wie bei der Mehrpersonen-Gesellschaft ein starkes Informationsinteresse Dritter hinsichtlich eines Unternehmensvertrages. Erwähnung verdient deshalb, daß die bereits mitgeteilte Entscheidung des LG Hamburg[111] den Fall einer Einmann-Gesellschaft betraf.

II. Herrschende GmbH

1. Mitwirkung der Gesellschafter

Auch bei der herrschenden GmbH stellt sich die Frage, ob die Gesellschafter dem Abschluß des Organschaftsvertrages zustimmen müssen. Als Gründe dafür kommen vor allem der Rechtsgedanke des § 293 Abs. 2 AktG sowie der Gesichtspunkt des außergewöhnlichen Geschäfts in Betracht.

Davon zu trennen ist die Vorfrage, ob etwa die Satzung der Gesellschaft dem Vertrage entgegensteht. Das wäre der Fall, wenn die abhängige GmbH einen anderen Unternehmensgegenstand hat als die herrschende. Der Unternehmensgegenstand der Obergesellschaft muß denjenigen des abhängigen Unternehmens mitumfassen[112]. Fehlt es daran, ist bei der herrschenden GmbH eine entspre-

109 Abschn. 64 Abs. 2 S. 2 KStR 1981.

110 Etwa: Fischer/Lutter, aaO (Fn. 3), § 48 GmbHG Rdn. 15; Zöllner, aaO (Fn. 17), § 48 GmbHG Rdn. 28; Scholz/Priester, aaO (Fn. 3), § 53 Rdn. 83.

111 Oben Fn. 107. Das galt freilich auch für die gegenteilige Entscheidung des OLG Düsseldorf, oben Fn. 106.

112 Hommelhoff, aaO (Fn. 20), S. 271. Zu bedenken ist allerdings, daß sich bei Obergesellschaften weitverzweigter Konzerne mit breiter Branchenstreuung aussagekräftige Unternehmensgegenstände nur schwer formulieren lassen.

chende Satzungsänderung zu veranlassen. Unterbleibt sie und schließt die Geschäftsleitung gleichwohl den Unternehmensvertrag ab, so liegt darin allerdings keine „faktische" Satzungsänderung, sondern eine Kompetenzüberschreitung seitens der Geschäftsführer[113]. Da dieses Problem aber nicht erst bei Abschluß des Organschaftsvertrages, sondern schon bei dem – regelmäßig vorangehenden – Beteiligungserwerb auftritt, wird hier eine etwa erforderliche Satzungsänderung als erledigt unterstellt.

Für die Aktiengesellschaft als herrschendes Unternehmen bestimmt § 293 Abs. 2 AktG, daß der Organschaftsvertrag nur wirksam wird, wenn auch die Aktionäre der Obergesellschaft ihm mit Dreiviertelmehrheit zustimmen. Ob Entsprechendes für die GmbH gilt, ist streitig. Der GmbH-Reform-Entwurf von 1971/73 hatte die Übernahme dieser aktienrechtlichen Vorschrift mit der Begründung abgelehnt, im Aktienrecht resultiere die Zustimmungsnotwendigkeit aus der Verpflichtung, den außenstehenden Aktionären der Untergesellschaft Aktien anzubieten, die geplante GmbH-Regelung sehe aber eine solche Anteilsgewährungspflicht nicht vor[114]. Dieser Linie folgend nimmt die bisher wohl überwiegende Ansicht im geltenden GmbH-Recht ein Zustimmungserfordernis bei der herrschenden GmbH nur dann an, wenn der konkrete Unternehmensvertrag eine Gewährung von Anteilen vorsieht[115].

Hiergegen ist einzuwenden: Die Bestimmung des § 293 Abs. 2 Satz 1 AktG beruht nicht etwa nur auf der Anteilsgewährungspflicht, sondern ebenso auf den mit dem Unternehmensvertrag weiterhin verbundenen Pflichten der Obergesellschaft, insbesondere zur Verlustübernahme[116]. Außerdem ergeben sich Auswirkungen auf die Zuständigkeitsverteilung zwischen Geschäftsführung und Gesellschaftern, deren unmittelbarem Einfluß das Geschehen in der Tochtergesellschaft entzogen ist. Besonders deutlich zeigt sich dies im Falle der Ausgliederung eines Unternehmensteils auf eine selbständige Tochtergesellschaft[117]. Ähnlich liegt es aber auch bei Abschluß eines Unternehmensvertrages. Es ist deshalb anzunehmen, daß die Geschäftsführer derartige konzernbildende Maßnahmen

113 Scholz/Priester, aaO (Fn. 3), § 53 GmbHG Rdn. 26; Zöllner, aaO (Fn. 17), § 53 GmbHG Rdn. 24.

114 Begründung zu § 232 RegE, BT-Drucks. 7/253 S. 211.

115 Scholz/Emmerich, aaO (Fn. 3), Anh. II Rdn. 169; Emmerich/Sonnenschein, aaO (Fn. 3), S. 245 f.

116 Wie sich aus der Begründung zu § 293 AktG ergibt, Kropff, aaO (Fn. 12), S. 381.

117 BGHZ 83, 122 (Holzmüller); dazu Fleck, LM § 118 AktG 1965, Nr. 1; Gessler, FS Stimpel, 1985, S. 771 ff; Götz, Die AG 1984, 85 ff; Grossfeld/Brondics, JZ 1982, 589 ff; Heinsius, ZGR 1984, 383 ff; Lutter, FS Stimpel, 1985, S. 825 ff; Hübner, FS Stimpel, 1985, S. 791 ff; Martens, ZHR 147 (1983), 377 ff; E. Rehbinder, ZGR 1983, 92 ff; Semler, BB 1983, 1566 ff (1570 ff); Sünner, Die AG 1983, 169 ff; Werner, ZHR 147 (1983), 429 ff; H. P. Westermann, ZGR 1984, 352 ff

nicht von sich aus einleiten dürfen, sondern die Zustimmung der Gesellschafter hinzukommen muß[118].

Für diesen Zustimmungsbeschluß wird man eine Dreiviertelmehrheit verlangen müssen. Dem Organschaftsvertrag ist zwar für die Obergesellschaft kein satzungsüberlagernder Charakter beizumessen[119], weil er keine unmittelbaren Eingriffe in die Rechte der Gesellschafter mit sich bringt[120]. Aus § 293 Abs. 2 AktG läßt sich aber der allgemeine Gedanke entnehmen, daß die Zustimmung zu konzernbildenden Maßnahmen einer qualifizierten Mehrheit bedarf[121]. Eine notarielle Beurkundung des Beschlusses erscheint nicht erforderlich, da § 53 Abs. 2 GmbHG mangels Satzungsänderung nicht eingreift. Anders liegt es, wenn der Organschaftsvertrag eine Abfindung in Anteilen der herrschenden GmbH vorsieht und diese nicht über eigene Anteile verfügt[122]. Die dann notwendige Kapitalerhöhung unterfällt natürlich den allgemeinen Bestimmungen (§§ 55 ff i. V. m. §§ 53 f GmbHG). Ein derartiger Kapitalerhöhungsbeschluß ist aber von der Zustimmung klar zu trennen, mögen auch beide zeitlich zusammenfallen.

Will man dem nicht folgen, so ergibt sich die Zustimmungsnotwendigkeit doch aus einem anderen Gesichtspunkt. Bei dem Unternehmensvertrag wird es sich nämlich zumindest in aller Regel um ein außergewöhnliches Geschäft handeln. Solche Geschäfte dürfen die Geschäftsführer aber nach heute vorherrschender Ansicht nur mit Zustimmung der Gesellschafter vornehmen[123]. Insoweit würde freilich bei Fehlen einer abweichenden gesellschaftsvertraglichen Regelung die einfache Mehrheit genügen (§ 47 Abs. 1 GmbHG).

Ausnahmen vom Zustimmungserfordernis könnten für Bagatellfälle gelten, für Fälle, in denen eine große GmbH mit einer sehr kleinen anderen GmbH einen Organschaftsvertrag abschließt[124]. Hier läßt sich durchaus der Standpunkt vertreten, der Vertragsabschluß falle in die alleinige Kompetenz der Geschäftsführer, weil keine merkbaren Auswirkungen auf die herrschende Gesellschaft zu erwarten seien. Als Abgrenzungskriterium käme etwa die Zulässigkeit der

118 Rowedder/Koppensteiner, aaO (Fn. 3), Anh. § 52 GmbHG Rdn. 43; Fischer/Lutter, aaO (Fn. 3), Anh. § 13 GmbHG Rdn. 32; Kort, aaO (Fn. 5), S. 126 f; differenzierend Hommelhoff, aaO (Fn. 20), S. 302 ff.

119 Anders Kort, aaO (Fn. 5), S. 127.

120 Die Vermögens- und Verwaltungsrechte der Gesellschafter der herrschenden GmbH werden nicht unmittelbar, sondern nur mittelbar betroffen.

121 U. H. Schneider, ZHR 143 (1979) 485, 518 f.

122 Hachenburg/Barz, aaO (Fn. 3), § 13 GmbHG Anh. II Rdn. 37.

123 Vgl. dazu die Nachweise bei Rowedder/Koppensteiner, aaO (Fn. 3), § 37 GmbHG Rdn. 8; Zöllner, aaO (Fn. 17), § 37 GmbHG Rdn. 6, die allerdings beide – *Koppensteiner* freilich nur eingeschränkt – einen entgegengesetzten Standpunkt vertreten.

124 Zu einer Bagatellklausel Hommelhoff, aaO (Fn. 20), S. 397 ff; befürwortend auch: Unternehmensrechtskommission, aaO (Fn. 78), 1701; siehe noch Gessler, FS Stimpel, 1985, S. 771, 787.

Nichtaufnahme eines abhängigen Unternehmens in den Konzernabschluß in Betracht, wie sie in § 296 Abs. 2 Satz 1 HGB vorgesehen ist[125]. Dagegen ließe sich zwar einwenden, bei der Konzernbildung gelte es, bereits den Anfängen zu wehren, da sich aus kleinen Beteiligungsgesellschaften große entwickeln könnten. Das trifft sicherlich zu, ist dann aber eine Frage der laufenden Rechte der Gesellschafter gegenüber der Beteiligungsverwaltung seitens der Geschäftsführer.

Abweichend von § 293 Abs. 2 AktG und auch anders als auf seiten der abhängigen Gesellschaft ist dem Zustimmungsbeschluß der Gesellschafter bei der herrschenden GmbH keine Außenwirkung zuzubilligen[126]. Der Organschaftsvertrag kommt demgemäß auch dann wirksam zustande, wenn die Gesellschafter der herrschenden GmbH ihm nicht zugestimmt haben, obwohl das nach dem Vorstehenden erforderlich gewesen wäre. Der bei der abhängigen Gesellschaft maßgebende Grund des satzungsüberlagernden Charakters der Zustimmung entfällt hier. Insoweit muß auch eine Analogie zu § 293 Abs. 2 AktG ausscheiden, da es sich dabei um eine nicht übertragbare Ausnahmeregelung vom allgemeinen Grundsatz unbeschränkter Vertretungsmacht der Organe handelt[127]. Wer lediglich ein außergewöhnliches Geschäft annehmen will, kommt ohnehin nur zur bloßen Innenwirkung[128].

2. *Bedeutung von Satzungsklauseln*

Im Zusammenhang mit dem Beteiligungserwerb und der Ausgliederung von Unternehmensteilen wird erörtert, ob sie der satzungsmäßigen Ermächtigung bedürfen[129]. Eine derartige „Konzernklausel" könnte etwa lauten: „Die Gesellschaft ist berechtigt, Beteiligungen gleicher oder verwandter Art zu erwerben oder Tochtergesellschaften zu gründen". Diese Frage stellt sich als Vorfrage zwar auch beim Abschluß von Unternehmensverträgen, ist aber nicht hier, sondern bereits beim Beteiligungserwerb zu klären.

125 Zur Vorläufervorschrift des § 329 Abs. 2 S. 2 AktG siehe ADLER/DÜRING/SCHMALTZ, Rechnungslegung und Prüfung der Aktiengesellschaft, 4. Aufl., 1972, § 329 Rdn. 77 ff; BARZ, Großkomm. z. AktG, 3. Aufl., 1970/1973, § 329 Anm. 32; KRONSTEIN/KIRCHNER, Kölner Komm. z. AktG, 1971/1985, § 329 Rdn. 47 ff.

126 Anders SCHOLZ/U. H. SCHNEIDER, aaO (Fn. 3), § 35 Rdn. 45. ZÖLLNER, aaO (Fn. 17), § 35 GmbHG Rdn. 46, lehnt eine analoge Anwendung von § 293 Abs. 2 AktG ausdrücklich ab, zieht aber „immanente Schranken" in Betracht.

127 KORT, aaO (Fn. 5), S. 127.

128 HACHENBURG/BARZ, aaO (Fn. 3), § 13 GmbHG Anh. II Rdn. 37 a. E.; ROWEDDER/KOPPENSTEINER, aaO (Fn. 3), Anh. § 52 GmbHG Rdn. 30 – freilich für den Beteiligungserwerb bei Bildung des faktischen Konzerns.

129 Vgl. dazu die Nachweise bei ROWEDDER/KOPPENSTEINER, aaO (Fn. 3), Anh. § 52 GmbHG Rdn. 32 f.

Anderes gilt für das Problem der antizipierten Zustimmung durch eine Satzungsklausel. Insoweit dürften die gleichen Grundsätze anzuwenden sein, wie bei der abhängigen GmbH[130]: Eine bloße Klausel wie „... darf Unternehmensverträge abschließen", reicht nicht. Die Zustimmung muß sich auf einen konkreten Vertrag beziehen. Ausnahmen kommen nur bei detaillierter Vorwegnahme in der Satzung in Betracht.

3. Eintragung in das Handelsregister

Die Eintragung des Organschaftsvertrages in das Handelsregister der herrschenden GmbH ist bisher kaum erörtert worden[131]. Die Praxis hat offenbar solche Eintragungen noch nicht vorgenommen.

Im Aktienrecht ist eine Eintragung beim herrschenden Unternehmen nicht vorgesehen, vielmehr verlangt § 294 AktG die Eintragung nur bei der abhängigen Gesellschaft. Daraus ließe sich herleiten, die Eintragung sei um so weniger erforderlich, wenn es sich bei dem herrschenden Unternehmen um eine GmbH handelt. Einer derartigen Argumentation sollte man sich aber nicht anschließen. Die Kenntnis vom Bestehen eines Organschaftsvertrages ist auch hinsichtlich des herrschenden Unternehmens von Bedeutung, nicht zuletzt wegen der Verlustübernahmepflicht. Bei ihm ist deshalb eine Informationsmöglichkeit anhand des Handelsregisters ebenso wichtig. Unabhängig davon, wie diese Frage im Aktienrecht zu entscheiden ist[132], sollte daher im GmbH-Recht eine Eintragung des Organschaftsvertrages auch im Handelsregister des herrschenden Unternehmens erfolgen. Dem steht der bezweifelbare Grundsatz eines festen Katalogs eintragungsfähiger Tatsachen nicht entgegen[133]. Anders als bei der abhängigen GmbH hat die Eintragung aber nur deklaratorischen Charakter[134].

III. Vertragsinhalte

1. Vertragskern

Vertragskern beim Beherrschungsvertrag ist die Bestimmung, daß sich die abhängige Gesellschaft unter die Leitung des herrschenden Unternehmens stellt

130 Vgl. oben B I 1 a. E.

131 Anders neuestens U. H. SCHNEIDER, WM 1986, 181, 186 f, der eine Eintragung verlangt. Für nicht erforderlich, wohl aber zulässig hält sie KORT, aaO (Fn. 5), S. 133.

132 *Für* eine Eintragung auch bei der herrschenden AG: HOMMELHOFF, aaO (Fn. 20), S. 319 f; U. H. SCHNEIDER, WM 1986, 181, 186 f.

133 Zur Eintragungsfähigkeit ohne ausdrückliche gesetzliche Anordnung STAUB/HÜFFER, Komm. z. HGB, 4. Aufl., 1982, § 8 Rdn. 31 ff.

134 Abweichend hält U. H. SCHNEIDER, WM 1986, 181, 187 sie für eine Wirksamkeitsvoraussetzung.

und diesem ein Weisungsrecht ihrer eigenen Geschäftsführung gegenüber einräumt[135].

Beim Gewinnabführungsvertrag geht die Kernregelung dahin, daß die abhängige Gesellschaft ihren ganzen Gewinn[136] an das herrschende Unternehmen abführt. Daneben enthalten die Gewinnabführungsverträge in der Praxis wegen § 17 S. 2 Nr. 3 KStG ferner die Bestimmung, daß sich das herrschende Unternehmen verpflichtet, jeden Jahresfehlbetrag auszugleichen[137]. Auf diese Verlustübernahmepflicht ist sogleich noch zurückzukommen.

2. *Vertragsdauer, Kündigung*

Von § 17 Satz 1 i. V. m. § 14 Nr. 4 Satz 1 KStG wird eine Mindestlaufzeit des Vertrages von 5 Jahren verlangt. Das ist ein Datum für die Praxis. Diese kombiniert vielfach den vorgenannten Zeitraum als Mindestlaufzeit mit einer Kündigungsmöglichkeit des Vertrages dergestalt, daß er sich im Falle der Nichtkündigung automatisch verlängert[138]. Die Regelung von Vertragsdauer und Kündigungsrechten ist bedeutsam für die Mitwirkung der außenstehenden Gesellschafter bei der abhängigen GmbH im Falle der Beendigung des Vertrages. Darauf ist noch einzugehen[139].

3. *Ausgleichs- und Abfindungsleistungen*

Im Aktienrecht regeln § 304 AktG den Ausgleich und § 305 AktG die Abfindung an außenstehende Gesellschafter der abhängigen Gesellschaft. Sieht ein Vertrag überhaupt keinen Ausgleich vor, ist er nichtig (§ 304 Abs. 3 Satz 1 AktG). Enthält er keine oder eine nach Ansicht der Betroffenen unzureichende Abfindung, ist das in § 306 AktG genannte Gericht zur Entscheidung berufen (§ 305 Abs. 5 Satz 2 AktG).

135 Fischer/Lutter, aaO (Fn. 3), Anh. § 13 GmbHG Rdn. 28; ein Muster für einen reinen Beherrschungsvertrag zwischen zwei AGen liefern Luther/Happ, aaO (Fn. 92), Form. 2.105, S. 71 ff.

136 Vgl. dazu die Ausführungen bei Sonnenschein, aaO (Fn. 37), S. 342 ff, die allerdings teilweise durch die neuen Rechnungslegungsvorschriften des Bilanzrichtliniengesetzes (BGBl. 1985 I S. 2355 ff) überholt sind.

137 Vgl. dazu etwa die Muster bei Luther/Happ, aaO (Fn. 92), Form. 2.102 a) § 3, S. 42; Hoffmann-Becking, Münchener Vertragshandbuch, Bd. 1, 2. Aufl., 1985, Form. IX.6 § 2, S. 993.

138 Vgl. Luther/Happ, aaO (Fn. 92), Form. 2.102 a) § 6 S. 44. Weitere Beispiele bei H. Wilhelm, Die Beendigung des Beherrschungs- und Gewinnabführungsvertrages, 1976, S. 19 f.

139 Unten C II 1 a.

Im GmbH-Konzernrecht wird teilweise die Ansicht vertreten, entsprechende Regelungen seien nicht erforderlich, weil die Gesellschafter der abhängigen Gesellschaft ihre Ansprüche durch Verweigerung der Zustimmung zu dem Vertrag hinreichend zur Geltung bringen könnten[140]. Die wohl überwiegende Ansicht setzt sich dagegen für eine analoge Anwendung der §§ 304, 305 AktG ein, differenziert dann allerdings hinsichtlich der Rechtsfolgen fehlender bzw. zu niedriger Abfindung[141].

Der grundsätzlichen Analogie zu §§ 304, 305 AktG ist zuzustimmen. Dadurch wird dem herrschenden Unternehmen die Pflicht auferlegt, Ausgleichs- und Abfindungsleistungen in bestimmter Höhe anzubieten. Anderenfalls wären die Gesellschafter der abhängigen Gesellschaft in die Initiative gezwungen[142]. Dem steht nicht entgegen, daß sie kraft Gesetzes ein Recht auf Austritt aus wichtigem Grunde haben[143] und der Abschluß des Organschaftsvertrages einen solchen darstellt[144].

Als Abfindung ist dem ausscheidenden Gesellschafter auf jeden Fall ein Barangebot nach dem vollen Wert seines Anteils zu machen[145]. Problematisch ist, inwieweit der Ausscheidende statt dessen Anteile an der herrschenden GmbH verlangen kann. Der Reformentwurf von 1971/73 hatte in seinem § 242 GmbHGE einen solchen Anspruch nicht vorgesehen, weil bei einer GmbH als Obergesellschaft der Kreis der Gesellschafter eng verbunden sei und die Anteilsgewährungspflicht eine zu starke Belastung darstellen würde[146]. Rechtspolitisch spräche *für* eine Anteilsgewährungspflicht, daß der außenstehende Gesellschafter der abhängigen GmbH ähnlich dem Verschmelzungsfall sein Engagement in

140 Hachenburg/Barz, aaO (Fn. 3), § 13 GmbHG Anh. II Rdn. 42; Zöllner, aaO (Fn. 17), Schlußanh. I Rdn. 18; Gutbrod, BB 1980, 288, 290 f; Verhoeven, aaO (Fn. 41), S. 136 f.

141 Scholz/Emmerich, aaO (Fn. 3), Anh. II Rdn. 197 ff; Rowedder/Koppensteiner, aaO (Fn. 3), Anh. § 52 GmbHG Rdn. 41; Sonnenschein, aaO (Fn. 37), S. 369 ff; Hönle, DB 1979, 485, 488.

142 Fischer/Lutter, aaO (Fn. 3), Anh. § 13 GmbHG Rdn. 29. Demgegenüber verweist Rowedder/Koppensteiner, aaO (Fn. 3), Anh. § 52 GmbHG Rdn. 41 a. E. auf das ex lege bestehende Abfindungsrecht.

143 Zum Austrittsrecht des GmbH-Gesellschafters etwa: Scholz/Winter, aaO (Fn. 3), § 15 GmbHG Rdn. 84 ff; Hueck, aaO (Fn. 79), Anh. § 34 GmbHG Rdn. 15 ff; Roth, aaO (Fn. 44), § 60 GmbHG Anm. 6.3.

144 Die Einbeziehung der GmbH in einen Konzern stellt einen wichtigen Grund für den Austritt dar: Hachenburg/Barz, aaO (Fn. 3), § 13 GmbHG Anh. II Rdn. 46; Rowedder/Koppensteiner, aaO (Fn. 3), Anh. § 52 GmbHG Rdn. 59, Schilling, FS Hefermehl, 1976, S. 383, 388; Arbeitskreis GmbH-Reform, aaO (Fn. 1), S. 54; Verhoeven, aaO (Fn. 41), S. 118 f. Das muß auch für den Abschluß eines Organschaftsvertrages gelten, Kort, aaO (Fn. 5), S. 150 f.

145 Dazu Kort, aaO (Fn. 5), S. 151 f.

146 Begründung zu § 242 RegE GmbHG, BT-Drucks. 7/253 S. 213 f.

einer eigenunternehmerisch tätigen GmbH fortsetzen könnte[147]. Eine derart tiefgreifende Verpflichtung der herrschenden GmbH wäre indessen vom Gesetzgeber ausdrücklich anzuordnen[148]. Nach geltendem Recht wird man deshalb eine Anteilsgewährungspflicht verneinen müssen. Andererseits wird bei einem freiwilligen Angebot auf Anteilsgewährung eine Pflicht der Minderheit, dem Abschluß des Unternehmensvertrages zuzustimmen, eher gegeben sein als ohne ein solches.

Neben der Abfindung ist alternativ ein Ausgleich für die in der abhängigen GmbH verbleibenden Gesellschafter zu machen. Der Reformentwurf von 1971/73 hatte das zwar nicht vorgesehen, weil sich das Interesse der außenstehenden Gesellschafter auf den Austritt richten würde[149]. Das Schrifttum hat diesen Standpunkt aber mit Recht kritisiert[150]. Dem außenstehenden Gesellschafter darf nicht das Ausscheiden als einzige Möglichkeit eingeräumt werden; er muß die Wahl haben, zu jedenfalls vermögensmäßig angemessenen Bedingungen in der Gesellschaft zu verbleiben. Der Ausgleich stellt dabei eine Kompensation des durch den Organschaftsvertrag wegfallenden Gewinnbezugsrechts der Gesellschafter dar[151]. Anspruchsverpflichtet ist insoweit die herrschende GmbH[152]. Hinsichtlich der Höhe des Ausgleichs wird man im Grundsatz auf die Vorschrift des § 304 AktG und die dazu entwickelten Regeln zurückgreifen können[153].

Eine andere Frage ist, ob Organschaftsverträge, die entgegen dem vorstehend Vertretenen Abfindungs- und Ausgleichsklauseln nicht vorsehen, deshalb unwirksam sind. Mangels einer gesetzlichen Regelung wird man so weit nicht gehen können. Dem Minderheitsschutz ist nämlich dadurch Rechnung getragen, daß grundsätzlich alle Gesellschafter dem Vertrag zustimmen müssen[154]. Wenn im Einzelfall eine Zustimmungspflicht angenommen wird, besteht diese nur bei angemessener Ausgleichsleistung[155].

147 Vgl. oben B I 2 b.
148 Emmerich, AG 1975, 285, 290; H. P. Westermann, in: Der GmbH-Konzern, aaO (Fn. 16), S. 25, 39.
149 Begründung RegE GmbHG, Vorbemerkung zu §§ 242 ff GmbHG, BT-Drucks. 7/253 S. 213.
150 Arbeitskreis GmbH-Reform, aaO (Fn. 1), S. 64; Pleyer/H. P. Westermann/Lieser, in: Stellungnahmen zur GmbH-Reform, S. 53, 66.
151 So mit Recht schon Ballerstedt, DB 1956, 837, 840; Flume, DB 1956, 455, 456 f.
152 Was bei § 304 freilich streitig ist, vgl. dazu: Biedenkopf/Koppensteiner, aaO (Fn. 7), § 304 AktG Rdn. 3 ff; Gessler, in Geßler/Hefermehl/Eckardt/Kropff, Komm. z. AktG, 1976, § 304 Rdn. 29 ff; Würdinger, aaO (Fn. 7), § 304 Anm. 17 f, jeweils m. w. N.
153 Dazu: Biedenkopf/Koppensteiner, aaO (Fn. 7), § 304 AktG Rdn. 12 ff; Gessler, aaO (Fn. 152), § 304 AktG Rdn. 79 ff.
154 So jedenfalls die noch herrschende Meinung, vgl. oben III 1 b aa.
155 Etwa: Scholz/Emmerich, aaO (Fn. 3), Anh. II Rdn. 166; Scholz/K. Schmidt, aaO (Fn. 24), § 47 GmbHG Rdn. 5.

4. Verlustübernahme

Insoweit haben wir es wieder mit steuerlichen Vorgegebenheiten zu tun: § 17 Satz 2 Nr. 3 KStG verlangt – wie bereits erwähnt – eine vertragliche Fixierung der Verlustübernahme durch den Organträger. Anderenfalls bleibt dem Vertrag die steuerrechtliche Wirksamkeit versagt[156]. Aber auch gesellschaftsrechtlich wird nach ganz herrschender Meinung in Analogie zu § 302 AktG eine Pflicht zum Verlustausgleich angenommen[157]. Das ist allerdings nicht unbestritten[158].

Für eine Stellungnahme ist davon auszugehen, daß bei Vorhandensein von Minderheitsgesellschaftern in der abhängigen Gesellschaft eine Verlustausgleichspflicht auf jeden Fall besteht. Sie ergibt sich letztlich aus der im ITT-Urteil ausgesprochenen Treuepflicht des Mehrheitsgesellschafters[159]. Bei einer Einmann-GmbH könnte man im Hinblick auf die Überlegungen des Bundesgerichtshofes im Autokran-Urteil[160], vielleicht anderer Ansicht sein, also allein auf einen konzernspezifisch angewandten § 30 GmbHG abstellen[161]. Dem ist jedoch zu widersprechen. Die Verlustdeckungspflicht des § 302 AktG ist zwar auch, aber keineswegs nur ein Ausgleich für die von § 291 Abs. 3 AktG suspendierten Kapitalschutzregeln bei der abhängigen Aktiengesellschaft. Sie enthält vielmehr ein allgemeines Prinzip: Wer die Geschicke der Gesellschaft bestimmen kann oder ihren ganzen Gewinn erhält, muß auch für Verluste einstehen[162].

Unabhängig davon, wie diese Frage im faktischen GmbH-Konzern zu entscheiden ist, wird man für den Organschaftsvertrag auch bei der GmbH in jedem Falle von einer ex lege bestehenden Verlustausgleichspflicht auszugehen haben. Eine derartige gesetzliche Pflicht bedeutet freilich zugleich, daß die Verlustübernahme gesellschaftsrechtlich nicht Vertragsbestandteil sein muß. Sie greift vielmehr auch dann ein, wenn der Vertrag darüber nichts enthält[163].

156 Dazu: W. Winter, aaO (Fn. 15), § 17 KStG Anm. 50.
157 Hachenburg/Barz, aaO (Fn. 3), § 13 GmbHG Anh. II Rdn. 31 a. E.; Scholz/Emmerich, aaO (Fn. 3), Anh. II Rdn. 194, 225; Rowedder/Koppensteiner, aaO (Fn. 3), Anh. § 52 GmbHG Rdn. 41, 67; Fischer/Lutter, aaO (Fn. 3), Anh. § 13 GmbHG Rdn. 23; Zöllner, aaO (Fn. 17); Schlußanh. I Rdn. 27.
158 Verhoeven, aaO (Fn. 41), S. 137 f.
159 BGHZ 65, 15.
160 BGHZ 95, 330, 340 f, 345 f. Dazu kritisch K. Schmidt, BB 1985, 2074, 2077.
161 Vgl. dazu Ehlke, DB 1986, 523, 526.
162 Begründung RegE § 302 AktG, Kropff, aaO (Fn. 12), S. 391.
163 H. M. etwa Scholz/Emmerich, aaO (Fn. 3), Anh. II Rdn. 194; Rowedder/Koppensteiner, aaO (Fn. 3), Anh. § 52 GmbHG Rdn. 67; a. A. Schilling, FS Hefermehl, 1976, S. 383, 391: Unwirksamkeit des Vertrages (auch gesellschaftsrechtlich) bei Fehlen einer Verlustausgleichspflicht.

5. *Rücklagenbildung*

Im Aktienrecht verlangt § 300 AktG eine Dotierung der gesetzlichen Rücklagen während des Bestehens des Organschaftsvertrages. Diese Bestimmung ist auf die GmbH nicht übertragbar, da sie eine gesetzliche Rücklage nicht kennt[164]. Es besteht also sicherlich keine zwingende Rücklagenbildungspflicht. Andererseits ist eine solche als Vertragsbestandteil zur Ergänzung der Verlustübernahmepflicht im Hinblick auf betriebswirtschaftliche Thesaurierungsnotwendigkeiten durchaus sinnvoll. Eine praktische Grenze zieht wieder das Steuerrecht, das in § 17 Satz 1 i. V. m. § 14 Nr. 5 KStG Rücklagen nur insoweit zuläßt, als sie bei vernünftiger kaufmännischer Beurteilung wirtschaftlich begründet sind.

Die Auflösung vorvertraglicher Rücklagen und die Abführung der daraus entstehenden Gewinne an die herrschende Gesellschaft wird aktienrechtlich durch § 301 AktG untersagt. Steuerrechtlich gilt gleiches für die GmbH (§ 17 Satz 2 Nr. 4 KStG). Gesellschaftsrechtlich soll das – so wird vertreten – bei ihr nicht so sein[165]. Dieser Standpunkt erscheint angreifbar. Aus dem vertragszweckbezogenen Gewinnbegriff, der allein das laufend erzielte Ergebnis meint, ist vielmehr ein derartiges Verbot auch gesellschaftsrechtlich abzuleiten[166].

Problematisch ist die Abführung von Gewinnen, die aus der Auflösung vorvertraglicher stiller Reserven resultieren. Sie werden von § 301 AktG nicht erfaßt[167]. Dabei sollte es auch für die GmbH sein Bewenden haben[168], zumal die zeitliche Einordnung des Entstehens dieser stillen Reserven auf Schwierigkeiten stoßen kann[169].

6. *Mitwirkungsrechte der Minderheitsgesellschafter*

Das Weisungsrecht des herrschenden Unternehmens aufgrund des Beherrschungsvertrages richtet sich gemäß § 308 Abs. 1 Satz 1 AktG gegen den Vor-

164 SCHOLZ/EMMERICH, aaO (Fn. 3), Anh. II Rdn. 193; ROWEDDER/KOPPENSTEINER, aaO (Fn. 3), Anh. § 52 GmbHG Rdn. 67 a. E.; ZÖLLNER, aaO (Fn. 17), Schlußanh. I Rdn. 27.

165 ROWEDDER/KOPPENSTEINER, aaO (Fn. 3), Anh. § 52 GmbHG Rdn. 65.

166 HACHENBURG/BARZ, aaO (Fn. 3), § 13 Anh. II Rdn. 41; SCHOLZ/EMMERICH, aaO (Fn. 3), Anh. II Rdn. 221.

167 BAUMBACH/HUECK, aaO (Fn. 10), § 301 AktG Rdn. 4; BIEDENKOPF/KOPPENSTEINER, aaO (Fn. 7), § 301 AktG Rdn. 7.

168 Eine Einstellung solcher aufgelöster stiller Reserven in eine offene Rücklage kommt bei der abhängigen AG nur unter dem Gesichtspunkt von Treu und Glauben in Betracht, H. MEILICKE, Berliner FS E. Hirsch, 1968, S. 99, 107 f.

169 Anders mag es gegebenenfalls bei Grundstücken liegen.

stand der abhängigen Gesellschaft[170]. Entsprechendes gilt für die GmbH[171]. Betroffen sind also allein die Geschäftsführer. Andererseits besteht bei der GmbH das Weisungsrecht der Gesellschafterversammlung gegenüber der Geschäftsführung (§ 37 Abs. 1 GmbHG). Dieses darf aber den Beherrschungsvertrag nicht aushöhlen und wird deshalb durch ihn ausgeschlossen[172]. Im Ergebnis beseitigt der Beherrschungsvertrag daher die Zuständigkeit der Gesellschafter der abhängigen GmbH in Fragen der Geschäftsführung. Er läßt sie indessen bestehen, soweit es um Satzungsänderungen oder sonstige Strukturentscheidungen geht[173].

Eine Erweiterung der Minderheitenrechte durch den Organschaftsvertrag ist zulässig. Bestimmte Bereiche können unternehmensvertraglich aus der Weisungsbefugnis des herrschenden Unternehmens herausgenommen werden[174]. Das erscheint einerseits durchaus sinnvoll. So könnte etwa daran gedacht werden, den Minderheitsgesellschaftern eine Mitwirkung an der Aufstellung des Budgets einzuräumen. Andererseits wird dadurch natürlich die Konzernherrschaft begrenzt, deren Etablierung gerade der Zweck des Beherrschungsvertrages ist.

Hier ergibt sich die Grundfrage, ob eine gedeihliche Beteiligungsmöglichkeit der Minderheit auch an einer Konzernuntergesellschaft postuliert werden sollte oder ob die rein instrumentale Behandlung der abhängigen Gesellschaft bei hinreichenden Ausgleichs- und Abfindungsleistungen zulässig erscheint.

Dazu sei bemerkt, daß der im Süssen-Urteil enthaltene Hinweis des Bundesgerichtshofs auf eine gegebenenfalls bestehende Treuhandbindung des herrschenden Unternehmens zugunsten der Minderheit[175] so nicht übertragbar ist, denn dort hat das Gericht eine Bildung der Konzernsituation durch Mehrheitsentscheidung zugelassen, während hier zumindest im Grundsatz von der Not-

170 Biedenkopf/Koppensteiner, aaO (Fn. 7), § 308 AktG Rdn. 4; Gessler, aaO (Fn. 152), § 308 AktG Rdn. 56; Hommelhoff, aaO (Fn. 20), S. 149.

171 Scholz/Emmerich, aaO (Fn. 3), Anh. II Rdn. 117; Rowedder/Koppensteiner, aaO (Fn. 3), Anh. § 52 GmbHG Rdn. 63.

172 Rowedder/Koppensteiner, aaO (Fn. 3), Anh. § 52 GmbHG Rdn. 63; Fischer/Lutter, aaO (Fn. 3), Anh. § 13 GmbHG Rdn. 24; Kort, aaO (Fn. 5), S. 140; a. A. Scholz/Emmerich, aaO (Fn. 3), Anh. II Rdn. 178 f.

173 Ein Weisungsrecht gegenüber der Gesellschafterversammlung begründet der Beherrschungsvertrag nicht; das ist im Aktienrecht unstr., etwa: v. Godin/Wilhelmi, Komm. z. AktG, 4. Aufl., 1971, § 308 Anm. 2; Gessler, aaO (Fn. 152), § 291 AktG Rdn. 42, § 308 AktG Rdn. 38.

174 Hommelhoff, aaO (Fn. 20), S. 151 f m. w. N. Für die GmbH: Rowedder/Koppensteiner aaO (Fn. 3), Anh. § 52 AktG Rdn. 64.

175 BGHZ 80, 69, 75 = BB 1981, 574 = NJW 1981, 1513 = WM 1981, 357. Dazu Brandes, LM § 47 GmbHG Nr. 29; Timm, GmbH-Rdsch. 1981, 177 ff; Lutter/Timm, NJW 1982, 409 ff; Th. Raiser, FS Stimpel, 1985, S. 855 ff.

wendigkeit einer Zustimmung aller Gesellschafter zum Abschluß des Unternehmensvertrages ausgegangen wird.

Schließlich darf nicht vergessen werden, daß eine verstärkte Rechtsposition der Minderheit das steuerrechtliche Merkmal der wirtschaftlichen und organisatorischen Eingliederung[176] und damit die steuerliche Anerkennung des Organschaftsvertrages gefährden kann.

Innerhalb der so gezogenen steuerlichen Grenzen könnte allerdings ein vertraglicher Ausbau der Minderheitenposition bei der Abwägung von Bedeutung sein, ob außenstehende Gesellschafter der abhängigen GmbH verpflichtet sind, dem Organschaftsvertrag zuzustimmen.

C. Auflösung des GmbH-Vertragskonzerns

I. Gründe

1. Zeitablauf

Der Ablauf der festgelegten Zeitdauer stellt einen zulässigen Beendigungsgrund des Unternehmensvertrages dar[177]. In der Praxis wird eine derartige Regelung freilich selten vorkommen. Die kautelarjuristische Gestaltung bevorzugt – worauf bereits hingewiesen wurde – Mindestlaufzeiten in Verbindung mit automatischer Verlängerung und Kündigungsmöglichkeiten[178].

2. Aufhebung

Die Aufhebung eines Unternehmensvertrages ist für das Aktienkonzernrecht in § 296 AktG geregelt. Er sieht zwei zeitliche Einschränkungen vor, nämlich, daß der Unternehmensvertrag einmal nur zum Geschäftsjahresschluß und zum anderen nicht rückwirkend aufgehoben werden kann (Abs. 1 Satz 1 u. 2). Beides sollte auch für die GmbH gelten. Wichtig ist vor allem das Verbot der rückwirkenden Aufhebung. Es soll die Minderheitsgesellschafter der abhängigen Gesellschaft davor schützen, daß sich die herrschende Gesellschaft den für sie ungünstigen Folgen des Vertrages für die Vergangenheit entziehen kann[179].

176 Dazu: W. Winter, aaO (Fn. 15), § 14 KStG Anm. 131 ff; Felix/Streck, aaO (Fn. 15), § 14 Anm. 18 ff.
177 Biedenkopf/Koppensteiner, aaO (Fn. 7), § 297 AktG Rdn. 12; Gessler, aaO (Fn. 152), § 297 AktG Rdn. 3; H. Wilhelm, aaO (Fn. 138), S. 19.
178 B III 3.
179 Begründung RegE z. § 296 AktG, Kropff, aaO (Fn. 12), S. 385.

3. *Kündigung*

Eine *ordentliche* Kündigung ist möglich, wenn sie im Vertrag ausdrücklich vorgesehen ist[180]. Ob das auch dann gilt, wenn der Vertrag sich darüber nicht ausspricht, ist streitig[181]. Dieser Frage dürfte allerdings praktisch wohl nur geringes Gewicht zukommen, da Unternehmensverträge regelmäßig Kündigungsmöglichkeiten enthalten.

Eine Kündigung *aus wichtigem Grund* ist auf seiten des abhängigen Unternehmens dann zulässig, wenn das herrschende nicht mehr bereit oder in der Lage ist, seine vertraglichen Verpflichtungen zu erfüllen[182]. Umgekehrt bildet eine Verschlechterung der Ertragslage beim abhängigen Unternehmen regelmäßig keinen Kündigungsgrund für das herrschende Unternehmen[183].

II. *Verfahren*

1. *Zustimmungserfordernisse*

a) *Abhängige Gesellschaft*

Endet der Organschaftsvertrag durch *Zeitablauf*, ist eine Zustimmung der Gesellschafter nicht erforderlich[184].

Im Aktienrecht sieht § 296 Abs. 2 Satz 1 AktG vor, daß die Gesellschafter der abhängigen Gesellschaft der *Aufhebung* des Vertrages zustimmen müssen, wenn dieser eine Ausgleichsleistung an die außenstehenden Aktionäre vorsieht. Da Organschaftsverträge notwendig eine Ausgleichsleistung zu gewähren haben, greift diese Vorschrift bei ihnen stets ein. Entsprechendes muß für die GmbH gelten. Allerdings genügt bei ihr nicht ein mit qualifizierter Mehrheit zu fassender Sonderbeschluß. Dabei handelt es sich um ein dem GmbH-Recht unbekanntes rechtstechnisches Mittel des Aktienrechts[185]. Übersetzt auf die GmbH ist

180 Würdinger, aaO (Fn. 7), § 297 AktG Anm. 2; Biedenkopf/Koppensteiner, aaO (Fn. 7), § 297 AktG Rdn. 2.

181 Bejahend: Baumbach/Hueck, aaO (Fn. 10), § 297 AktG Rdn. 5; verneinend: Biedenkopf/Koppensteiner, aaO (Fn. 7), § 297 AktG Rdn. 3; Gessler, aaO (Fn. 152), § 297 AktG Rdn. 11.

182 § 297 Abs. 1 S. 2 AktG. Als solche Pflichten kommen sowohl Verlustübernahme- als auch Abfindungspflichten des herrschenden Unternehmens in Betracht, Begründung RegE z. § 297 AktG, Kropff (Fn. 12), S. 386.

183 Scholz/Emmerich, aaO (Fn. 3), Anh. II Rdn. 189; ähnlich Rowedder/Koppensteiner, aaO (Fn. 3), Anh. § 52 GmbHG Rdn. 72.

184 v. Godin/Wilhelmi, aaO (Fn. 173), § 296 AktG Anm. 1.

185 Vgl. dazu Scholz/Priester, aaO (Fn. 3), § 53 GmbHG Rdn. 100.

vielmehr die Zustimmung sämtlicher außenstehender Gesellschafter zu verlangen[186].

Von § 297 Abs. 2 Satz 1 AktG wird vorgeschrieben, daß eine *Kündigung* ohne wichtigen Grund durch die abhängige Gesellschaft nur aufgrund eines Sonderbeschlusses ausgesprochen werden darf. Nach überwiegender Ansicht gilt das nicht, wenn das herrschende Unternehmen kündigt[187]. Dem dürfte zuzustimmen sein. Besteht nämlich bei einem Zeitablauf keine Mitwirkungsnotwendigkeit, weil dem Vertrag hier eine zeitliche Beendigungsautomatik innewohnt, muß Entsprechendes bei der Kündigung gelten. Hier hat man eine Beendigung des Vertrages auch gegen einen etwa abweichenden eigenen Willen im Kündigungszeitpunkt durch Vereinbarung der Kündigungsmöglichkeit in Kauf genommen[188].

b) Herrschendes Unternehmen

Beim herrschenden Unternehmen kann die Beendigung des Organschaftsvertrages eine Satzungsänderung erforderlich machen, weil der Geschäftszweck der abhängigen Gesellschaft nun von der herrschenden nicht mehr betrieben wird. Es liegt also die umgekehrte Situation vor wie bei der Konzernbildung[189]. Unabhängig davon wird die Beendigung des Unternehmensvertrages regelmäßig ein außergewöhnliches Geschäft für die herrschende Gesellschaft darstellen. Insoweit reicht freilich mangels abweichender Satzungsregelung die einfache Stimmenmehrheit (§ 47 Abs. 1 GmbHG).

2. Formalien

Soweit ein Zustimmungsbeschluß erforderlich ist, stellt sich die Frage nach einer Notwendigkeit seiner notariellen Beurkundung. Auf seiten der abhängigen Gesellschaft ist diese zu bejahen[190]. So wie der Abschluß des Vertrages in das Satzungsgefüge der Gesellschaft eingreift[191], gilt dies auch für die Vertragsaufhebung[192].

186 SCHOLZ/EMMERICH, aaO (Fn. 3), Anh. II Rdn. 188.
187 Dazu BIEDENKOPF/KOPPENSTEINER, aaO (Fn. 7), § 297 AktG Rdn. 2 m. w. N., die selbst Bedenken gegen die insoweit verfehlte Regelung anmelden.
188 Ähnlich SONNENSCHEIN, aaO (Fn. 37), S. 403.
189 Vgl. oben B II 1.
190 Anders wohl TIMM, BB 1981, 1491, 1496.
191 Vgl. oben B I 1 u. 2 b.
192 Ebenso SONNENSCHEIN, aaO (Fn. 37), S. 401 f; ROWEDDER/KOPPENSTEINER, aaO (Fn. 3), Anh. § 52 GmbHG Rdn. 72.

Die Eintragung der Beendigung des Organschaftsvertrages in das Handelsregister der abhängigen Gesellschaft erscheint erforderlich, da das Handelsregister unrichtig geworden ist. Die Eintragung hat dann, allerdings auch nur dann, konstitutive Wirkung, wenn wegen des satzungsändernden Charakters der Zustimmung ein beurkundeter Beschluß erforderlich ist (§ 54 GmbHG). Im übrigen wirkt sie deklaratorisch. Ist der Vertrag, wie hier vertreten, auch bei der Obergesellschaft eingetragen, bedarf es dort gleichfalls der Eintragung seiner Beendigung.

III. Schutzmechanismen

1. Gläubigersicherung

Im Aktienrecht gewährt § 303 AktG den Gläubigern bei Beendigung des Unternehmensvertrages Anspruch auf Sicherheitsleistung, soweit ihre Verbindlichkeiten nicht zur Zahlung fällig sind. Ob Entsprechendes im GmbH-Konzernrecht gilt, ist streitig. Einerseits wird die Ansicht vertreten, eine solche Pflicht bestehe nicht, da sie an eine handelsregisterliche Verlautbarung des Vertragsendes anknüpfe, eine Eintragung bei der GmbH aber nicht erfolge[193]. Nach anderer Auffassung ist § 303 AktG dagegen auf den GmbH-Konzern entsprechend anwendbar[194]. Dieser, nunmehr vom Bundesgerichtshof für den faktischen Konzern bestätigten[195] Meinung ist der Vorzug zu geben. Das Sicherungsinteresse der Gläubiger bei Beendigung des Organschaftsvertrages wird durch die Verlustdeckung während der Vertragszeit allein nicht hinreichend gewährleistet[196].

2. Minderheitenschutz?

Mit der Aufhebung des Organschaftsvertrages wird die abhängige Gesellschaft in die Selbständigkeit entlassen. Sie ist dafür aber manchmal nicht gerüstet, etwa weil sie auf ein einseitiges Produktionsprogramm ausgerichtet ist oder nicht über eine eigene Vertriebsorganisation verfügt.

Die Gläubiger erhalten dafür einen Ausgleich in Gestalt der Sicherungsleistung nach § 303 AktG. Es stellt sich die Frage, ob ein ähnlicher Ausgleich für die Minderheitsgesellschafter erforderlich ist. In Betracht käme insoweit einmal

193 Scholz/Emmerich, aaO (Fn. 3), Anh. II Rdn. 196; Peltzer, Die AG 1975, 309, 313.
194 Zöllner, aaO (Fn. 17), Schlußanh. I Rdn. 28.
195 BGHZ 95, 330, 346 f (Fn. 6).
196 Vgl. dazu Begründung RegE z. § 303 AktG, Kropff, aaO (Fn. 12), S. 393.

eine Wiederaufbaupflicht der herrschenden gegenüber der abhängigen Gesellschaft durch personelle und finanzielle Unterstützung bei Schaffung entsprechender Unternehmensfunktionen. Denkbar wäre auch ein erneutes Abfindungsangebot gegenüber den außenstehenden Gesellschaftern.

Alles das kann natürlich Inhalt des Organschaftsvertrages sein. Die Praxis macht davon jedoch bisher wohl allenfalls in Ausnahmefällen Gebrauch. Interessant ist deshalb, ob sich eine solche Verpflichtung etwa aus dem Gesetz ergibt. Das Aktiengesetz sieht Entsprechendes in seinem Text nicht vor, im Schrifttum wird freilich erörtert, ob gleichwohl derartige Pflichten bestehen[197]. Für den GmbH-Konzern ist einerseits auf das grundsätzliche Zustimmungserfordernis aller Gesellschafter hinzuweisen. Man könnte also – plastisch ausgedrückt – sagen, diejenigen Minderheitsgesellschafter, die von ihrem Austrittsrecht bei Abschluß des Vertrages keinen Gebrauch gemacht haben, hätten sich „auf die Reise eingelassen". Andererseits stellt sich auch hier wieder die Grundfrage nach der Möglichkeit einer gedeihlichen Beteiligung als Außenstehender an einer Muttergesellschaft[198].

197 H. Wilhelm, aaO (Fn. 138), S. 139ff m. w. N.
198 Vgl. oben B III 6.

Bericht über die Diskussion

von

Referendarin GABRIELE JÖRCHEL, Frankfurt/Main

In der zusammengefaßten Diskussion der Referate von *Schneider* und *Priester* konzentrierten sich die Fragen und Stellungnahmen schwerpunktmäßig auf das Problem der Konzerngründung und der Zustimmungserfordernisse.

I. Zur „Konzerngründung"

1. Die vom Referenten *Schneider* aufgestellte These, die Konzerngründung sei mit der Gesellschaftsgründung vergleichbar, fand keine Zustimmung. Zum einen wurde angemerkt, das terminologische Verständnis der Abgrenzung vom faktischen zum Vertragskonzern verbiete es an sich, bei ersterem überhaupt ein Zustimmungserfordernis zu verlangen. Dies folge aus dem Umstand, daß nur der Vertragskonzern sich auf rechtliche Handlungen der Beteiligten gründe.

Zahlreiche Diskussionsteilnehmer betonten, daß beim faktischen GmbH-Konzern eine Lokalisierung des Zeitpunkts vom Übergang aus der Abhängigkeit zur einheitlichen Leitung nicht möglich sei. Regelmäßig erfolge die Konzernierung durch rein äußerliche Umstände. So sei zum Beispiel bei einem weiteren Erwerb von Tochtergesellschaften nicht feststellbar, mit welchem Beteiligungserwerb die Konzerngründung vorgenommen werde. Die gleiche Problematik stelle sich beim Zusammenschluß mehrerer Minderheitsgesellschafter zu einem Stimmpool. Zudem reiche das Gesellschaftsrecht völlig aus, um einen solchen Vorgang rechtlich zu erfassen; ab einer bestimmten Größenordnung stelle der Beteiligungserwerb ein außergewöhnliches Geschäft dar, zu dem die Geschäftsführer der Zustimmung der Gesellschafter bedürften.

Im Hinblick auf die allgemeine Problematik der Mediatisierung von Mitverwaltungs- und Vermögensrechten der Gesellschafter des herrschenden Unternehmens wurde betont, daß eine Lösung wohl kaum über das Erfordernis der Mitwirkung bei der sogenannten Konzerngründung zu erreichen sei. Mit dem Beteiligungserwerb trete der Rechtsverlust für die Gesellschafter ein, wie sich am Beispiel der Gewinnthesaurierung bei den Tochtergesellschaften zeige. Unter rechtspolitischen Gesichtspunkten müsse folglich an diesem, auch nach außen dringenden Vorgang angesetzt werden, zumal das Geschäftsführungsorgan bereits mit der Anlage gesellschaftlicher Mittel in einer Beteiligung verpflichtet sei, diese auch später für den Gesellschaftszweck und somit in Richtung einer Konzernzusammenfassung einzusetzen.

Die sich aus einer negativen Beschlußfassung für die Geschäftsführung ergebenden Komplikationen entfielen, wenn die Gesellschafter bereits dem Beteiligungserwerb zugestimmt hätten. Möglichen, sich aus einer derartigen Regelung für die Praxis ergebenden Schwierigkeiten könne dadurch begegnet werden, daß die Einschaltung der Gesellschafterversammlung nur erfolgen solle, wenn die Beteiligungsmittel einen bestimmten Anteil des Gesellschaftskapitals übersteigen, wobei damit natürlich das Risikopotential kleinerer Beteiligungen nicht genügend berücksichtigt würde.

2. Auf die Kritik an der These der Konzerngründung wurde erwidert, daß das Problem der zeitlichen Lokalisierung auch im Bereich der Konzernbilanzierung, der Konsolidierung nach dem Kreditwesengesetz und der Mitbestimmung gelöst worden sei. Das Zustimmungserfordernis auf den Beteiligungserwerb zu beziehen, wurde abgelehnt. Hierbei handele es sich um eine reine Vermögensanlage. Allerdings wurde im Verlauf der Diskussion zugestanden, daß bei der herrschenden Gesellschaft die Beschlußfassung bereits aus Anlaß der Gründung der ersten Tochtergesellschaft erfolgen müsse. Ansonsten könne die schwierige Frage der Wesentlichkeit – eine Folgewirkung des Holzmüller-Urteils auch bei der GmbH – nicht befriedigend gelöst werden. Bezüglich des Umfangs der Zustimmung – ¾ Mehrheit mit Mißbrauchskontrolle oder Einstimmigkeit mit Zustimmungspflicht – sei festzustellen, daß es sich hierbei in erster Linie um eine Frage der Flexibilität handele.

II. Zum Zustimmungserfordernis beim Unternehmensvertrag

1. Die vom Referenten *Schneider* aufgestellten Zustimmungserfordernisse von jeweils ¾ der abgegebenen Stimmen wurden als nicht ausreichend erachtet. Die Beschlußfassung in der beherrschten Gesellschaft führe zu einer nachteiligen Veränderung der Rechtsstellung des außenstehenden Gesellschafters, indem die Leitung der Gesellschaft auf das Mutterunternehmen verlagert werde. Nach sämtlichen Grundsätzen des Gesellschaftsrechts, wie etwa der Treuepflicht oder dem Gleichbehandlungsprinzip habe der Beschluß mit Zustimmung aller Gesellschafter zu erfolgen. Allein dem Gesetzgeber bleibe es vorbehalten, die Möglichkeit des Ausscheidens mit einer Abfindung aufgrund des Beschlusses einer ¾-Mehrheit auch im Bereich des GmbH-Rechts zu eröffnen.

Ein Diskussionsteilnehmer bestritt die Notwendigkeit eines einstimmigen Beschlusses. Ein derartiges Zustimmungserfordernis käme einer Veräußerungsbeschränkung gleich, da jeder Verkauf, der beim Erwerber zu einer Mehrheitsbeteiligung führt, die Zustimmung der übrigen Gesellschafter voraussetze.

Auf die Behauptung des Referenten hin, der Beschluß bedürfe keines sachlichen Grundes, sondern unterliege lediglich der Mißbrauchskontrolle, wurde festgestellt, daß beide Überprüfungskriterien aus dem Treuepflichtgedanken ableitbar seien. Da sich die Konzernierung regelmäßig am Gesamtinteresse der Beteiligten ausrichte, stelle die Mißbrauchskontrolle ebensowenig wie die sachliche Rechtfertigung einen brauchbaren Überprüfungsmaßstab dar. Hierzu wurde von anderer Seite ausgeführt, das Merkmal des sachlichen Grundes bedinge anders als die Mißbrauchskontrolle auf jeden Fall die Inhaltskontrolle der unternehmerischen Entscheidung. Beide Kriterien seien daher nur insofern gleichwertig als man die Inhaltsüberprüfung lediglich als Bestimmung der Grenzen des Beschlusses verstehe.

2. Ganz überwiegenden Zuspruch erhielt dagegen die These von *Priester* über das Erfordernis der Zustimmung aller Gesellschafter des abhängigen Unternehmens. Lediglich der Ableitung der Zustimmungspflicht für den widersprechenden Gesellschafter aus dem Treuepflichtgrundsatz wurde widersprochen. Eine solche Pflicht zum Ausscheiden aus der Gesellschaft sei nur schwer vorstellbar. Die vom Referenten zitierte Rechtsprechung könne hierfür nicht als Grundlage herangezogen werden, da in diesem besonderen Fall der widersprechende Gesellschafter gerade die Auflösung der Gesellschaft wollte. Seine Zustimmungsverpflichtung beruhe in diesem konkreten Fall auf dem Gedanken, daß er auch nach dem Willen der Mehrheit mit seinem Ausscheiden genau das erhielt, was er ohnehin anstrebte. Regelmäßig habe der Außenstehende aber ein Interesse, in der Gesellschaft zu verbleiben und eine Abfindung sei kein ausreichender Ersatz für den Verlust der Gesellschafterstellung. Zwar könne es durchaus zwingende sachliche Gründe für eine Zustimmungspflicht geben, etwa eine existenzielle Bedrohung der abhängigen Gesellschaft. Grundsätzlich bestehe in allen Fällen das Problem der Realisierung einer derartigen Verpflichtung. Sowohl der Weg über § 894 ZPO als auch der über eine Ausschließungsklage erscheine wenig praktikabel, da für beide die Rechtskraft des Urteils Voraussetzung sei. Die einfache Zustimmungsfiktion dagegen dürfte dem Registergericht für eine Eintragung nicht ausreichen. Daher habe die Zustimmungspflicht lediglich die Funktion, der Einschüchterung zu dienen, um dem betreffenden Gesellschafter mit Schadenersatzklagen zu drohen. Deshalb müsse sie auf die Fälle der Abwehr evidenter Nachteile für die Gesellschaft begrenzt werden. Ansonsten käme man im Ergebnis zu dem heftig kritisierten Modell von *Doralt/Nowotny*.

Im Bezug auf die Schwierigkeiten in der praktischen Durchsetzbarkeit wurde erwidert, daß sich das Problem der Registereintragung auch im Fall der Kapitalerhöhung stelle und zwar unabhängig von der jeweiligen Gesellschaftsform.

Ein Diskussionsteilnehmer betonte, daß in der Praxis gerade bei großen Konzernen die hier theoretisch aufgezeigten Probleme durch vertragliche Regelungen aufgefangen würden. Auch bedeute die Innehabung einer beherrschenden Stellung nicht zwangsläufig die Ausübung von Leitungsmacht, so daß bereits häufig schon der Konzerntatbestand nicht erfüllt sei.

Ein anderer Redner widersprach der These von der Zustimmungspflicht mit dem Argument, sie bewirke lediglich ein Ausweichen in den Bereich des faktischen Konzerns. Ziel aller müsse es sein, dem Minderheitsgesellschafter über die Ausgestaltung des Beherrschungsvertrages Schutz zu gewähren. Dem könne zwar mit der Einstimmigkeit, sehr viel besser jedoch mit der sachlichen Rechtfertigung des Beschlusses Rechnung getragen werden. Die Konzernbeziehung selbst sei als unternehmerische Entscheidung regelmäßig als Ansatzpunkt für die Prüfung der Rechtfertigung nicht geeignet. Daher solle die Rechtsposition des in dem Unternehmen verbliebenen Minderheitsgesellschafters, zum Beispiel im Bezug auf die ihm zugestandenen Mitwirkungsrechte als Prüfungskriterium herangezogen werden. Außerdem seien auch die Regelungen im Hinblick auf die Beendigung der Konzernbeziehung zu beachten, da ihnen erhebliche Bedeutung für den Minderheitsgesellschafter zukommen könne.

Ausdrücklich wurde in einem Diskussionsbeitrag darauf hingewiesen, daß die Zustimmungsverpflichtung zumindest immer dann bejaht werden solle, wenn dem widersprechenden Gesellschafter ein akzeptables Angebot unterbreitet worden sei.

III. Zur Beurkundung

In der weiteren Debatte wurde die Vorstellung von *Priester*, der Zustimmungsbeschluß der abhängigen Gesellschaft bedürfe der notariellen Beurkundung, kritisiert. Im Bereich der 100 %-Beteiligungen handele es sich bei dem Zustimmungserfordernis als solchem und der notariellen Beurkundung um bloßen Formalismus.

Dem wurde mit dem Argument widersprochen, daß die Registereintragung auch bei der Einmanngesellschaft aus Informationsgründen notwendig sei, und die Beurkundungsfrage im Hinblick auf die Regeln über die Satzungsänderung einheitlich behandelt werden müsse.

IV. Zur verdeckten Sacheinlage im Konzern

Die im Referat *Schneider* enthaltenen Ausführungen zur Frage der verdeckten Sacheinlage wurden als zu weitgehend kritisiert. Die vom Gesetzgeber geschaffenen zivil- und strafrechtlichen Sanktionsmittel reichten aus, so daß eine weitergehende Ausdehnung des Tatbestandes der verdeckten Sacheinlage abzulehnen sei. Ansonsten würden letztlich sämtliche Austauschgeschäfte zwischen einem Gesellschafter und Konzerngesellschaften untersagt. Außerdem wurde unter

Hinweis auf die vom Referenten zitierte BGH-Entscheidung vom 25. 11. 1985 bemerkt, es sei widersprüchlich, die Leistung an einen Dritten nur dann als Bareinlage zu qualifizieren, wenn es sich bei diesem nicht um ein verbundenes Unternehmen handele. Die Vollwertigkeitsprüfung müsse, wenn man sie grundsätzlich als ausreichend erachte, auch bei den Leistungen im Konzernbereich genügen.

Dagegen wurde eingewandt, daß es sich bei der Beurteilung der verdeckten Sacheinlage um das, bereits von der klassischen Gesellschaft her bekannte, Problem der Ermittlung des zeitlichen und sachlichen Zusammenhangs handele. Wegen der unterschiedlichen Regelungen über die Kapitalaufbringung und Kapitalerhaltung müsse diese Feststellung aufgrund einer umfassenden Konzernbetrachtung erfolgen.

V. Zum konzernspezifischen Wettbewerbsverbot

Weiterhin beschäftigte sich die Diskussion mit dem von *Schneider* skizzierten Wettbewerbsverbot für den herrschenden Gesellschafter. Es wurde darauf hingewiesen, daß eine solche These im Bezug auf kartellrechtliche Bestrebungen, Wettbewerbsverbote einzuschränken, bedenklich sei.

Diesem Hinweis wurde entgegengehalten, daß seit der Heumann-Ogilvy-Entscheidung die Frage des Wettbewerbsverbotes von Gesellschaftern geklärt sei. Allerdings gelte dieses nur für den beherrschenden Gesellschafter. Nur er könne in einen dauerhaften Loyalitätskonflikt geraten. Kartellrechtliche Bedenken würden zurücktreten, da es um die Frage der Sicherung von Vertragspflichten gehe.

Referat

Das System des deutschen GmbH-Konzernrechts

von

Prof. Dr. Marcus Lutter, Bonn

Inhaltsübersicht

I. Vorbemerkungen und Eingangsthesen

Die Veranstalter haben mir die schwierige Aufgabe zugewiesen, eine Summa der vergangenen eineinhalb Tage aus der Sicht des deutschen Rechts zu versuchen, verbunden mit einem Ausblick und ein paar eigenen Überlegungen – wie man halt noch ein paar Gurken auf einen längst reich gedeckten Tisch stellt.

Eine solche Summa verlangt ein Konzept, will sich der Redner nicht in einer Summe von Zufälligkeiten ergehen. Eine solches Konzept aber ist auch deshalb erforderlich, weil man sonst auf unserem Rechtsgebiet des GmbH-Konzerns mit seinem höchst eigentümlichen System der Rechtsfindung und Rechtsbildung keine Chance hat, zu halbwegs kontrollierten Erkenntnissen und Ergebnissen zu kommen – einem Rechtsgebiet ohne jede gesetzliche Regelung, existent aber in vielfältigen Entscheidungen[1] und intensiven wissenschaftlichen Untersuchungen[2]. Alle diese Arbeiten sind zugleich Zeugen eines ständigen Gesprächs zwischen Wissenschaft und Rechtsprechung, aus deren „ita est“ das rasch wachsende Fundament unseres Rechtsgebietes wurde, Sediment eines zunächst trüben, aber mehr und mehr und jedenfalls seit Landshut sehr viel klareren Flusses. In solchen festen Punkten – ich nenne sie die Bausteine unserer existenten rechtlichen Ordnung des GmbH-Konzerns – will ich im folgenden denken:

Der *1. Baustein* ist eine These ohne unmittelbaren rechtlichen Gehalt: In meiner Sicht ist der Konzern nicht nur eine eigene und besondere, sondern er ist vor allem eine besonders leistungsfähige Form der Unternehmensorganisation: er ist leistungsfähiger als die Einheitsgesellschaft. Diese Aussage übernehme ich aus der betriebswirtschaftlichen Organisationslehre[3]; sie entspricht aber auch meiner persönlichen Erfahrung und Überzeugung. Das gilt nicht nur im internationalen Bereich, wo der Konzern unabdingbar ist und die Divergenz zwischen dem Weltmarkt der westlichen Staaten – von EG bis OECD – und dem Flickenteppich der nationalen Rechtsordnungen auffängt und ausgleicht[4]; die Aussage gilt auch im nationalen Rechtsbereich, wo der Konzern den rechtlichen Rahmen bilden kann für die geordnete Aufteilung des wirtschaftlich *einen* Unternehmens in mehrere Tätigkeits- und Aufgabenbereiche.

Anders gewendet: Der Konzern hat föderale, bundesstaatliche Züge; wer die Versuche des klassischen Einheitsstaates Frankreich zur Dezentralisierung erlebt

1 BGHZ 65, 15 (ITT); BGH NJW 1980, 231 (Gervais-Danone); BGHZ 80, 69 (Süssen); BGHZ 89, 162 (Heumann/Ogilvy); BGHZ 95, 330 (Autokran).

2 Zu erinnern ist hier vor allem an die vielen Untersuchungen im Zusammenhang mit der einst geplanten großen GmbH-Reform (insbesondere Arbeitskreis GmbH-Reform, Thesen und Vorschläge, Bd. 2, 1972, S. 47 ff; Rehbinder, in: Barz u. a., GmbH-Reform, 1970, S. 127 ff; Würdinger, in: Probleme der GmbH-Reform, Schriftenreihe Rechtsfragen der Handelsgesellschaften, Bd. 25, 1970, S. 122 ff), an die Arbeitstagung der Centrale für GmbH im Dezember 1975 (Der GmbH-Konzern, 1976), an das 4. ZGR-Symposium von 1984 (ZGR 1984, 351 ff), an die kürzlich stattgehabte Kieler Tagung (veröffentlicht in Die AG 1986, 117–140), an die Monographien von Martens (Mehrheits- und Konzernherrschaft in der personalistischen GmbH, 1970), Ihde (Der faktische GmbH-Konzern, 1974) und Verhoeven (GmbH-Konzern-Innenrecht, 1978) sowie an die Darstellung von Emmerich und Sonnenschein (Konzernrecht, 2. Aufl., 1977, insbesondere S. 232–252); zuletzt Lutter, The Law of Groups of Companies in Europe: A challenge for jurisprudence, in Forum Internationale (Kluwer, Niederlande) 1983 Nr. 1.

3 Siehe dazu die Beiträge von Ordelheide und Sigle in BfuP 1986, 293 ff und die anschließenden Meinungen von Bühner, Busse von Colbe, Hommelhoff, Pausenberger und Sahner S. 357 ff.

4 Lutter, ZfbF-Sonderheft 4, 1975, 61 ff.

hat, ist vielleicht geneigt, meiner These von der größeren Leistungsfähigkeit föderaler Strukturen auch in den Unternehmen zu folgen. Die Rechtsordnung hat also keinen Grund, den Konzern durch übersteigerte Anforderungen zurückzudrängen.

2. Baustein: Der Konzern ist wirtschaftlich *ein Unternehmen,* er ist Funktionseinheit, Leitungs- und Zieleinheit, rechtlich aber ein Verbund aus mehreren selbständigen Vermögensträgern[5]. Die mit dieser Vermögenstrennung zwangslos verbundene Trennung auch der Haftung führt zu einer Risikokanalisierung auf die verschiedenen Vermögenseinheiten hin. Diese Risikokanalisierung ist allgemein ein unternehmens-organisatorischer Vorteil, im internationalen Unternehmen darüber hinaus nahezu unabdingbar. Diesen Vorzug der Haftungs- und Risikokanalisierung gilt es zu wahren[6]. Bei jeder konzernrechtlichen Aussage ist daher zu bedenken, ob nicht unvermerkt die Dämme dieses Systems so stark angestochen werden, daß sie unter der Belastung der täglichen Geschäfte brechen müssen.

3. Baustein: Wer *ein* Unternehmen im funktionalen Sinne über mehrere getrennte Haftungs- und Vermögenseinheiten hin bilden und führen will, muß andere und oft strengere rechtliche Regeln bei seiner Unternehmensführung – hier: Konzernführung – beachten als im Einheitsunternehmen; die größere Flexibilität des Konzerns und das Privileg der Risikokanalisierung haben ihren Preis.

Ich nenne diesen Preis: Beachtung der Regeln einer ordnungsgemäßen Konzerngründung und Konzerngeschäftsführung.

Der Preis darf aber nicht höher sein als dem gewährten Vorzug entspricht: sonst gibt man Steine statt Brot und gefährdet ein, wie ich glaube, kluges, erhaltenswertes und leistungsfähiges System. Kurz: Das System ist flexibler und leistungsfähiger, aber – oder also – auch rechtlich komplizierter und differenzierter.

4. Baustein: Die dem deutschen Recht eigentümliche Zweiteilung in Vertragskonzern und faktischen Verbund gilt auch im GmbH-Recht; diese Zweiteilung ist auch zweckmäßig; nicht weil sie der Weisheit letzter Schluß wäre, aber weil es systemrational ist, dieser Festschreibung des Aktienrechts in seinen §§ 291 ff

5 So schon RAISER (polycorporativer Verband), in: Raiser/Sauermann/Schneider, Das Verhältnis der Wirtschaftswissenschaft zur Rechtswissenschaft, 1964, S. 51 ff sowie, ihm folgend BÄLZ, FS Raiser, 1974, S. 287 ff.

6 So schon REHBINDER, aaO (Fn. 2), S. 139. Ebenso WIEDEMANN, Gesellschaftsrecht Bd. I, 1980, § 4 I, 3 a, S. 201 f; LUTTER, ZIP 1985, 1425, 1432; PRIESTER, ZIP 1986, 137, 140.

AktG auch im GmbH-Recht zu folgen[7]: Unternehmensvertrag und Vertragskonzern sind also Teile des *geltenden* GmbH-Rechts.

II. Der Vertragskonzern
1. Vorbemerkung

5. Baustein: Der Unternehmensvertrag *legitimiert* schädigende Eingriffe in das Vermögen und die Interessen der abhängigen GmbH und verlagert dafür deren unternehmerisches Risiko ohne Rücksicht auf alle Kausalitäten auf die Obergesellschaft, §§ 302, 303 AktG entsprechend. Infolgedessen entstehen hier weder der *Schneider'sche* Teleskop-Effekt[8] noch sein Konzern-Kapitalerhaltungsproblem[9]; denn die Untergesellschaft erlangt durch den Verlustausgleich volle Kapitaldeckung[10]; und bei der Obergesellschaft geht der Verlust der Untergesellschaft voll in deren Bilanz und Gewinn- und Verlustrechnung ein; dadurch werden Ausschüttungen in entsprechender Höhe bei der Obergesellschaft verhindert.

2. Abschlußerfordernisse insbesondere bei der GmbH als Untergesellschaft

6. Baustein: Bezüglich des Abschlusses eines solchen Unternehmensvertrages ist der Auffassung von *Priester*[11] und anderen zu folgen, wonach ein solcher Unternehmensvertrag der Schriftform bedarf und der Zustimmungsbeschluß der Gesellschafter der abhängigen GmbH (§ 293 Abs. 1 AktG entsprechend) auch entsprechend § 53 Abs. 2 GmbHG notariell beurkundet sein muß[12], wohin käme es auch sonst mit den uns teuren Notaren!

7 Das ist, soweit ersichtlich, auch nicht umstritten; vgl. nur die Ausführungen und Nachweise bei Emmerich und Priester in diesem Bande, S. 64 ff, S. 79 ff und S. 151 ff. Das gilt im übrigen auch schon für die Debatte zu den konzernrechtlichen Vorschriften des RefE (1969) und des RegE (1971) des einst geplanten neuen GmbH-Gesetzes („Große" GmbH-Reform); vgl. Rehbinder, aaO (Fn. 2), S. 127, 144 f; Würdinger, aaO (Fn. 2), S. 122, 129 ff sowie Eder, Schilling und Rehbinder in der Diskussion über das Referat Würdingers, ebenda, S. 250 ff.

8 U. H. Schneider, ZGR 1984, 497 ff, 504 ff sowie Ders., in diesem Bande S. 135.

9 U. H. Schneider, in diesem Bande S. 145.

10 Dadurch wird auch der Bilanzansatz dieser Beteiligung in der Obergesellschaft wieder vollwertig, so daß nicht etwa ein bilanzieller Doppelverlust (Abschreibungsbedarf *und* Zahlungspflicht) entsteht.

11 Priester, in diesem Bande S. 167 ff.

12 Daher kommt es auch gar nicht so entscheidend darauf an, ob man den Unternehmensvertrag für die abhängige GmbH als Satzungsänderung oder „Satzungsüberlagerung" (so Timm, BB 1981, 1492, 1496) bezeichnet.

Im Hinblick auf etwaige künftige Gesellschafter, aber auch im Hinblick auf die derzeitigen und künftigen Gläubiger der GmbH bedarf der Vertrag auch der *Eintragung im Handelsregister*[13]. Akzeptiert man nämlich dieses Rechtsgebilde „Unternehmensvertrag" ohne jede eigene gesetzliche Grundlage auch für die GmbH und gibt es dafür im Aktienrecht eine ausgewogene Regelung, so ist nicht einzusehen, weshalb man dann nicht auch deren *formelle Ordnung* im Wege der Rechtsanalogie übernehmen müßte. Und schließlich entspricht das auch dem System unseres Handelsregisters: es hat nun einmal die wesentlichen Elemente der jeweiligen GmbH zu dokumentieren[14]; davon kann man dann aber auch nicht im Einzelbereich mit Argumenten und unter Aspekten des konkreten Nutzens bzw. der konkreten Nutzlosigkeit abweichen; dazu bedürfte es einer Entscheidung des Gesetzgebers.

Lebhaft umstritten und mehrfach hier angesprochen ist die alte Frage, mit welcher Mehrheit die Gesellschafterversammlung der abhängigen GmbH ihr Schicksal besiegeln muß: mit 75 % entsprechend den Regeln zur Satzungsänderung (§ 53 Abs. 2 GmbHG), zur Fusion in der GmbH (§ 20 Abs. 2 KaperhG), zur Auflösung (§ 60 Abs. 1 Nr. 2 GmbHG) und den Vorschriften des AktG (§ 293 Abs. 1 AktG), mit 90 % entsprechend der Umwandlung (§§ 9, 24 UmwG) oder mit 100 % entsprechend der Zweckänderung (§ 33 BGB)[15]. Für alle Auffassungen gibt es gute Gründe, zumal die 100 %ler den intransigenten Minoritär mit der Treu- oder Stimmpflicht domestizieren wollen, während die 75 %ler an eine materielle Beschlußkontrolle nach dem Muster der Kali & Salz-Entscheidung[16] oder jedenfalls an eine Mißbrauchskontrolle denken.

Die Argumente haben sich weitgehend erschöpft. Daher können jetzt auch Überlegungen eher allgemeiner Natur von Bedeutung sein. Und da zeigt die Erfahrung, daß die notwendige Mitwirkung *aller* Gesellschafter selten zu guten Ergebnissen führt: Sie stärkt die Stellung des kleinsten Gesellschafters, er bestimmt letztlich Preis und Entwicklung. Daher wird diese Lösung des Gesetzes für die Personengesellschaften auch in den meisten Gesellschaftsverträgen modifiziert.

Die 90 %-Lösung hat viele Aspekte für sich, läßt sich de lege lata aber nur sehr schwer begründen[17]. Damit bleibt die satzungsändernde Regelmehrheit von 75 %; sie hat auch den Vorteil, daß der an Konzernierung interessierten qualifizierten Mehrheit damit ein vertretbarer Weg legaler Gestaltung offensteht, um aus dem Konflikt mit der im faktischen Verbund so abwehrstarken Minderheit

13 Emmerich, in diesem Bande S. 82 f und Priester, in diesem Bande S. 169 f, je m. w. N.

14 Vgl. § 10 GmbHG und dazu Fischer/Lutter, Komm. z. GmbHG, 11. Aufl., 1985, § 10 Rdn. 2 ff.

15 Für die Zweckänderung ist das heute unstreitig; vgl. zuletzt Zöllner, in: Baumbach/Hueck, Komm. z. GmbHG, 14. Aufl., 1985, § 53 Rdn. 14.

16 BGHZ 71, 40.

17 Vgl. den Versuch von Timm, BB 1981, 1493.

herauszukommen[18]. Natürlich sind auch die Gegenstimmen der 100 %ler nicht ohne gute Argumente allgemeiner Natur: *Priester*[19] mit seinem Hinweis auf die Nähe zur Personengesellschaft, *Zöllner*[20] mit dem gewichtigen Hinweis, daß für das Geld aus der Abfindung so schnell keine vergleichbare unternehmerische Anlage zu erhalten ist, und *Ulmer*[21] mit seiner Frage nach den Kriterien einer Kontrolle. Dennoch: Man sollte die Legalisierung eines faktisch existenten GmbH-Konzerns durch Vertrag nicht gar zu schwierig machen.

Insgesamt folge ich also der 75 %-Lehre und meine, daß man die Interessen der Minderheit aus der Treupflicht der Mehrheit – insbesondere: kein willkürlicher Rausschmiß – ausreichend schützen kann.

3. Beschluß in der Obergesellschaft, Abfindungs- und Umtauschgebote

7. Baustein: Die formellen Regeln zum Abschluß des Unternehmensvertrages gelten aber auch für die *GmbH als Obergesellschaft;* die Übernahme des wirtschaftlichen Risikos für ein anderes Unternehmen ist eine außergewöhnliche Maßnahme, die vom regulären Auftrag an die Geschäftsführung nicht gedeckt ist, soweit das die Satzung nicht *ausdrücklich* vorsieht; allgemeine Hinweise genügen nicht. Fehlt es an einer solchen „Vorordnung" in der Satzung, so ist ein Beschluß der Gesellschafterversammlung erforderlich[22]. Fraglich ist nur, welche Mehrheit dafür nötig ist. Ich verstehe § 293 Abs. 2 AktG mit dem Erfordernis *satzungsändernder* Mehrheit auch als Berücksichtigung der vom Gesetz statuierten Umtauschpflicht aus § 305 AktG[23]. Daher ist die Frage zu beantworten, ob eine solche Umtauschpflicht auch beim Abschluß eines Unternehmensvertrages mit einer abhängigen GmbH gilt: Wie ist zu entscheiden, wenn die Obergesell-

18 Vgl. unten III.

19 PRIESTER, in diesem Bande S. 160 ff. In der Diskussion sah ZÖLLNER gerade hierin einen Widerspruch: Die noch so kleine Minderheit kann den eigeninteressierten faktischen Konzern verhindern, nicht aber den Unternehmensvertrag. Mir scheint dieser Weg hingegen gerade konsequent: die unübersichtliche und daher gefährliche Form des faktischen Konzerns kann von der Minderheit verhindert, die korrekte Überführung in die Legalität des Vertragskonzerns hingegen nicht verhindert werden.

20 ZÖLLNER, in der Diskussion.

21 ULMER, ebenfalls in der Diskussion.

22 Vgl. allgemein zu außergewöhnlichen Maßnahmen in einer GmbH und zur Zuständigkeit der Gesellschafterversammlung dafür BGH DB 1984, 661 sowie HOMMELHOFF, ZGR 1978, 119, 123; DERS., aaO (Fn. 3), S. 245. SCHOLZ/U. H. SCHNEIDER, Komm. z. GmbHG, 6. Aufl., 1978/1983, § 37 Rdn. 15 ff und ROWEDDER/KOPPENSTEINER, Komm. z. GmbHG, 1985, § 37 Rdn. 10.

23 Ebenso BIEDENKOPF/KOPPENSTEINER, Kölner Komm. z. AktG, § 293 Rdn. 5; ähnlich wohl auch WÜRDINGER, Großkomm. z. AktG, 3. Aufl., § 293 Anm. 11 und GODIN/WILHELMI, Komm. z. AktG, 4. Aufl., § 293 Anm. 7.

schaft eine AG, die Untergesellschaft aber eine GmbH ist oder wenn beide Gesellschaften GmbHs sind.

Im ersteren Fall ist überhaupt keine argumentative Möglichkeit zu erkennen, einen Umtauschanspruch der GmbH-Minderheit in Aktien der Obergesellschaft abzulehnen[24]; ich verweise auf meinen obigen Hinweis zu Systematik und Rechtsanalogie bei Übernahme der Figur des Unternehmensvertrages aus dem AktG in das GmbH-Recht. Und das muß dann auch für den Beschluß der Hauptversammlung dieser AG nach § 293 Abs. 2 AktG entsprechend gelten. Fraglich ist also nur, ob dem außenstehenden GmbH-Gesellschafter in diesem Falle – und damit anders als nach § 305 AktG – *auch* und zusätzlich eine Barabfindung angeboten werden muß. Da die Beteiligung in einer GmbH etwas anderes ist als die in einer AG, spricht alles dafür, eine solche Pflicht zum Barabfindungs-Angebot zu bejahen – auch die Wertungen des Umwandlungsgesetzes mit seinem § 24 Abs. 2 Nr. 2 übrigens. Ist die Obergesellschaft also eine AG, so muß sie neben dem Umtausch in ihre Aktien auch eine angemessene Barabfindung anbieten[25].

Im zweiten Falle – Unter- und Obergesellschaft sind GmbH – ist die Barabfindung unabdingbar, schon weil die außenstehenden Gesellschafter sonst bei der Obergesellschaft in einen ihnen unbekannten Verband kämen, aus dem sie sich nicht jederzeit lösen könnten[26]. Fraglich ist hier also nur, ob ihnen *zusätzlich* auch der Umtausch in GmbH-Anteile der Obergesellschaft angeboten werden *muß* (die *Möglichkeit* des Angebots, das „Kann" ist fraglos). Tatsächlich ist eine solche Pflicht in aller Regel abzulehnen; insoweit verweise ich erneut auf das Umwandlungsrecht. Sollte die Ober-GmbH aber ausnahmsweise von ihrer Realstruktur[27] her eine Publikumsgesellschaft nach der Typik einer AG sein – viele Gesellschafter ohne besondere persönliche Bindungen zueinander –, so würde ich das Umtauschangebot der Ober-GmbH nicht nur als Recht, sondern auch als ihre Pflicht bejahen.

Wo die Pflicht zum Umtausch besteht, ist satzungsändernde Mehrheit im Beschluß der Obergesellschaft entsprechend § 293 Abs. 2 AktG erforderlich; wo es nur um Abfindung und Übernahme des wirtschaftlichen Risikos geht, sind die allgemeinen Regeln der betreffenden GmbH für Beschlüsse ihrer Gesellschafter-

24 So schon Schilling, aaO (Fn. 7), S. 255; ebenso heute Scholz/Emmerich, aaO (Fn. 22), Anh. II Rdn. 201 und Zöllner, aaO (Fn. 15), Anh. I Rdn. 18.

25 Ebenso Scholz/Emmerich, aaO (Fn. 22), Anh. II Rdn. 200, 201 und wohl auch Rowedder/Koppensteiner, aaO (Fn. 22), Anh. § 52 GmbHG Rdn. 41.

26 Unstreitig dort, wo ein Mehrheitsbeschluß akzeptiert wird, so etwa Fischer/Lutter, aaO (Fn. 14), Anh. § 13 GmbHG Rdn. 29; vgl. im übrigen Zöllner, aaO (Fn. 15), Anh. I Rdn. 18.

27 Zur rechtlichen Bedeutung der Realstruktur neben der Rechtsform vgl. Lutter, AcP 180 (1980), 84, 105 ff.

versammlung anzuwenden[28], es sei denn, mit diesem Unternehmensvertrag werde überhaupt erst die Konzernverbindung geschaffen – was gewiß die Ausnahme ist; trifft das aber zu, dann müßte allerdings aus diesem Grunde ein satzungsändernder Beschluß stattfinden[29], soweit die Satzung das – also die Möglichkeit zur Konzernbildung – nicht bereits vorgeordnet hat: Eine solche Vorordnung in der Satzung ist sicher möglich; fraglich ist allerdings, ob eine Globalermächtigung an die einfache Mehrheit als solche Vorordnung genügt oder ob eine genauere Umschreibung erforderlich ist. Ich plädiere hier für eine Vertragsfreiheit, die *offen* und ausdrücklich formuliert und nicht durch blasse Floskeln die Bedeutung dieser Ordnung für die Minderheit verdeckt. Also: Klare und offene Regelung in der Satzung oder – soweit das fehlt – ein Beschluß mit satzungsändernder Mehrheit bei Entstehung des Konzerns[30].

Im übrigen: Die Satzung der GmbH als Obergesellschaft kann die erforderliche Mitwirkung der Gesellschafterversammlung entsprechend § 293 Abs. 2 AktG bzw. zur Bildung des Konzerns nicht nur vorordnen, sondern auch an ein anderes Organ (Aufsichtsrat, Gesellschafterausschuß) delegieren; das gilt nur dann nicht, wenn ausnahmsweise über Mitgliedschaften verfügt werden muß durch das Angebot von Umtauschrechten.

4. *Maßstäbe und Schranken der einheitlichen Leitung*

8. Baustein: Die Einbindung der GmbH in einen Vertragskonzern schafft Leitungspflichten ihrer Obergesellschaft, die – wie in jedem Gestionsverhältnis – nach den Regeln der Ordnungsmäßigkeit, hier der *ordnungsmäßigen Konzerngeschäftsführung* zu erledigen sind. Dazu gehört es durchaus auch, wenn von der rechtlichen Erlaubnis Gebrauch gemacht und zum Nachteil der abhängigen GmbH gehandelt wird, § 308 Abs. 2 AktG. Sind jedoch noch Minderheitsgesellschafter vorhanden, die ja nicht etwa nur ertrags-, sondern auch vermögensbeteiligt sind, so darf – ohne Regelung im Unternehmensvertrag oder ein neuerliches Abfindungsangebot – auf diesem Wege nicht einfach das faktische Erlöschen oder die Einstellung des Betriebes der abhängigen GmbH erfolgen. Insofern ist auch die abhängige, aber noch mehrgliedrige GmbH über § 302 AktG hinaus in einem wirtschaftlichen Minimalbestand gesichert; und dafür haben die Organe der Obergesellschaft und die Geschäftsführer der abhängigen GmbH zu sorgen, §§ 309, 310 AktG. *Das gilt nicht* bei der abhängigen Einmann-GmbH; hier

28 Einfache Mehrheit also nach § 47 Abs. 1 GmbHG, soweit die Satzung nichts anderes vorsieht.

29 Zutreffend U. H. Schneider, in diesem Bande S. 125.

30 Näher dazu die sorgfältige Arbeit von Kort, Der Abschluß von Beherrschungs- und Gewinnabführungsverträgen im GmbH-Recht, 1986.

kommt es nur auf den Gläubigerschutz an, der durch die §§ 302, 303 AktG ausreichend gewährleistet ist.

In diesen Zusammenhang gehören auch die Finanzierungspflichten der beteiligten Gesellschaften. Dabei sind Ober- und Untergesellschaft im Hinblick auf § 302 AktG als Finanzeinheit zu sehen[31]. Ist jedoch der Anspruch der Unter-GmbH aus § 302 AktG nicht mehr ausreichend gesichert, so leben alle allgemeinen Finanzierungspflichten wieder auf wie sie auch in bzw. gegenüber einer autonomen GmbH bestehen. Klar und deutlich formuliert bedeutet das: Die Regeln der §§ 30, 31 GmbHG sind vom Geschäftsführer der abhängigen GmbH dann wieder voll zu beachten. Und das Cash-Management im einst angeschlagenen AEG-Vertragskonzern mit seiner enormen Gefahr sofortiger Illiquidität für die Tochtergesellschaften war nach Eintritt der Krise bei AEG und lange vor ihrem förmlichen Vergleichsantrag *unzulässig*[32].

Übrigens hatte ich immer gedacht und darauf bereits vor 15 Jahren meine Überlegungen für einen Europäischen Gleichordnungskonzern aufgebaut[33]: Wer das finanzielle Risiko trägt, der kann auch die unternehmerische Richtung bestimmen. Beim *Gewinnabführungsvertrag* trägt die Obergesellschaft dieses unternehmerische Risiko, da die §§ 302, 303 AktG auch für diesen Fall gelten. Besteht also nur ein isolierter Gewinnabführungsvertrag mit einer abhängigen GmbH – und das kommt aus mir nicht ganz verständlichen Gründen tatsächlich häufig vor –, so stehen einem herrschenden Unternehmen dennoch die Regierungsrechte *entsprechend* § 308 AktG zu, ohne daß man auf einem besonderen und zusätzlichen Beherrschungsvertrag bestehen müßte. Den habe ich im GmbH-Recht *neben* dem Gewinnabführungsvertrag eigentlich immer für überflüssig angesehen – in einem für mich an dieser Stelle überraschenden Gegensatz zu *Priester*[34].

5. *Zusammenfassung*

Insgesamt erscheint mir das Konzept des GmbH-Vertragskonzerns überschaubar, beherrschbar und vernünftig. Zwar bestehen auch hier noch viele offene Rechtsprobleme; doch sind diese eingebettet in eine erkennbare Gesamt-

31 Dazu EMMERICH, in diesem Bande S. 81 f, 90.

32 Die Regeln ordnungsgemäßer Konzerngeschäftsführung vollziehen sich in einem eigentümlichen *Miteinander* von Leitung durch die Obergesellschaft und Geschäftsführung der abhängigen GmbH, wie das auch schon in § 308 Abs. 2 AktG mehr angedeutet als klargestellt ist; vgl. dazu IMMENGA, ZHR 140 (1976), 301 ff und GESSLER, ZHR 140 (1976), 433 ff.

33 LUTTER, Gutachten zum 48. DJT 1970, Bd. I, Teil H, S. 1 ff.

34 PRIESTER, in diesem Bande S. 157 f.

ordnung, welche die Argumentation kanalisiert und die Divergenz der Auffassungen durchaus lösbar erscheinen läßt.

III. Der faktische GmbH-Konzern

Gegenüber dem Vertragskonzern ist der faktische GmbH-Konzern durch die vereinte Anstrengung aller Rechtslehrer zunächst zum wahren Sumpf geworden. In ihn hatten sich zuletzt nur noch sehr, sehr mutige Juristen hineingetraut, die, wenn sie Glück hatten, hin und wieder eine kleine Insel festen Landes fanden, oft aber auf tückische Scheininseln sprangen und mit diesen dann unter dem vorfreudigen Geklapper der Krokodile untergingen. Doch haben erneute Anstrengungen in Karlsruhe (BGH)[35] und Landshut zur Trockenlegung wesentlicher Teile dieses Sumpfes geführt.

1. Konzerntypen

Um weiter festen Boden zu gewinnen, will ich zunächst die Vorstellungen, die „Bilder" verdeutlichen, in denen ich zur Unterscheidung verschiedener Konzerngestaltungen denke:

(1) Da gibt es die GmbH mit einem unternehmerischen Mehrheitsgesellschafter, der die Richtung bestimmt, das Budget kontrolliert, die Umsatz- und Ertragsziele festlegt und gegebenenfalls das Management auswechselt; aber dieser unternehmerische Mehrheitsgesellschafter steht dem Tätigkeitsbereich dieser GmbH eher fern (ich denke etwa an die Hoechst AG mit ihrer Mehrheitsbeteiligung bei den Friseurartikeln der Schwarzkopf GmbH).

(2) Dann gibt es die gleiche GmbH, die viel stärker als im Falle (1) in die Produktion der Mehrheitsgesellschaft als Zulieferer oder in deren Absatz als wichtiger Abnehmer eines bestimmten Produktes eingeschaltet ist: Sie ist „halbseitig" vom Markt abgeschnitten, wird aber in Preis und Abrechnung ganz und gar korrekt behandelt.

Läßt die Obergesellschaft bei der betreffenden GmbH bestimmte Kapazitäten frei, so sind Spotgeschäfte durchaus möglich.

(3) Dann gibt es den unternehmerischen Mehrheitsgesellschafter der GmbH, für den sich hin und wieder die Notwendigkeit nachteiliger Eingriffe stellt, da sich Überschneidungen in unternehmerischen Bereichen von Produktion und Absatz, Zugriffswünsche auf überschüssige Liquidität der abhängigen GmbH etc. ergeben.

35 Vgl. oben Fn. 1 sowie Stimpel, in diesem Bande S. 39 ff.

(4) Und dann gibt es das herrschende Unternehmen, das über die abhängige GmbH mehr oder minder nach Art des Herrn Heydemann im Autokran-Urteil[36] regiert.

Ich lege meinen folgenden Ausführungen diese Vorstellungen als *Typen* von faktischen Konzernen mit abhängigen GmbHs zugrunde und versuche, daran die Hauptprobleme zu diskutieren.

2. *Anwendbarkeit konzernrechtlicher Regeln auf „Privatkonzerne" bzw. „Jedermann-Konzerne"*

In seiner Stellungnahme zum Autokran-Urteil des BGH hat *Priester*[37] jüngst die Ansicht vertreten, die weit verbreiteten Einmann- oder Familien-Konzerne (Herr X ist Alleingesellschafter mehrerer Reinigungs-GmbHs, die Familie Y ist in stets gleicher Beteiligung Inhaberin mehrerer Autoreparatur-GmbHs) sollten von der Anwendung des Rechts der verbundenen Unternehmen (§§ 15 ff AktG) freigestellt sein; dafür habe man nur der Lehre *Zöllners*[38] zu folgen und die *Unternehmenseigenschaft* dieser Personen abzulehnen. Nur dort, wo sich diese Gruppe zum qualifizierten faktischen Konzern entwickle, müßten diese Personen dann „wie ein Unternehmen" behandelt werden.

Ich möchte diesem vielfach interessanten Gedanken nicht und auch fürderhin dem *weiten Unternehmens-* und *Abhängigkeitsbegriff* folgen, wie er sich im Gefolge der Seitz-[39] und der Veba/Gelsenberg-Entscheidung[40] entwickelt hat. Gewiß, der Vorschlag könnte das Konzernrecht von der Gefahr entlasten, sich in Bagatellen zu verbrauchen. Auf der anderen Seite aber ginge eine Sensibilisierung der Betrachtung verloren, die sich als fruchtbar erweist: Das gilt für den Weg der GmbH in die Abhängigkeit[41] ebenso wie für das Verhältnis zu etwaigen Minderheiten[42]. Im übrigen ist von den *Rechtsfolgen* her ja noch nicht viel gesagt, wenn man eine GmbH als (schlicht) abhängig oder als Konzerngesellschaft in einem „normalen" Konzern erkennt. Für den dann von den Rechtsfolgen her wieder interessanten qualifizierten faktischen Konzern aber will auch *Priester* auf die allgemeine konzernrechtliche Betrachtung einschwenken.

36 BGHZ 95, 330; Stellungnahmen zu diesem Urteil schießen wie Pilze aus dem Boden, vgl. HOMMELHOFF, EWiR 1985, 885 (§ 13 GmbHG 3/85); K. SCHMIDT, BB 1985, 2074 sowie ZIP 1986, 146; LUTTER, ZIP 1985, 1425; PRIESTER, ZIP 1986, 137; EHLKE, DB 1986, 523; REHBINDER, Die AG 1986, 85; HEINSIUS, Die AG 1986, 99; ULMER, Die AG 1986, 123 sowie NJW 1986, 1579; STIMPEL, Die AG 1986, 117; demnächst WIEDEMANN, ZGR 1986, Heft 4.

37 PRIESTER, ZIP 1986, 137.

38 ZÖLLNER, ZGR 1976, 1 ff.

39 BGHZ 62, 193 und dazu LUTTER, NJW 1973, 113 ff.

40 BGHZ 69, 334 und dazu LUTTER/TIMM, BB 1978, 1965 ff.

41 Dazu sofort unter 3.

42 Ebenso ROWEDDER/KOPPENSTEINER, aaO (Fn. 22), Anh. § 52 GmbHG Rdn. 8.

3. Der Weg der GmbH in die Abhängigkeit

Ein erster Problemaspekt und zugleich mein *9. Baustein* betrifft die Frage, wie die GmbH in ihre abhängige Position gelangt. Dabei werden wir feststellen, daß die Minderheit im GmbH-Recht schon an diesem entscheidenden Punkt beachtliche Abwehr- und Schutzrechte hat.

Erste Alternative: Die GmbH wurde als Tochtergesellschaft gegründet. Dann findet für sie naturgemäß keine Konzern- bzw. Abhängigkeits-Eingangskontrolle statt. Und das gilt natürlich auch dann nicht, wenn sich Minderheitsgesellschafter an dieser Gründung beteiligen: Der Erfinder, der mit BMW eine Verwertungsgesellschaft gründet und eine 60%-Beteiligung von BMW im Gesellschaftsvertrag konzediert, hat zugleich für diese GmbH den Status als abhängige Gesellschaft und Konzerntochter von BMW akzeptiert.

Zweite Alternative: Das herrschende Unternehmen hat die Mehrheit *erworben.* Besteht die übliche Abtretungsbeschränkung nach § 15 Abs. 5 GmbHG, so müssen wir entscheiden, ob die veräußernde Mehrheit (gegebenenfalls im Zusammenwirken mit der bislang in der Minderheit befindlichen Erwerberin)[43] an der Entscheidung mitwirken darf. Die Frage des Stimmrechts des Veräußerers ist in diesem Falle schon allgemein sehr umstritten[44]. Um so schwieriger ist ihre Lösung hier.

Ähnlich wie im Zusammenhang mit der Zustimmung zum Unternehmensvertrag[45] meine ich, daß man die normalen Regeln und damit das Stimmrecht des Veräußerers wie gegebenenfalls des Erwerbers gelten lassen sollte[46]; andernfalls würde die Minderheit die Mehrheit in der GmbH einmauern können. Aber andererseits steht es der bislang partnerschaftlich kooperierenden Mehrheit auch nicht an, die Minderheit beliebig in die unternehmerische Abhängigkeit zu führen. Es gelten also die durchaus zutreffenden Erwägungen der Süssen-Entscheidung[47]: Der Freigabe-Beschluß unterliegt besonderen Anforderungen; er ist nur wirksam, wenn die Veräußerung an das – künftig – herrschende Unternehmen im Interesse der GmbH eine erforderliche, zweckmäßige und angemessene Lösung ist. Und das setzt – objektiv – eine entsprechende unternehmerische Situation voraus (Notwendigkeit der Anlehnung, besonders hoher

43 Unternehmen A ist mit 20% an der GmbH B beteiligt und erwirbt jetzt von C eine weitere Beteiligung von 40%.

44 Für ein Stimmrecht des Veräußerers vor allem BGHZ 48, 167 und die hM in der Literatur (vgl. HUECK, in: Baumbach/Hueck, aaO (Fn. 15), § 15 Rdn. 41); aA vor allem ZÖLLNER, GmbH-Rdsch. 1968, 177.

45 Oben II 2., 6. Baustein, S. 195 ff.

46 Näher LUTTER/TIMM, NJW 1982, 409, 415.

47 BGHZ 80, 69.

Synergieeffekt etc.) oder subjektiv die Beteiligung der (künftigen) Minderheit an den Gesprächen mit der erwerbswilligen Mehrheit, d.h. das Angebot des Erwerbes ihrer Geschäftsanteile zu den gleichen Bedingungen wie die der Mehrheit oder das Angebot zusätzlicher Sicherungen in der Satzung: etwa durch die gesicherte Mitwirkung der Minderheit in einem neu einzurichtenden Aufsichtsrat oder durch das Benennungsrecht für einen Geschäftsführer ihres Vertrauens. In Betracht kommt schließlich eine Satzungsbestimmung, welche die Geschäftsführer zur Aufstellung eines Abhängigkeitsberichts nach aktienrechtlichem Vorbild und außerdem dazu verpflichtet, diesen Abhängigkeitsbericht von einem Wirtschaftsprüfer prüfen zu lassen. In dessen Bericht über die Abhängigkeitsprüfung könnte dann jeder Gesellschafter nach § 51 a GmbHG Einblick nehmen. Das wäre eine gesellschaftsvertragliche Regelung, wie sie *Rowedder* hier schon aus dem Gesetz herleiten wollte.

Ähnliche Überlegungen gelten für andere Formen des Weges in die Abhängigkeit, etwa durch die Aufhebung statutarischer Schutzrechte; insoweit kann erneut auf die Süssen-Entscheidung[48], zur Gründung und Beteiligung von Konkurrenzunternehmen auf die Heumann/Ogilvy-Entscheidung[49], im übrigen auf *meine* Überlegungen zusammen mit *Timm*[50] verwiesen werden. Hingegen wird man dem bislang nicht unternehmerisch tätigen Mehrheitsgesellschafter den Aufbau eines *fremden* Tätigkeitsbereichs (mit der Folge sog. *einfacher Abhängigkeit*) nicht verbieten können; er hat seine Mitgesellschafter nur zu informieren[51].

4. *Schranken faktischer Konzernherrschaft über eine GmbH; Verlustausgleich und Haftung*

10. Baustein: Die Konzernherrschaft über eine GmbH ist in Gesetz und Recht der GmbH durch die Zuständigkeit der Gesellschafterversammlung in allen Angelegenheiten der Geschäftsführung geradezu angelegt. Diese Leitung durch die Gesellschafterversammlung und ihre etablierte und gegebenenfalls auch unternehmerische Mehrheit bedarf aus der Sicht der abhängigen GmbH[52] keiner besonderen Legitimation. Das aber gilt nur, wenn die Konzernleitung *ohne Eingriff* in die vermögensmäßige Integrität der abhängigen GmbH geführt

48 BGHZ 80, 69.

49 BGHZ 89, 162 = JZ 1984, 576 Anm. IMMENGA, = WuB II G Anm. U. H. SCHNEIDER = LM Nr. 4 zu § 112 HGB Anm. BRANDES; vgl. weiter WIEDEMANN/HIRTE, ZGR 1986, 163.

50 LUTTER/TIMM, NJW 1982, 409.

51 So auch WIEDEMANN/HIRTE, ZGR 1986, 163.

52 Zur Situation in der herrschenden GmbH vgl. unten III 5., 16. Baustein, S. 215 ff.

werden kann; das ist durchaus möglich, wie ich aus mehrfacher eigener Anschauung weiß[53]. Dabei wähle ich die Formulierung „Eingriff" ausdrücklich mit Bedacht. Konzernführung ist Geschäftsführung, ist unternehmerisches Handeln und Entscheiden in Ungewißheit. Sie ist unabdingbar verbunden mit der Freiheit zum Irrtum. Eine solche unternehmerische Fehlentscheidung ist also nicht „Eingriff". Nur eine Schädigung der abhängigen GmbH jenseits der unternehmerischen Irrtümer ist ohne die antizipierte oder am Einzelfall orientierte Zustimmung der Minderheit oder einen förmlichen Unternehmensvertrag illegal[54]. Und die Minderheit hat rechtliche Mittel genug, sich mit der Anfechtungsklage gegen entsprechende Beschlüsse der Gesellschafterversammlung oder mit der Unterlassungsklage gegen entsprechende Maßnahmen der Geschäftsführung zu wehren. Denn es gelten – in deutlichem Gegensatz zu dem, was *Rowedder* meint[55] – die §§ 311 ff AktG *gerade nicht.* Im Gegenteil: Hier müssen alle Gesellschafter zustimmen, wenn durch die Mehrheit oder die Geschäftsführung in die Vermögensintegrität der abhängigen GmbH eingegriffen werden soll, während § 311 AktG – was oft übersehen wird – das herrschende Unternehmen *privilegiert:* gegen Ausgleich darf es die *abhängige AG* schädigen, muß dazu die Minderheit also nicht befragen. Genau das sollte man in der GmbH nicht zulassen[56]; denn mit einer solchen Maßnahme wird die partnerschaftlich-vertragliche Beziehung unter den Gesellschaftern verlassen; und eine solche Vertragsverletzung ist – ohne Legitimation und ohne besondere Mehrheitsregelung der Satzung – ad hoc nur durch die *Zustimmung aller Partner* zu legalisieren[57]. Erweist sich mithin ein isolierter Nachteil bei der abhängigen GmbH aus Konzerngründen als notwendig oder zweckmäßig, so muß das herrschende Unternehmen dafür die Zustimmung aller Minderheitsgesellschafter einholen und insbesondere die Kompensation mit ihnen aushandeln.

Außerhalb dieser Tatbestände – also im Rahmen einer neutralen Konzernführung – aber wäre es töricht, die GmbH in ihrer Funktion als Konzernglied in

53 Vgl. oben S. 201 und die dortigen Konzerntypen (1) und (2).

54 Das ist die durchaus zutreffende Erkenntnis aus der ITT-Entscheidung, BGHZ 65, 15; vgl. dazu auch STIMPEL, in diesem Bande S. 39 ff.

55 ROWEDDER, in diesem Bande S. 29 ff.

56 Ebenso auch HOMMELHOFF, Die Konzernleitungspflicht, 1982, S. 252; LUTTER, ZGR 1982, 244, 260 f; ULMER, ZHR 148 (1984), 391, 411 ff; ROWEDDER/KOPPENSTEINER, aaO (Fn. 22), Anh. § 52 GmbHG Rdn. 49.

57 Diese strikte Position ist in meinem Verständnis kein Widerspruch zu der oben vertretenen Meinung, wonach für den Abschluß des Unternehmensvertrages die qualifizierte Mehrheit genügt. Denn mit dem Unternehmensvertrag wird eine neue korporative Globalordnung geschaffen unter strengen Schutzregeln des Gesetzes zugunsten der Minderheit, während es hier um isolierte nachteilige Einzelmaßnahmen ohne ein besonderes gesetzliches Schutzsystem geht: Daher muß hier die Vertragslösung gelten, während dort die Mehrheitslösung im Gesetz angelegt und insgesamt auch vertretbar ist.

Frage zu stellen: Die ängstlichen Unternehmen müßten zu Elefanten fusionieren und durch eine betrieblich organisatorische Bereichsgliederung nachholen, was ihnen die Rechtsordnung als Konzernorganisation versagt; die mutigeren Unternehmen hingegen würden – wie die Parteispender – im Halbdunkel der stets fraglichen Legalität von Tag zu Tag hoffen, bis das große Geschrei über ihnen zusammenschlägt.

11. Baustein: Ganz anders sieht es aus, wenn die GmbH in die *qualifizierte Abhängigkeit* geraten ist: Die Minderheitsgesellschafter könnten den Eintritt dieser Situation fraglos *verhindern.* Sie können sich aber auch verschweigen und können die Konsequenz ziehen, aus der GmbH auszuscheiden[58] und damit zugleich die Teil-Legitimation für das herrschende Unternehmen schaffen, das auf diese Weise zum Allein-Gesellschafter wird. Auf dieses geht das volle wirtschaftliche Risiko über; auf die Integrität der abhängigen GmbH muß es *dann* mangels entsprechender Minderheitsgesellschafter nicht mehr achten.

Damit sind wir beim A und O des faktischen Konzerns mit einer abhängigen GmbH: Wann wird der faktische „Normalkonzern" zum qualifizierten faktischen Konzern mit den Rechtsfolgen aus den §§ 302, 303 AktG[59]?

a) *Zunächst:* Kann man sich eigentlich vorstellen, daß es Minderheitsgesellschafter gibt, die diese Entwicklung zulassen, in der Gesellschaft bleiben und dann des durchaus dürftigen Schutzes aus § 302 AktG bedürfen? Vielleicht traktiert man da ein Scheinproblem und der *Typus* – nicht die Ausnahme – ist (wenn überhaupt eine qualifizierte Konzernierung vorliegt) die qualifiziert abhängige Einmann-GmbH wie im Falle der Autokran-Entscheidung des BGH[60].

Sodann: Welches sind die Voraussetzungen eben dieser Rechtsfolgen? Dazu muß man kurz an den Ausgangspunkt der Debatte erinnern: Das AktG 1965 hat sich für die duale Lösung entschieden

(1) Globallegitimation durch Vertrag unter Übernahme des vollen unternehmerischen Risikos oder
(2) Legitimation des isolierten Einzeleingriffs nach den Regeln der §§ 311 ff AktG.

Da sich die Gesellschaften aber selbst verwalten und nicht unter der Aufsicht eines Amtes stehen, kann man einfach nicht verhindern, daß sie trotz dieser

58 Zum Austrittsrecht in diesen Fällen vgl. LUTTER/TIMM, NJW 1982, 409, 414; K. SCHMIDT, GmbH-Rdsch. 1979, 121, 131 f; ROWEDDER/KOPPENSTEINER, aaO (Fn. 22), Anh. § 52 GmbHG Rdn. 59 m. w. N.

59 Diese Rechtsfolge des qualifizierten faktischen Konzerns wird hier nicht mehr in Frage gestellt; insoweit verweise ich auf die Autokran-Entscheidung, BGHZ 95, 330 sowie meine Ausführungen in ZGR 1982, 244, 262 ff und ZIP 1985, 1425 ff.

60 BGHZ 95, 330.

gesetzlichen Ordnung und trotz der *Geßler*'schen 10 Gebote[61] einen streng zentralistisch geführten Konzern im rein faktischen Tun doch verwirklichen. Eine solche Gestaltung aber trägt das System von den Rechtsfolgen her nicht. Also muß man, will man nicht einfach resignieren, das herrschende Unternehmen weniger bei seinen Worten als vielmehr bei seinen Taten nehmen und es von eben diesen Rechtsfolgen her in das System (1) überführen[62,63].

b) Über diesen gedanklichen Ausgangspunkt und seine Rechtsfolgen besteht heute auch in hohem Maße Einigkeit. Uneinigkeit herrscht hinsichtlich der Voraussetzungen: Hier stehen sich die Lager der faktischen Vertragsrechtler[64], der Zustandshafter[65] und der Verhaltenshafter[66] ziemlich unversöhnt gegenüber[67].

aa) *Zunächst:* Der *Arbeitskreis GmbH-Reform* – auf den die Debatte zum qualifizierten faktischen Konzern im wesentlichen zurückgeht – ging von einem Bild der *Zustandshaftung* aus; das war sein *Modell de lege ferenda*[68]. Wir sprechen hier und heute *de lege lata.* Und da muß man, so meine ich, vorsichtiger, zurückhaltender sein, muß sich mehr in die bereits vorhandenen Rechtsfiguren einbequemen. Die vorhandenen Figuren des GmbH-Rechts aber erlauben einen Übergang zum Globalausgleich des § 302 AktG (Verlustausgleich) eben nur, wenn der Einzelausgleich nach dem Muster der ITT-Entscheidung[69] nicht mehr zu verwirklichen ist – und das setzt nun allemal die vorgängige

61 Gessler, FS Westermann, 1974, S. 145 ff.

62 Und das gilt *auch für die AG:* Gerade für diese haben es K. Schmidt, (ZGR 1981, 455, 472) und ich (ZGR 1982, 244, 263 ff) *de lege lata* zunächst vorgetragen.

63 Übrigens kann ich in dieser Ableitung auch kein methodisches Problem sehen (so aber Koppensteiner in der Diskussion): Der Gesetzgeber des AktG 1965 hatte mit den §§ 311 ff wirklich ein ganz anderes Bild vor Augen – eben den gelegentlichen Einzeleingriff, also äußerstenfalls die eigeninteressierte Konzerneinbindung nach Art meines Typus (3); er hat also den von uns angesprochenen Fall des qualifizierten Konzerns in Wirklichkeit nicht geregelt.

Von dieser soeben erörterten Kritik an der Übernahme von § 302 AktG ist die ebenfalls methodisch orientierte Kritik an der Ableitung der *Haftungsfolge* aus den §§ 303, 322 Abs. 2 und 3 AktG laut BGHZ 95, 330 u. a. durch K. Schmidt, BB 1985, 2074, 2079 und Rehbinder, Die AG 1986, 85 zu unterscheiden.

64 Vor allem Scholz/Emmerich, aaO (Fn. 22), Anh. II Rdn. 141 ff, insbesondere 148.

65 Vor allem Zöllner, aaO (Fn. 15), Schlußanh. I Rdn. 29 m. w. N.; ebenso K. Schmidt, BB 1985, 2074, 2077 und ZIP 1986, 146, 147 f.

66 So vor allem ich selbst, ZGR 1982, 244, 266 f und jetzt wohl auch Rehbinder, Die AG 1986, 85.

67 Zu den dogmatischen Ansätzen im einzelnen vgl. Lutter, ZIP 1985, 1425, 1429.

68 Arbeitskreis GmbH-Reform, Thesen und Vorschläge zur GmbH-Reform, Bd. II, 1972, S. 49 ff.

69 Der Einzelausgleich für die Schädigung einer abhängigen GmbH unterscheidet sich in doppelter Weise vom Aktienrecht:

(1) § 311 AktG legitimiert den schädigenden Einzeleingriff gegen Leistung von Ausgleich und

Schädigung der abhängigen GmbH voraus, also mehr als nur die zentralistische Konzerneinbindung. Voraussetzung eines Anspruchs der Gesellschaft[70] auf globalen Ausgleich ihres unternehmerischen Risikos ist sonach:

(1) die dauernde und umfassende Leitung[71] (also die zentralistische Konzernführung) *und*

(2) die breitflächige, ständige oder jedenfalls wiederholte Schädigung, die – so die Möglichkeit der Gegendarstellung! – auch keiner ordentlichen Konzernführung mehr entspricht, einer Konzernführung also, in der sich Vor- und Nachteile für die betroffene abhängige GmbH auf die Dauer nicht mehr in etwa die Waage halten. Ich meine also Fälle, die *Kropff* und *Semler* mit „unübersehbaren Risiken" und „unausgeglichenen Nachteilen" bezeichnen[72].

Es geht also nicht um den Vergleich mit dem Geschäftsführer einer unabhängigen GmbH[73,74] und erst recht nicht um die Verdammung zentralistischer Konzernführung[75], sondern es geht um *fehlerhafte Geschäftsführung* des Verbundes, z. B. durch verdeckte Gewinnausschüttungen an das herrschende Unternehmen, ggf. gar zu Lasten des Kapitals[76]. Und diese Aussage entspricht auch den Beispielen, wie sie von *Stimpel* in seinem Referat hier gebracht worden sind[77].

(2) im GmbH-Recht bleibt der schädigende Einzeleingriff „verboten", ist positive Vertragsverletzung (Verletzung einer partnerschaftlichen Rechtspflicht) und verpflichtet daher zum Schadensersatz.

70 Der Anspruch steht, wie auch im Aktienrecht, der GmbH zu; er wird in der Regel von ihrem Geschäftsführer geltend gemacht; geschieht das nicht, so kann jeder (Minderheits-)Gesellschafter unter Beachtung von § 46 Nr. 8 GmbHG (dazu näher Eickhoff, Die Gesellschafterklage im GmbH-Recht, Diss. Bonn, 1986) auf Leistung an die Gesellschaft klagen, jeder Gläubiger in den Anspruch der GmbH vollstrecken.

71 Genauer dazu Lutter, ZIP 1985, 1425, 1430.

72 Vgl. Semler, Die Überwachungsaufgabe des Aufsichtsrats, 1980, S. 127 Fn. 334 m. w. N.

73 So aber der BGH im Autokran-Urteil, BGHZ 95, 330; insoweit bereits ablehnend Lutter, ZIP 1985, 1425, 1430 f und ihm folgend Priester, ZIP 1986, 137, 144; differenzierend Rehbinder, Die AG 1986, 85, 94 f, der insoweit eine analytische Trennung von Minderheiten- und Gläubigerschutz für erforderlich hält.

74 Die Formulierung ist offenbar § 317 Abs. 2 AktG entnommen; dort aber geht es – wie insgesamt im System der §§ 311 ff AktG – um den Ausgleich für isolierte Einzelmaßnahmen auf dem Hintergrund einer abhängigen Gesellschaft, die noch als selbständig fingiert werden kann. Genau diese Prämisse aber ist hier beim qualifizierten Konzern unvollziehbar geworden.

75 Richtig sagt Stimpel in seinem Referat (in diesem Bande S. 42, 44): Die Mehrheit ist befugt, ständig zu leiten.

76 Weitere Beispiele bei Lutter, ZIP 1985, 1425, 1434.

77 In diesem Bande S. 47; nachdrücklich auch Ders., Die AG 1986, 117, 122.

bb) Von großer Bedeutung für die praktische Handhabung des Anspruchs sind die Fragen der Darlegungs- und der Beweislast. Sie können vergleichsweise einfach beantwortet werden: Der Kläger (Geschäftsführer, Konkursverwalter, Minderheitsgesellschafter, pfändender Gläubiger) hat (1) die zentralistische Konzernführung darzutun und gegebenenfalls zu beweisen sowie (2) die Schädigung der GmbH, die nicht als Nachteil aus einer unternehmerischen Fehlentscheidung verstanden werden darf. Die (3) fehlerhafte Konzerngeschäftsführung wird entsprechend dem Grundsatz aus § 93 Abs. 2 Satz 2 AktG vermutet; das herrschende Konzernunternehmen kann jedoch die Beachtung der Regeln ordnungsgemäßer Konzerngeschäftsführung trotz der vom Kläger nachgewiesenen Schädigung (z. B. durch späteren Ausgleich, Zuweisung besonderer Chancen) seinerseits dartun und beweisen[78].

cc) Genau beim Tatbestandsmerkmal (2) bestehen derzeit die stärksten und schärfsten Unterschiede in den Auffassungen der Rechtsprechung und der Literatur. Nach Ansicht des BGH[78a] und besonders deutlich auch formuliert von *Stimpel*[78b] ist

> „... die Rechtsprechung daher gehalten, um Verlustausgleichsansprüche im faktischen GmbH-Konzern zu begründen, *materiell-rechtlich* auf einen Rechtsverletzungstatbestand ... zurückzugreifen."

und

> „... Eine ... unwiderlegliche Vermutung mit zwingender Verlustausgleichsfolge an jedwede Art intensiver Ausübung von Leitungsmacht anzuschließen, ginge ... im GmbH-Recht zu weit; ..."

Aber der BGH und *Stimpel*[78c] verbinden eben doch allein schon mit der dichten und umfassenden Leitung *die Vermutung*

> „... das herrschende Unternehmen werde, wenn es von der Leitungsmacht Gebrauch mache, diese im Konzerninteresse treuwidrig, nachteilig und unkontrollierbar zu Lasten der abhängigen GmbH ausüben ...".

Demgegenüber nehme ich den soeben apostrophierten „Rechtsverletzungstatbestand" ernst und berücksichtige ihn im Tatbestandsmerkmal (2). Ich halte dieses zusätzliche Tatbestandsmerkmal zur Auslösung der Verlustausgleichspflicht schon deshalb für erforderlich, weil anders entweder der dem herrschen-

78 Hierzu dürfte die Vorlage eines positiven Berichts eines Wirtschaftsprüfers genügen, vgl. LUTTER, ZIP 1985, 1431, 1434.
78a BGHZ 95, 330 (Autokran).
78b STIMPEL, Die AG 1986, 117, 122.
78c STIMPEL, Die AG 1986, 117, 122.

den Unternehmen erlaubte Gegenbeweis[78d] leerläuft[78e] oder aber die Rechtsprechung zu vielfachen Differenzierungen zwingt[78f] und damit letztlich überfordert.

Diese Erwägungen aber sind hier durchaus notwendig und erlaubt; denn es geht nicht um schlichte Normanwendung, sondern um die Einpassung von Rechtsgedanken und Rechtsprinzipien aus verschiedenen Ordnungsbereichen (Vertragskonzern, Treupflicht, Organhaftung) in das GmbH-Recht, kurz: um Rechtsfortbildung. Diese aber hat durchaus auch Aspekte zur Verwirklichung des so geschaffenen Rechts zu berücksichtigen[78g].

dd) Im übrigen ergibt sich bereits aus den Ausführungen zu den Mitwirkungsrechten der Minderheit bei schädigenden Einzeleingriffen im einfachen Konzern, daß gegen deren entschlossenen Widerstand der Übergang vom einfachen zum qualifizierten Konzern *nicht möglich ist.*

12. Baustein: In der *Einmann-GmbH* reduzieren sich die konzernrechtlichen Probleme; es gibt keine Minderheit, die des rechtlichen Schutzes bedürfte, nur die Gläubiger und deren Interessen bleiben zu bedenken. Diese Verengung des Problemfeldes hat auch Nachteile; denn die starke Position der Minderheit im GmbH-Recht hat weitreichende Reflexwirkungen zugunsten des Gläubigerschutzes; diese Wirkungen aber entfallen zwangsläufig bei der Einmann-GmbH. Das gilt auch und gerade für den *Anspruch der GmbH* auf Schadensersatz oder Globalausgleich im einfachen bzw. qualifizierten faktischen Konzern. Denn dieser Anspruch beruht auf einer Verletzung von Vertragspflichten unter den Gesellschaftern und zwischen den Gesellschaftern und der GmbH; das erstere Rechtsverhältnis existiert hier per definitionem nicht und das letztere wird nach Art und Inhalt allein bestimmt vom einzigen Gesellschafter, dem es, wie *Zöllner*[79] zu Recht betont, durchaus nicht verboten ist, sich selbst zu schädigen. Es ist also naheliegend und verständlich, wenn dann auf der anderen Seite

78d STIMPEL, Die AG 1986, 117, 122; strikt ablehnend ULMER, NJW 1986, 1579, 1584f.

78e STIMPEL, Die AG 1986, 117, 123 hofft demgegenüber auf eine „vernünftige, praktikable und nicht überzogene Handhabung des Gegenbeweises".

78f Insofern vereinfachen die Vertreter einer reinen Zustandshaftung (ULMER, NJW 1986, 1579, 1584f; ZÖLLNER, aaO (Fn. 15), Schlußanh. I Rdn. 29 m. w. N.) den Tatbestand und die prozessuale Durchsetzung ganz entscheidend, sind dafür aber auch mit der Haftung der Obergesellschaft „schnell zur Hand" (die ULMER dann in ihren *Folgen* auf die Kapitalerhaltung reduzieren will: Die AG 1985, 123, 126). Demgegenüber wird hier der Nachweis der Schädigung durch den Kläger verlangt, während die Verletzung ordnungsgemäßer Konzerngeschäftsführung (dazu auch REHBINDER, Die AG 1986, 85, 91, 98) *dann* vermutet werden kann und entspr. § 93 Abs. 2 Satz 2 AktG auch vermutet werden muß.

78g Zum rechtsfortbildenden Charakter dieser Haftung vgl. auch STIMPEL, Die AG 1986, 117.

79 ZÖLLNER, in der Diskussion.

Ulmer[80] bei dieser Sachlage nach dem notwendigen Schutz für die Gläubiger fragt und auf diesem Wege bis zur Annahme eines isolierten Bestandsschutzes für die Einmann-GmbH gelangt.

Beide Positionen sind zu ihrem Teil richtig. Denkt man zunächst einmal an den „einfachen", wenn auch (gelegentlich) die abhängige GmbH schädigenden Konzern (Typ 3). Hier sind die §§30, 31 GmbHG die entscheidenden Schutznormen; ihre Geltung und ihre Bedeutung auch und gerade in der Einmann-GmbH stehen außer Frage[81]. Der Geschäftsführer der GmbH – wer immer er sei – muß bei allen Einzel-Einwirkungen seiner Obergesellschaft diese Grenze vor Augen haben; sie ist die entscheidende Schranke für den Gläubigerschutz. Bis zu dieser Grenze kann der Einmann-Gesellschafter verfügen, kann Ausschüttungen beschließen oder die Vernichtung der Überschüsse in anderer Weise betreiben. Jenseits dieser Grenze ist das ausgeschlossen; hier prävalieren die Mindestregeln der selbständigen juristischen Person GmbH.

Das alles gilt *zunächst auch* im qualifizierten faktischen Konzern, soweit es im Einzelfall um isolierbare schädigende Maßnahmen geht, welche diese Grenze überschreiten.

Fraglich ist also nur, ob *im übrigen* – also *jenseits* isolierbarer und quantifizierbarer Eingriffe des herrschenden Unternehmens zu Lasten des Kapitals – hier, in der qualifiziert abhängigen Einmann-GmbH auf den *mittelbaren* (globalen) Kapitalschutz aus §302 AktG (Verlustausgleich) verzichtet werden soll und kann zugunsten (nur) der Ausfallhaftung dieser Obergesellschaft entsprechend §303 AktG.

Das ist die Lehre des Autokran-Urteils[82]. Und ich meine, man sollte ihr folgen. Der Gläubigerschutz läßt sich in diesem System der Ausfallhaftung problemlos verwirklichen. Mehr aber ist nicht nötig[83]. Ein globaler Kapitalschutz unabhängig von isolierbaren schädigenden Maßnahmen der Konzernobergesellschaft wäre de facto ein Verlustausgleich, ein förmlicher Verlustausgleich aber der vollkommene Kapitalschutz. Daß aber der Übergang von einem

80 Ulmer, ZHR 148 (1984), 391, 416ff; ähnlich Hommelhoff, aaO (Fn. 56), S. 256 und wohl auch K. Schmidt, BB 1985, 2074, 2077; a. A. Zöllner, aaO (Fn. 15), Schlußanh. I Rdn. 34.

81 Ulmer, ZHR 148 (1984), 391, 416ff; vgl. weiter Scholz/H. P. Westermann aaO (Fn. 22), §30 GmbHG Rdn. 24 und 28ff.

82 BGHZ 95, 330 = ZIP 1985, 1263; vgl. im übrigen oben Fn. 35.

83 A. A. K. Schmidt, BB 1985, 2074 sowie Ders., ZIP 1986, 146ff, der – auch beim Fehlen einer Minderheit – den Ausgleich entsprechend §302 AktG im Innenverhältnis zwischen herrschendem Unternehmen und abhängiger GmbH abwickeln möchte; einen Mittelweg geht Rehbinder, Die AG 1986, 97f: er folgt im dogmatischen Ausgangspunkt (Innenhaftung) den Überlegungen von K. Schmidt, hält aber auf der Rechtsfolgenseite eine *Stammkapitaldeckungspflicht* des herrschenden Unternehmens für ausreichend.

Gläubigerschutzsystem in das andere Gläubigerschutzsystem selbst dem Gesetz vertraut ist, zeigt § 291 Abs. 3 AktG; diese Norm hat zwar gerade den Verlustausgleich nach § 302 AktG als Hintergrund; aber gleiches muß – sub species des Gläubigerschutzes – eben auch für die Ausfallhaftung gelten: Sie ist eine andere Form der gleichen Zielverwirklichung.

Übrigens: Wie beim vertraglichen Verlustausgleich[84] muß sich der Geschäftsführer der abhängigen GmbH auch im Falle der Ausfallhaftung aller nachteiligen Maßnahmen enthalten, wenn ihm diese Haftung der Obergesellschaft nicht mehr vollwertig erscheint; denn nur so lange ist § 303 AktG dem Schutz aus §§ 30, 31 GmbHG gleichwertig.

Und noch ein letztes: Wird eine solche Einmann-GmbH in die Freiheit entlassen, vielleicht mit fremden Gesellschaftern weitergeführt oder im Rahmen einer Konzern-Umorganisation aus der zentralistischen Konzernbindung entlassen, so daß auch die Globalhaftung entfällt, dann geht das nur, wenn jetzt – also nach dem Ende der Ausfallhaftung der Obergesellschaft – die restitutio in integrum, d. h. vorweg die Herstellung der vollen Kapitalbasis erfolgt[85]: Man kann sich hier auch an vergleichbaren Überlegungen zum sog. Mantelkauf (wirtschaftliche Neugründung) orientieren[86].

5. Konzernfragen in der GmbH als Obergesellschaft

Der *13. Baustein* betrifft Fragen zur GmbH-Obergesellschaft: Gelten strengere Regeln der Vermögensbindung in ihr unter Berücksichtigung der wirtschaftlichen und bilanziellen Lage von Tochtergesellschaften? Wirken sich deren Verluste auf die eigene Ausschüttungslage aus?

Die Rechtslage ist vergleichsweise einfach im Vertragskonzern und im qualifizierten faktischen Konzern; denn es gilt die Verlustausgleichspflicht nach § 302 AktG oder die Haftung der herrschenden GmbH nach § 303 AktG: Erstere wirkt direkt in die Bilanz der GmbH-Obergesellschafter, letztere ebenfalls über entsprechende Rückstellungspflichten: In beiden Fällen reduzieren sich die Möglichkeiten der GmbH-Obergesellschaft zu eigenen Ausschüttungen entsprechend.

Problematisch ist also (nur) der einfache faktische Konzern und hier folgende Konstellation:

Die Tochtergesellschaft hat kräftige Verluste, während die GmbH-Obergesellschaft nach ihrer Bilanz tüchtig ausschütten kann und möchte. Muß man hier

84 Oben S. 195.
85 Zutreffend ZÖLLNER, in der Diskussion.
86 Dazu näher FISCHER/LUTTER, aaO (Fn. 14), § 3 GmbHG Rdn. 8; BOMMERT, BB 1983, 209; PRIESTER, DB 1983, 2291; ULMER, BB 1983, 1123.

zurechnen? Gibt es eine so weitreichende Vermögensbindung im „einfachen" Konzern (oben Fallgruppen 1–3)? Man sollte sehr zurückhaltend sein. Denn es gilt in diesen Konzernformen weiterhin die Trennung der Vermögen *und* der Risiken; die Bilanz der Mutter ist maßgebend; Gefahren für diese Bilanz bestehen de jure nicht – immer unterstellt natürlich, daß die Beteiligung an der Tochter bei der Ober-GmbH angemessen abgeschrieben ist. Aber steht diese Beteiligung dort nur noch mit DM 1,– zu Buche und ist kein Problem einer Haftung der Ober-GmbH für die Schulden der Tochter erkennbar, dann besteht auch kein rechtlicher Grund für eine Ausschüttungssperre bei der Mutter, für eine Vermögensbindung über die Grenze der nach wie vor selbständigen Subjekte hinaus[87].

14. Baustein: Gewinnverwendung und Rücklagenbildung in der Untergesellschaft eines GmbH-Konzerns.

Das Verhältnis von Gewinnverwendung und Rücklagenbildung im Konzern hat im Aktienrecht wegen § 58 Abs. 2 AktG seine eigene Dynamik. Darauf soll hier nicht eingegangen werden[88]. Aber die Grundfrage – wie hältst Du's mit den Gewinnen und Rücklagen bei den Töchtern – besteht natürlich auch im Recht der GmbH als Obergesellschaft, nur daß es hier im GmbH-Recht nicht um § 58 Abs. 2 AktG geht, sondern um das Verständnis von § 29 GmbHG. Die Norm ist durch das Bilanzrichtlinien-Gesetz *grundstürzend* neu gefaßt worden. Vom einstigen Vollausschüttungsgebot[89] ist keine Rede mehr. Heute spricht § 29 n. F. GmbHG in erster Linie die Satzung an und verweist im übrigen auf die einfache Mehrheit der Gesellschafterversammlung. Deswegen kann es auch für das hier angesprochene Problem keine Einheitslösung geben, wie überhaupt die Neufassung des § 29 GmbHG noch Schwierigkeiten genug machen wird.

(a) Sind – wie das Gesetz es ausdrücklich nahelegt – in der Satzung der Ober-GmbH Regeln für die Gewinnverwendung festgelegt (z. B. 20 % für die Rücklagen, 80 % an die Gesellschafter oder zur Disposition der einfachen Mehrheit), dann darf diese Regel nicht durch entsprechende Rücklagenbeschlüsse der

87 A. A. offenbar U. H. SCHNEIDER, ZGR 1984, 497, 519 ff.

88 Insoweit kann auf die Abhandlungen von GÖTZ, Die AG 1984, 85 ff; THOMAS, ZGR 1985, 356; GESSLER, Die AG 1985, 257 sowie WERNER, FS Stimpel, 1985, S. 935 verwiesen werden.

89 Zum einstigen Vollausschüttungsgebot des § 29 a. F. GmbHG vgl. FISCHER/LUTTER, aaO (Fn. 14), § 29 GmbHG Rdn. 2 (Grundsatz) und Rdn. 10ff, 19 ff (zum Problem der stillen oder offenen Rücklagen) je m. w. N. Zum Problem der nun erforderlichen Satzungsanpassung für Alt-Gesellschaften (das sind immerhin alle am 31. 12. 1985 bestehenden rund 350 000 GmbHs!) vgl. Art. 28 Abs. 2 des BilanzrichtlinienG, der einen neuen § 7 der GmbH-Übergangs-Vorschriften geschaffen und in dessen Abs. 2 und 3 einen Satzungsanpassungs-*Zwang* eingeführt hat. Vgl. dazu allgemein HOMMELHOFF/PRIESTER, ZGR 1986, 463 ff und speziell GESSLER, BB 1986, 227 sowie GUSTAVUS, ZIP 1986, 219 und HOMMELHOFF, WPg 1984, 929, 937 f.

Geschäftsführung in Tochtergesellschaften unterlaufen werden. Hier wirkt die Satzung der Obergesellschaft zugleich als *verbindliche Handlungsanweisung* an die Geschäftsführung bei ihren Maßnahmen in Tochtergesellschaften: Es kann nicht Aufgabe und Kompetenz der Geschäftsführung und erst recht nicht die der einfachen Mehrheit sein, die Satzung der Ober-GmbH „umzuinterpretieren“: sollen diese andere und insbesondere weitergehende Befugnisse zur Rücklagenbildung in den Konzerngesellschaften haben, so muß das in der Satzung der Ober-GmbH deutlich formuliert sein.

(b) Enthält die Satzung keine Regeln, so gehört die Rücklagenbildung zur Kompetenz der einfachen Mehrheit, die dann naturgemäß auch die Geschäftsführung zu entsprechenden Thesaurierungen in den Untergesellschaften legitimieren kann. Gilt also in der Ober-GmbH die schlichte Mehrheitsmacht des § 29 n. F. GmbHG, so muß sich das – in gleicher Weise wie eine statutarische Ordnung der Rücklagenpolitik – auch auf die von dieser Mehrheit bestimmte Ausschüttungspolitik bei den Töchtern auswirken. Als Schranken dieser Thesaurierungskompetenz der einfachen Mehrheit muß man dann wieder auf die Regeln zur Treuebindung und hier inbesondere auf die zum Verbot der sog. „Austrocknung“ entwickelten Grundsätze zurückgreifen[90]; diese Grundsätze wirken „konzernweit“. Im übrigen hat die Minderheit in der Ober-GmbH hier jedenfalls stets die Möglichkeit, Weisungsbeschlüsse an die Geschäftsführung bezüglich der Ausschüttung von Gewinnen in Tochtergesellschaften zu beantragen und die von der Mehrheit beschlossene Ablehnung notfalls und unter Hinweis auf die genannten Rechtsgedanken anzufechten.

15. Baustein: Mitwirkung der Gesellschafterversammlung und sonstiger Organe der Ober-GmbH bei Maßnahmen der sonstigen Geschäftsführung in der Untergesellschaft.

Die soeben angestellten Überlegungen zu den Pflichten der Geschäftsführung einer konzernleitenden GmbH in ihren Maßnahmen als Gesellschafterversammlung der Untergesellschaften und ihre Pflichten zur Orientierung an den Regeln der Ober-GmbH gelten auch in allen anderen Fragen der Konzerngeschäftsführung und insbesondere ihrer Mitwirkung an der Geschäftsführung in den Tochtergesellschaften. Maßnahmen dort, die in der Ober-GmbH ungewöhnlich wären und daher der Mitwirkung der Gesellschafterversammlung dieser GmbH bedürften, dürfen ohne entsprechende Ermächtigung dieser Gesellschafterversammlung nicht durchgeführt werden[91].

90 Vgl. dazu Hueck, in: Baumbach/Hueck, aaO (Fn. 15), § 29 (a. F.) GmbHG Rdn. 17 ff m. zahlreichen w. N.

91 Ebenso U. H. Schneider, BB 1981, 249, 251; Hommelhoff, Konzernleitungspflicht, 1982, S. 237; Rowedder/Koppensteiner, aaO (Fn. 22), Anh. § 52 GmbHG RDn. 30 ff, 56.

Und gleiches gilt für statutarische Zustimmungsvorbehalte zugunsten sonstiger Organe (Aufsichtsrat, Gesellschafterausschuß): Was „oben" solchen Schranken unterliegt, darf auch „unten" nicht ohne eine solche Zustimmung unter Mitwirkung der Geschäftsführung der Ober-GmbH verwirklicht werden[92, 93]. Und das gilt naturgemäß und erst recht für die Verfügung der Geschäftsführung über die Mitgliedschaften an Tochtergesellschaften: Dafür ist allein die Gesellschafterversammlung der Ober-GmbH zuständig, soweit nicht deren Satzung die Geschäftsführung dazu ausdrücklich ermächtigt oder die Tochter bei wirtschaftlicher Gesamtbetrachtung so unbedeutend ist, daß die Maßnahme den Charakter von einfacher Geschäftsführung behält.

16. Baustein: „Gründung" des faktischen Verbundes.

(a) Auch in der GmbH als Obergesellschaft eines faktischen Verbundes entsteht zwangsläufig eine Fülle von Einzelfragen, die in der normalen Einheitsgesellschaft unbekannt sind. *Schneider* hat diese Fragen eindrucksvoll hier aufgelistet[94] und an ihnen exemplifiziert, daß man darüber nicht einfach zur Tagesordnung übergehen kann: Der personale, eher „vertragsrechtliche" Charakter der „normalen" GmbH[95] verträgt solche im Verbund und durch den Verbund ipso facto eintretenden Verwerfungen noch viel weniger als die institutionelle Ordnung der Aktiengesellschaft. Da also die GmbH als Obergesellschaft eines Verbundes und damit auch ihre Geschäftsführung etwas anderes ist als das vom Gesetz und von den Partnern zunächst Gemeinte, andererseits der Verbund aus mehreren Gesellschaften ebenso legal wie vielfach zweckmäßig ist, ist auch der Konflikt vorprogrammiert. In der Ordnung der GmbH aber gehört es nicht zu den Befugnissen der Geschäftsführung, Rechtsprobleme und rechtliche Verwerfungen zu schaffen, welche die Ebene der Gesellschafter betreffen: Diese müssen daher in der Lage sein, auf Entstehung und – damit verbunden – Lösung

92 LUTTER, FS Fischer, 1979, S. 419 für den Parallelfall aus § 111 Abs. 4 Satz 2 AktG; wie hier auch U. H. SCHNEIDER, BB 1981, 249, 252 f.

93 Entsprechende Regeln in der Satzung der Obergesellschaft sprechen in der Regel nur von Maßnahmen *in dieser* Gesellschaft. Das ist im Zweifel „konzernweit" zu verstehen, da nicht anzunehmen ist, daß der Satzungsgeber das einfache Ausweichen in Tochtergesellschaften gestatten wollte. Aber es kann natürlich anders sein! Insofern können sich in Einzelfällen Auslegungsfragen stellen.

94 U. H. SCHNEIDER, in diesem Bande S. 121 ff vor allem: Verkürzung der Rechte aus §§ 51 a/b (kein Einsichtsrecht in die Unterlagen der abhängigen Gesellschaft), kein direkter Zugriff auf die dortige Geschäftsführung und die Person der Geschäftsführer.

95 Darauf beruht der erstmals von BALLERSTEDT (Kapital, Gewinn und Ausschüttung bei Kapitalgesellschaften, 1949, S. 181 ff) angesprochene, von IMMENGA (Die personalistische Kapitalgesellschaft, 1970, S. 270 ff) fortentwickelte und heute allgemein akzeptierte Rechtsgedanke, wonach die Gesellschafter einer GmbH eben nicht nur in einem Rechtsverhältnis zur Gesellschaft, sondern auch wechselseitig einander *rechtlich verbunden* sind.

dieser Fragen einzuwirken. Es muß in ihrer Entscheidung liegen, den Verbund und damit zugleich die mit ihnen zwangsläufig verknüpften Rechtsfragen zu vermeiden, beide schlicht zu akzeptieren oder aber – und das ist gewiß die im Einzelfall zweckmäßigste Lösung – den Verbund zu akzeptieren und *gleichzeitig* die hierdurch entstehenden Fragen statutarisch zu ordnen. Kurz: Es ist Aufgabe und alleinige Kompetenz der Gesellschafter, über die Entstehung und Ordnung der mit einem Unternehmensverbund verknüpften Fragen zu entscheiden, sei es ab ovo in der Satzung, sei es – satzungsändernd – anläßlich der Entstehung des Problems. Und das Problem entsteht mit der – beabsichtigten – Gründung der ersten Tochtergesellschaft bzw. dem – beabsichtigten – Erwerb der ersten Beteiligung; der Moment des Beginns einheitlicher Leitung ist hingegen nicht greifbar.

Geschäftsführung und *einfache* Mehrheit sind nicht berechtigt, diese starke Veränderung faktisch zu vollziehen – gerade *weil* der Verbund wachsen soll und wächst. Und nur der stets notwendigen Sanktion wegen sei darauf hingewiesen, daß die Minderheit das in der Satzung nicht vorgeordnete faktische Konzernierungsverhalten der Geschäftsführung (getragen von der Mehrheit) durch Unterlassungsklage oder – im Falle entsprechender Beschlüsse der Gesellschafterversammlung – durch Anfechtungsklage verhindern kann.

Diese Überlegungen sind nicht als versteckte Konzernfeindlichkeit zu verstehen, sondern – im Gegenteil – als eine subtile Form, dem Konzern durch eine gedeihliche Geburt auch ein konfliktfreies Leben zu sichern.

(b) Im übrigen sind die Regeln zur Mitwirkung der Gesellschafter in der Ober-GmbH bei Bildung eines faktischen Verbundes Rechtsfragen allein aus dem Innenverhältnis unter den Organen der Ober-GmbH. Fragen dieses Innenverhältnisses schlagen auf Drittbeziehungen, wie im Gesellschaftsrecht üblich, nur dann durch, wenn es sich um offenbar mißbräuchliche Gestaltungen handelt oder ein Träger dieses Drittschutzes (noch) nicht angesprochen ist[96].

(c) Die Ordnung dieser Fragen bei der Entstehung des Problems hat den Vorzug, daß die Beteiligten dann den Problemrahmen vor Augen haben und sehr konkret reagieren können; andererseits kann sich diese Ordung gerade dann im Verhältnis von Mehrheit zu Minderheit als schwierig erweisen. Das legt den Gedanken nahe, die – schwierige – Vorordnung der Probleme bereits in der ursprünglichen Satzung zu unternehmen. Dabei genügt eine ganz allgemein gehaltene Formulierung etwa des Inhalts:

96 So war es im berühmten Falle Holzmüller (BGHZ 83, 122 und dazu LUTTER, FS Stimpel, 1985, S. 825 ff): die Ausgründung der Tochtergesellschaft hätte unschwer zurückgenommen werden können, sei es durch Fusion, sei es durch Rückübertragung des Vermögens von der Tochter auf die Mutter im Wege der Liquidation.

„Die Gesellschaft kann sich an in- und ausländischen Gesellschaften beteiligen und solche gründen"

nur, wenn zugleich gesagt wird

„Eine erneute Beschlußfassung der Gesellschafterversammlung bedarf es in solchen Fällen nicht"

bzw.

„... bedarf es nur, wenn ...".

Besonders zweckmäßig wird es sein, die Zulässigkeit des Verbundes allgemein zu bejahen, die damit verknüpften wichtigsten Fragen (insbesondere: Rücklagen im Konzern) gleich in der ursprünglichen Satzung zu ordnen und im übrigen einem Organ außerhalb der Geschäftsführung (Aufsichtsrat, Beirat, Gesellschafterversammlung mit einfacher Mehrheit) die Befugnis zur Zustimmung im konkreten Einzelfall zuzuweisen (Delegation).

IV. Schlußbemerkungen und Thesen

1.

Die hiermit abgeschlossenen Überlegungen galten nicht bestimmten Schwerpunkten, sondern, im Gegenteil, dem *Konzern-Panorama der GmbH*. Das aber war nötig. Denn bleibt in einem so vielfach aufeinander bezogenen Gebiet wie dem Konzernrecht nicht das Ganze im Blick, so kann auch das Einzelne nicht gelingen. Dieses Ganze aber läßt sich durchaus sehen: Knapp 20 Jahre intensiver Beschäftigung mit dem GmbH-Konzern haben Früchte getragen:

(1) Der GmbH-Vertragskonzern ist akzeptiert; seine wichtigsten Fragen sind geklärt oder entscheidungsreif erörtert.

(2) Vielfältige Rechtsfiguren schützen die Minderheit in der GmbH vor einem unkontrollierten Gang ihrer Gesellschaft unter das Joch der faktischen Abhängigkeit. Diese Figuren können in Zukunft gerade mit Hilfe der Kautelarpraxis noch ausgebaut werden.

(3) Einfache faktische Konzernherrschaft ist in der GmbH – ebenso übrigens wie in der Aktiengesellschaft – legitim.

(4) Auch eigeninteressierte Konzernherrschaft – Einbindung der faktisch abhängigen GmbH in das spezielle Konzernprogramm – ist im Rahmen des Gegenstandes dieser GmbH und ihrer Satzung zulässig. Unzulässig jedoch ist jede konkrete Schädigung ohne Zustimmung aller Mitgesellschafter; insofern ist die Mehrheit in der GmbH und im GmbH-Recht strenger in Pflicht genommen als die Mehrheit in der Aktiengesellschaft durch § 311 AktG; und der hierdurch ausgelöste Einigungszwang unter den Gesellschaftern einer GmbH führt dann im Zweifel auch zu einer angemessenen Ordnung.

(5) Erst recht ist qualifizierte Konzernherrschaft ohne Mitwirkung aller Minderheitsgesellschafter unzulässig und bei entsprechendem Abwehrwillen der Minderheit undurchführbar. Diesen Abwehrwillen aber kann und soll die Rechtsordnung nicht erzwingen: Die Minderheit kann sich, aus welchen Gründen auch immer, verschweigen.

(6) Für die Gläubiger entstehen Gefahren erst auf der Stufe eigeninteressierter Konzernführung[97]; sie profitieren dort im Reflex von den Rechten der Minderheitsgesellschafter und den Ersatzansprüchen der GmbH selbst sowie – im Extrem – von der Verlustausgleichspflicht des herrschenden Unternehmens entsprechend § 302 AktG im qualifizierten Konzern[98]. Als Gläubiger einer Einmann-GmbH gilt für sie der allgemeine Kapitalschutz im einfachen Konzern sowie zusätzlich die Ausfallhaftung der Obergesellschaft im qualifizierten Konzern entsprechend § 303 AktG.

(7) Die Gesellschafter einer GmbH als Obergesellschaft haben vielfache und maßgebende Einflüsse auf Konzernbildung und Konzerngeschäftsführung; schon aus diesem Grunde ist gerade dafür eine sorgfältige Vorordnung in der Satzung angezeigt.

2.

Das Bildnis scheint bezaubernd schön. Überraschend viel ist in breiten Grundzügen geklärt. Viele Einzelbereiche könnten mit dem Ziel formuliert werden, sie als geklärt „abzuschichten"; Gesetzgebung steht dafür allerdings heute nicht zur Verfügung: Mit der Entscheidung zur „kleinen" GmbH-Reform in der Novelle von 1980 ist zugleich die Entscheidung gegen ein auch nur teilweise kodifiziertes GmbH-Recht für lange Zeit gefallen. Wir müssen uns also für eine solche „Abschichtung" mit dem Ziel der Herausnahme bestimmter Fragen aus der Gefahr erneuten literarisch-wissenschaftlichen Streites um andere Autoritäten bemühen. In den USA gibt es dafür die Restatements des American Law Institute; für die Bundesrepublik fällt mir nur Herr *Geßler* ein[99].

97 Soeben unter (4).
98 Soeben unter (5).
99 Gesslers 10 Gebote für die rechtmäßige Führung eines faktischen AG-Konzerns (FS Westermann, 1974, S. 154 ff) könnten als ein Ansatz solcher Klärungen verstanden werden.

Bericht über die Diskussion

von

Wiss. Mitarbeiter THOMAS MECKE, Bielefeld

I. Bildung des faktischen Konzerns

Mehrere Diskussionsteilnehmer stellten die vom Referenten propagierte Mitwirkung der Gesellschafter bei der Bildung eines faktischen Konzerns in Frage. Dies führe in der Praxis dazu, daß die Beteiligung an der Tochter-GmbH nur erworben werden könne, wenn man zuvor ein Übernahmeangebot an alle Gesellschafter gemacht habe. Weiterhin wurde geltend gemacht, daß es einem Gesellschafter doch nicht verwehrt werden könne, seinen Anteil an denjenigen zu veräußern, der das meiste dafür zahlen wolle, selbst wenn der Erwerber dadurch Mehrheitsgesellschafter werden würde.

Übereinstimmung bestand zwischen den Diskussionsteilnehmern und dem Referenten darüber, daß die Gesellschafter der Konzernobergesellschaft auf die Zustimmung zur Konzernbildung statutarisch verzichten könnten. Daher könne das Zustimmungserfordernis etwa auf den Aufsichtsrat verlagert werden. Auch könne dieses Erfordernis von einer bestimmten Größenordnung des Beteiligungserwerbes abhängig gemacht werden. Voraussetzung für einen solchen statutarischen Verzicht sei aber eine hinreichend konkrete Regelung.

Widerspruch fand aber die These des Referenten, daß der Veräußerer und der Erwerber bei der Entscheidung über die Zustimmung zum Erwerb bzw. zur Veräußerung eines vinkulierten Anteiles mitstimmen dürfe. Insbesondere könne nicht nur die Minderheit die Mehrheit in der Gesellschaft einmauern, sondern es könne auch genauso gut umgekehrt sein. Letztlich komme es doch nur darauf an, wer hier eigentlich die richtigen Interessen vertrete.

II. Beschluß- und Formerfordernisse beim Beherrschungsvertrag

Gegen die vom Referenten geforderte ¾-Mehrheit beim Abschluß des Beherrschungsvertrages wurde eingewandt, daß diese dem geltenden Recht widerspreche und für eine Analogie etwa zu den Verschmelzungsregeln kein Raum sei. Im übrigen spreche für die Einstimmigkeit beim Abschluß eines Beherrschungsvertrages gerade der vom Referenten für den faktischen Konzern vertretene Ansatz. Wenn die Minderheit dort genug Möglichkeiten habe, um sich gegen die qualifizierte Abhängigkeit zu wehren, so sei das doch ein starkes Argument für die Einstimmigkeit. Denn durch den Beherrschungsvertrag solle ja erst die Leitungszuständigkeit der Obergesellschaft begründet werden.

Schließlich wurde auch zu bedenken gegeben, ob der Abschluß eines Beherrschungsvertrages in das Handelsregister einzutragen sei. Insbesondere sei nicht recht ersichtlich, wie man dieses Erfordernis begründen wolle, wenn der Abschluß eines Beherrschungsvertrages keine Satzungsänderung beinhalte. Allein der Begriff der „Satzungsüberlagerung" könne dafür ja wohl nicht ausreichen. Es sei aber auch kein rechtspolitisches Bedürfnis der Öffentlichkeit erkennbar, falls es sich um einen Einmannkonzern oder um eine personalistisch-strukturierte Gesellschaft handele. Auch aus der Sicht der Gläubiger lasse sich kein Informationsbedürfnis begründen, weil diese durch den Verlustausgleich hinreichend geschützt seien. Die Erwerber einer solchen Beteiligung hätten schließlich auch genügend andere Möglichkeiten sich vorher entsprechend zu informieren.

III. Konzerngeschäftsführung und Haftung

Gegen die Einheitsbetrachtung des Konzern auf der die Lehre von der Konzerngeschäftsführung und Konzerngründung beruht, wurde vorgebracht, daß es ihr an einschlägigen Maßstäben fehle. Im übrigen sei der Konzern eine derart schillernde Erscheinung, daß sich eine Einheitsbetrachtung von selbst verbiete. Schließlich erwecke die Einheitsbetrachtung den Anschein, als habe man es mit einem Verband zu tun. Von anderer Seite wurde eingewandt, daß man Maßstäbe einer ordentlichen Konzerngeschäftsführung gar nicht aufstellen könne. Dem stimmte der Referent grundsätzlich zu, wandte aber gleichzeitig ein, daß man sehr wohl feststellen könne, wie eine unzulässige Konzerngeschäftsführung aussehe.

Des weiteren wurde gegen die Thesen des Referenten zum Gläubigerschutz eingewandt, inwieweit der den Gläubigerschutz auslösende Vorwurf der fehlerhaften Konzerngeschäftsführung überhaupt greifbar sei. Insbesondere im Einmann-Konzern stelle sich die Frage, wem gegenüber der Verbund fehlerhaft geführt worden sei. Auch lasse sich im Einmann-Konzern weder eine Treuepflicht noch ein Verschulden der Obergesellschaft begründen. Auch der Hinweis des Referenten auf § 291 AktG helfe da nicht weiter, weil dieser nichts mit Verschulden zu tun habe, sondern zentral nur noch die Frage der Kapitalerhaltung betreffe. Wenn § 291 AktG aber gelten solle und die Schutzbedürftigkeit der Einmann-Tochter-GmbH als solche grundsätzlich anzuerkennen sei, warum führe man dann nicht den auch im Einmann-Konzern erforderlichen Gläubigerschutz dadurch herbei, daß man den Verlustausgleich auch hier – beschränkt auf die Dimension des § 30 GmbHG – anerkenne. Demgegenüber wurde geltend gemacht, ob dieses Modell nicht dazu führe, daß die Einmann-Tochter-GmbH ohne Not besser gestellt werde als die übrigen Tochtergesellschaften.

Schließlich stieß auch die These des Referenten, daß die in der Konzernobergesellschaft satzungsmäßig festgelegte Gewinnverwendung als verbindliche Handlungsanweisung für die Tochter anzusehen sei, auf Kritik. So wurde angemerkt, daß dies in der Praxis regelmäßig nicht beachtet werde. Dem wurde entgegengehalten, daß die Rücklagenbildung in der Tochter nur dann ein Problem sei, wenn diese ohne Rücksicht auf die Minderheit der Obergesellschaft durchgeführt werde.

Schlußwort

von

Prof. Dr. Günter H. Roth, Innsbruck

Wenn ich versuche, ein Schlußwort aus der Perspektive des österreichischen Rechts zu sprechen, so darf dieses gewiß mit der Feststellung beginnen, daß sich das „GmbH-Konzernrecht" im Verlauf dieser beiden Tage als denkbar glückliche Themenwahl für ein deutsch-österreichisches Symposion bestätigt hat. Denn in beiden Ländern ist die Konzernproblematik derzeit von höchster Aktualität. Allerdings – und insofern besteht nun doch ein wichtiger Unterschied – betrifft dies in Österreich noch die konzernrechtlichen Grundsatzfragen, gilt es hier, erst einmal die gesetzlichen Grundlagen eines Konzernrechts zu schaffen, während es in Deutschland bereits – auf einer höheren Stufe der Problembewältigung – um die Ausdifferenzierung eines eigenen GmbH-Konzernrechts geht.

Deshalb werden die österreichischen Teilnehmer unter den Erkenntnissen, die sie von Landshut mit nach Hause nehmen, *einer* ihr besonderes Augenmerk schenken, die hier eher beiläufig zutage trat, nämlich den praktischen Unzulänglichkeiten der Regelung des § 311 AktG für den faktischen Konzern aktienrechtlicher Provenienz und der Frage, ob nicht auch insoweit ein Bedürfnis besteht, auf die eigentlich nur für den Vertragskonzern bestimmte Regelung der §§ 302 ff AktG (einschließlich einer aus diesen Vorschriften evtl. zu entwickelnden Durchgriffshaftung) zurückzugreifen.

Was nun aber den GmbH-Konzern betrifft, so scheint mir das Grundproblem darin zu bestehen, den konzernrechtlich zu qualifizierenden Tatbestand abzuschichten von der einfachen Ausübung von Leitungsmacht durch den Mehrheits- bzw. Alleingesellschafter, wie sie in der GmbH – eben anders als in der AG – zu den normalen Gesellschafterkompetenzen gehört. Und deckungsgleich damit verläuft die Frage: Inwieweit sind die Interessenkonflikte auf der Grundlage des allgemeinen GmbH-Rechts (Treuepflicht etc.) zu lösen – von welchem Punkt an bedarf es der Ausbildung eines speziellen konzernrechtlichen Rechtsschutzes?

Ausbildung eines Schutzrechts: Bei diesem Stichwort kann ich es mir auch in dem beschränkten Rahmen eines Schlußworts nicht versagen, hieran noch einen (wie ich hoffe) weiterführenden Gedanken zu knüpfen. Wo immer es um die Entwicklung neuer rechtlicher Instrumente zum Schutz wirtschaftlicher Interessen geht, lohnt eine Konfrontation mit den Theorien der „economic analysis of law". Denn deren Grundhaltung ist Skepsis gegenüber verfeinerter rechtlicher Reglementierung, ihr Credo der Selbstschutz des mündigen Marktteilnehmers, und von ihr stammt vor allem die provokante These, daß die Parteien durch ihr

Handeln am Markt eine autonome Risikoverteilung und -übernahme festlegen, hierfür Risikoprämien aushandeln etc., und daß jeder rechtliche Eingriff in dieses Gleichgewicht die Gefahr heraufbeschwört, eine Partei im nachhinein unverdient zu begünstigen, ihr einen sog. „windfall profit" zu verschaffen.

Es liegt mir fern, diese Schule sozialwissenschaftlicher Jurisprudenz nur deshalb, weil sie gerade in Mode ist, hier als der Weisheit letzten Schluß anzupreisen. Auch ist es an dieser Stelle weder möglich, jene Gedankengänge (einschließlich ihrer diversen Verfeinerungen und Modifikationen) kritisch zu würdigen, noch ihre Anwendung auf die konzernrechtliche Problematik exakt nachzuzeichnen. Eine grobstrichige Skizze sei immerhin versucht.

Der in der vorerwähnten These ausgedrückte Denkansatz paßt sowohl für den Aspekt des Gläubiger- wie für den des Minderheitsinteresses – jedenfalls unter bestimmten Voraussetzungen und Einschränkungen, die ich hier vernachlässigen muß. Aus der Sicht der „economic analysis" lautet dann die ausschlaggebende Frage: Wo treten risikorelevante Umstände auf, die nicht einkalkuliert waren bzw. – bei Vermeidung unvernünftig hoher Transaktionskosten – nicht einkalkulierbar waren? Erst diese rechtfertigen dann eine Abhilfe von Rechts wegen und ex post. Solche Umstände sind nicht schon die Mehrheitsbeteiligung, die Ausübung von Leitungsmacht als solche, denn beides ist als Möglichkeit der GmbH inhärent. Umgekehrt schließt Kenntnis des Konzernsachverhalts noch nicht die rechtliche Abhilfe aus, weil er allein – wie uns die Praktiker hier wiederholt versichert haben – noch nicht mit interessenschädlichem Einfluß gleichzusetzen ist.

Auch die bewußte Ausnutzung konzernrechtlicher Gestaltungsmöglichkeiten zur Haftungssegmentierung soll noch nicht genügen. Das haben die amerikanischen Vertreter der ökonomischen Schule am Beispiel des bekannten „taxi-cab"-Schulfalls durchgespielt, der ja auf verblüffende Weise an die „Autokran"-Konstellation erinnert. Solange das rechtlich verselbständigte Teilunternehmen ebenso geführt wird wie ein vergleichbares unabhängiges Kleinunternehmen, verdient jenes diesem gegenüber auch keine konzern- bzw. haftungsrechtliche Benachteiligung. Erst wenn die konzernmäßige Einbindung die Risiken für Gläubiger (und/oder Minderheitsgesellschafter) im Vergleich zu einem unabhängigen Unternehmen erhöht, ist die „Reizschwelle" überschritten. Und die Frage ist: In welche greifbaren Kriterien faßt man eine solche Risikoerhöhung?

Am Ende – ich muß mich kurz fassen – bleibt als in diesem Sinne relevanter Umstand zum einen natürlich die Variante, daß die kapitalmäßige Beherrschung zur Verfolgung externer Partikularinteressen auf Kosten des abhängigen Unternehmens, also zu dessen in Einzelfällen nachweisbarer Schädigung ausgenutzt wird. Diesen Sachverhalt kann der Jurist unschwer unter Treuepflichtverletzung subsumieren – und dann mit den Mitteln des allgemeinen Gesellschaftsrechts lösen. Aber damit wird man sich nicht begnügen wollen; die Effektivitätsprobleme dieses Ansatzes sind zu offensichtlich. Der zweite Schritt hätte dann wohl darin zu bestehen, daß man eine Art abstrakten Gefährdungstatbestands (für die Interessen des abhängigen Unternehmens und seiner Gläubiger/Minderheitsgesellschafter) formuliert und an ihn Rechtsfolgen knüpft, wie sie aus den §§ 302 ff AktG abgeleitet werden können. Was aber sind die qualifizierenden Merkmale für einen solchen Tatbestand im Unterschied zur einfachen GmbH-rechtlichen Mehrheitsherrschaft? Soll man das wesentliche Moment in der Unternehmensqualität des Mehrheitsgesellschafters suchen, oder in der Art der Einflußnahme, der institutionell verfestigten Leitungsmacht („breitflächig und dauernd" = qualifizierter faktischer Konzern)?

Ich glaube, spätestens an diesem Punkt wird deutlich, wie nahe uns auch die „economic analysis" wieder an eben die Überlegungen heranführt, die – auf dogmatischer Grundlage – die Diskussion der beiden letzten Tage beherrschten. Das beweist zumindest, daß die wirtschaftliche Betrachtungsweise den Juristen nicht in die Irre geführt hat; ob sie darüber hinaus von erkenntnisförderndem Wert ist, neue Argumente, einen Gewinn an Trennschärfe zu bieten vermag – ich kann nicht erwarten, daß sich hierüber auf die Schnelle ein Konsens herbeiführen läßt.

Lassen Sie mich daher zum Abschluß einen gewiß unschwer herzustellenden Konsens auf anderer Ebene suchen, nämlich indem ich allen denjenigen meinen Dank ausspreche, die unser Zusammentreffen gefördert und fruchtbar gemacht haben, insbesondere den Referenten und allen Diskussionsteilnehmern.

Verzeichnis der Teilnehmer des Symposions

Dr. Dieter-Wolf Arnold
Rechtsanwalt in Wien

Helmut Brandes
Richter am Bundesgerichtshof, Karlsruhe

Dr. Peter Doralt
Professor an der Wirtschaftsuniversität Wien

Dr. Jean Nicolas Druey
Professor an der Hochschule St. Gallen

Dr. Volker Emmerich
Professor an der Universität Bayreuth

Bernd Erle
wiss. Mitarbeiter an der Universität Bielefeld

Dr. Hanns Fitz
Professor an der Universität Innsbruck

Hans-Joachim Fleck
Richter am Bundesgerichtshof a. D., Karlsruhe

Dr. Wolfgang Gäbelein
Chefjustitiar der Fried. Krupp GmbH, Essen

Dr. Joachim Ganske
Ministerialrat im Bundesministerium der Justiz, Bonn

Dr. Ernst Gessler
Honorarprofessor, Bonn

Dr. Gunther Griehsler
Honorarprofessor, Hofrat des Obersten Gerichtshofs, Wien

Dr. Wilhelm Happ
Rechtsanwalt in Hamburg

Dr. Michael Hoffmann-Becking
Rechtsanwalt in Düsseldorf

Dr. Peter Hommelhoff
Professor an der Universität Bielefeld

Dr. Götz Hueck
Professor an der Universität München

Gabriele Jörchel
Referendarin in Frankfurt

Dr. Dr. Waldemar Jud
Professor an der Universität Graz

Dr. DDr. h. c. Walter Kastner
em. o. Professor an der Universität Wien

Dr. Alfred Kellermann
Vors. Richter am Bundesgerichtshof, Karlsruhe

Dr. Hans-Georg Koppensteiner
Professor an der Universität Salzburg

Dr. Bruno Kropff
Ministerialdirigent im Bundesministerium der Finanzen, Bonn

Dr. Marcus Lutter
Professor an der Universität Bonn

Thomas Mecke
wiss. Mitarbeiter an der Universität Bielefeld

Dr. Herbert Messer
Rechtsanwalt am Bundesgerichtshof, Karlsruhe

DR. WELF MÜLLER
Rechtsanwalt, Wirtschaftsprüfer, Steuerberater, Mitglied des Vorstands der Deutschen Treuhand-Gesellschaft, Frankfurt

DR. CHRISTIAN NOWOTNY
Dozent an der Wirtschaftsuniversität Wien

DR. ROLF OSTHEIM
Professor an der Universität Salzburg

DR. MARTIN PELTZER
Rechtsanwalt in Frankfurt

DR. HANS-JOACHIM PRIESTER
Notar in Hamburg

DR. JOHANNES REICH-ROHRWIG
Rechtsanwalt in Wien

DR. WOLFGANG ROSENER
Rechtsanwalt in Berlin

DR. GÜNTER ROTH
Professor an der Universität Innsbruck

HEINZ ROWEDDER
Honorarprofessor, Rechtsanwalt in Mannheim

DR. MARTIN SCHAUER
wiss. Assistent an der Wirtschaftsuniversität Wien

DR. KARSTEN SCHMIDT
Professor an der Universität Hamburg

DR. UWE H. SCHNEIDER
Professor an der Technischen Universität Darmstadt

PAUL SCHUSTER
Ministerialdirigent im Bundesministerium der Justiz, Bonn

DR. OTTO SEIDL
Richter am Bundesverfassungsgericht, Karlsruhe

DR. JOHANNES SEMLER
Rechtsanwalt in Frankfurt

DR. WALTER SIGLE
Rechtsanwalt in Stuttgart

DR. h. c. STIMPEL
Vizepräsident des Bundesgerichtshofs a. D., Karlsruhe

DDR. HELLWIG TORGGLER
Rechtsanwalt in Wien

DR. GERHARD TREMER
Honorarprofessor und Mitglied des Vorstands Bayerische Landesbank, Girozentrale München

DR. PETER ULMER
Professor an der Universität Heidelberg

DR. THOMAS VERHOEVEN
Rechtsanwalt in Köln

DR. PETER ZETTER
Ministerialrat im Bundesministerium für Justiz, Wien

DR. WOLFGANG ZÖLLNER
Professor an der Universität Tübingen

DR. JÜRG ZUTT
Rechtsanwalt in Mannheim

Stichwortverzeichnis*

* Die Herausgeber danken den Herren Erle und Mecke für die Anfertigung des Stichwortverzeichnisses.

FSC
www.fsc.org
MIX
Papier | Fördert
gute Waldnutzung
FSC® C083411

Kolibri 360 GmbH
Ferdinand-Jühlke-Straße 7
99095 Erfurt, Deutschland
produktsicherheit@kolibri360.de